편집·교정
반세기

이 도서의 국립중앙도서관 출판예정도서목록(CIP)은 서지정보유통지원시스템 홈페이지(http://seoji.nl.go.kr)와 국가자료공동목록시스템(http://www.nl.go.kr/kolisnet)에서 이용하실 수 있습니다.
CIP제어번호 : CIP2016027138(양장), CIP2016027144(반양장)

편집·교정 반세기

정해렴 지음

ⓒ 변영욱

차례

책머리에 …… 9

제1부 내 인생의 전반기

학창 시절 이야기 …… 17

1. 금촌국민학교 시절 · 17
2. 문산중학교 시절 · 21
3. 문산농업고등학교 시절 · 22
4. 서울문리사대 시절 · 24
5. 성균관대 시절 · 25
6. 학보병 시절 · 26
7. 복학생 시절 · 33

제2부 편집의 길로 들어서다: 교학도서, 신구문화사, 을유문화사

풋내기 편집자: 교학도서 시절 …… 38

한국 문학의 황금시대를 장식하다: 신구문화사 시절 …… 45

1. 현대한국문학전집 · 45
2. 『가람문선』과 『시조문학사전』 · 49
3. 고등학교 국어과 검인정 교과서 · 51
4. 『한국인명대사전』 · 53
5. 현대세계문학전집의 『풍도』 · 56
6. 백철문학전집 · 59
7. 『한국사의 반성』 · 60
8. 가와바타 야스나리 전집 · 63
9. 『한국현대사』 · 64
10. ≪창작과비평≫과의 인연 · 66
11. 대톨스토이전집 · 67
12. 『한국고대사의 연구』 · 68

13. 신구문화사를 그만두다 · 70   14. 삼경 · 72

원문을 대조하며 경륜을 쌓다: 을유문화사 시절 …… 74

1. 『전등신화』· 77   2. 『격몽요결』· 78
3. 다시 신구문화사로 · 79

신구문화사로 돌아오다 …… 82

1. 한용운전집 · 85   2. 『국어국문학사전』· 95
3. 자유학습교실 · 96   4. 신구문고 56권 · 97
5. 뒷이야기 · 112   6. 신구문화사를 떠날 작정을 하다 · 116
7. 신구문화사를 떠나서도 · 117

제3부 둥지를 옮겨 창비에 몸담다: 창작과비평사 1

편집부장 시절 1(1976년) …… 130

1. 『한국의 역사인식』· 132   2. 김정일 국방위원장의 사망 · 135
3. 창비시선 · 137   4. 작가 김춘복과 『쌈짓골』· 138
5. 『황혼』과 『샛강』· 139

편집부장 시절 2(1977년) …… 141

1. 『시정신과 유희정신』· 144   2. 『8억인과의 대화』· 145
3. 창비소설집 · 147   4. 창비아동문고 · 148
5. 『한국사신론』(개정판) · 149

편집부장 시절 3(1978년) …… 151

1. 『역주 목민심서』제1권 · 155   2. 『분단시대의 역사인식』· 155
3. 『판소리의 이해』· 156   4. 『배반의 여름』· 157
5. 『바보 이반의 이야기』· 157   6. 『말콤 엑스』· 158

편집부장 시절 4(1979년) …… 160

1. 『순이 삼촌』· 165   2. 『사과나무밭 달님』· 166

3. 설악산 대청봉 등산 · 168
4. 10 · 26 사태가 일어나다 · 170
5. 성내운 교수와 송기숙 교수 · 171

제4부 창비와 굴곡을 함께하다: 창작과비평사 2

대표 시절 1(1980년) …… 176

1. 창작과비평사 대표가 되다 · 176
2. ≪창작과비평≫ 폐간 · 177
3. 지방 출장과 서점 등급 · 178
4. 한국전래동화집 발행 · 179
5. 『먹을 갈다가』· 180
6. 『문학과 예술의 사회사』· 181
7. 『독립운동사 연구』의 판매 보류 · 181
8. 『신동엽전집』 증보판도 판매가 금지되다 · 182

대표 시절 2(1981년) …… 184

1. 『객주』· 185
2. 『고향을 지키는 아이들』· 189
3. 『암태도』· 191
4. 『역주 목민심서』 역주 작업 중단 · 192
5. 『다산시선』· 192
6. 박두진 정년 퇴임 시선집 · 193
7. 『신라 이야기』· 194

대표 시절 3(1982년) …… 196

1. 『타는 목마름으로』· 196
2. 『한국의 역사상』· 202
3. 『남』· 205
4. 편집고문으로 물러나다 · 209
5. 『범하 이돈명선생 화갑기념문집』· 210
6. 대표 취임 이후 발행한 도서 · 214

편집고문 시절(1983~1996년) …… 216

1. 『우전 신호열선생 고희기념논총』· 217
2. 『한국근대사』, 『한국현대사』· 220
3. 『똘스또이』· 224
4. 『다산산문선』· 226
5. 『만세전』· 228
6. 『태평천하』· 229
7. 『역주 목민심서』· 230
8. 『문장강화』· 234
9. 『황혼』· 235
10. 『채만식전집』· 236
11. 『바람 타는 섬』· 244
12. 『소설 동의보감』· 245
13. 『민족사의 전개와 그 문화』(상·하) · 250
14. 『철학의 즐거움』· 253

15. 한용운 산문선집 · 256
16. 『임꺽정』· 258
17. 『유배지에서 보낸 편지』· 266
18. 『이조시대 서사시』(상·하) · 269
19. 『해방 전후』· 270
20. 『인간 문제』· 271
21. 『출판과 교육에 바친 열정』· 272
22. 『역사 앞에서』· 274
23. 『삼대』 정본 · 278
24. 『녹두장군』· 280
25. 『고급한문 해석법』· 283
26. 『신채호 역사논설집』· 285
27. 『실시학사산고』· 289
28. 『고향』· 290
29. 『역주 백호전집』· 292
30. 『18세기 조선 인물지』· 294
31. 창작과비평사를 떠나다 · 296

제5부 편집인으로 홀로 서다: 현대실학사

10여 년의 세월을 다산과 함께하다(1996~2008년) …… 300

1. 『다산논설선집』· 302
2. 『다산문학선집』· 307
3. 『안자산 국학론선집』· 317
4. 『호암사론사화선집』· 320
5. 『홍기문 조선문화론선집』· 324
6. 『김태준 문학사론선집』· 327
7. 『나의 어머니, 조선의 어머니』· 330
8. 『성호사설정선』· 334
9. 『역주 흠흠신서』· 339
10. 『지봉유설정선』· 344
11. 『송도인물지』· 347
12. 『다산시정선』(상·하) · 351
13. 『아방강역고』· 364
14. 『아름다운 우리말을 찾아서』· 368
15. 『임진왜란과 병자호란』· 371
16. 『의병운동사적』· 374
17. 『다산서간정선』· 378
18. 『역주 동원유고』· 381
19. 『압해정씨가승』· 385
20. 『역주 경세유표』· 388
21. 『목민심서정선』(상·하) · 400
22. 『아언각비·이담속찬』· 414
23. 『마과회통』· 417

문화 단절을 잇는 다리가 되련다(2009~2016년) …… 422

1. 『벽초문선』· 424
2. 『압해 정씨 9세 옥당』· 426
3. 한국고전소설선집 16책 · 428

책머리에

❶

  2016년은 내가 출판사 편집부에 몸담아 오로지 편집·교정·편역·번역·교주(校註)에 종사하면서 보낸 세월이 반세기가 지난 해이다. 또한 결혼한 지 50년인 이른바 금혼식(金婚式)도 훌쩍 넘긴 해이기도 하다. '금혼식'은 그저 나의 개인적인 행사로 여기면 그만이겠으나 반세기 동안 출판사 편집부에 있으면서 편집·교정한 책이 1000여 권이나 되고, 편집·편역·번역해낸 책이 30여 권이나 되며, 또 번역·교주를 마쳐 이제 마무리해 간행할 일만 남겨둔 '한국고전소설선집'이 16권이 된다.

  나는 이제 일생 동안 책을 편집·교정·편역·번역·교주하면서 겪은 일들을 담담히 돌아보면서 나 자신의 잘못을 반성하는 한편, 판단을 옳게 하여 우리 문화에 큰 보탬이 될 만한 책을 만들어낸 경험을 사실대로 초들어 후진들에게 교훈이 될 만한 사실을 외람되나마 감히 적어보려 한다.

  내가 교학도서, 신구문화사, 을유문화사, 창작과비평사(창비) 등에서 30여 년 지내면서 교정한 책이 1000여 권이나 된다. 이 가운데 우리나라 출판문화에서 크게 기릴 만한 중요한 책으로는 신구문화사에서 10여 년을 근무하면서 편집·교정한 '현대한국문학전집'(전 18권), '현대세계문학전집'(전 18권), '대똘스또이전집'(전 9권), '한국현대사'(전 9권), '한용운전집'(전 6권), '영원한 인간상'(전 5권), 『한국인명대사전』, 『시조문학사전』, 『국어국문학사전』, 『한국정치경제학사전』과 신구문고 56권 및 다수의 단행본 등이 있다. 6~7개월 근무한 을유문화사에서는 '세계문학전집'의 『전등신화·노잔유기』, 『라퐁텐우화·프랑스신백화』 등과 을유문고 2, 3권을 교정한 바 있다. 20여 년 동안 근무한 창작과비평사에서는 '창비신서', '창비교양문고', '창비시선', '창비아동문고', '창비소설선' 등을 대부분 교정했고, 우리 문학사에 빛나는 김주영(金周榮)의 『객주(客主)』(전 9권), 송기숙(宋基淑)의 『녹두장군』(전 12권), 『채만식전집(蔡萬植全集)』(전 10권) 등은 전 교정 과정을 담당해 간행했다. 그리고 강만길(姜萬吉) 교수의 『한국근대사』, 『한국현대사』도 주로 교정을 맡아 처리했다. 이렇듯 창비에서 편집·교정한 책은 계간지 ≪창작과비평≫을 포함해 수백 권에 이른다.

또 창작과비평사 편집고문으로 있을 때 사계절출판사의 부탁으로 벽초(碧初) 홍명희(洪命憙)의 대하역사소설 『임꺽정』(전 10권)도 교정·교열해 남북한을 통틀어 최초로 정본(定本)을 만들었다. 이때 신문에 연재된 46회분(200자 원고지 600장 분량)을 새로 발굴해 『임꺽정』 10권에 실었으며, ≪창작과비평≫(제73호, 1991년 가을)에도 발굴 경위와 더불어 현재 철자로 고쳐 게재했다. 이 부분은 벽초의 소설 문장이 최고조에 달해 무르녹았을 때이다.

또 1990년대 초 창비에 있으면서 틈틈이 편집·편역·선집 작업을 하면서 퇴직을 준비하기는 했으나, 1996년 뜻하지 않게 갑작스레 퇴직하게 되었다. 그러나 이제야 비로소 내가 꼭 하려 했던 우리나라 고전이나 근현대 문화를 정리할 수 있게 되었구나 싶어, 제2의 인생을 부지런히 살 요량으로 불철주야·한서불구·휴일무휴로 십몇 년 동안 근현대 선학들의 업적을 정리해 선집 작업을 했다. 그 결과 만해(萬海) 한용운(韓龍雲), 단재(丹齋) 신채호(申采浩), 자산(自山) 안확(安廓), 호암(湖巖) 문일평(文一平), 대산(袋山) 홍기문(洪起文), 천태산인(天台山人) 김태준(金台俊)의 글을 정선(精選)하여 각각 '선집'을 간행해 근현대 선각자들의 업적을 후학이나 현대 교양인들이 읽을 수 있게 했다. 또한 실학자인 지봉(芝峯) 이수광(李睟光), 성호(星湖) 이익(李瀷)의 업적을 번역·정리해 현대 독자들이 쉽게 그 근대적 사고(思考)에 접근할 수 있도록 했다. 그리고 또 특기할 것은 우리나라 실학(實學)을 집대성한 다산(茶山) 정약용(丁若鏞)의 방대한 저술 가운데 다산 경학을 제외한 시문학·경세학·역사학·언어학·의학 등을 20권의 책으로 선역(選譯) 또는 완역(完譯) 간행해 현대 독자들이 다산의 우국애민 정신에 다가서도록 하는 한편, 당 세기 세계적인 수준의 저술을 쉽게 읽을 수 있게 했다. 아마도 내가 번역·정리해낸 이 20권의 업적은 앞으로 우리 한국 역사에 큰 자산이 될 것이라고 말할 수 있다.

❷

1980년대 초중반 창작과비평사 대표로 있으면서 간행한 김지하의 시집 『타는 목마름으로』 때문에 이른바 '남산'에서 3박 4일을 보낸 지 한참을 지나 창비 대표직에서 물러나 잠시 휴식을 얻게 되었을 때, 나는 우리나라 고전소설을 한번 정리하겠다고 작정했다. 우선 김동욱(金東旭) 선생이 수집·정리해 간행한 『영인 고소설판각본전집(景印古小說板刻本全集)』(전 5권)에 실린 방각본(坊刻本) 주요 작품을 가지고 낮밤으로 매달려 판독해 원고지에 옮기고, 몇 달 뒤 다시 창비에 편집고문으로 복귀해 실무를 처리하는 한편, 휴일이나 다른 틈을 이용해 틈틈이 판독 작업을 계속해 200자 원고지 2만여 장에 베껴놓았다. 순전히 한글로만 판독한 것이다. 이후 1990년대에 들어 판독한 원고를 컴퓨터에 입력하고 판각본과 대조해 누락이나 잘못 판독한 것을 고치는 한편, 어휘에 주석을 달고 등장인물이나 작품에 인용한 역사 인물에 대해 간단히 해설을 했다. 또 『고소설판각본전집』에 수록되지 않은 작품과 한문 소설을 골라 번역·주해한 것이 200자 원고지 1만여 장이 훨씬 넘는다. 또 한편으로 좋은 필사본(筆寫本)을 찾아 기왕의 판독을 보완하여 이제 간행할 수 있는 단계이다. 그동안 25년의 세월이 흘렀으나 실제 온 힘을 기울인 기간은 6~7년에 지나지 않을 터이다.

이렇게 작업을 마무리하게 된 '한국고전소설선집'은 장단편을 합해 총 83편 신국판 6000여 면에 200자 원고지로 3만여 장, 신국판 400면 내외의 16권으로 편집해 차례까지 정해놓았다. 우리나라의 귀중한 고전소설 문학 유산인 것이다. 특히 이 가운데 우리 소설사의 주옥같은 『구운몽(九雲夢)』은 이제 비로소 완전한 번역본으로 거듭나게 되었다.

그런데 막상 16권의 '한국고전소설선집'을 혼신의 힘을 기울여 정리하고 보니, 아직은 간행할 여건이 마련되지 않아 망설이는 처지가 되었다. 창비에서 정년퇴직한 이후 현대실학사를 운영하면서 36권의 책을 내기는 했으나 그저 제작비나 충당하는 데 그치고, 이 일 저 일 해가며 최소한으로 생활하던 것도 이제는 벌이 구멍이 다 막힌 데다 국민연금이나 사회보장 혜택도 없어 앞날이 막막할 뿐이다. 그나마 건강이 특별히 나쁘지 않아 일에나 몰두해 지내고, 살던 집이 신도시에 편입되어 그 보상금으로 살 집은 장만해놓았다. 노후 대책으로 얼마 남긴 것이 있으나, 그렇다고 이를 다 간행비 등으로 써버릴 수도 없는 처지가 되었다.

나는 앞서 말한 '한국고전소설선집' 16권을 간행하고 나서 건강이 허락한다면 그동안 계획하고 구상했던 한국역사인명대사전을 편찬하는 한편, 한국고전소설선집을 두 권쯤 더 보완하고 고전소설사전도 편찬할 수 있지 않을까 싶다. 그리고 나서도 건강이 또 허락한다면 중국의 4대 기서(奇書) 중 한두 가지와 『동주열국지(東周列國志)』를 뜻이 있는 이와 공동으로 아주 쉽고 더 재미있게 번역하는 것으로 내 생애를 마무리하고 싶다고 늘 생각하며 이에 관한 자료를 많이 수집해 내 서재에 쌓아두고 있다. 그러나 이 뜻을 이룰는지는 내 운에 맡기는 수밖에 없겠다.

끝으로 꼭 하고 싶은 말이 있다. 나는 이런 자서전을 쓰리라고는 전혀 생각하지 못했다. 그런데 한울엠플러스(주)의 고문인 박행웅 선생과 때때로 만나 교정과 편집에 관한 이야기를 나누었는데, 내가 하는 이야기를 잘 들어주던 선생이 어느 땐가 후배 편집자를 위해 그 이야기를 책으로 엮으면 괜찮지 않겠느냐고 했다. 그러나 나는 글을 쓰는 문필가가 아니기에 이런 글을 쓸 수 있을까 싶어 선뜻 쓰겠다고 나서지 못했다. 선생의 권유를 여러 번 받고서도 쓰겠다는 답을 하지 못하고, 과연 내가 쓸 수 있을까 하며 시험 삼아 쓰기 시작한 것이 두터운 분량의 한 권 책이 된 셈이다. 문장이 제대로 이루어졌는지도 모르겠다. 이『편집·교정 반세기』는 결국 박행웅 선생의 권유로 쓴 것이라고 서슴없이 말할 수 있다. 선생의 소개로 바쁜 중에도 시간을 내어 이 책에 실린 사진을 찍어준 사진작가 변영욱 씨에게도 감사의 마음을 전한다. 또한 팔릴 만한 책이 아닌데도 기꺼이 간행에 응해준 김종수 사장님께도 고마운 뜻을 표한다. 마지막으로 이 책을 맡아 정성껏 정리해준 최진희 씨에게도 고마운 마음을 글로 전하고 싶었다.

2016년 10월 9일 한글날에
정해렴

© 변영욱

제1부
내 인생의 전반기

ⓒ 변영욱

ⓒ 변영욱

학창 시절
이야기

1_ 금촌국민학교 시절

　나는 1939년 경기도 파주시 야동동에서 태어나 금촌국민학교를 다니다가 1951년 6·25 전쟁 통에 졸업하고, 문산중학교, 문산농업고등학교(현 문산제일고등학교)를 다녔으나, 전쟁이 진행되던 전방 휴전선 근처의 천막이나 가교실에서 수업다운 수업도 제대로 받아보지 못한 채 1957년 졸업했다. 이듬해 초급 대학인 서울문리사대를 거쳐 1964년 성균관대 문리과대학 국어국문학과를 졸업하고, 그해 4월경에 교학도서(주) 편집부에 입사해 편집·교정자로서의 생애를 시작한 것이다.

　해방 공간에서 오늘날의 초등학교에 들어가 공부했으나 6·25 전쟁 때 다녔던 학교가 폭격으로 불타버려, 그 시절 교실에 얽힌 기억은 뚜렷이 남은 것이 없다. 다만 파주시 조리면에 있는 공릉에 소풍 가고, 월롱산(月籠山)에 소풍 가서 산꼭대기 평평한 바위까지 가파른 길을 헐레벌떡 올라가고, 파주 심학산 한강가(오늘날 파주출판도시의 창작과비평사 사옥 근처이고, 그때는 바로 그 밑으로 한강이 흘러갔다)에 소풍 가서 놀다 오고, 또 광탄면 고령산 보광사(普光寺)에 가 굉장히 큰 방에서 하룻밤 자고 온 것이 기억에 남아 있다. 또 임진부대 군인이 국민학교에 와서 박격포와 3.5인치 로켓포를 보여주며 그 성능을 설명해주었고, 송악산 전투에서 산화한 육탄 10용사의 무용담을 듣고 추모 행사도 보았는데 우리 반 급우 김은배의 형님이 10용사의 한 분이었다고 했다. 또 4~5학년 때 기차를 타고 인천에 가서 성냥공장을 보고 또 월미도 앞바다를 보았는데, 내가 바다를 처음 본 것이 이때였던 것이다.

1950년 6월 25일에는 새벽부터 대포 소리가 쿵쿵 울리더니 난리가 터졌다고 하고, 오후 늦게는 파평면 샘내에 살던 큰외가 식구들과 다른 친척들이 야동동 우리 동네로 피란을 왔다. 다음 날은 월요일이라 학교에 가겠다고 했더니 난리가 나서 학교에 가도 공부하지 않는다고 큰외숙께서 말씀하셨던 기억이 아슴푸레하다.

국군이나 인민군 및 탱크는 보지도 못하고, 인공(人共) 치하가 되어 우리 큰집 대청마루에 모여 "아침은 빛나라 이 강산"으로 시작되는 인공 국가 등을 배우고 또 김일성의 항일 독립 투쟁 영웅담을 들으며 하루 이틀 수업을 받아보기도 했다. 그러나 뛰어노는 것이 더 좋았던 때라 다시는 공부하러 가지 않고 들로 산으로 싸다니며 놀았던 것 같다.

이때 어머니께서는 6·25 전쟁 전부터 어떤 병을 앓고 계셔서 서울대 대학병원과 개성의 병원에 다니셨는데, 난리 후로 기력을 더 차리지 못하시자 나더러 샘내 외갓집에 가서 잡곡과 닭을 얻어오라고 심부름을 보냈다. 외갓집은 우리 집에서 50, 60리나 되고 외할아버지인지 또는 외할머니인지 모르겠으나 제사 때 어머니와 작은외삼촌 이응백(李應百) 박사님(전 서울대 사범대학 국어교육과 교수)을 따라 금촌역에서 기차를 타고 문산역에 내려 거기서부터 걸어간 기억만 있었다. 이때는 장마 뒤끝인지 샘내 냇물이 엄청나게 불어나 물살이 세차게 흘러 건너지 못하고 머뭇거리고 있었는데, 문산에서 어디를 들러 오시던 작은

외숙께서 저 위 다른 길로 가야 한다고 하셨다. 이것이 내가 외갓집에 처음 간 것이라 한다. 이후 방학 때 또 가서 외사촌 형들을 따라 샘내 맑은 물에 뛰어들어 헤엄치고 외사촌 큰형이 물속에서 눈을 뜨고 노는 것도 매우 신기하게 여긴 듯싶다. 그리고 이때 늘노리 파산서원(坡山書院) 뒷산 모퉁이에서 통나무로 만든 참호를 보고 신기하여 들어가 보기도 했다.

국민학교 6학년이었던 나는 어머님이 시키는 대로 겁도 없이 혼자 외갓집에 가려고 나서 금촌에서 철도를 따라 문산까지 가고, 문산에서부터 적성(積城)으로 가는 큰길을 따라 걸어갔던 것이다. 7·8월 뙤약볕 아래 땀을 흘리며 갈 때 인민군 오토바이가 먼지를 뿜으며 가끔 지나가기도 했다. 그래도 나는 크게 헤매지 않고 그럭저럭 외가를 찾아가 하루 이틀 외사촌 형들과 산으로 내로 쏘다니며 놀다가 전에 보았던 참호가 포탄에 다 날아간 것을 보았다. 인민군이 탱크 포로 파괴했다고 한다. 외갓집은 늘노리를 지나 파평산(坡平山) 주봉 맞은편 야트막한 야산의 능선을 뒤에 두고 주봉을 정면으로 바라볼 수 있는 동네 가운데쯤에 있었다.

외갓집에서 닭과 계란, 기타 잡곡을 가지고 집으로 돌아왔던 것 같으나 올 때는 어떻게 왔는지 기억이 잘 나지 않는다. 9·28 수복 이후인 1950년 음력 10월 16일 어머님이 돌아가셔서 장남인 어린 내가 집안 어른들이 시키는 대로 하며 상례를 치른 지 얼마 지나지 않아, 북쪽으로 진격했던 유엔군이 12월에 후퇴를 해 우리 동네 옆에 흑인으로만 구성된 1개 연대가 잠시 주둔하다가 다시 남쪽으로 후퇴한 적이 있었다. 흑인 병사들이 밤이면 농가로 다니며 여인네들을 찾아 헤매기에 젊은 남정네들은 여인네들을 지키느라 보초를 서기도 했다. 이때 나는 처음으로 흑인을 보았는데, 정말로 새까맸고 얼굴에 크림을 발라 검게 반짝거렸다.

크리스마스를 지나 미군도 후퇴를 하고 나도 큰아버지와 사촌 누이 그리고 아버지와 함께 일가 어른들과 이불 보따리를 등에 지고 피란길에 나서 경의선 철로를 따라갔다. 철로를 따라가서 능곡 일갓집에 들어가 점심을 해먹고 수색을 지나 양화도 나루를 얼음을 타고 건너 영등포 금융조합 같은 건물에서 하룻밤을 묵었다. 영등포에서 철길을 따라 시흥·안양을 거쳐 남쪽으로 가다가 평택에서 아산군 둔포로 해서 온양 쪽으로 가려 했다고 한다. 평택에서 들판 길을 지나 다리가 끊어진 큰 내를 건널 때는 영국군이 피란민을 인도해주었던 것 같았다. 둔포에서 온양으로 가는 산등성이 마을에서 농가 헛간에 들어 짐을 풀고 며칠 지냈는데, 이때 둔포 곡식 창고를 미군기가 폭격해 창고가 불타고 민간인들도 죽거나 다쳤다고 한다. 먼 뒷날 들은 바에 따르면 전선이 형성되어 있던 '군포'를 폭격할 것을 전선이 아닌 후방의 '둔포'를 잘못 폭격했다는 것이다. 나도 폭격 뒤에 식량을 구한다고 하는 어른들을 따라 둔포에 가서 불에 탄 벼가 흩어진 것을 보았고, 피란 간 빈집에서 김장을 조금 뒤져 왔는데, 고향에서 먹던 우거지 같았으며 몹시 짜고 써서 먹을 수가 없었다.

우리 큰집·작은집 네 식구와 또 웃댁 할아버지·아저씨 세 분 등 7명의 피란 가족은 피란 20여 일 만에 가져갔던 양식도 거의 동나고 앞날을 어떻게 지내나 싶어 죽어도 돌아가 죽겠다며 고향으로 다시 발길을 돌려 발안·안산 쪽으로 해서 서해안 가까운 전선을 뚫고 김포 방면으로 해서 행주나루께를 얼음을 타고 건너 일산을 지나 교하 와동리 고모님댁과 당하리 진외가를 거쳐 집으로 돌아올 수 있었다.

우리 큰집, 작은집 네 식구가 피란길에 올랐을 때 어린 아우 2명과 할아버지, 큰어머니, 사촌 형제들은 큰집에서 함께 지냈다. 이때 서부 전선은 오산에서 중공군이 저지된 뒤 차차 북쪽으로 후퇴를 하던 중공군이 민가에 들어 같이 지내기도 했는데, 큰댁 사랑에는 중공군이 몇 명 들어 있었다. 이들은 부식으로 말린 고사리를 물에 불려 돼지기름에 볶아 반찬으로 먹은 듯했다. 그들은 농가 식량을 강제로 징발해 먹지는 않았던 것 같았다.

겨울이 지나고 봄이 올 무렵 샛강인 교하강(영천강)을 사이에 두고 전선이 형성되어 국군 수색대와 인민군 사이에 소규모 공방전이 벌어지곤 하다가 결국 인민군이 임진강 건너로 패주하고 우리 고향은 재차 수복되었다.

2_ 문산중학교 시절

수복된 뒤 가을 무렵 학교가 임시로 문을 열어 금촌의 금융조합 사무실(6·25 전쟁 때 미군기의 폭격으로 내가 다니던 금촌국민학교는 흔적도 없이 타버렸다) 등에서 얼마간 공부 아닌 공부를 하다 추석 무렵 국민학교를 졸업하고 얼마 있다가 연합고사를 치르고 문산중학교와 문산농업고등학교가 우리 마을(파주시 야동동)에 피란 와서 문을 열었기에 나는 이 학교에 입학해 다니게 된 것이다.

전형적인 농촌 마을 피난지에서 교실이나 시설도 없이 문을 연 학교라 우리 학생들은 군사 원조로 나온 천막을 치고 그 먼지 구덩이 속에서 수업을 받거나 산소 등 학교 뒷산 언덕에 모여 공부하거나, 운동장이나 교실이 들어설 터를 닦거나 하는 작업이 매일의 일과였다. 이때 전선은 임진강을 사이에 두고 1953년 휴전이 될 때까지 공방전이 계속되고 포 소리, 총소리가 들리는 속에서 공부했다. 나는 1954년 중학교를 졸업하고 문산농업고등학교로 진학하게 된다.

중학교 3학년 때 남북 포로 교환이 있었는데, 북으로 돌아가는 인민군 포로들은 경의선 기차 밖으로 남한에서 준 군복이나 기타 물건들을 마구 버리기도 하면서 그들의 노래를 크게 부르며 가는 모습을 보기도 했다. 포로 교환 때 북쪽에 잡혀 있던 국군 포로가 판문점을 거쳐 문산읍 선유리에 설치된 환영식장에서 성대한 환영을 받으며 귀환했을 때 중학교에서 동원되어간 우리들은 북한에서 교환되어 돌아온 까까머리의 국군 포로들을 보았다. 이때 은빛 헬멧이 반짝이는 국군 1사단 군악대가「애국가」를 연주하고, 이승만(李承晚) 대통령도 친히 와서 환영사를 했던 그 역사적인 현장을 나는 전방에 살고 있었기 때문에 볼 수 있었던 것이다.

3_ 문산농업고등학교 시절

교실도 없이 천막이나 임시 교사에서 운동장이나 닦으면서 보낸 중학교 시절과는 달리 휴전이 되고 포 소리가 들리지 않는 가운데 다닌 고등학교는 그래도 공부하는 시간이 많아지고 미군 부대의 원조로 당시로서는 좀 번듯한 교실과 교구도 마련되어 공부다운 공부를 할 수 있는 환경이 되었다. 6·25 사변 통에 기초가 부실한 나는 공부에 큰 흥미를 가지고 있지 못한 터라 시간만 때우고 어영부영 지냈다.

우리들 70여 명이 넘는 한 학년 한 학급은 형식적으로 A, B반으로 가르고 또 축산과와 농업과로 나뉘었으나, 누가 농업과이고 누가 축산과인지도 모르고 3년을 보낸 것 같다.

이때 서울에서 몇몇 강사 선생님이 우리 문산농고로 출강하셨는데, 육사(陸士)에서 물리와 화학을 가르치러 최일균 선생님 등 두 분 선생님이 오셨다. 문법을 가르치러 이태극(李泰極) 선생님도 오셨는데, 나중에 알고 보니 이 선생님은 가람 이병기(李秉岐) 선생님과 함께 우리나라 현대 시조의 대가이셨다. 또 서울대 사범대학 교육학과에 다니던 신용일 선생님은 독일어를 가르쳤는데, 고향 선배님이신 이분은 나중에 인하대 부총장까지 지내셨다.

3학년 가을 초입에 우리는 졸업 여행이라고 해서 트럭을 타고 도봉산(道峯山)에 와서 만장봉 꼭대기까지 올라가 보았는데, 산수의 그윽하고 웅장한 선경(仙境)에 들어간 듯싶었다. 그때 도봉산은 경기도 도립공원이라고 했다. 오늘날 우리가 볼 수 있는 도봉산이 아닌 그야말로 그윽한 선경이었다. 인자요산(仁者樂山)을 온몸으로 느낄 만한 기억에 크게 남는 산이었다.

고등학교 3년, 중학교 2년 중·고 합해서 5년 동안 우리들의 담임선생이셨던 손성근(孫聖根) 선생님에 대한 이야기는 그냥 넘어갈 수 없을 듯싶다.

선생님께서는 황해도 연안농업중학교에 계시다가 6·25 전쟁 통에 피란 오셔서 우리들이 중학교에 들어갔을 때 1학년·2학년 담임을 맡으셨고, 중3 때는 고3 담임을 잠시 맡으셨다가 우리들이 고등학교에 들어가자 또 담임을 맡아 중·고 합쳐 5년 동안을 한결같이 보내셨던 것이다. 항상 근엄하고 냉정하셔서 감히 접근할 수 없는 위엄을 지니셨었다. 그러나 개인적으로 찾아뵈면 자상하시고 따뜻하셨다.

뒷날 내가 신구문화사 편집부에 있을 때 선생님께서는 배화여고를 거쳐 종로국민학교 자리에 있던 삼양식품(?)의 슈퍼마켓을 잠시 맡아 관리하실 때 소식을 듣고 찾아뵌 적이 있었는데, 참으로 반갑게 대해주셨다. 손 선생님께서 막 피란 나와 우리 학교에 자리 잡으셨을 때 우리 동네 우리 씨족의 집 사랑채에 사셨던 기억 때문에 더 반가워하신 듯하다.

선생님께서는 서울 배화여고를 거쳐 성남시 풍생중학교 교장을 17년 동안 하시다가 1992년 정년 퇴임을 하셨는데, 우리 동기 중 이건형(李建炯) 형이 줄곧 선생님을 지극정성 모시다가 지난 2010년에는 선생님이 평소 필요에 따라 써놓으신 글을 사방에서 수집하여 『우리의 스승님』이란 제목의 문집을 우리 동기회 이름으로 간행해 바쳤다. 나는 평생 배운 일이 편집·교정이라 이 책을 만드는 데 당연히 힘을 보탤 수밖에 없어, 한손 거드느라 선생님의 글을 깊이 있게 읽어보았다. 참으로 그 인품에 맞는 수준 높은 글을 쓰신지라 감탄하며 정성을 다해 편집·교정·교열을 했던 터이다.

4 　서울문리사대 시절

나는 1957년 문산농업고를 졸업하고 그야말로 무모하게도 서울사대에 지원했다가 여지없이 낙방했다. 내 공부 실력으로는 어쨌든 대학에 들어가기는 애초에 틀렸다고 생각하고 할 줄도 모르는 농사일을 도우며 1년을 보냈다. 이듬해 봄에 서울대학 교수이신 작은외삼촌 이응백 교수님을 찾아뵈었더니, 생질인 내 처지가 딱했든지 당신께서 강의를 나가시던 서울문리사대(오늘날 명지대의 전신) 국어과에 원서를 넣고 시험을 보라고 하셨다. 이렇듯 외삼촌의 도움으로 어떻든 대학엘 다니게 되었다. 2년 동안에 많은 과목을 그럭저럭 이수하고 경서중학교에서 교육 실습을 마치고 중학교 2급 정교사 자격을 얻게 되었다.

서울문리사대는 2년제 초급대학인데 일반 대학 4년 과정을 2년 만에 이수해야 하는 빡빡한 교육 과정 때문에 고등학교같이 강의 시간이 짜여, 대학 생활이라는 낭만적인 시간을 가질 수도 없이 지냈다.

이 대학에는 당시 서울대 교수님들이 많이 출강을 하셨는데, 국어학계의 원로이신 이희승(李熙昇) 교수님과 이두현(李杜鉉) 교수님, 나의 외삼촌 이응백 교수님, 그리고 당시 중앙대 교수였던 김동욱 박사님이 출강을 하셨다. 당시 국어교육과 학과장은 김성배(金聖培) 교수님이셨다. 나는 이 김성배 교수님과 뒷날 다시 특별한 인연을 맺기도 했다.

중학교 2급 정교사 자격증을 얻고서 막상 사회 진출을 하려고 생각해보니,

숫기도 없고 말주변도 없는지라 교단에 설 자신이 없고 나이도 또한 어려 생각해낸 것이 편입학이었다. 그래서 동기생들과 어울려 성균관대 국어국문학과(야간) 3학년 편입학 시험을 본 것이다. 다행히 합격을 하여 또 2년의 대학 생활을 더 하게 되었다.

5_ 성균관대 시절

나는 1960년 서울문리사대를 졸업하고 성균관대 문리과대학 국어국문학과 3학년(야간)에 편입하여 등록을 마치고 생각하니, 직업도 없이 낮을 놔두고 밤에 학교엘 다닌다는 것이 이상해 학교에 문의했다. 주간부도 성대 교수님의 추천이 있으면 옮길 수 있다고 하기에 외삼촌께 말씀드렸더니, 당시 교무과장으로 계시던 이명구(李明九) 교수님을 찾아가 보라고 하셨다. 이명구 교수님의 추천으로 주간부로 옮길 수 있었다. 수강 신청을 하고서 보니 서울문리사대 동기 1명도 주간으로 편입학을 했기에 나는 그와 같이 다닐 수 있어 더욱 다행이었다.

당시 성대 국어국문학과에는 도남(陶南) 조윤제(趙潤濟) 박사님과 월탄(月灘) 박종화(朴鍾和) 교수님, 연민(淵民) 이가원(李家源) 교수님, 이명구(李明九) 교수님, 최진원(崔珍源) 교수님, 시인 김구용(金丘庸) 교수님이 계셨다. 이렇듯 당시 최고의 교수님들의 강의를 들으면서 이제야말로 대학 생활다운 학창 시절을 모처럼 보낼 수 있게 되었다. 4·19 혁명이 일어나자 학교에서는 수업이 제대로 이루어지지 않았다. 우리 편입생 두 사람은 꾸어다 놓은 보릿자루처럼 겉돌며 한동안 지내다가 4·19 분위기도 좀 진정되어 비로소 강의를 듣게 되었다.

이 시절에는 명망 있고 권위 있는 교수님들은 자주 휴강을 하는 것이 일상처럼 되어, 도남 선생님은 2, 3시간 열강(熱講)을 하시고 한 학기를 끝내셨다. 그러나 월탄 선생님은 꼬박꼬박 열심히 강의하셨던 것이 기억에 남고, 또 이명구 교수님은 4·19 후 보직 때문에 강의를 소홀히 한다는 학생들의 항의를 받자 모든 보직을 내놓으시고 김시습(金時習)의 『금오신화(金鰲新話)』 원문을 가지고 열심히 강독을 하셨는데, 나는 이때 선생님의 수업을 듣기 위해 예습까지 하면서 난생처음으로 공부하는 즐거움을 느껴보기도 했다.

뒷날 내가 신구문화사에서 근무할 때 세종대왕기념사업회에서 나온 선생님의 문고판 『한국의 고소설』을 읽고 오자(誤字)를 가려내 선생님께 알려드렸는데, 내 딴에는 『금오신화』 원문 강독을 들은 고마움에 대한 보답으로 생각한 것이다.

6__ 학보병 시절

모처럼 대학 생활에 보람을 조금이나마 느끼면서 겨울방학을 맞이했는데, 이때 내게 군대 입영 영장이 나왔던 것이다. 1961년 1월 3일 의정부로 모이라는 것이었다. 나는 학교에 가서 휴학 절차를 밟고 학적 보유자 명단을 확인하고 이듬해 1월 3일 의정부에 집결해 점호받은 후 군용 열차를 타고 논산으로 갔다. 입영 장정이 열차 칸마다 몇 좌석씩 부족해 교대로 앉도록 되어 있으나 인솔 사병이 자기 마음에 안 드는 장정이 있으면 집어내어 오랜 시간 서 있도록 했던 것이다. 이 집어내는 데 내가 걸려들어 자리에서 일어나, 서서 가면서 벌을 서다시피 한 것이다. 입영 첫날부터 나는 이런 시련을 당한 것이다. 아마 입영 동기들과 어울리지 않고 신산한 모습으로 시름없이 앉아 있는 것이 눈에 거슬렸던 모양이다.

우리는 한밤중에 논산 연무대역에 내려 수용 연대에 들어가 소대에 편성되어 잠깐 눈을 붙이고 이튿날부터 머리를 빡빡 깎이고 각종 신체검사를 받으며 지능검사·적성검사를 받고 또 여러 단계를 거쳐 1월 5일 군번을 받았다. 내 지능지수는 129이고, 적성검사 지수는 148인가 그 근처인데 자세히 기억나지 않는다. 우리 동기 중 적성검사 지수는 내가 월등히 높은 숫자이고, 지능지수는 138과 131 그리고 나이고 그다음이 126인데, 그다음은 110 내외라고 한다. 이 사실은 익산에 있는 후반기 교육 훈련소인 28연대로 넘어가 훈련을 끝내고 배출대로 다시 넘어갈 때 육군 인사 기록 카드를 정리한 동기생이 해준 이야기이다.

우리 입영 장정들이 수용연대에서 군번을 일단 받으면 이제 군인이 된 것이다. 군번은 학보병 군번으로 0022272번이었다. 그러니까 내 앞으로 2만 2000명이나 학보병으로 병역의무를 거쳤다는 것이다. 나는 1961년 1월 5일 군번을 받고 논산훈련소 23연대 10중대(?) 5소대에 배치되고, 소대 제1분대장(향도)에 뽑혀 군사훈련을 받게 되었다. 우리 5소대에는 서울상대 2학년에 재학하다가 나온 학보병이 1명 더 있어 나는 그와 더불어 난관을 무난히 헤쳐갈 수 있었다.

우리가 소대까지 정하고 또 훈련을 시작한 일주일쯤 뒤에 파주군 출신 국회의원 황인원 의원이 파주 출신 훈련병을 위문 와서 우리를 어느 면회소에 모아 놓고 위문해주었는데, 그분은 당시 국회 국방분과위원이었기 때문에 우리를 찾아와 이렇게나마 위문할 수 있었던 것이다. 국방위원 말씀이 "여러분이 만일 애로 사항이 있으면 여기 있는 훈련소 소장 비서실장인 우종림 소령에게 얘기하면 고향분이라 잘 해결해줄 것"이라고 격려하기에, 나와 상대를 다니다

입대한 전석재 씨가 마침 우 소령이 집안 형뻘이라는 우리 5소대 훈련병 우 아무개에게 형을 잠깐 보았으면 좋겠다고 하여 따로 만나서 우리 소대는 너무 공포 분위기로 다그치니 좀 누그러뜨려 주었으면 좋겠다고 했더니, 그 당장 연대 부관에게 잘 처리해달라고 지시한 듯했다. 우리는 사실 그때 너무 불안에 떨고 있었다. 우리 소대 선임하사는 직업군인이었는데, 다른 일반병 선임하사와 달리 우리 훈병들을 지나치게 다잡았던 것이다.

그 며칠 뒤 우리 중대에서 면회에 나갔던 파주 출신 훈병들을 빈 막사에 모아놓고 소대 선임하사가 부정을 한다고 고해바친 훈련병은 나오라는 것이었다. 내 옆에 섰던 우 아무개 훈병이 겁에 질려 자수하려는 것을 내가 꽉 붙들고 가만히 있게 했다. 참으로 난처하게 되었다. 우리는 아무것도 모르고 벌집을 잘못 건드린 것이다. 그때 거기 모였던 파주 출신 훈병들이 모두 그런 사실이 없었다고 아주 당당히 말해주어 더는 어쩔 수가 없었는지 이 정도로 소동은 끝났다. 또는 더 강력히 추궁하다가 훈련소 소장실에 알려지기라도 하면 큰일 날 수도 있기 때문에 사실을 밝히기를 그만둔 듯하다. 그 뒤에도 중대 인사계가 너는 알 것 아니냐고 하면서 은근슬쩍 물었으나 나는 딱 잡아떼었다.

이 일로 말미암아 우리 선임하사는 연대에 불려 다니며 조금은 곤욕을 치른 듯하다. 그러나 오히려 이 소동 후로 낯도 익히고 인정도 쌓이고 하면서 또 돈도 조금씩 걷어 외출비도 마련해주면서 6주간의 전반기 훈련을 무난히 받으며 음력 설날을 맞이해, 이날은 휴일이었는지 모르겠으나 그때 논산훈련소 다른 연대에 교육계로 있던, 고향의 한마을 친구이자 국민학교와 중·고등학교 동기 동창인 이윤하 형이 누이 삼고 지내는 집에서 떡국과 닭고기를 장만해 나에게 면회를 온 것이다. 다른 훈병 친구와 같이 참 잘 먹었고 크게 위안을 받았다.

이러구러 선임하사와도 무난히 지내며 전반기 훈련이 끝나갈 때 하루는 선임하사가 보자고 하며 수첩을 내놓으라고 한다. 훈련받은 수첩을 내보이니,

이 수첩에서 돈을 거둔 기록을 찢어버리라고 했다. 나는 돈 관계 기록을 모두 찢어버렸는데, 그 하루 이틀 뒤에 각 소대 1분대장을 연대 인사과로 집결시키더니 수첩을 검사하는 것이다. 내 수첩을 보고는 훈련을 열심히 잘 받았다고 하면서 그냥 돌려보냈는데, 금전 출납 기록이 있던 분대장은 모두 발길질을 당했는지 모르겠다.

이렇게 6주 훈련을 마치고 소원 수리도 쓰고 나서 특과로 가고 남은 보병 병과의 훈련병과 학보나 교보인 00 군번은 모두 배낭을 메고 행군하여 익산의 28연대 후반기 훈련소로 넘어가서 또 4주의 훈련을 받게 되었다. 이제 또 새로운 환경에 부닥쳐야 했지만 훈병 생활에 어느 정도 적응이 된지라 초조감은 별로 없었다. 그리고 후반기 훈련 과정에서는 학보나 교보를 모두 1소대에 모았기에 이제 00 군번 동기생이 다 모이게 된다. 우리 동기 00 군번은 10여 명이 좀 넘었는데, 후반기 훈련을 그럭저럭 마치고 다시 배출대로 가서 하루 이틀 묵으면서 배출되기를 기다리고 있었다. 그때 밤에 불침번을 서게 되어 나와 나란히 자던 동기생 학보병 이지걸과 같이 중대 본부로 가서 근무를 서고, 교대 시간이 되어 다음 차례 불침번을 깨우러 갔던 이지걸이 한참이 지나도 오지 않기에 웬일인가 싶었는데, 그가 방한복에 피를 묻히고 "재수 없는 일이 벌어져 겨우 수습하고 오는 길"이라고 했다. 사단인즉, 불침번 차례가 된 배출병을 깨우니 일어나지도 않고 눈을 부라리며 알아서 대신 설 것이지 귀찮게 깨운다고 되레 호통을 치더라는 것이다. 그래도 좋은 말로 달래자니, 한번 맛을 보아야 정신을 차리겠냐고 꼴통을 부리며 일어나더라는 것이다. 하도 화가 나서 붙잡고 나가서 한번 메어쳤더니 그자의 코피가 터지고 시끌벅적 소란해지는 바람에 보초를 서던 위병이 쫓아와 일이 커져, 돈을 조금 쓰고 겨우 무마했다는 것이다. 그자는 후반기 교육에서 같이 훈련을 받았던 동기생인데, 사회에서 조금 놀던 가락으로 한번 호기를 부리다가 유도를 좀 했다는 이지걸에게 잘못 걸려

든 것이다. 이지걸은 군번이 0022262번이고 나는 0022272번이라 그는 나보다 10번이 빨랐다. 이후로 그자는 코가 쑥 빠져서 더는 객기를 부리지 못하고 주눅이 들어 꼼짝 못하고 지내다 헤어졌다. 우리 후반기 동기생 대부분은 배출대에서 열차를 타고 모두 강원도 춘천 소양강가 103보충대까지 같이 가서 각각 달리 배속받았다. 이때 이지걸은 강원도 화천군 사창리 7사단으로 가고, 나는 15사단으로 동기생 대부분과 같이 가게 되었다.

나는 훈련소 전반기 교육 기간 동안 목욕탕엘 간 적이 없었는데, 후반기 교육으로 넘어와서 전반기 교육 때 우리 소대에 같이 있던 훈병 하나가 자기 집안 아우가 목욕탕 관리병이라고 하면서 어느 휴일 나와 친한 몇 명을 함께 목욕시켜줄 수 있다고 하여 우리 학보병 친구 몇 명은 훈련병 주제에 참으로 큰 목욕탕을 통째로 차지하고 호사스러운 목욕을 하기도 했다.

❷

화천군 대성산 꼭대기에 있던 15사단 38연대 3대대 9중대로 4월 10일경 배속되었다. 소속된 중대가 막사도 없는 대성산 꼭대기로 막 이동을 했을 때이다. 나는 다행히도 중대 서무계 조수로 뽑혀 오가는 공문서 심부름을 하는 한편, 나무를 베어 막사를 짓는 사역병으로 동원되기도 하고, 대성산 너머 북한군의 주요 진지인 오성산을 바라보는 전방으로 내려가 막사 지붕을 씌울 갈대를 베어오기도 했다. 이때 잘 들지도 않는 대검으로 갈대를 베어 까치 둥우리만큼 묶어오자니, 전방에 나가 있는 소대 선임병들이 보고 한심하다는 투로 혀를 차기도 했다.

그럭저럭 하늘이 올려다 보이는 막사를 얽어 그 속에서 지내다 보니, 어느덧 5월 5일 어린이날이 닥치고 저 산 밑에서부터 나무에 푸른 새싹이 돋아 하루에 100m씩 차츰차츰 올라오기 시작했는데 느닷없이 흰 눈이 펑펑 쏟아져 몇 센티미터나 쌓여 며칠 동안 산꼭대기를 눈 세상으로 만들기도 했다. 4월 초순 비가 내릴 때 보급 트럭을 타고 대성산 꼭대기로 배속된 이튿날 아침에 운해(雲海)를 본 장관은 70이 훌쩍 넘은 지금도 잊히지 않는다. 온 천지가 구름바다이고 1000미터가 넘는 봉우리만 삐죽삐죽 나와 있었다. 순간이나마 내가 신선이 되어 구름 위에 떠 있다는 느낌이 들었던 것이다.

거지도 상거지인 방한복 차림으로 그럭저럭 부대 생활에 적응할 무렵 5·16 군사 쿠데타가 일어나고, 그 여파가 대성산 꼭대기까지 올라왔을 무렵 연대 본부에 파견 나가 '기본일보'를 쓰던 선임병이 제대 말년에 좀 쉬겠다고 무작정 올라오는 바람에 일보도 쓸 줄 모르는 내가 대신 내려가게 되었다. 일보철과 특명철을 인계받아 가지고 내려가서 2개 대대 서무계와 같이 지내면서 이웃 중대 서무계에게 일보 작성하는 방법을 배워 하루 5분이나 10분 만에 일보를 써서 연대 1과에 제출하면 일과 끝이었다. 그야말로 특과였다.

이렇게 편히 신병의 고달픈 시기를 큰 어려움 없이 보내고 가을이 되어 부대 이동으로 우리 중대가 산 밑으로 내려오자 파견이 끝나고 원대로 복귀하게 되었다. 그동안 나는 나 대신 서울대 상과대학 4학년에 재학하던 학보병 김길성을 골라 대성산으로 올려 보낸 바가 있어 이제 그와 둘이서 서무계 일을 보게 되었다. 밥그릇으로 보면 내가 선임병이나 그가 모든 일을 처리하도록 하고 나는 여전히 일보 하나만 담당해 봉급 명세서나 특별한 일만 처리하며 지냈는데, 중대장께서는 네가 우리 중대 최고 특과라고 농담을 하기도 했다.

이해 겨울 새로 지은 영구 막사에 들어 추운 겨울을 대비할 때 느닷없이 뜻밖에 연대 보충대라면서 외사촌 형인 이현중(李鉉中) 형님이 보충병으로 왔다는 소식이 왔다. 부랴부랴 가서 보고 배속되어갈 부대의 서무계에게도 부탁을 하고 왔다. 5·16으로 말미암아 병역을 마치지 않은 자를 직장에서 모두 내보내는 바람에 다니던 국제전신전화국을 그만두고 학교에 잠시 가서 있다가 '교보'로 나왔다는 것이다. 형님은 1급 통신사였는데 교보이기 때문에 전방으로 배치된 것이다. 연대까지 보충 와서 우연히 내가 보낸 편지를 뒤져 보니 같은 부대라 전화했다고 한다. 강원도 화천 깊은 산골에서 내외종 형제가 만난 것이다.

그해 겨울 12월에는 정기 휴가를 나왔다가 크리스마스 무렵에 귀대하고 이듬해 봄에는 또 이동하여 전방 산골 냇가에서 더덕과 산파를 캐어 특별식도 만들어 먹으며 이제 제대할 날만 손꼽아 기다리고 있었는데, 제대를 한 달쯤 앞두고 청천벽력같이 제대 특명 '발령 보류'라는 공문이 육군본부에서 내려왔다는 것이다. 나는 그 까닭을 알 수 없었다. 동기생 대부분이 같은 부대로 배속되었는데 발령 보류자가 더 많다는 것이다. 연대 1과에 있던 동기생이 '출장중'을 얻어줄 테니 같이 학교나 육본에 가서 알아보자고 하기에 중대장과 인사계의 허가를 얻어 '와수리'로 가서 서울행 버스를 타고 철원으로 해서 학교에 갔더니, 학적 보유자 명단에 분명히 실려 있었다. 그러나 편입생이라 다른 학과로 옮겨져 있었기 때문에 이런 사단이 벌어진 것이다. 학교에서 육본에 신고해 처리해주겠다고 하기에 그 말만 믿고 그냥 귀대했다.

부대로 돌아와서 기운을 잃고 지냈는데, 동기생 1~2명은 제대할 예비 사단으로 출발한다고 했다. 나는 마음 붙일 곳이 없어 산으로 냇가로 다니면서 허탈해했는데, 동기생이 출발하고 일주일 뒤쯤 연대 인사과에서 전화가 왔다. 우리 연대에서 너 1명만 특명이 내려왔으니, 내일 당장 제대 복장을 갖추어 빨리 출발하라는 것이다. 이렇게 되어 연대 1과에 있던 동기생이 챙겨주는 특명과 기록 카드를 가지고 단독으로 출발했는데, 내가 제대할 날짜에서 10일을 더 복무한 것이다. 경기도 소사 33예비사단 인사과에 가서 특명과 기록 카드를 제출하니, 인사장교 도장이 찍힌 특명 한 부가 부족하다며 다시 강원도 부대에 갔다 오라고 한다. 낙심천만해 있자니, 내 기록 카드를 살펴본 담당자가 자기도 성대생이라고 하면서 잘 해결해주겠다고 했다. 이렇게 해서 '귀휴'를 한 뒤 제대할 수 있었다. 겨울 방학 때는 10일간의 예비 사단 훈련도 끝마치고 완전히 '병역필'을 했다.

7_ 복학생 시절

❶

군 생활을 마치고 1963년 신학기에 4학년에 복학하여 1년 동안 또 대학 생활을 하게 되었다. 군에 가야 한다는 부담도 떨치고 정말로 자유인이 된 것이다. 제대를 하고도 가끔은 다시 군에 가야 한다는 꿈을 꾸기는 했지만 …….

복학해보니, 내가 군에 간 다음 혼자 다니기 싫어 나를 따라 입대했다 제대한 동기생을 또 만나 복학생 선배로 대접받으며 후배들과 같이 강의를 들었다. 이때 우리 과에는 벽사(碧史) 이우성(李佑成) 박사님이 부산에서 새로 와 계셨다. 워낙 명성이 자자한 분인지라 한 시간이라도 그 강의를 들어보고 싶어서 수강신청을 했는데,『금오신화』를 가지고 강독하는 것이었다. 그래서 나는『금오신화』원문 강독을 두 번이나 듣게 되었다. 내가 그 어려운『금오신화』의 다섯 가지 단편 소설을 번역할 수 있는 용기를 내게 된 것도 앞서 이명구 교수님의 『금오신화』강독과 이우성 박사님의 강독을 수강한 덕택이라 할 수 있다.

벽사 선생님의 이 강좌는 학기말이 되어 시험 기간을 앞두고 학생들이 시험을 리포트로 대체해달라는 요구를 받아주었다. 나는 리포트를 시험 시간 전까지 제출하라는 말씀에 따라 리포트를 써서 시험 시간 전에 선생님 연구실에 제출했다. 그런데 나중에 보니 리포트 대신 다시 시험을 보았다는 것이다. 외톨이 복학생에게는 이 사실이 전달되지 않았던 것이다. 깜짝 놀라 연구실로 찾아뢰었더니, 평계 대지 말라는 눈으로 보시며 조교더러 리포트를 찾아오라고 하셨다. 조교가 찾아다 드리는 바람에 해결이 되었다.

이때 김구용(金丘庸) 교수님도 그 자리에 계시면서 지켜보셨다. 벽사 선생님은 뒷날 창비에 있을 때 다시 만나 뵙고 몇 권의 저서를 내가 편집·교정해 내드렸을 뿐 아니라 또 다산연구회의 『역주 목민심서(譯註 牧民心書)』(전 6권)를 전담 교정하게 되어 학창 시절 이후 오랜 세월 선생님을 모시고 일을 할 수 있었다.

❷

4학년에 복학하여 교무과에 확인해보니, 졸업에 꼭 필요한 필수과목인 교양국어를 수강해야 한다는 것이었다. 국어국문학과에서 교양국어가 필수과목이 되리라고는 생각지도 못했던 것이다. 서울문리사대에는 교양국어가 개설되지 않았기에 무심했던 것이다. 할 수 없이 도남(陶南) 조윤제(趙潤濟) 박사님의 교양국어 강좌를 수강 신청해 강의를 듣고 시험도 치렀다. 그런데 성적표를 받아보니, 교양국어 학점이 나오지 않았다. 깜짝 놀라서 대학원장실로 달려가 보니(이때 도남 선생님께서는 대학원장을 하고 계셨다), 선생님께서는 그럴 리가 없다고 하시면서 조교에게 시험지를 확인하라고 하셨다. 다행히 A학점을 매긴 시험지가 나와서 그 자리에서 확인서를 써서 교무과로 보내주어 무사히 졸업할 수 있었다.

4학년 2학기를 마치고 졸업 사은회가 열리기에 이제는 학창 생활을 결국 마감하고 떠나는구나 하는 아쉬운 마음이 있어 참여했다. 그 자리에 도남 선생님과 월탄 박종화 선생님께서 참석하셨는데, 나는 두 분이 서로 주고받으시는 대화를, 우리나라 최고 원로 교수님들의 해학을 들을 수 있었다. 도남 선생님께서 먼저 월탄 선생이 아무리 뛰어난 작품을 쓰더라도 문학사가인 당신이 평가해주지 않으면 그냥 묻혀버리게 되니 월탄은 문학사가인 당신에게 잘 보여야 된다고 하시자, 월탄 선생님께선 도남 선생이 아무리 뛰어난 문학사가일지라도 당신 같은 작가가 없다면 무엇을 가지고 사필(史筆)을 휘두르겠느냐, 또한 당신 같은 작가가 없다면 도남은 밥을 굶을 수밖에 없지 않겠느냐고 하며 오히려 당신께 고마워해야 한다고 하셨다. 참으로 격조 높은 대화를 사은회 자리에서 들은 것이다.

제2부

편집의 길로 들어서다

교학도서, 신구문화사, 을유문화사

ⓒ 변영욱

풋내기 편집자

교학도서 시절

❶

　1964년 봄 성균관대 국어국문학과를 졸업하고 시골집에 있을 때 작은외숙께서 광주에 있는 어느 중고등학교엘 가지 않겠느냐고 하셨다. 그러나 나는 교사가 되어 학생을 가르칠 자신이 없어 망설이며 선뜻 나서지 못하고 있자니, 4월 말이나 5월 초쯤 출판사인 교학도서엘 가보라고 해서 남대문로에 있던 그 회사엘 갔다. 국어 시험지와 편집에 관한 시험지를 내주기에 국어 문제를 적어 내고 편집 문제는 잘 모르겠다고 했다.
　이렇게 형식적인 시험을 치르고 이 회사 편집부에 입사해 출근한 것이 오늘날까지 반세기 이상을 편집·교정에 종사하게 된 첫걸음이었다. 이때 교학도서엔 외숙부님의 제자 김상대(金相大) 선생이 있었는데, 김 선생은 내가 입사하자 곧 퇴사하여 고등학교로 갔다가 나중에 아주대학교 교수로 정년퇴직을 한 분이다. 김 교수는 결국 나를 밀어 넣고 물러난 셈이다.
　교학도서는 그때 문교부의 초등학교 교사용 지도서를 주로 발행한 출판사로 편집부에는 편집부장 이하 5·6명의 선배 남녀 직원이 있었다. 그때 초등학교 5·6학년용 학습 참고서를 만들고 있었다. 나는 경험도 없는 신참이라 명동에 있는 시사문화사란 조판소에 다니며 잔심부름을 하는 한편, 문선·조판하는 과정을 견학하며 편집·교정을 기초부터 배워나가기 시작했다. 나는 교정부호도 몰랐던 그야말로 아무것도 모르는 편집의 생짜였던 것이다. 그래서 서점에 가서 편집·교정에 관해 참고할 만한 책을 찾아보니, 마침 정장철(鄭長徹) 편저 『편집과 교정』(英崙社, 1963년 2월 12일 발행)이라는 참고서가 눈에 띄어 이를 사다가 열심히 읽고 편집·교정에 대한 기본 소양을 기초부터 단단히 갖추게 되었다. 나에게는 참으로 귀중한 책이었다. 어깨너머로 어쭙잖게 배우지 않고 정식으로 편집·교정을 익히게 한 책인 것이다.

초등학교 프로그램 학습 참고서를 끝내고 나서 초등학교 국어과 교사용 지도서를 만들면서 문교부 편수관실로 담당 편수관에게 원고를 받으러 가거나 교정지를 찾으러 가거나 하면서 국정교과서의 표기 원칙과 관례를 대강 배우게 되었는데, 나는 초등학교 교과서에서 보조동사를 복합어로 삼아 동사에 붙여 쓰는 사례를 표로 만들어 노트에 정리하면서 문교부 교과서 표기법을 익히고, 이때 배워 익힌 것을 중·고등학교 검인정 교과서 출원 때 잘 써먹게 되었다. 또 편수관실에 다니면서 편수관실에 있던 이승구(李升九) 선생을 만나 문교부에서 쓰는 관례를 많이 배우고 『교정편람(校正便覽)』이라는 소책자도 얻어 두고두고 참고했다. 이승구 선생은 우리나라 교과서 교정의 제1인자가 되었으며, 뒤에 대한교과서(주)에서 출판본부장을 지내고, 그 계열사인 현대문학사 대표이사도 역임한 분이다. 내가 교정에 교과서같이 크게 참고한 이 『교정편람』은 뒤에 『정서법자료(正書法資料)』라는 1000여 쪽이 넘는 크라운판 우리말 백과사전으로 진화되었고, 1990년에 전정판(全訂版)이 간행된 뒤에도 계속 수정·보완되고 있다.

❷

내가 교학도서에서 7·8개월 풋내기로 편집·교정 수련을 받을 때 느닷없이 결혼을 하겠다고 하니, 편집부 직원들이 깜짝 놀라기도 했다. 나는 삼형제의 맏이로 12세인 1950년 음력 10월 16일 어머니가 돌아가셔 몇 분의 계모와 서모 밑에서 이때까지 살아왔기에 얼른 결혼해 우리 집안을 안정시킬 필요가 있었던 것이다.

아내는 경기도 안성시 원곡면 출신인데 서울문리사대와 성균관대 법대 동창인 친구의 누이동생 안길자(安吉子)인데, 내게는 과분한 여인이었다. 아내의 고향 행정구역은 안성이나 평택시가 생활권이고 친인척이 모두 평택시에 살고 있는 집안이다. 장인·장모님 두 분 다 90세를 넘게 장수하신 집의 막내딸이었다.

결혼 날짜는 1964년 12월 19일로, 성균관대 은사님인 월탄 박종화 선생님을 어렵사리 주례로 모시고 종로 5가에 있던 동원예식장(東苑禮式場)에서 치렀다. 내게는 과분한 호사였다. 결혼식을 올리고 파주 고향 집에서 신혼살림을 차리고, 회사는 경의선 통근차를 타고 다녔다. 아내는 시골에서 농사 뒷바라지를 잘도 하면서 신혼 시절을 보냈던 것이다. 결혼식 뒤 종로구 충신동에 있던 월탄 선생님께 인사를 드리고 선생님께 주례 사진도 올렸다.

처음 주례를 부탁드리러 갈 때는 친구이자 처남인 안종관(安鍾寬)과 같이 갔었는데, 이때 찾아뵌 인연으로 처남도 뒤에 월탄 선생님을 주례로 모시고 결혼식을 올리는 행운을 얻기도 했다.

뒷날 언젠가 정초 월탄 선생님께 세배를 드리러 가서 뵈었는데, 선생님께서 주례를 서신 사진을 앨범으로 만들어놓은 것을 보여주기에 보니, 시인 김구용 교수가 제1호였으며 내 결혼사진도 비교적 앞에 있었다. 나는 이후 주례 선생

반세기가 넘는 세월을 함께한 부부

님이고 은사이신 월탄 선생님을 자주 찾아뵙지 못했는데 돌아가셨다는 신문 기사를 보고야 처남과 같이 충신동 집을 옮겨놓은 평창동으로 조문을 가서 자주 찾아뵙지 못한 눈물을 흘리기도 했다. 나는 대학 때 읽은 장편소설 『다정불심(多情佛心)』 외에는 선생님께서 집필하신 작품은 몇 편 읽지 못했으나, 선생님이 번역하신 『월탄삼국지(月灘三國志)』는 꽤나 여러 번 읽었다.

❸

교학도서 편집부에서 편집·교정의 기초를 대강 배우고 실제로 경험한 뒤 1964년 말이나 1965년 초부터 중학교 검인정 교과서 출원본을 만들 때 나는 작문(作文) 교과서를 담당하게 되었다. 편집 생활 1년도 되지 않은 신참에게 이런 교과서를 담당하도록 하는 것이 우리나라 출판계 현실이었다. 이 작문 교재는 1·2·3학년 각 한 권씩 총 3권으로 각 학년 100면 내외가 기준이었다. 이 때 교학도서의 작문 교과서 저자는 김현명 교장, 신학균 국립도서관 과장, 김성배 교수였는데, 김성배 교수님은 내가 서울문리사대 국어교육과에 다닐 때 은사님이셨다.

나는 우선 검인정 교과서의 집필 요령과 국어과 교육 과정을 읽어보고 나서 또 집필된 작문 원고와 교육 과정을 비교·검토해서 교육 과정에 들어 있는데 누락된 부분을 각 학년 저자들에게 추가로 집필하게 하고, 너무 전문적으로 어렵고 장황하게 집필된 것은 요약·정리하거나 평이하게 고쳐 해당 저자에게 다시 검증하도록 하며 출원본 원고를 정리해 넘겼다. 교학도서에서는 그때 영어·수학·사회 과목과 작문 과목을 출원하려고 준비했는데, 다른 중요 과목에 역량을 집중하느라고 작문 교과서는 안중에도 관심에도 없는 찬밥 신세였다.

회사 공문서나 작성하는 공타(사진식자처럼 활자판에 활자를 늘어놓고 한 글자 한 글자를 찾아 원지에 찍어 이를 등사한다)로 찍으라고 했는데, 이는 손으로 쓰는 것보다 능률이 나지 않았고, 타자수가 활자가 없으면 같은 계열의 글자를 찍어놓고 철필로 원지에 써서 맞추라고 제 딴에는 요령을 부렸다. 가령 '하' 자가 없으면 '히' 자를 쳐놓고 철필로 'ㅏ'의 'ㆍ'점을 그으라고 한 것이다. 한두 글자라면 모르되 같은 글자가 나올 때마다 일일이 다 그어야 하는 것이다. 잘못 타자한 글자를 잡아내기도 쉽지 않은 판에 이렇게 다른 곤혹스러운 일까지 감수하며, 또 야근을 밥 먹듯 하면서 검인정 출원 기일에 맞추어 출원본을 제출했다. 이때 교학도서 최상윤(崔相潤) 사장님께서는 다른 과목이 되면 작문은 떨어져도 괜찮다고 '위로'의 말씀을 하신 적도 있었다.

❹

교학도서 편집부에 있으면서 검인정 교과서를 출원하고 나서 시작한 것이 전국 교육대학 교재를 편집·교정하는 일이었다. 나는 이때 '교양체육' 교재를 담당하면서 '교육미술'의 편집을 도왔다. 미술 교재는 4×6 배판으로 판형을 잡고 각 장을 떼어 여러 사람에게 나누어주고 가편집을 해서 제출하라는 것이 편집부장의 지시였다. 이때 교학도서에서는 가편집하는 용지가 인쇄되어 있었는데, 원고에 일일이 조판 지정을 하고 도판을 표시하고 설명문을 넣고 이것을 도판 크기에 따라 가편집안에 도판 넣을 자리를 계산해 비우고, 본문은 그 글자 수를 계산해 글자 칸에 줄을 그어 1면씩 편집하는 것이다.

'교양체육'은 동작 도판이 많이 들어갔는데 가편집안 없이 원고에만 도판 크기를 표시하고 레이아웃을 해 처리하면 되었으나, '교육미술'은 각 장을 여러 사람에게 나누어주었기에 가편집하라고 한 듯하다. 내가 맡은 부분의 가편집을 마쳐 제출하니, 나보다 후배인 신참들이 원고를 가져와 샘플을 만들어달라고 해서 만들어주고 설명해 가르쳐주었으나 또 가지고 와서 물어보는 바람에 결국 내가 다 해준 셈이다.

이때 나보다 좀 늦게 들어와 검인정 교과서 사회과의 이항녕(李恒寧) 교수의 이른바 '공민'을 담당했던 옆자리 동료가 혼자 끙끙거리며 해낸 가편집안을 부장에게 제출했다 퇴짜를 맞고 다시 만지작거리는데 또 잘못하고 있었다. 거들어줄까 하다가 자존심을 다칠까 싶어 그만두었는데 역시 또 퇴짜를 당하고 말았다. 부장이 어떻게 다시 하라는 설명도 없이 심통을 부린 것이다. 영문도 모르면서 퇴짜를 당하고 그러면서도 물어보지도 않았다. 하도 딱해서 내가 그 방법과 요령을 차분히 가르쳐주니 그대로 해서 제출해 탈 없이 넘어가게 되었다. 나이도 나와 비슷하고 해 나를 경쟁 상대로 생각하고 경계한 듯싶었다. 이 친구는 뒤에 계몽사에서 아마 편집이사에 이르지 않았나 싶다.

이렇게 교육대학 교재를 만들 때 경륜이 많은 분이 담당했던 '민주주의 철학'의 교양 교재를 나더러 OK 교정지를 한 번 더 보라고 해서 읽기도 하면서 여름을 보내고 있을 때 검인정 교과서 합격 발표가 났다. 우리 회사에서 출원했던 영어·수학·사회 세 가지는 다 떨어지고 떨어져도 좋다는 작문 한 가지만 달랑 통과된 것이다. 회사는 초상집이 되었다. 작문 교과서 저자들이 사장실에 와서 기뻐했겠으나 담당했던 나를 찾아보지도 않아 편집부 동료들이 분개하기도 했다. 회사에서는 격려의 말도 없었다. 나는 몹시 섭섭했으나 분노하지는 않았다.

  이해 가을 초입에 검인정에 통과된 작문 1학년, 2학년, 3학년 3권을 조판·지정해 활자로 조판해 완전한 교과서로 만들라는 지시가 내게 떨어졌다. 이 지시를 받고 가만히 생각하니 은근히 화가 치밀었다. 그때 회사에서는 검인정 교과서 충격으로 쥐꼬리만 한 월급도 몇 달씩 체불하고 있었던 것이다. 나는 깊이 생각지도 않고 과감히 사의를 표명했던 것인데 말리는 시늉도 없었다. 이렇게 나는 교학도서(주)를 떠난 것이다. 내가 떠난 후 얼마 지나지 않아 그 회사는 결국 문을 닫고야 말았다. 내가 떠날 때 이 작문 교과서를 맡아 뒤처리한 분이 정태문(鄭泰文) 선배였고, 이해 겨울에 내가 신구문화사(新丘文化社) 편집부에 들어가 출근해보니, 정태문 선배가 먼저 와서 도서 제작을 담당하고 있었다.

한국 문학의
황금시대를 장식하다

●

신구문화사 시절

1_ 현대한국문학전집

❶

　나는 아무 미련이나 대책도 없이 교학도서에서 사직하고 잠시 작은외숙부의 '국어교육연구회' 일을 돕는 한편 ≪국어교육≫ 회지 발간을 맡아 편집·교정을 하고 있다가 또 외숙부의 추천으로 신구문화사 편집부에 들어가게 되었다. 1965년 12월 초였다. 이때 신구문화사는 종로구 청진동 이른바 해장국 골목 고려화재 맞은편 2층에 있었다. 회사에 가서 인사를 하니, 내일부터 삼청동에 있는 '인명사전 편찬실'로 나가라고 하면서 삼청동으로 안내해 편찬 팀과 인사를 시켰다. 이때 편찬 책임자는 뒤에 이화여대 사학과 교수로 간 하현강(河炫綱) 선생이셨다. 인사를 하고 와서 이튿날 출근을 하는데 예정이 바뀌어 청진동 본사 편집부로 나오라는 것이었다. 그래서 인명사전 편찬 동료들과는 인사만 나누고 말았다.

이때 신구문화사는 '세계전후문학전집'(전 10권)과 '세계의 인간상'(전 12권), '한국의 인간상'(전 6권)을 간행해 출판계 판도를 뒤흔들고, 또 '현대한국문학전집'(제1회 배본 6권)을 출판해 이른바 '낙양(洛陽)의 지가(紙價)'를 올리고 있을 때이다.

나는 새로운 환경에 불안과 두려움을 품고 출근을 했는데 '현대한국문학전집' 제2회 배본분의 수록 작품을 교정보라고 했다. 지금 어떤 작품을 가지고 교정을 보았는지는 생각나지 않으나 이때 처음으로 현대 소설을 교정보게 된 것이다. 내 딴에는 거의 2년 가까이 교정을 본 경험으로 그깟 소설 교정쯤이야 하고 가벼운 마음으로 교정에 매달렸는데 '어마, 뜨거워라'였다. 여태까지 내가 교정한 것은 주로 교재였는데, 교재나 기타 참고서는 기껏 4000 내지 5000 단어 안에서 표준어로 서술되어 큰 어려움 없이 사전을 조금만 찾아보아도 되었으나, 소설 문장은 단어가 수만으로 방대하게 확대되고 방언이나 속어가 큰 제약 없이 사용되어 내 어휘력으로 소설 교정은 참으로 감당키 힘겨웠다. 그렇다고 힘겹다고 할 수도 없어 출근해 의자에 앉으면 사전을 수없이 뒤적이고 끙끙거리며 교정을 보다가 점심시간이나 되어야 자리에서 일어날 수 있었다. 이런 생활이 반복되었다.

편집실에는 이우용 부장님과 부사장 이종호 교수가 깐깐히 버티고 있어 신참인 나는 하품도 제대로 못하면서 잔뜩 주눅 들어 있었다. 부사장 '이종호 교수'는 우촌(于村) 이종익(李鍾翊) 사장님의 아우인데, 신구문화사의 저자인 교수들이 모두 '이 교수'라고 불렀다.

신구문화사 편집부에 내가 들어갔을 때는 영남대 독문과에서 정년퇴직한 평론가 염무웅(廉武雄) 씨, 임종국(林鍾國) 선생의 부인 이선숙 여사, 유민영 교수의 부인 박은경 여사, 선배인 박재용 씨, 나보다 조금 뒤에 입사한 소설가 겸 예술대학 교수 최창학(崔昌學) 씨 등이 있었다. 우리들은 한편에 셋씩 마주보고 앉아 소설 작품 교정을 보되 대화도 큰 소리로 못하면서 지냈다. 이때 나는 신구문화사 편집 보조원인 두 사람이 같이 앉아 한 사람은 원고를 읽고 한 사람은 초교지를 보면서 대교하는 모습을 처음으로 보고, 신구문화사에서는 이렇게 원고 대조를 철저히 하는구나 하고 매우 감탄했다.

앞에서 나는 소설 교정이 매우 어렵다고 했는데, 따라서 어려움을 극복하려고 조금이라도 낯설고 이상한 말이 나오거나 방언이나 비속어가 나오면 반드시 사전을 찾아 확인하여 고치거나 바로잡는 것이 이때 습관이 되어 50여 년이 된 오늘날까지도 사전을 옆에 놓고 이상하다는 생각이 들면 꼭 사전을 찾아보고 나서야 고치거나 그대로 놔둔다. 교정자의 바른 자세를 나도 모르는 사이에 스스로 확립한 셈이다. 그리고 원고 대조를 철저히 하는 기본자세도 이때 몸에 밴 것이다.

1966년 '현대한국문학전집' 제2회분 7~12권의 소설 작품 교정을 보는 한편 앞서 중학교 검인정 교과서에 출원했다가 떨어진 '중학 한자' 교과서를 추가 검정으로 출원하게 되었는데, 이 교과서의 편집·교정을 하라는 지시를 받게 되었다. 내가 교학도서에서 검인정 교과서 '작문'을 만들었을 때 신구문화사에서는 중학교 국어과 검인정 교과서 네 가지 곧 작문·문법·한자 교과서와 가정·미술 교과서를 출원해 모두 다섯 종류가 합격하고 한자 교과서만 탈락해 이것을 다시 추가로 출원하려고 한 것이다.

이때 신구문화사에서는 한자 교과서 저자인 정병욱(鄭炳昱)·이경선(李慶善) 두 분을 여관에 모셔놓고 이미 통과된 한자 교과서를 모두 갖추어 이를 분석해 그 장점을 살려 새로 집필했던 것이다. 나는 여기에 동원되었다. 이때 앞서 신구에서 검인정에 출원했다가 떨어진 출원본을 보게 되었는데 하나의 전문적 한문 문법 이론서였다. 한자 교과서가 아니라 한문 문법서였던 것이다. 떨어질 만했다.

편집부장의 지시를 받고 넘어온 원고를 레이아웃해서 조판에 넘길 준비를 했다(이때는 바로 활자로 조판해 제출하게 되어 있었다). 교학도서에 있을 때 했던 대로 가편집 용지에 줄을 쳐서 1면씩 만들어 이 가편집안대로 조판하라는 조판 지시서였는데, 이 작업을 내가 하고 있는 것을 오가다 본 부사장님이 편집부장더러 편집을 모르는 신참에게 이런 일을 시켜서 되겠느냐고 호통을 쳤다. 편집부장은 다른 인원이 없다고 변명하며 우물우물 넘어갔다.

이 교수라 불린 부사장님은 나를 시원찮게 보고 업신여긴 듯하다. 그러나 추가 검정에 출원한 한자 교과서는 검정에 통과되어 신구문화사는 국어과 검인정 교과서를 모두 확보하게 되었다.

1966년 후반기에 또 '현대한국문학전집' 제3회 배본분 13~18권까지 교정을 끝냈는데 8·15 해방 후부터 1965년까지 등단한 뛰어난 작가와 시인의 작품을 총망라한 것이다. 오영수(吳永壽)를 비롯하여 김승옥(金承鈺)까지 소설가 49명의 대표작과 김수영(金洙暎)·고은(高銀)·구상(具常)을 비롯하여 황명걸(黃明杰)·황동규(黃東奎)까지 52명 시인의 대표 시를 망라하여 한국 문학의 황금시대를 연 것이다. 민중서관에서 나온 '한국문학전집'과 쌍벽을 이루는 금자탑을 세운 현대 한국문학계의 쾌거였던 것이다. 이 전집은 매회 배본 때마다 초판 5000질 3만 부를 찍었는데 출간한 지 일주일 만에 재판을 서둘러 찍었으며, 거래하는 제책소는 층마다 신구문화사 전집으로 꽉 차 있었다. 과연 '낙양의 지가'를 올릴 만한 출판물이었던 것이다. 당시 신구문화사는 전국적인 외판(할부판매) 조직망을 갖추고 있어 판문점에서부터 제주도까지 조직의 힘이 깔려 있었다고 한다.

2 『가람문선』과 『시조문학사전』

❶

신구문화사가 이렇게 절정을 향해 치닫고 있을 때라 박봉이지만 월급을 미룬 적이 없어 나는 어느 정도 안정된 상태로 편집·교정 일에 몰두할 수 있었다. 이때 소설 작품 교정을 하는 틈틈이 또 가람 이병기(李秉岐) 선생의 '가람문선'을 교정보게 되었는데, 가람일기와 서지학에 관한 논문은 참으로 교정을 보기가 어려운 글이었다. 시조집이나 논문이 실린 학회지나 기관지가 있는 것은 그 수록된 원전과 대조하면서 무난히 교정을 볼 수 있었으나, 일기 부분은 베껴온 것이라 인명이나 서명 등 잘못 쓴 고유명사는 알아낼 방법이 없었다. 따라서 잘못 고칠 수밖에 없었는데, 나중에 책이 나오고 나서 오자가 많다는 평가를 받고 매우 부끄러웠다. 나는 이때의 경험 때문에 원고나 원문과 반드시 잘 대조하고 나야 안심하는 결벽증이 생겼다. 이『가람문선』이 나오자 출판사에서는 가람 선생 고희(古稀) 잔치도 열어드렸다고 한다. 이런 기쁜 자리에 편집·교정에 종사한 이는 끼워주지도 않는 것이 당시 편집·교정 실무자의 처지이기도 했다.

이『가람문선』의 서문은 전북대에 교수로 있던 가람 선생의 제자인 시조시인 최승범(崔勝範) 교수가 썼다고 한다. 당시 가람 선생께서는 중풍으로 쓰러져

정신과 거동이 불편하신 상태였기 때문이라 한다. 이 서문은 뒷날 서울대 입시 문제 지문으로 출제될 만큼 명문(名文)이었다. 뒤에 나온 입시 참고서에 모두 출전 미상이라고 표시되었던 것을 본 적이 있다. 우리나라 사람들의 고증 정신이 형편없다는 한 증거이기도 하다.

『가람문선』을 교정보면서 또 정병욱 교수 편저인『시조문학사전(時調文學事典)』을 교정보게 되었는데, 고어(古語) 표기대로 시조 원문을 제시하고 주석을 달고 증고(證考)를 제시하고 참고(參考)도 붙여놓아 고어와 한문이 범벅이 되어 아무나 교정을 볼 수 없는 '사전'이었다. 배열 순서는 시조 초장을 기준으로 삼아 가나다순으로 하고 시조 번호를 매겼는데, 모두 2376수가 수록되어 있었다. 그리고 보주(補註)에는 한문 원문 문장이 제시되어 있었는데, 한문을 전공하거나 한문 교육을 제대로 받은 바가 없는 나로서는 교정을 잘 볼 수가 없었다. 그러니 원고와 철저히 대조해보는 수밖에 없어 두 번씩 대조를 한 셈이다. 이렇게 하고도 부록으로 실린 보주는 동료 직원과 같이 서울대 도서관에 가서 일본에서 나온『한화대사전(漢和大辭典)』을 찾아 확인해보기도 했다. 이 사전은 일본어를 모르는 우리가 이용하기에 어려움이 많아 나중에는 건성건성 찾다가 그만두었다.

이『시조문학사전』은 조판할 데도 마땅찮아 국정 교과서 인쇄 공장에서 글자를 만들어가며 몇 년에 걸쳐 조판해준 것이다. 당시로서는 일반 상업 조판 인쇄소에서는 조판해줄 수 없는 인쇄물이었다. 또 덧보탤 말은, 이 사전은 내가 신구문화사에 들어가기 전에 조판에 넘겼던 것이다.

어쨌든 이 사전이 출간되자 한국출판문화상 저작상을 받기도 했다. 오늘날은 복사술이 발전되어 원전을 복사해 손쉽게 참고할 수 있으나, 당시는 원전에 접근하기가 쉽지 않아『해동가요(海東歌謠)』나『청구영언(靑丘永言)』같은 시조집 원전을 대조해 확인할 수 없었던 것이 길이 아쉬움으로 남았다.

❷

　내가 군소리 없이 어려움을 마다하지 않고 시키는 대로 하자, 또 조판해두었던 이길상 교수의 화학 참고서를 마무리하라는 것이다. 또 이의도 달지 못하고 매달려 교정을 보았으나 화학에 전혀 소양이 없는지라 원고와 차분히 대조하고 도판(圖版)을 맞추어보고 하면서 교정을 보자니, 일본 교재 원도에 전사(轉寫)하여 붙인 도판 문자의 크기가 일정치 않고 선도 또한 들쑥날쑥해 편집에 일관성이 없기에 편집부장에게 실상을 얘기했더니, 그냥 되어 있는 대로 마무리하라는 것이었다.

　나도 더 이상 뭐라고 말할 만한 계제가 아니기에 그대로 교료지를 올렸더니, 이를 본 부사장께서 이 참고서를 누가 편집했기에 이 모양이냐며, 신구문화사를 망신당하게 할 만하다고 노발대발 담당자를 찾았다. 잔뜩 주눅이 든 내가 변명 겸 사실을 말씀드렸더니 머쓱하시면서 그러면 '소추권'이라도 발동해 위에 말했어야 했다면서 슬그머니 물러 앉으셨다. 이 사건은 편집부 중인환시리(衆人環視裏)에 일어났던 일이라 이후로 편집부장이 우리들의 뜻을 막아 무슨 거북한 일이라도 일어날라치면 "우리 소추권을 발동합시다" 하는 우스갯소리가 한동안 편집부에 유행하기도 했다.

3_ 고등학교 국어과 검인정 교과서

　1966년 이제 나는 신구문화사 편집부에서 유행어도 만들면서 편집·교정자로 자리를 잡아가고 있었고, 그 사이 신구문화사는 사장님이 출판 공로로 제15회 서울시문화상도 타고 또 한국출판문화상도 타면서 승승장구 발전하고 있었다.

이때 또 회사에서는 고등학교 검인정 교과서를 출원하려고 편집부를 동원했는데, 나와 최창학·이인식 선배 등은 국어과의 문법·작문·고전·한문에 동원되어 또 여관살이와 야근을 밥 먹 듯하며 지내게 되었다.

국어과 저자는 작문에 백철(白鐵)·정병욱·이어령(李御寧) 등이며, 고전에 정병욱·이응백(李應百), 문법에 허웅(許雄), 한문에 이경선(李慶善)·정병욱 등이었다. 정병욱 교수는 문법을 빼고는 세 과목의 공저자로 참여한 신구문화사 전속 저자이셨다.

검인정 출원 막판에는 여관살이로 지내면서 불철주야해서 국어과 네 가지와 가정·미술 교과서를 출원해 모두 다 검인정에 합격하는 쾌거를 이루어냈다. 특히 국어과 네 가지는 회사의 명예를 살린 셈이다. 이렇게 해서 나는 세 번에 걸쳐 검인정 교과서 출원에 참여해 한 번도 실패를 경험하지 않았다. 이때 검정을 통과한 고전과 작문은 전국 고등학교에서 채택률이 제일 높았던 교과서이기도 했다.

국어과 네 가지 가운데 고전은 내가 가장 힘을 기울였는데, 막판에 지형을 떠서 검인정 회사에 보내기 전에 『석보상절(釋譜詳節)』 제시문이 아무래도 찜찜해 저자 정병욱 교수에게 그 원전을 구해달라고 하여 서울대 문리대 정 교수 연구실에 가서 빌려온 원전과 대조하니 1면도 안 되는 원문에서 고쳐야 할 글자가 하도 많아 고친 글자와 부호가 빼곡했다. 이 원문은 방점까지 찍어 제시한 것이다. 이 교정지를 정 교수님께 보여드렸더니 충격을 받고 어쩔 줄 모르셨다. 이에 앞서 제시한 「용비어천가(龍飛御天歌)」 원문은 내가 가지고 있던 정음사(正音社)에서 찍어낸 원문과 몇 번씩 방점을 대조하여 완벽을 기해 안심할 수 있었다.

그리고 검인정에 통과되어 고등학교에서 1년이나 수업을 했는데, 여기 실린 국문학 연표는 내가 다시 정밀히 고증하여 그 연대를 바로잡기도 했다. 이렇게 정성을 쏟아 넣었기 때문에 이 고전 교재는 전체 고등학교 중 70퍼센트가 채택해 썼다고 한다. 뒷날 1971년과 1976년에도 다시 검인정에 통과되어 15, 16년이나 우리나라 고등학교 고전 교육에 크게 기여했던 것이다.

　이 고전 교과서가 검인정에 통과되자 저자 두 분이 편집부에서 수고한 몇 사람을 시청 옆에 있는 한식 요정 이른바 방석집에 초대했다. 나는 난생처음으로 요정엘 가보기도 했는데, 이때 2차는 댄스홀에 가서 정병욱 교수의 그 유명한 춤 솜씨를 보고 넋을 잃기도 했다. 정 교수의 춤 실력은 우리나라에서 최상급이라는 설이 그 당시 나돌았다.

4__『한국인명대사전』

❶

　1966년 늦가을이나 초겨울에는 『한국인명대사전(韓國人名大事典)』 편찬 작업이 완성되어 그 교정 임무가 편집부에 떨어졌다. 일본어를 배운 나이 든 세대는 『조선사(朝鮮史)』와 사실을 대조하기도 했지만, 우리들은 띄엄띄엄 차례대로 교정을 보았다. 이때 신구문화사 편집부와 사전편찬실에는 박씨(朴氏)가 서너 명 있었는데, 이 무렵 박인수가 많은 수의 여대생들과 춤바람 난 사건이 사회에 큰 이슈가 되었다. 인명사전을 편찬하며 문성공파니 승지공파니 하는 말을 재미 삼아 하던 때라, 이 박씨들을 '인수공파' 박씨라 부르기도 했다.

　어쨌든 한국 초유의 방대한 인명대사전 교정에 참여한다는 것만으로도 내게는 큰 행운이요 쉽지 않은 기회라고 생각하고 교정을 보았으나, 나는 이 사전에 크게 기여하지는 못했다. 이 사전에는 우리나라 고조선부터 1966년까지 작고한 1만 1000여 명이 집필·수록되고 중요 고전소설의 주인공들도 수록되었으며, 4·19의 도화선이 된 김주열(金朱烈)도 수록된 한국 역사 인명사전이었다. 이런 방대한 사전은 국가사업으로 해야 할 만한 대작인데, 이를 1967년 3월에 신구문화사의 힘만으로 편찬·간행한 것이다. 이 『한국인명대사전』은 1967년 한국출판문화상을 수상하기도 했다.

나는 이 『한국인명대사전』 편찬·교정에 크게 기여하지는 못했으나 뒤에 이 사전을 교정볼 때 참으로 많이 활용하고, 나중에 고려대 민족문화연구소에서 나온 『한국도서해제(韓國圖書解題)』와 일본 사람 마에마 교사쿠(前間恭作) 편집의 『고선책보(古鮮冊譜)』(3책, 東洋文庫, 1956)를 참고해 인명사전에 수록된 인물 200여 명의 생몰 연대를 밝혀내어 중판을 찍을 때 상감(象嵌)하여 보완하기도 하고, 1970년대 중반 내가 창비로 가기 전에는 조선일보에 가서 인명사전 증보 대상 인물을 신문에서 조사해 노트에 적어 신구문화사를 떠날 때 넘겨주고 나왔다. 이후 나는 인명사전 편찬에 큰 관심을 갖고 그 편찬 방법을 많이 생각하여 복안(腹案)을 수립하고, 또 중국과 한국의 역사 인물 수천 명을 뽑아 해설해 내가 편역·편찬한 책에는 반드시 주로 붙여놓기도 했다.

거듭 말하자면 『한국인명대사전』을 편찬하며 당시 식민 사관을 극복하는 일이라 생각해 중국에 사신으로 다녀온 많은 인물을 빼놓기도 하고, 또 자료의 부족으로 뛰어난 인물이 많이 누락되었으며, 있는 자료도 대조·검증하지 않아 생몰년 미상이 많은데, 고대사 인물을 제외한 조선 시대 인물은 생몰년을 상당수 찾아낼 수 있다고 나는 확신하고 있다. 자료 조사를 철저히 하여 우리 역사 인물을 정리·정립해 후학들이 쓸데없는 데 시간을 쓰지 않고 쉽게 인명에 대한 지식을 알아 잘 이용할 수 있는 터전을 마련해놓는 것이 우리들의 책무라고 생각한다.

❷

　신구문화사에서는 1967년 3월에 우리나라 출판문화의 금자탑인『한국인명대사전』을 간행하는 한편, 앞서 번역을 의뢰해 원고가 들어온 세계 5대 성인의 전기(傳記)인 '영원한 인간상'(전 5권)을 교정해 출간하려 준비했다. 5대 성인이란 공자(孔子)·석가(釋迦)·예수·마호메트·소크라테스를 말하는데, 공자 편에는 아성(亞聖) 맹자(孟子)를 곁들였다. 이때 나는 주로 공자를 담당·교정하여 공자와 맹자의 일생을 대강 알게 되었다. 다른 성인들의 거룩한 생애도 한 번씩은 읽고 교정한 듯하나 내 머리에 뚜렷이 각인된 감동이 남아 있지는 않았다. 이로써 신구에서는 '세계의 인간상'(전 12권), '한국의 인간상'(전 6권)에 이은 인간상(人間像) 시리즈를 완성한 것이다.
　이때 나는 편집 체제에 관한 큰 체험을 하나 했다. '영원한 인간상' 교정을 마무리할 단계였는데 제동이 걸린 것이다. 이 시리즈는 앞서의 '한국의 인간상'이나 '세계의 인간상'과 달리 4×6판 본문 9포인트 활자에 세로쓰기 전단으로 조판·편집되어 있었는데, 너무 허술하고 짜임새가 없다고 판을 수정하라는 것이다. '한국의 인간상' 등은 본문 8포인트 2단 세로쓰기로 되어 있었던 것을 활자 크기를 1포인트 키우고 전단으로 해서 좀 낯설고 빈 공간이 많았던 때문이다. 우리 교정자들로서는 좀 어이가 없었고 고위층에서 횡포를 부리는가 싶었다. 신구에서는 책의 체제를 결정할 때는 신중을 기하느라 반드시 '견본 조판'을 몇 가지로 짜서 그중에 가장 좋다고 생각되는 판으로 결정하여 조판을 하는 것이 관례였는데, 이런 과정을 거친 것을 교정 완료 단계에서 뒤집으라 한 것이다.
　우리들은 어떤 결말이 나올까 허탈하게 일손을 놓고 기다렸는데 이왕 교정까지 본 것이라 세로쓰기 전단을 세로쓰기 2단으로 고치라는 결론이 나왔다.

가장 현실적이고 현명한 방향으로 결판이 난 것이다. 이에 따라 판을 다시 짜 놓고 보니 허술하다는 느낌이 없어졌다. 참으로 잘 수습되었다는 생각이 들어 사장님의 판단에 승복하고 말았다. 이 '영원한 인간상'은 이듬해 1968년 문공부(문화공보부) 우량도서에 선정되기도 했다.

5_ 현대세계문학전집의 『풍도』

1968년 3월에 신구문화사에서는 '현대세계문학전집(現代世界文學全集)' 제1회 배본 6권을 간행했는데, 이는 신구문화사를 비약적으로 발전시킨 '세계전후문학전집(世界戰後文學全集)'(전 10권)에 이은 세계문학전집의 후속편인 셈이다. 이 가운데 제6권에 수록된 이노우에 야스시(井上靖)의 『풍도(風濤)』를 내가 원고 교정을 보게 되었다. 이제 나는 처음으로 세계문학 작품을 교정보게 된 것이라 매우 긴장을 했다. 더구나 나는 8·15 해방 후에 초등학교에 들어간 세대라 일본어를 전혀 몰랐다. 이 작품은 시인 이원섭(李元燮) 선생이 번역해왔는데 필체가 활달·단정했다. 나는 원고를 원서와 대조하면서 교정을 보아나갔다. 일본어는 몰라도 고유명사나 역사 용어는 한자를 사용하므로 짐작만으로 원서와 대조·교정할 수 있었다.

이 『풍도』는 고려와 몽고 연합군이 일본을 침략하다가 태풍과 파도로 크게 실패하는 실제 역사 사실을 가지고 쓴 역사소설이라 대체로 역사 기록과 일치하고 있어 나는 『고려사절요(高麗史節要)』 등을 참고하면서 교정을 하고 또 당시 우리 회사에서 편찬·간행한 『한국인명대사전』의 인명과 대조·참고하기도 했다. 이렇게 사료(史料)와 사전을 참고하면서 원고 교정을 보다 보니 인명의 한자나 작품에 서술된 날짜가 맞지 않아 역주(譯註)를 달았는데, 이때 단 역주가 수십 개나 되었다. 나는 우리나라 역사를 소재로 한 것이라 혹 왜곡된 사실이나 편견이 있을까 해서 열심히 힘껏 살피며 당시 고려 백성들이 겪은 비참한 현실을 안타까워하기도 했다.

이러구러 '현대세계문학전집' 제1회본이 발행되고 나서 편집부의 선배 박재용 선생이 이 작품에 대한 오자나 오류에 대해 작가에게 알리는 것이 좋겠다면서 일본 말로 편지를 써주며 일본 잡지사 전교(轉交)로 보내고(이 작품은 잡지에 당시 연재되었던 것을 대본으로 삼아 번역했다), 내가 세 들어 살던 마포구 염리동 주소를 써서 광화문 우체국에서 보냈다. 출판사에서 전집을 내면서 교정을 보다가 밝혀낸 것을 드러내지 않고 한 독자로서 읽다가 발견한 오류를 작가에게 알리거나 의견을 묻는 형식으로 보낸 것 같다. 내가 일본어를 모르니 박 선배가 어떤 내용을 썼는지는 구체적으로 알지 못했다. 요즘 같으면 간단히 복사라도 해두었을 텐데 당시는 복사기가 없어 편지 원본 내용을 남길 수 없었다.

또 뒷날 이『풍도』를 번역하신 이원섭 선생께서도 지인(知人)들에게 이 작품 번역에 대한 찬사를 많이 들었노라고 하면서 내게 고마워하기도 했다.

편지를 부치고 나서 나는 '현대세계문학전집' 제2회 배본분 6권을 또 교정 보면서 지냈고 이해 8월엔 제2회 배본이 나왔다. 신구의 이 전집 1회 배본 제6권에 나온 이노우에 야스시와 제2회 배본 제12권에 나온 미시마 유키오(三島由紀夫)는 뒤에 여러 차례 노벨상 후보에 올랐다. 이는 '현대세계문학전집'이 얼마나 공을 들여 그 작가와 작품을 선택했는지 보여주는 단적인 증거라 하겠다.

이 '현대세계문학전집' 제3회 배본 6권이 1970년 12월에 간행되고 나서 전18권으로 이 시리즈를 끝냈는데, 앞서 출간한 '세계전후문학전집'과 같이 잘 팔리지 않아 계속 내지 않고 마감한 듯하다. 그러나 이 전집에 수록된 작가들인 솔 벨로가 1976년에, 윌리엄 골딩이 1983년에 각각 노벨문학상을 받았다.

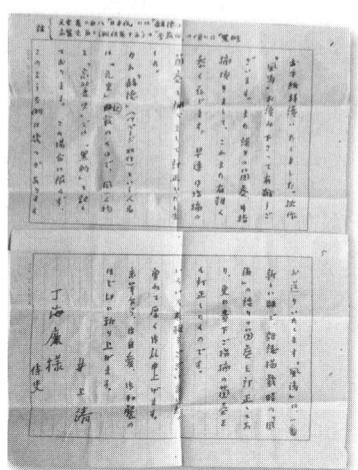

이노우에 야스시 선생의 편지

어찌 됐든 나는 외국어를 잘 모르면서 이렇게 세계 각국의 문학작품을 교정보았는데, 이는 그동안 쌓아온 교정 노하우를 가지고 그럭저럭 버틴 것이다. 외국 문학작품을 교정볼 때는 외래어표기법을 잘 정리해놓은 문교부의 『편수자료』를 잘 활용하고, 또 『국어대사전』의 외래어 표기도 참고했던 것이다.

내가 이노우에 야스시 선생님께 편지를 보내고 몇 년이 지나 1972년 8월 20일 소인이 찍힌 작자의 회답 편지를 받았는데, 5장이나 되는 편지로 물음에 대해 하나하나 사인펜으로 자세히 설명하신 것이었다. 그리고 얼마 뒤에 작품을 다시 퇴고하여 낸 단행본까지 보내주셨다. 이 단행본은 내게 그다지 필요하지 않다고 생각해 당시 편집부 동료였고 일본어를 읽을 수 있던 『친일문학론(親日文學論)』의 저자 임종국 선생의 부인 이선숙(李善淑) 여사에게 기증했고, 이노우에 선생님의 편지는 지금도 소중히 간직하고 있다. 지금 와서 생각하니 당시에 왜 사실대로 알리지 않았을까 하는 아쉬움이 남는다.

6 　백철문학전집

　1968년에 접어들어 신구문화사는 회사 체제를 바꾸고 규모를 확장하려고 진통을 겪으며 또 상업성이 높고 대중성이 있는 단행본이나 베스트셀러를 낸다는 명분으로 도서출판 '삼경사(三耕社)'를 설립하고 그 첫 작품으로 일본 사람 마쓰모도 세이지(松本淸張)의 탐정소설 같은 대중소설 『암흑대학(暗黑大學)』(상·하 2권)을 냈는데, 이 소설의 교정도 결국 신구문화사 편집부에서 담당한 것이다.
　나는 삼경사의 이 소설을 교정하면서 또 유명하신 평론가 백철(白鐵) 선생의 '백철문학전집'(전 4권)을 교정하게 되었다.
　이때 이 전집의 조판·인쇄를 삼화인쇄(주)에서 담당했는데, 그 회사의 공무부장인 이민호 씨가 백 선생님의 제자라 이 회사에 조판·인쇄를 맡긴 것이다. 이 회사는 우리 회사가 많이 거래하던 평화당인쇄(주)의 사위인 유기정 사장이 창설하여 평화당인쇄(주)보다 더 발전한 회사이고 그 사장님은 뒤에 중소기업협동조합 중앙회 회장을 거쳐 국회의원까지 한 입지전적 인물인데, 우리는 책 출간이 다급하여 백철 선생님을 모시고 삼각동 근처에 있는 삼화인쇄소에 가서 조판과 교정쇄를 독촉했다. 저 유명한 선생님이 납신지라 인쇄소 사장님이 와서 인사를 하는 바람에 그 유기정 사장님도 처음으로 뵙게 되었다. 원로 교수님인 백철 박사는 원래 인품이 너그러운 분이고 또 일을 부탁하는 처지라 정중히 부탁을 드리고, 유기정 사장은 선진 외국의 사례를 초들며 교정지에서 함부로 많이 고친 것을 아주 당당히 탓하셨다. 나는 이때 인쇄소 사장님께 편집·교정의 룰과 자세를 배우기도 하고 삼화인쇄의 선진적인 문선·조판 시스템에 대해 이민호 부장에게 설명을 들으면서 현장을 견학하기도 했다.
　당시 대부분의 다른 조판·인쇄소에서는 문선(文選) 따로 조판(組版) 따로였으나, 삼화인쇄소에서는 문선공이 조판 체제에 맞추어 문선하면서 띄어쓰기

공목을 넣고 또 행간 인테르를 넣으며 순서대로 판을 만들어놓으면 조판공은 이를 한 페이지씩 그러모아 조판을 하는 것이었다. 따라서 문선이 끝나면 곧이어 조판도 끝나게 되는 것이다. 이 시스템이 문선·조판을 얼마나 능률적으로 할 수 있는지는 나도 잘 모르겠지만, 그 후 다른 조판·인쇄소에서 이 시스템을 받아들이지는 않았던 것 같다. 이때 처음 본 이민호 부장은 뒤에 신구전문대 인쇄과 교수로 초빙되어 만나기도 했다.

이 백철 선생님은 초창기 신구문화사의 아주 중요한 저자였는데 아마 그때의 고마움으로 팔리지도 않을 전집을 만들어드리고 뒤에 신구전문대가 개교할 때 초대 교장으로 옹립하기도 하며 초기 인연의 은혜를 크게 갚는 한편, 선생님의 명성을 활용하기도 한 듯싶다. 이 '백철문학전집'은 1969년 제10회 한국출판문화상 저작상을 타기도 했다.

신구문화사는 1951년 10월에 창설되고 1954년 3월에 백철 선생님의 『문학개론(文學槪論)』을 내어 대학 문과 계열 학과의 필독 전공서로 자리 잡았다. 백철 선생은 1957년 5월에 가람 이병기(李秉岐) 선생과 공저로 『국문학전사(國文學全史)』를 내고, 또 1958년 『문학ABC』, 1959년 『문학의 개조』 등을 내며 초창기 신구문화사가 출판사로 자리 잡을 때 크게 도움을 주셨다. 또 신구 시리즈에 편집위원으로 신구문화사의 발전에 크게 기여하셨던 것이다.

7 _ 『한국사의 반성』

나는 신구문화사에서 만 4년, 교학도서에서 1년 반, 그리고 몇 달의 다른 학회지 교정·제작 경험을 한 6년 차 편집·교정자가 되어 있었으나 아직도 새로운 교정지를 처음 대할 때마다 두려움이 앞섰다. 그러나 아무리 낯설고 어려운 교정물이라도 일단 잡기만 하면 부족한 실력이지만 혼신의 힘을 다하는 것이 차차 몸에 배어 정신을 흩뜨리지 않을 만큼 되었다.

나는 '현대세계문학전집' 제2회분을 끝내고 또 제3회분도 원고를 보면서 『한국사의 반성(反省)』 원고의 편집·교정에 착수했다. 이는 역사학회에서 편하여 우리 회사에 간행을 부탁한 것인데, 한동안 단행본을 손대지 않아 새로운 일거리에 부닥친 셈이고, 일반 문학서나 교양서만을 교정보다가 이제 학술 논문인 역사 논문을 교정하게 된 것이다.

신구문화사에서는 그동안 전집을 2단 세로짜기 체제로 판 구성을 해 출판하고 활자도 8포인트로 본문을 삼고 있다가 '영원한 인간상'부터 9포인트로 활자 크기를 1포인트 키우고, '백철문학전집'은 세로짜기 전단으로 판면 체제를 바꾸는 등 조금씩 변화를 시도하다가 이 『한국사의 반성』에서는 이제 가로짜기와 9포인트 활자로 판면 구성을 하고, 국한문 병용 체제를 택하기는 했으나 한자를 대폭 줄이기로 했다. 이런 비교적 전문적인 책은 본문을 한글로만 쓰고 한자를 괄호에 병기할 단계로 비약시키기에는 아직 일렀던 것이다.

이 『한국사의 반성』에는 1960년대에 일제의 식민사관을 극복하고 우리나라의 역사를 새로운 시각으로 보려는 전문적인 논문과 실학(實學)에 대한 관심을 일깨우는 당시로서는 우리나라 최고 수준의 역사 논문이 수록되었는데, 내게는 다소 생소한 분야의 글을 이제 교정하게 된 것이다. 그러나 원고를 차분히 잘 대조하고 부지런히 자료를 찾아보고 열심히 공부하면서 교정을 보아 무난히 큰 탈 없이 발행할 수 있었다. 그러나 이때 다른 논문은 기왕에 활자로 인쇄된 별쇄본을 가지고 정리해 어려움 없이 조판·교정할 수 있었는데, 천관우(千寬宇) 선생의 「조선후기(朝鮮後期) 실학(實學)의 개념(槪念) 재검토(再檢討)」라는 글은 당신의 기왕의 글을 새로 쓰다시피 한 것이었다. 선생님은 당시 동아일보에 계셨는데, 선생의 필체는 아무나 그 글자를 알아볼 수 없어 '전용 문선공'이 있다시피 하다는 말이 떠돌고 있을 때였다. 그러니 나 같은 역사 전공자도 아닌 자가 선생님의 원고 글씨를 판독하기란 쉽지 않았다. 어렵사리 원고 교정을 보고 조판 지정을 해서 평화당인쇄(주)에 넘겼는데, 당시 평화당인쇄소에서는 월간지 ≪신동아≫를 조판·인쇄하고 있어 천관우 선생의 글씨를 판독해 문선하는 문선공이 있었다고 한다. 이렇게 문선·조판되어 나온 20여 면을 나는 또 하루 종일 걸려 초교를 겨우 대조·교정하고 재교지를 뽑아 다시 교정을 보고서도 판독이 어려운 글자를, 그래서 틀렸을지도 모르는 곳을 표시하고 선생님께서 잘못 쓰신 듯한 글자를 체크해서 필자 교정으로 넘겼다. 이때 신구 편집부에는 교정과장으로 이인식 선배가 있었다. 이 과장이 교정지를 선생님께 전달하고 받아왔는데, 내가 제기한 문제에 대해 선생님께서도 다시 자료를 조사해 기왕에 잘못 알고 있던 것을 수정할 수 있다고 하며 고맙다는 뜻을 전하라 하셨단다. 그때 일로 지금까지 잊히지 않는 한 사례는 유득공(柳得恭)의 호를 '냉재(冷齋)'라고 알고 있었는데 '영재(泠齋)'가 아니냐고 여쭈었더니, 다시 조사해보시고는 '영재'가 옳다고 하셨다. 유득공의 호는 당시 신구문화사의 『한국인명대사전』에도 냉재(冷齋)·냉암(冷庵)이라고 나와 있었다. 또 훗날 벽사(碧史) 이우성 선생님을 뵈었을 때 『한국사의 반성』을 내가 맡아 교정하면서 여기 실린 선생님의 글 「이조 후기의 지리서·지도」를 보았다고 하니, 그 글은 교정 처리하기가 그다지 쉽지 않은 글이었다고 하시면서, 신구문화사는 역시 수준 높은 출판사임을 느꼈다고 말씀하셨다.

나는 『한국사의 반성』(1969년 1월 발행)을 편집·교정하면서 한국사 연구의 새로운 동향(動向)을 알 수 있었고, 또 역사물도 교정볼 수 있지 않을까 하는 자신감을 비로소 가지게 되었다.

8 ___ 가와바타 야스나리 전집

나는 1969년 1월 『한국사의 반성』을 교정하는 한편, 일본 작가 가와바타 야스나리(川端康成)의 소설 전집인 『가와바타 야스나리 전집(川端康成全集)』(전 6권)을 교정보게 되었다. 가와바타는 일본의 대표적인 그리고 가장 일본적인 작가 중 한 사람이라 나는 이 작가의 작품을 읽으면서 일본 문학의, 특히 소설 문학의 편린이나마 알게 된 것이다. 그러나 이때 나는 왜 일본 작가의 전집을 신구문화사에서 내야 하는지 의문을 가지고 있었고 일본 소설에 크게 흥미도 없었다. 다만 주어진 일이라 열심히 교정을 보았고 재미있게 읽은 작품도 있었다.

어쨌거나 우리는 이 전집을 교정하여 출간할 수 있는 단계에 가까이 와 있었는데, 이 가와바타 야스나리가 1968년도 노벨문학상을 타게 되었다는 뉴스가 나왔다. 신구문화사에서는 해마다 '노벨상문학전집'을 발간하고 있어 이때 가와바타 야스나리의 전집에서 대표적인 작품 몇 편을 뽑아 1개월 이내에 책을 낼 수 있었는데도 그렇게 하지 않았다. 급하게 졸속으로 후딱 책을 만들 줄도 모르고 또 그럴 마음도 없었던 듯하다. 이듬해인 1969년 2월에 이 전집 6권이 나온 것을 보아도 노벨상이 발표될 때 전집 교정이 많이 진행되어 있었으리라고 누구나 유추할 수 있을 것이다. 이렇게 신구문화사는 많은 노력과 정성을 들여 책을 만들었기에 독자와 저자와 작가의 신뢰를 얻을 수 있었던 것이다. 한편 1968년도 '노벨상문학전집' 제10권 가와바타 편은 그냥 주운 것이나 다름없어 큰 북새를 떨 것도 없이 발행할 수 있게 되었다.

9 _ 『한국현대사』

1969년 2월 신구문화사 편집부에서는 '가와바타 야스나리 전집' 6권을 교정·출간하고 나서 이홍직(李弘稙) 박사님의 회갑 기념 논총인 『한국사학논총(韓國史學論叢)』의 한국사 논문을 교정보면서 지내는 한편, 『한국현대사(韓國現代史)』 제1기분 5권도 원고 교정을 보면서 그 체제를 토론하기 시작했다.

이『한국현대사』(전 9권)는 조선 말기 고종이 등극하고 대원군이 집정하는 1864년부터 현대 100년의 역사를 테마별로 다루어 집필하되 현대 독자들이 읽기 쉽게 서술된 것이라 편집부에서도 이에 걸맞은 체제를 꾸미려 한 것이다. 따라서 본문은 『한국사의 반성』에서의 국한문 병용 체제에서 한 걸음 더 나아가 한글을 원칙으로 삼고 꼭 필요한 한자나 외국어는 괄호 안에 넣어 누구나 쉽게 읽을 수 있도록 하는 한편 역사 현장 사진 자료를 많이 넣어 시각적인 효과도 거두려 한, 당시로서는 매우 과감하고도 혁신적이고 참신한 편집 체제를 시도했다.

이『한국현대사』는 매우 쉽고 평이하게 서술되고 전문적인 논문체의 딱딱함을 피했기 때문에 보수적인 학계에서는 애써 외면하고 보지 않은 듯, 인용도 피하고 거론하지도 않아 널리 보급하기에는 한계가 있었다. 그러나 한국사학계에 현대사 연구의 중요성을 일깨워 현대사 전공자도 학계에 자리 잡게 하고 학술 논문도 쉽고 평이하게 써야 한다는 일깨움을 주기도 했다. 오늘날 현대사 논문이나 논설도 『한국현대사』에 기술된 성과에서 크게 앞으로 나아갔다고 여겨지지 않는다.

어쨌든 나는 이 『한국현대사』를 교정보면서 일제의 한국 침탈의 실상을 알게 되었고 민족 독립운동의 당위성도 깨달았으며, 역사에 눈을 뜨기 시작했다. 또 평이하고 쉽게 읽을 수 있는 체제로 편집·교정한다는 것이 말로는 쉽지

만 실천하기는 쉽지 않다는 것을 깨달은 것이다. 한자로 써온 원고를 음독하여 한글로 고치고 꼭 필요한 한자를 선별·판단하며 원고를 정리하기란 그다지 쉽다. 따라서 편집 체제의 개혁이나 혁신은 많은 고민과 실천 노력이 따라야 한다는 것을 이 『한국현대사』를 교정보면서 깨닫기도 했다. 나에게는 큰 소득이었다.

이 『한국현대사』 제1기 제5권을 교정볼 때 일인데, 이 현대사 원고에서 가장 분량이 많았던 고려대 김성식(金成植) 교수님의 「다시 보는 태극기: 8·15 해방」 항목의 재교를 내가 보게 되었는데, 교정을 보다가 아무래도 이상하다 싶어 원고를 찾아 살펴보려니까 군데군데 ×를 긋고 빼버린 곳이 있었다. 이를 읽어보니, 집필자의 사관(史觀)이 짙게 배어 있는 참으로 문학적인 명문(名文)들이었다. 참으로 이상했다. 내가 보기에는 김성식 교수의 역사관과 문학 정신이 강렬히 투영된 곳을 모두 빼버린 것이다. 그것도 일본 천황제(天皇帝)의 허상(虛像)을 신랄히 철저하게 비판·풍자한 문장들이었다. 나는 깜짝 놀라 이 원고를 교정한 편집부 선배·동료를 찾아 물으니, 역사 사실이 아니라서 뺐다는 것이었다. 그래서 나는 이 원고를 받아온 이선숙(李善淑) 여사와 상의하고 빼버렸던 여러 장의 원고를 그 원래 자리에 보충해 넣었다.

여러 장의 빼버린 원고를 보충하니 김성식 선생님의 문학적인 문장의 역사 서술이 참으로 빛을 발하는 것이었다. 만일 내가 이때 이를 발견하여 보충하지 않았더라면 책이 나온 뒤에 필자의 항의를 받고 회수하라는 큰 소동을 분명 피하지 못했을 것이다. 내가 이런 소동을 간발의 차로 막아낸 것이다. 뒤에 생각해보니, 이때 나의 이런 행위 때문에 그 선배는 그 뒤 어느 때인가 퇴사를 하게 된 듯싶다. 신구문화사 편집부에서는 전에 '한국의 인간상'을 교정볼 때 생긴 전통 때문에 필자의 글을 서슴없이 고치거나 빼는 일을 잘도 했기 때문에 이런 사건이 쉽게 일어난 것이리라. 나는 저자의 글을 함부로 고치거나 쉽게 빼버리는 일을 절대로 하지 않는데 이는 이때 겪은 아찔한 경험 때문이며, 이것이 교정자로서의 나의 좋은 점이 된 것이라 생각할 수 있겠다.

이 『한국현대사』 제1기 5책은 1969년 12월 20일 발행되었다. 나는 이듬해 4월경 신구문화사에 사직서를 내고 5월 중순경 을유문화사(乙酉文化社) 편집부로 옮겨 6·7개월 근무했다. 그 사이 신구문화사에서는 『한국현대사』 제2기 3책을 편집·교정하다가 교료(校了) 단계에 이르러 자신이 없었는지 나보고 교료지를 읽어달라고 부탁했다. 나는 내가 마무리하지 못했기 때문에 밤으로 이 교정에 매달려 교정을 보기도 했다. 그런데 그 가운데 김영호(金泳鎬) 교수님이 집필한 「근대화의 새벽: 개화사상(開化思想)」 항목을 보니, 원고 대조와 초교도 제대로 보지 않은 듯해 다시 교정을 보아 내게 넘기라고 하여 돌려보냈더니, 다시 나온 3교지도 또 전과 마찬가지였다. 할 수 없이 원고를 달라고 해서 대조해보니, 원고 자체의 모순도 있고 이를 정리할 때 잘못도 많아 원고 대조와 초교를 다시 보아 넘기면서 항의도 했다. 당시 그 교정지로 신구문화사 편집부의 교정 실상이 그대로 드러난 것이었다.

10__《창작과비평》과의 인연

나는 1969년 말경 『한국현대사』 제1기 5권을 교정·출간하고 나서 이런저런 일을 처리하다가 계간지 《창작과비평》 가을·겨울 호(통권 15호)의 교정을 신구 편집부에서 돕게 되는 바람에 이 계간지 교정을 조금 보게 되었다.

계간지 《창작과비평》은 서울대 영문과 교수 백낙청(白樂晴)이 창간한 잡지로, 편집을 해서 주면 일조각(一潮閣)에서 발행을 대행해왔는데, 백낙청 교수가 발행·경영을 신구문화사에 위임하고 미국 하버드대에서 박사 학위를 밟으려고 간 것이다. 신구문화사에서는 주간인 시인 신동문(辛東門)을 대표로 '창작과비평사'를 별도로 등록하여 창작과비평사 이름으로 가을·겨울 호를 발행했다. 이때 주간은 염무웅 선생이 담당했는데, 염무웅 교수는 내가 1965년 12월 신구문화사에 입사했을 때 편집부 동료이기도 했다. 이 인연으로 나는 ≪창작과비평≫의 교정을 조금이나마 돕게 된 것이다. 이때 소설가 김문수(金文洙)도 나와 같이 잡지 발간을 도왔던 듯싶다.

한편 이때 신구문화사에서는 ≪문학(文學)≫이라는 잡지도 판권을 인수해 월간지를 내려다가 그만두고 이를 계간 ≪현대교양(現代敎養)≫으로 변경해 1969년 12월 31일 그 창간호를 내고 1970년 3월에 제2호를 내고는 또 그만두었는데, 나는 이제 이런 뒷바라지나 하며 한동안 지내게 되어 재미가 없어지기 시작했다.

11_ 대똘스또이전집

1970년은 내가 신구문화사 편집부에 자리 잡은 지 5년째가 되는 해이며 전에 다니던 회사 경력까지 합치면 이제 편집·교정 경력 7년 차가 되는 해였다. 이렇게 경륜을 쌓아가며 나는 쉼 없이 참으로 많은 책을 교정한 것이다. 신구문화사에서는 이때 러시아의 대문호 톨스토이의 전집을 간행하려고 박형규(朴炯奎) 번역의 『전쟁과 평화』, 『안나 까레니나』의 지형을 사서 이 번역본을 가지고 또 일본어 번역본과 대조해 보완하는 한편, '대똘스또이전집' 1·2권에 수록된 김학수(金鶴秀) 번역의 『부활』, 이철(李徹) 번역의 『크로이체르 소나타』와 『유년시절·소년시절·청년시절』, 박형규 번역의 『까자끄 사람들』을 박형규 번역의 『전쟁과 평화』 3권과 합하여 제1기 '대똘스또이전집' 5책을

1971년 6월 1일 자로 발행했는데, 나는 순서 없이 넘어오는 대로 교정을 보았다. 이때 톨스토이 문학에 매료되어 문학작품에 대한 인식을 새롭게 했으며, 특히 『전쟁과 평화』에서는 겉으로는 잔잔히 흘러가고 있는 듯하나 그 속에서는 큰물이 매우 힘차게 흐르고 있는 대하(大河)의 느낌에 깊이 빠져들기도 했다.

이 '대톨스토이전집'은 1972년 3월에 전 9권으로 완간되었는데, 내 어설픈 생각으로는 정음사(正音社)에서 간행한 '도스토예프스키전집'이나 '셰익스피어전집'과 함께 우리나라 번역 문학에 금자탑을 세운 전집이라 하겠다.

나는 이 톨스토이 작품에 크게 감동을 받았다. 이런 작품의 교정 일을 하면서 또 월급을 받아가며 서양 고전을 읽을 수 있다는 것을 기뻐하며 톨스토이의 문학과 예술 세계에 깊이 빠져버렸다. 그리고 나는 톨스토이전집을 읽었기 때문에 나의 정신세계가 좀 더 넓어지고 풍요롭게 되었음을 큰 다행으로 생각한다.

12__『한국고대사의 연구』

1971년에 나는 앞서 말한 '대톨스토이전집' 제1기분 교정을 보면서 또 한편으로는 이홍직(李弘稙) 박사의 유고집(遺稿集)인 『한국고대사(韓國古代史)의 연구』를 혼자 편집·교정하게 되었다. 이 한국 고대사에 관한 이 박사님의 연구 논문은 대부분 『삼국사기(三國史記)』나 『삼국유사(三國遺事)』 및 다른 중국의 고대사 관계 사료 원문을 인용·분석하고, 또 『일본서기(日本書紀)』 등에 나오는 내용을 분석·고찰한 것이 대부분인데, 신구문화사에는 이런 역사서가 없기 때문에 원고에만 의존하여 교정보아야 한다는 것이 나는 몹시 불안하여 인용 사료가 나오는 원서를 빌려달라고 했다.

당시 서울대에 다니던 박사님의 영식 이성규(李成珪) 선생이 육당(六堂)이 정리한 『삼국사기』, 『삼국유사』 활자본과 『일본서기』 활자본을 빌려주어 논문에 나오는 인용문을 대부분 대조·확인할 수 있어 나로서는 안심하고 교정을 볼 수 있었다. 그리고 이 빌려본 『삼국사기』와 『삼국유사』는 댁에 그 원서가 여러 권이 있다고 하면서 내게 주기에 지금껏 내 장서로 있어 필요한 때마다 잘 활용하고 있다.

이 『한국고대사의 연구』가 나온 지 1년쯤 뒤에 남운(南雲) 박사님의 유고집 『한 사가(史家)의 유훈(流薰)』이 통문관(通文館)에서 나왔는데, 박사님의 아드님은 나에게 이 책을 서명까지 하여 보내주기도 했다. 이성규 선생은 뒷날 서울대 동양사학과 교수로 있었는데 내가 창비에 있을 때 민두기(閔斗基) 교수를 만나러 갔다가 찾아보니 매우 반갑게 대해주며 나를 아직도 잊지 않고 있었다.

이 『한국고대사의 연구』는 내가 처음으로 판면 구성을 하고 또 내 뜻대로 편집해본 것인데, 본문은 9포인트 활자를 쓰고 본문 사이의 인용문은 8포인트로 하고, 하단 각주도 8포인트로 잡되 본문 사이 인용문의 행간은 5호 2푼으로 쓰고 각주 행간은 6호 2푼으로 달리 써서 판면 구성을 했는데, 아마 이런 체제는 내가 처음 쓴 것이라 여겨진다.

나는 판면 구성을 처음 하면서 이런 체제를 시험해보았는데, 지금 이 『한국고대사의 연구』를 펴 보더라도 전문 서적치고는 판면 구성이 낡아 보이지 않고 짜임새 있게 느껴진다. 먼 훗날 신구문화사에서 제작을 담당하던 이가 1980년대 후반에 이 책을 다시 찍었는데, 판면 구성이 당시의 안목으로 보아도 낡아 보이지 않았다고 한다.

이 『한국고대사의 연구』는 워낙 어려운 글이라 교정을 같이 볼 수 있는 사람이 없어 나 혼자만 본 셈인데, 책이 탈 없이 나와 서교동에서 멀지 않은 이홍직 박사님 댁에서 나를 비롯한 신구 편집·제작 담당자 1~2명과 박사님의 제자인 이희덕 교수님이 모여 저녁을 같이 먹은 기억이 있다. 이때 나는 고려대 한승주 교수를 보았는데 한 교수는 이홍직 박사님의 사위라고 나는 들었고, 이분은 뒷날 외교부 장관을 지낸 분이기도 하다.

13_ 신구문화사를 그만두다

신구문화사 이종익 사장님은 1970년 9월에 학교법인 신구학원을 설립해 신구문화사를 학교법인에 편입시키고 1971년 2월에 초대 이사장에 취임했다. 신구문화사 일부 인력은 이로써 학교 설립에 많은 역할을 해야 하기 때문에 출판에 대한 열정과 동력이 줄어들었고, 따라서 나도 이런 회사 분위기의 영향을 받아 회사에 대한 애착이 줄어 편집·교정에 대한 열정도 줄어들 수밖에 없었다. 이런 상태가 오래 지속되면 나의 앞날이 염려되고 개인의 성장 발전이 막혀 침체되기 마련이라 앞날에 대한 고민을 하기에 이르렀다.

신구문화사 도서목록이나 고 이종익 학장님의 추모 문집 『출판과 교육에 바친 열정』에 보면 1971년에 『표준작문』,『표준고전』,『표준문법』 등의 고등학교 검인정 교과서를 인정받았다고 나와 있다. 이때 교과서를 출원했다면 나도 깊이 관여되었을 터인데 이에 대한 기억은 남아 있지 않아 이 글에서는 이야기할 수가 없다.

1971년 초의 신구문화사 편집부 인원은 들락거리는 사람이 많아 나도 그 자세한 인적 사항을 오늘날에는 잘 기억할 수 없을 지경으로 유동이 많았다. 이는 신구문화사가 안정되어 있지 않다는 하나의 증거라 할 수 있겠다. 나도 당연히 거취를 고민하게 되고 한편으로 장래를 위해 우물 안 개구리를 벗어나고 싶었다. 내가 신구문화사 편집부에 들어온 지도 만 5년을 훌쩍 지나고 있었다.

1971년 4월경으로 짐작된다. 몇 년 동안 월급도 오르지 않고 편집부 분위기도 불안에 뜬 채 우왕좌왕하며 하는 일도 큰 보람이 없는지라 나는 이제 이만큼 경력을 쌓았으면 나를 받아줄 출판사도 있으리라는 생각으로 사의를 표명했다. 무슨 대책을 세우고 저지른 일이 아니었다. 먼젓번 다니던 교학도서 때와 흡사했다. 신구에서도 역시 말려주는 사람이 없었다. 내가 그동안 얼마나 열심히 일했는데 말리는 시늉이라도 해주는 사람이 없다니. 내가 실력이 없어서, 또는 일을 잘할 줄 몰라서일까 하는 마음도 한편으로 들어 스스로 한심스럽게 여겨지기도 했다.

나는 사표를 내고 퇴직금도 받고 나서 앞날이 불안하기는 하나 모처럼 얻은 쉼이라 아내와 더불어 내가 살고 있던 강서구 목동 마을 앞산엘 다니며 나물도 뜯고 지친 심신(心身)을 다스리고 있자니, 신구문화사 이우용 주간이 만나자고 연락을 해왔다. 무엇 때문인가 하고 신구문화사에서 주간을 만났더니, 다시 신구로 나왔으면 좋겠다고 했다. 나는 딱히 갈 데가 있는 것도 아니라 조건만 개선된다면 괜찮다고 하니, 이 주간께서는 앞으로 곧 편집부를 정리·정비하고 나면 출근하면 좋겠다고 했다.

나는 일단 다소 안심을 하고 아내와 같이 산에 오르기도 하고 나물을 캐기도 하면서 4월을 다 보냈다. 그런데 신구문화사에서는 아무 연락이 없었다. 다시 좀 불안해졌다. 그러나 신구에 대고 물어볼 수도 없었다. 이럴 때 신구 편집부에서 동료로 지내던 김수엽 선배가 나더러 을유문화사에 들어가지 않겠느냐고 전화를 해왔다. 불감청(不敢請)이언정 고소원(固所願)이었다. 이렇게 되어 나는 이해 5월에 을유문화사 편집부로 옮길 수 있었다.

14_ 삼경

　1970년경 언제인지 자세하지 않으나 신구문화사 편집부에 있을 때 다른 편집부 동료 2명과 같이 밤에 교정 아르바이트를 해보지 않겠느냐고 했다. 이때 명문당(明文堂)에서 중국 유학 고전 사서(四書)를 번역·간행하고 나서, 이 책에 이어 삼경(三經) 곧 『시경(詩經)』, 『서경(書經)』, 『주역(周易)』을 조판해놓고 이를 교정해달라는 것이었다. 시간은 7시부터 9시 반까지 2시간 반 정도로 잡고 해달라고 했다. 교정 비용은 내가 신구문화사에서 받던 월급의 반쯤이었던 것 같다.
　이때 편집부 과장으로 와서 있던 분이 이태원(李泰元) 씨로 전에 학원사 부장으로 있다가 퇴사하고 나서 신구로 왔는데, 이 과장과 나 그리고 다른 동료 이렇게 셋이서 교정을 보게 된 것이다. 당시 명문당은 정부종합청사 뒤편에 있는 한옥에 사무실이 있었는데, 신구에서 세종로만 건너면 되는 가까운 거리였다. 우리는 6시 반쯤 도착해 짜장면이나 짬뽕 한 그릇씩 먹고 곧 일을 하다가 가곤 했는데, 초교를 하루에 7~8면씩 볼 수 있었다. 이렇게 얼마간 다녔는데 이제 그만두라는 것이다. 나는 목매단 일도 아니라 큰 아쉬움도 없이 그만두었다. 그리고 한두 달 뒤에 나더러 혼자 와서 일을 하지 않겠느냐고 하기에 그렇게까지 일을 하기는 싫다고 하자, 같이 가서 일하던 두 동료에게 내가 일을 계속하도록 해달라고 요청했던 것이다. 두 동료가 이왕 시작했던 일이니 혼자라도 가서 일을 하라고 자꾸 권하기에 할 수 없이 혼자 가서 다시 일을 시작했다. 이 한옥은 명문당 사장의 살림집도 겸했기 때문에 나는 젊은 사장의 자당 어르신의 자상한 보살핌까지 받으면서 몇 달 동안 밤에 교정을 본 것이다. 사장의 자당께서는 여장부 같으신 분이었는데 나를 참하게 보고 따뜻한 호의를 베푸신 것이다.

나는 신구에서 받던 월급의 3분의 2쯤을 받으면서 오랫동안 삼경의 교정을 혼자 보아 이를 끝낼 수 있었고, 교정을 보느라고 명문 당판(唐板) 삼경을 정독할 수 있었다. 이때 당판 삼경을 가지고 원문을 대조하기도 했다. 오늘날 보면 미숙하게 처리한 곳이 많이 눈에 띄나 당시로서는 나도 최선을 다한 셈이다.

나는 앞서 '영원한 인간상'을 교정보면서 공자와 맹자의 생애를 대강 알게 되었고, 또 『논어(論語)』와 『맹자(孟子)』도 대강 읽어 경서의 내용을 어림짐작을 하게 되었는데, 이렇게 또 뜻하지 않게 돈을 받아가면서 삼경(三經)을 교정보느라고 정독(精讀)할 수 있었던 것이다. 이때 교정을 본 『시경(詩經)』과 『서경(書經)』은 지금까지도 책상 좌우에 놓고 그 경서(經書)를 인용한 원문이나 해석이 나올 때마다 펼쳐서 대조·확인하는 것이 한 습관을 이루었다.

원문을 대조하며
경륜을 쌓다

●

을유문화사 시절

❶

　1971년 5월 초순쯤인가 확실치 않지만 평화당에 있던 김수엽 선배께서 을유문화사(乙酉文化社)에 가보자고 하여 당시 관철동에 있던 을유문화사 2층 편집국으로 같이 갔더니, 권위가 느껴지는 서수옥(徐洙玉) 편집국장께서 대뜸 국어 시험 문제지와 외국 문학작품 초교지 몇 장을 내주시며 그 옆에 있는 응접탁자에서 작성하라고 한다. 나는 갑작스레 닥친 일이라 아무 소리도 못하고 답안지를 쓰고 나서 여러 장의 교정지를 원고도 없이 끙끙대며 교정을 보아 시험지와 교정지를 드리니, 교정지는 대강 훑어보시기만 하고 시험지를 일일이 체크하시더니, 다짜고짜 내일부터 출근하라고 한다. 나는 갑작스럽기도 하고 또 한편으로는 사장님 결재도 없이 편집국장 전결로 처리할 수 있나 하는 의문도 들어 다음 주일인 곧 15일쯤에 출근하면 어떻겠느냐고 여쭈었다. 국장께서도 좋을 대로 하라면서 출근 날짜도 정해졌다. 또 월급도 같은 경력의 다른 직원과 같게 해주겠다고 하신다. 이때 시험지는 2장쯤 되었는데 전체 문제 중 두 문제가 틀렸다고 체크되어 있었다. 하나는 내가 생각하기에 바로 앞에 적은 단어를 거꾸로 적으면 되는 문제라 내 딴에는 낯간지러워 적지 않았고, 한자 음독 문제는 지금도 헷갈리는 '囹圄(영어)'의 독음을 묻는 문제였는데, 나는 '영오'라고 잘못 적었던 기억이 지금도 생생하다.

나는 을유문화사 입사가 결정되자 그동안 불안해하던 마음을 내려놓고 마음껏 쉬다가 을유문화사 편집부로 출근하게 되었다. 편집부원들과는 시험을 보던 날 인사를 했다.

을유문화사는 1945년 해방되던 해에 창립되어 그해 간지를 기념하여 '을유(乙酉)'라는 이름을 쓴 듯하고, 1971년에는 26년이나 된 우리나라 최고의 명문 출판사로 자리 잡고 있었으며, 편집부 직원도 신구문화사보다는 많았다. 또한 을유문화사는 정음사(正音社)와 같이 우리나라 출판사 가운데 몇 손가락 안에 드는 출판사였다. 나는 이제 '우물 안 개구리'를 면하고 명문 출판사에서 새롭게 출발하게 된 것이다. 그때 을유문화사는 신구문화사와 달리 상여금도 250퍼센트를 정기적으로 지급하고 토요일은 오전 근무만 하며 공휴일은 모두 쉰다고 했다. 신구문화사 편집부에 비하면 근무 조건이 월등 좋은 셈이었다.

나는 1971년 5월 15일쯤 을유문화사 편집부로 출근했다. 처음 출근해서는 국장님과 함께 정진숙(鄭鎭肅) 사장님께 처음으로 인사를 드리고 또 서지학자이기도 한 안춘근(安春根) 부장님께도 인사를 드렸다. 안 부장님은 성균관대 선배님이시기도 했다. 이때 3층에서『한국학백과사전(韓國學百科事典)』편찬 책임을 맡고 계셨다. 그리고 백과사전 팀에 있던 지식산업사(知識産業社) 김경희(金京熙) 사장도 처음 만났다.

❷

　내가 을유문화사 편집국으로 출근한 지 며칠 되지 않아서였다. 신구문화사의 이우용 편집국장께서 을유문화사로 나를 찾아오셨다. 어떻게 알고 오셨는지 모르겠다. 뒤에 알고 보니, 평화당의 김수엽 선배께서 알려주었다고 한다. 이 김수엽 선배는 신구문화사 편집부에 있다가 퇴사했는데, 신구와는 섭섭한 마음이 좀 있었다고 한다.
　이 국장께서는 서 국장께 잠시 얘기하게 해달라고 부탁하고 나를 데리고 다방에 가서, 전에 약속하고 왜 을유에 왔느냐고 하면서 신구로 가자고 하신다. 나는 약속을 믿고 기다리다가 아무 연락이 없기에 할 수 없이 을유에 취직했다고 하고 오히려 농락당한 듯해 섭섭했다고 하면서 새로운 데서 더 경험을 쌓게 해달라고 양해를 구하는 한편, 을유의 근무 조건이 꽤 괜찮다고 했다.
　이 국장께서도 할 수 없이 돌아가고 나도 새 직장에 정을 붙이면서 을유의 분위기에 휩싸여 하루하루 평화롭게 지내며 을유문화사의 편집 체제를 익히기 시작했다.
　처음에는 을유문고 1~2권을 내주면서 교정 대본을 만들어보라고 했다. 이것을 하루 이틀 읽어 을유의 편집·교정 방침을 익히며 교정 대본을 만들자 또 '사상교양전집'의 『회남자(淮南子)』 교료지와 원서를 내주면서 한문 원문을 한 번 교정보라고 했다. 한문 원문은 원서와 한 자 한 자 대조하는 방법밖에 없어 원서 대조를 하여 교정을 하고, 또 교정본 원문과 번역된 것을 비교하여 고유명사의 한자를 바로잡으며 한문 원문 교정을 보았다. 원문 원서가 워낙 좋은 본인지라 꼼꼼히 대조만 잘하면 되었다. 나는 이렇게 대조하고 나서 원문에서 고친 글자를 번역문을 찾아 확인해보고 번역문과 원문의 면수를 확인하고 체제를 다시 살펴보았다. 그런데 일련의 면을 맞추다 보니 중복된 면이 있었는지 또는 건너뛴 면이 있었는지 지금 기억이 나지 않으나 어쨌든 잘못이 있었다. 이 『회남자』 교료지는 그때 색인까지 뽑혀 교정을 완전히 끝낼 단계였는데 이런 잘못이 있었던 것이다. 나는 조용히 편집국장께 이 사실을 여쭈었고 어떻게 처리하라는 지시를 받으려 했다. 서수옥 국장께서 살펴보시더니, 당신께서 뒷수습을 하겠다고 하시면서 다른 일을 맡기셨다. 아마 을유문화사의 편집 대선배가 해놓은 잘못을 신참인 내가 수습하는 부담을 주지 않으려는 배려인 듯싶었다.

이 '사상교양전집' 속의 『회남자』는 이석호(李錫浩) 번역으로 『을유문화사 50년사』에는 발행 날짜가 1972년 8월 30일로 나와 있는데, 아마 지형을 떠놓고 다른 것과 같이 발행하려고 1년 이상이나 묵힌 것으로 생각된다.

1 『전등신화』

1971년도 반이 지난 한여름부터는 을유문고 『순오지(旬五志)』와 『인현왕후전』 등의 교정에 참여하는 한편, 을유판 '세계문학전집' 62 『전등신화(剪燈新話)』, 『노잔유기(老殘遊記)』와 『라퐁텐 우화』, 『프랑스 신백화』 등의 교정에 참여하면서 지냈다. 이때 나는 구우(瞿佑)의 『전등신화』를 번역한 이경선(李慶善) 교수님과 교정 일 때문에 다시 만났는데, 『전등신화』 초교인지 재교인지를 보고 의문점이 많아 교수님을 회사로 오십사고 한 것이다. 교수님은 내가 신구문화사에 있을 때 검인정 교과서 『표준한문』의 공저자였다. 구면이라 반갑다는 인사를 드리고 의문점을 여쭙는데, 한여름이라 땀을 줄줄 흘리시면서 대답하다가 안 되겠는지 문제점을 메모해주면 해결해오겠다고 하셔서 그렇게 하시도록 했다. 하루 이틀 뒤 해결해놓았으니 교수실로 와서 찾아가라는 전화가 왔는데, 내가 마침 급한 일이 있어 나중에 뵙겠다고 했더니, 땀을 뻘뻘 흘리시면서 내가 제기한 의문에 답한 메모지를 회사로 가져오셨다. 대체로 제기한 문제를 그대로 써도 되고 몇 가지 덧보탤 문제만 전화로 해도 될 것을 안심찮아 직접 가지고 오신 것이다. 나는 이렇게 해서 김시습(金時習)의 단편소설『금오신화(金鰲新話)』에 큰 영향을 준『전등신화』를 교정보면서 읽을 수 있었던 것이다. 이 '세계문학전집'에는『전등신화』원문도 수록되었는데, 나는 한문 원문도 한 글자 한 글자 대조하여 교정을 보았다. 나는 이때 을유문화사에서 이렇게『회남자』와『전등신화』의 원문까지도 교정보면서 여러 가지 교정 경륜을 착착 더 쌓아가고 있었다.

또 이화여대 불문과 민희식 교수의『라퐁텐 우화』와『프랑스 신백화』를 교정보았는데『아라비안나이트』를 읽어보지 못한 나로서는 참으로 재미있게 읽었고, 우리나라의『고금소총(古今笑叢)』을 읽는 듯한 느낌도 받았다. 이때 해설에는 불어 원문의 시가도 많이 인용되었는데 원고 글자가 r인지 n인지 알아볼 수 없어 불어를 모르는 나로서는 필자 교정도 끝난 교정지를 원고와 다시 대조하면서 교정을 보아 다시 민희식 교수에게 확인시키기도 했다.

2 『격몽요결』

나는 을유문화사의 고요한 분위기에 잠겨 조금씩 나태를 즐기기도 하며 을유 편집부의 일원이 되어가고 있었다. 을유문고 71 이이(李珥)의『격몽요결(擊蒙要訣)』을 교정을 보면서 뜻이 통하지 않아 역자 이민수(李民樹) 선생께 하나하나 여쭈었더니, 내가 생각하는 대로 고치라면서 귀찮게 여기셨다. 이때 선생님께서는 우리나라 한문 번역계에서 유려한 번역으로 이름을 날리고 계셨을 때였다. 지금도 생각나는 한 문제는 상례와 제례를 설명한 문장 속에 '復'이라는 글자가 나오는데, 이 글자를 이 한자의 뜻대로 해석하려다 보니 잘 통하지 않아 휘감아 문장을 만들어 주어와 술어가 애매해지고 뜻이 통하지 않았던 것이다. 나는 사전을 찾아 이 '복' 자가 초혼(招魂)할 때 '복 복 복' 부르는 소리라는 것을 알아내어 이 문장을 바로잡았다. 그래서 대가도 실수할 수 있다는 것을 이때 알았다.

이러구러 문고 한두 가지를 더 교정본 듯하나 어떤 책인지 그 내용이 잘 기억나지 않는다. 이때 또 을유문고 85 『마르크스주의 비판』이라는 원고의 교정을 담당하게 되었다. 나는 이 원고를 읽다 보니 문장의 논리가 잘 맞지 않고 두서가 없어 이해가 되지 않는 부분이 많았다. 원서와 대조해보려 해도 영어를 잘 모르는 나는 고유명사의 발음이나 외래어 표기법대로 고치는 수준이던 처지라 할 수 없이 역자를 불러 문의할 수밖에 없었다. 그랬더니 역자도 그런 정도의 뜻이라고 하며 잘 고쳐줄 성의를 보이지 않았다. 나는 할 수 없이 편집부 차장께 이 원고는 교정보기에 적당치 않다고 하자, 그 원고는 다른 경로로 들어온 것이니 대충 보아 넘기라고 했다. 할 수 없이 뜻이 잘 통하지 않아도 그대로 조판에 넘겨버렸다. 그 뒤, 후일 경원대 물리학과 교수로 간 영어를 잘하는 동료가 초교를 다시 살피고 뜯어고치면서 나를 비롯한 역자를 성토했던 것이다. 외국어 실력이 없어 이때 무안을 톡톡히 당했다.

3 다시 신구문화사로

이럭저럭 을유문화사에서의 생활도 5, 6개월이 지나고 10월 무렵부터 신구문화사 이 국장님과 이선숙 여사가 자꾸 만나자고 하며 다시 신구로 돌아올 것을 종용하기 시작했다. 나는 이제 을유에 편안히 잘 있으니 그냥 내버려 두어 달라며 지내자니, 내가 바라는 바를 다 들어줄 테니 제발 돌아오라고 한다는 것이다. 그 고집 세고 자존심도 강하신 이종익 사장님께서 이제야 현실을 직시한 것이다.

내가 신구를 떠나자 신구 편집부에서는 교정이나 기타 편집 실무를 처리하여 마무리할 수 없었고, 두서가 없어져 많은 인원의 시간이 낭비된 셈이다. 그래서 '한국현대사' 제2기 6~8권 3책도 을유에 있던 내 손을 빌려 겨우 교료를 놓았던 것이다. 또 '한국현대사' 9권에 해당하는 『연표로 보는 현대사』 원고도 책상 가득 상자에 쌓아놓고 갑론을박하며 허송세월하고 있게 되었다. 내가 신구를 떠난 후 시험을 쳐서 편집 사원을 새로 뽑기도 했으나, 이들에게 체계적으로 일을 시킬 중간 관리자가 없었기 때문이다. 실정이 이랬던 것은 보지 않아도 훤히 알 수 있는 사실이다.

내가 그래도 계속 버티고 가지 않자 내 외삼촌과의 인연과 인정을 들어 나를 압박해왔다. 견디다 못해 그럼 이해나 넘기고 가겠다고 하자 이왕 오기로 마음을 먹는다면 하루빨리 오라고 하며 다그치는 바람에 신구에 몇 가지 요구를 했는데, 첫째, 신구에서 5년 이상 있었으면 퇴직할 때 3개월분의 퇴직금을 더 주었는데 나는 내 발로 나왔다고 이를 주지 않았으니 이를 해결하고, 둘째, 을유문화사는 정기적으로 상여금과 휴가를 주는데 신구에서는 이런 규정이 없으니 이를 어떤 형식으로든 보장하라는 것이었다. 이 밖에는 신구에서 제시한 대로 좇겠다고 했다. 내가 이때 좀 지나치다 싶은 요구를 하고, 회사는 다급한 입장에서 할 수 없이 이를 수용한다고 했을 경우 뒤에 내가 악감을 감당할 수 없다는 생각에 최소한의 요구만 했던 것이다. 6개월 만에 내 월급은 배로 뛰었고 상여금도 보장받을 수 있었다.

이렇게 되어 나는 1971년 11월 말로 그 안정된 을유문화사에서 해를 넘기지

색인 카드

못한 채 6·7개월 만에 사직서를 내고, 다시 신구문화사 편집부로 복귀한 것이다. 을유문화사에는 참으로 부끄러운 일이었다.

나는 6·7개월 동안 을유문화사에 있으면서 '세계문학전집' 2권, '세계사상교양전집' 1권, 을유문고 5~6권을 교정보며 신구와는 다른 편집·교정 세계를 경험하고 배웠다. 나는 이제 세 출판사를 전전했으니 '우물 안 개구리'는 면하지 않았나 싶었다. 을유문화사에서 색인 카드로 색인을 만드는 방법을 보고 배웠는데, 현재에도 그 방식대로 활용하고 있다. 40여 년 동안이나 써먹었으니 얼마나 귀중한 배움이랴. 이 카드는 가로 8센티, 세로 2센티로 제책소에 부탁해 만들었는데, 이때까지 사용한 게 큰 상자로 한 상자쯤 되니 수십만 장을 쓴 셈이다. 아마 책의 면수로 치면 내가 만든 색인이 1000면 분량쯤 될 것이다.

신구문화사로
돌아오다

❶

　1971년 12월에 내가 다시 신구문화사 편집부로 복귀하니, 편집부에 있는 부원은 대부분 낯선 직원이었다. 신구에서는 내가 복귀할 수 있는 명분을 만들어주느라고 교정과장인지 편집과장인지라는 직함을 주었다. 나는 그때나 지금이나 무슨 직함에 매달리지 않는데, 늘 그렇듯 일을 처리하면서 자연스레 그 직책을 받아들였다. 이해 연말이 되자 신구에서는 나하고 했던 약속을 지켰으며, 5년 뒤 신구를 떠날 때까지 그 약속을 잘 지켰다.
　내가 신구문화사 편집부에 돌아오게 되자 신구에서는 다른 편집부 직원들의 월급도 올려 조정해주며 새로운 분위기를 조성하려 하기도 했다. 나는 우선 책상에 잔뜩 쌓여 있던 『연표로 보는 한국 현대사』 원고를 정리하여 조판에 넘기는 등 우선 밀린 일을 처리하고, 이제까지 연표 서술 형식에 대한 갑론을박의 토론이 끝나고 모두 일에 매달리기 시작해 편집부 분위기가 정돈되어갔다.
　또 내가 돌아와 보니, 편집부장으로 유홍희(柳洪熙) 선배가 와 있었는데, 키가 훨씬 큰 분으로 대한교과서와 어문각(語文閣)에도 있었다고 했다. 그때 신구에서는 실업계 고등학교 검인정 교과서를 준비하고, 한편으로는 아동문학전집인 '소년·소녀 한국의 문학' 판권과 지형을 사서 여기에 새로운 작품을 보태 1972년 10월에 13권으로 출판하여 1973년 문공부 우량도서에 선정되기도 했는데, 나는 이때 추가로 편집된 작품의 일부를 교정보기도 했다.

나는 전에 중·고등학교 검인정 교과서를 출원할 때 세 번이나 국어과를 담당해본 경험이 있었으나, 실업계 교과서는 처음이라 저자가 써온 내용대로 그 체제를 맞추고 문교부 표기 원칙에 맞게 교정이나 볼 뿐이었다. 나는 이때 상업부기를 직접 담당하여 처리하기도 했는데, 대차대조표 같은 것은 미국 교과서의 체제도 참고하며 기존 관례대로 표를 만들지 않고 새롭고 간명하게 해보기도 했으나 내가 맡았던 상업부기는 검인정에서 떨어지고 말았다. 이때 신구에서는 농고 계통 두 권, 상고 계통 한 권, 공고 계통 한 권 등 모두 네 권이 검인정에 통과되었다. 나는 검인정 교과서에서 처음으로 고배를 마셨다.

당시 문교부에서는 실업계 교과서 검인정을 마치고 합격된 교과서에 대해 수정을 지시하려고 출판계에서 여러 사람을 차출하여 교정을 보게 하고 그 교정본 것을 담당 편수관이 검토하여 수정 지시를 내렸는데, 나도 여기에 참가하여 낮에는 회사에서 근무하고 밤이면 규모가 작은 호텔에 있으면서 일주일쯤 동원되어 2, 3권을 교정보아준 적이 있다. 이때 어느 출판사의 교과서 도판을 보니 표기 원칙과 띄어쓰기가 맞지 않고 도판 설명 문자를 사진식자로 전사를 붙여 동판을 떴는데 당시 사진식자 고딕 문자는 쌍비읍(ㅃ)을 'ㅂ'으로 처리했기에 이런 따위를 모두 고치게 한 적이 있었다. 그 교과서 담당자는 수정 지시를 받으러 왔다가 진땀을 빼고, 아마 대부분의 도판 동판을 다시 떴을 것이다. 나는 이때 검인정 교과서 교정을 보고 나서 우리나라 검인정 교과서가 매우 수준이 낮음을 깨닫기도 했다.

❷

신구에 돌아와서 옆에서 지켜본 사실 하나를 이야기해야겠다. 내가 1971년 12월에 돌아왔는데, 이듬해 초부터인가 강홍규라는 분이 편집부에 들락거리며 소설가 이병주(李炳注)의 『관부연락선(關釜連絡船)』이라는 소설집 교정을 보고 있었다. 그 자세한 내막은 알 수 없었지만 신구문화사에서 제작·간행을 해주면서 왜 편집부에서 담당하지 않고 있나 하면서 이를 한번 읽어준 기억이 난다. 나는 그때 이 소설을 읽고 평론가 백철 선생이 쓴 소설 『전망(展望)』과 그 분위기가 비슷하다고 느꼈다.

뒤에 여기저기서 들은 사실을 이리저리 꿰어 맞추어보면, 신구에서는 신구농장을 구입할 때 이병주 선생의 도움을 많이 받았다고 하며, 이 소설가 이병주 선생은 또 신구에서 주간으로 있던 시인 신동문 선생과는 막역한 사이였다고 한다. 또 신동문 선생에게 들은 바로는 이병주 선생께 소설을 쓰라고 당신이 강력히 권유해 소설을 쓰게 되었다고 했다. 당시 신구에는 신동문 선생의 고향인 청주 출신 후배들이 몇 명 거쳐 갔는데, 강홍규 씨도 이 가운데 한 분이다.

이 『관부연락선』 2책이 1972년 4월 20일 자로 신구문화사에서 나온 뒤로 이병주 선생은 우리나라 신문 연재소설을 몇 작품씩 쓰면서 명성을 날리기도 했다. 이병주 선생이 한참 잘나갈 때는 신문 연재소설 쓰는 책상이 셋이나 되었다는데, 이 책상에서는 ○○일보의 연재소설을 쓰고 저 책상에서는 ○○신문의 연재소설을 쓰는 등 어느 때는 세 신문에 동시에 연재소설을 집필했다고도 하며, 그분이 요정에서 호기롭게 술을 마시며 고액권 새 돈을 다발로 풀어 날리기도 했다는 아주 구체적인 모습의 풍문이 돌기도 했다.

1 _ 한용운전집

❶

나는 1972년 실업계 고등학교 검인정 교과서를 편집·교정하여 출원하고 또 소년·소녀 한국의 문학 전 13권의 '아동문학전집'을 끝내고 나서 비로소 그전에 나와 염무웅 교수가 관철동 제헌동지회 사무실에서 인수한 만해(萬海) 한용운(韓龍雲) 선생의 전집 원고에 매달려 그 편집·교정을 본격적으로 착수했다. 이때 '한용운전집(韓龍雲全集)'을 편집·교정하면서 겪은 이야기는 신구문화사 사장님이셨던 우촌 이종익의 추모 문집인 『출판과 교육에 바친 열정』(1992년 12월 30일 발행)에 「한용운전집에 얽힌 이야기」라는 제목으로 썼기에 여기에 그대로 옮겨두려고 한다.

한용운전집에 얽힌 이야기

『한용운전집(韓龍雲全集)』 전6권의 초판이 간행된 것은 1973년 7월이었다. 필자는 당시 신구문화사 편집부에서 편집 업무에 종사하고 있었으므로 『한용운전집』 편집 전과정을 대개는 지켜볼 수 있었으며, 그 구체적인 실무를 진행한 바 있었다. 따라서, 그 때 당시 실무를 진행하면서 닥친 여러 가지 어려웠던 일이나 그 어려움을 겪어낸 과정을 뒷이야기삼아 회고함으로써, 앞으로 이런 종류의 책을 편집할 때 다소나마 도움을 줄 수 있지 않을까 하는 자위와, 한편으론 당시 신구문화사 대표로 계셨던 이종익 사장님의 정력적인 출판 활동을 기리기 위해서 이 글을 쓰게 된 것이다.

『한용운전집』 6권이 간행된 시기는 1973년이지만 전집을 간행하기로 하고 간행위원이신 최범술(崔凡述) 선생으로부터 지금 영남대학교 독문과 교수로 있는 염무웅(廉武雄) 형과 필자가 관철동에 있는 제헌동지회(制憲同志會) 건물에서 원고를 인수받은 것은 1970년경이었던 것 같다. 원고를 인수받은 후 바로 간행을 위한 편집 작업을 착수하지 않았던 것 같으며, 필자는 잠시 신구문화사를 떠나 있다가 다시 돌아와 보니, 편집위원인 김영호(金泳鎬) 교수께서 전집 보완의 책임을 지고, 원래 인수한 원고에 상당 부분을 추가로 수집해 넣는 작업을 하였으며, 간행위원인 김관호(金觀鎬) 선생께서 많은 자료를 제공해 주시는 한편 전집 편집 방향에 도움이 될 만한 협조를 아끼지 않으셨다. 수집된 원고를 읽어 글의 성격을 파악하고 또한 장르에 따른 배열 순서 및 권별 배정은 민병산(閔丙山) 선생께서 주로 해주시었고 '간행사' 및 '이 책을 읽는 분에게' 등도 초고를 만들어 주셨다.

원래 한용운 선생의 저작은 그 종류도 다양할뿐더러 그 표기 수단 역시 다양하다. 한문(漢文)으로 저술된 글이 있는가 하면, 한문에 토만 단 글, 또는 한문과 우리말을 뒤섞어 쓴 것, 우리말로만 쓴 것, 한문을 번역한 것, 번역한 것이라도 오늘날 우리가 읽기에는 한문에 토만 단 것에 가까운 것 등이 있었다. 이러한 글들을 그저 자료로서 원래 표기된 그대로 모아서 복원한다고만 했을 때에는 편집이나 교정 과정도 그다지 복잡하지가 않다. 따라서, 실무자들이나 편집위원이나 전문 학자 등은 작업의 편의나 자료적 가치 등만을 염두에 두고 원형을 손상시키려 하지 않기를 바랐던 것 같다. 그러나 일반 독자 누구나가 읽을 수 없는 단순한 자료집을 만든다는 것은, 특히 한용운 선생의 글을 자료집으로만 제시한다는 것은 큰 의미가 없다는 것을 끝끝내 고집한 분이 이종익 사장님이 아니었나 싶다. 이러한 주장을 굽히지 않고 끝내 관철함으로써 전집의 가치를 드높인 점은 지금 다시 생각해 보아도 이 사장님의 편집자로서의 훌륭한 면모가 아닌가 싶다.

이렇게 해서 전집은 한글 사용을 위주로 하고 필요한 한자는 괄호 속에, 한문은 번역하여 수록하기로 한 것 같다. 이에 따라『조선불교유신론(朝鮮佛敎維新論)』이나 한시(漢詩),『십현담주해(十玄談註解)』·『불교대전(佛敎大典)』·「조선독립이

유서」·『채근담강의(菜根譚講義)』등은 그 번역할 분을 찾아 번역을 위촉하였던 것이다. 이 가운데 『조선불교유신론』이나 『십현담주해』·「조선독립이유서」, 한시 등은 원문을 함께 수록할 수밖에 없으므로, 원래 한용운 선생이 쓰신 글의 원형을 보여줄 수 있어 번역 과정에서 어느 정도 오류가 있더라도 용인될 만했다. 그러나 『불교대전』·『채근담강의』 등은 원문을 빼고 번역문만 수록하려고 하였는데 — 원문도 함께 수록하기에는 그 원문의 분량이 너무 많다 — 『불교대전』의 번역 원고를 검토해 보니, 첫째, 원래 일반 독자들도 쉽게 읽을 수 있도록 하기 위해 번역한 것인데, 번역된 것을 읽어도 이해하기가 어렵게 되어 있을 뿐만 아니라, 무슨 뜻인가를 알기 위해서는 원문을 다시 읽어보아야만 짐작이나마 할 수 있겠고, 둘째, 번역된 원고가 200자 원고지로 2천여 매나 되는데, 한두 매마다 오역된 부분이 있어 전체를 원전과 대조해 가면서 바로잡는다는 것이 힘들게 되어 있었다. 번역료까지 들여가면서 일반 독자들도 읽을 수 있도록 한 것인데, 오히려 독자들에게 읽는 부담만 더 가중시키는 꼴이 된 셈이다. 더구나 원문을 수록하지 않을 경우 독자는 오리무중(五里霧中)을 헤매게 될 뿐이었다. 할 수 없이 2천여 매의 번역 원고를 버리고 원문을 읽기 좋도록 띄어쓰고 토를 현대화하고 문장부호를 넣는 한편 특수한 불교 용어에 주를 달고 원전의 빠진 부분이나 잘못된 글자를 일부 바로잡아 꼭 읽을 만한 독자만이라도 읽을 수 있는 정도로 끝낸 셈이다.

『채근담강의』도 번역된 원고를 검토해 보니 『불교대전』의 경우와 같았다. 그런데 이 『채근담강의』는 이미 번역문만으로 조판이 끝나서 재교가 진행되고 있었다. 할 수 없이 윤재영(尹在暎) 선생께 잘못된 부분만이라도 바로잡아 주기를 부탁드렸다가 원만히 수습되지 않아 조판한 것을 버리고 번역을 다시 하고(윤재영 선생, 민병산 선생, 필자 등 3명이 각각 분담), 원문도 밑에다가 따로 붙이는 한편 『불교대전』에서와 같이 띄어쓰기 및 문장부호를 삽입하고 토도 현대 철자로 바꾸어 실었던 것이다.

앞서 말한 『불교대전』, 『채근담강의』 두 가지만으로도 3천여 매의 번역료, 180여 페이지의 조판비 및 많은 인력을 헛되이 소모하느라고 간행 시기가 자꾸 늦어지자 회사에서는 부담이 많았던 것 같다. 이건 여담이지만, 당시 신구문화사에서는 신구전문대학을 설립하여 교사를 짓고 있었는데, 이 전집으로 인해 교실 두세 칸을 날렸다고 하는 농반진반의 얘기를 나는 들었던 것 같다.

이와 같이 교실 두세 칸을 날리면서 전집은 그 골격이 갖추어져 갔다. 그런데 전집의 2교 내지 3교지를 정리해 가다 보니, 조선일보에 연재되었던 장편소설 ≪흑풍(黑風)≫에서 중간 중간 1회분씩 빠져 있는 곳이 8회분이나 있었다. 중간에 빠지니까 이야기가 단절되어 뭔가 이가 빠진 것 같아, 이 빠진 부분을 보충할 수 없을까 하여, 못 찾을 때 못 찾더라도 찾아보자고 하여 편집부의 송순애 씨와 더불어 우선 사직동에 있는 종로도서관엘 가서 2회분이나 찾아낼 수 있었다. 여기에서 용기를 얻어 모두 찾아 보충할 수 있겠다고 생각하고, 고려대 도서관에 가서 뒤져보니, 고려대 소장 신문 중에 없는 부분과 원고에서 빠져 있는 부분이 일치하였다. 그래서 전집 원고는 고려대 도서관에 소장된 신문에서 베껴낸 것이구나 하고, 다른 곳에서 찾아보면 보충할 수 있다는 것을 충분히 예상하고, 중앙대 도서관에 가서 모두 찾아 완벽하게 보충하였다. 빠진 부분이 총 8회이며, 1회분이 8~9매였다.

이리하여 70여 매를 보충하는 한편 '연재 하기 전에'와 '작자의 말'을 찾아 소설 앞에 덧붙였다. 그리고 고려대 소장 신문을 뒤적이다가 의외로 〈북대륙의 하룻밤〉이란 5회에 걸쳐 연재된 기행문(50매)을 송양이 발굴해내기도 하였다.

한편 불교 논설 및 수상이라 할 수 있는 글은 대부분 ≪불교≫ 및 ≪신불교≫ 잡지에 수록된 것이 많았는데, 잡지 원본을 동국대 도서관에서 대출받아 2교지와 대조해 보니 필사할 때 잘못 필사하거나 빠뜨린 부분이 많이 나왔다. 그 때 당시 잡지는 세로짜기 전단이었는데, 줄이 바뀔 때 한 줄 건너뛰어 베낀 경우가 논설 한 편에 두세 군데씩 있었다. 원고에서 어딘지 모르게 뜻이 통하지 않던 것이 이렇게 해서 바로잡힌 것이며, 전체로는 몇 페이지 분량의 빠진 곳을 기워 넣은 것이다.

오늘날은 복사기가 보편화되어 복사 자료를 원고로 사용할 수 있어 원고를 일일이 베끼는 데 따른 수고도 절약되고 잘못 필사할 염려도 적어졌지만, 전집 원고를 베낄 당시에는 이런 복사기가 보편화되어 있지 않아서 많은 오류를 범할 뻔했던 것이다.

≪님의 침묵≫은 한성도서에서 간행한 것(초판은 회동서관에서 1926년에 간행한 것이며 그 지형을 가지고 다시 찍어낸 것이라고 한다)을 가지고 대교(對校)하였다. 대교하면서 보니, 전집 원고에서 제목이 바뀌어 있는 곳이 있어서 알아보니 원본(≪님의 침묵≫)이 잘못된 것 같아 고쳤다고 하므로, 그렇지 않다고 하는 반론을 펴면서 원본대로 바로잡은 경우도 있었다. 즉 ≪님의 침묵≫에 수록된 시 중 '?'를 제목으로 붙인 것을 다른 문자 제목으로 바꾸었던 것을 다시 원본대로 바로잡았다. 또 만해 선생이 ≪불교≫ 잡지를 주관하면서 쓴 '권두언'을 모아 보니, 제목이 붙어 있는 것도 있고 없는 것도 있어서, 있는 것은 살리고 없는 것은 편집의 체제상 그 내용에 맞는 제목을 만들어 붙이는 한편, 신문·잡지 등에 신문기자가 설문 및 인터뷰한 기사들이 있었는데, 그때 당시 편집자들이 적당히 붙였다고 생각되는 제목들을 정리한 바 있었다. 아마 이런 과정을 지켜본 어느 편집자가 분명한 시의 제목에까지도 확대 적용했던 사례가 아니었던가 싶다.

어쨌든 ≪한용운전집≫은 만해 선생의 생애와 같이 많은 우여곡절을 겪으면서 세상에 나왔다. 이 전집 편집·교정 실무에 종사하면서 어려운 일도 많이 겪었던 한편 나름대로 배운 바도 많았던 것 같다. 우선 만해 선생의 투철한 독립정신 및 진정한 애국정신이 무엇이라는 것과, 말이나 글로는 나라와 겨레를 제 혼자 사랑하는 것같이 굴지만, 실제로는 자기 개인의 부귀와 영화를 위해서는 나라와 겨레를 헌신짝처럼 내던지는 부류들의 화려하고 감상적인 문체의 글이 만해 선생의 순정하고 평이한 문체의 글과 어떻게 다르다는 것을, 전집을 진행하면서 나름대로 깨달은 바가 있다.

≪한용운전집≫이 간행된 이후 만해 선생의 독립운동가 및 애국지사로서의 면모와 더불어 민족정신의 어떤 보배로서 이 전집은 꾸준히 빛을 발하고 있으며, 세상이 어려워질수록 만해 정신에서 이 어려움을 극복할 수 있는 길을 찾을 수 있지 않을까 하는 독자들의 요구 때문에, 이 전집은 간행된 지 20여 년이 지난 오늘날도 꾸준히 읽혀지고 있는 것 같다. 이와 같은 현상은 결국 많은 어려움을 겪으면서도 독자들이 제대로 읽을 수 있는 책을 만들기 위해 앞에서 말한 3천여 매의 번역 원고와 180여 페이지의 조판분을 아낌없이 내버리게 하고, 많은 시간을 들여 보완하고 다듬은 결과가 아닌가 싶다. 따라서 편집에서 교실 두세 칸을 날렸다고 하는 농반진반의 이야기는 오히려 결과적으로는 교실 두세 개를 더 보탠 게 아니냐고 말할 수 있을 것 같다.

≪한용운전집≫ 전 6권의 초판본이 간행된 이후로도 나는 꾸준히 만해 선생의 글에 주목하는 한편 전집에 누락된 글을 찾을 수 있지 않을까 하여 나름대로 조사를 해본 바도 있었다. 그 결과로 얻은 것이 1979년에 낸 증보판에서 수정한 '심우장산시' 속에 포함한 시들의 원 근거를 찾는 한편 잘못된 부분을 고쳤다. '심우장산시'라고 하여 전집 초판본에 수록된 것들은 해방 후 ≪민성≫이라는 잡지에 특집된 것을 사용하였던 것인데, 이 시는 원래 1936년 조선일보에 6회에 걸쳐 연재되었던 것들이다. 이 연재된 시들을 찾아내어 연재순으로 바로잡는 한편 잘못된 곳을 고쳤다.

또 한 가지 특기할 것은, 전집 증보판을 정리하여 마무리지었을 때, ≪문학사상≫에서 미발표된 한용운 선생의 글을 특집으로 엮은 바 있었다. 여기에 미발표라고 한 것은 전집에 수록되지 않은 것을 말하는데, 전집 증보판 원고용으로 수집해 왔던 것들을 골라 발표한 모양이다. 증보판에서는 만해 선생의 글이 확실하다고 인정되는 것만을 추려 수록하고 나머지는 보류하였다. 그런데 이 확실하지 않은 것들을 만해 선생의 글이라고 특집으로 엮어낸 모양이다. 그런데 이 특집으로 엮은 글 중 만해 선생의 글이 아닌 것들이 많다고 이의를 제기하고 논증하여 물의가 일어났었다. 만해 선생의 명성만을 맹목적으로 추앙하는 호사가들이 벌여놓은 작폐의 일단이 아닌가 싶다.

끝으로 한마디 덧붙인다면, 많은 독자들이 이 전집을 읽고 선생의 그 불요불굴(不撓不屈)의 독립정신과 민족정신을 제대로 이해하여, 현재 입장에서 우리는 어떤 삶을 살아야 할 것인가를 올바로 파악하고 그것을 실천한다면, 우리 민족의 장래가 좀더 밝아질 것이 아닌가 싶다. 또한 만해 선생의 독립운동가, 애국지사, 시인, 불교 개혁가로서의 그 선구적 업적을 등에 업고 곡학아세(曲學阿世)하는 무리들이 생겨, 만해 선생의 진면목을 가려, 오히려 선생을 욕되게 하지 않았으면 하는 충정을 가지고 이 글을 끝맺으며, 삼가 선생의 명복을 비는 바이다.

「한용운전집에 얽힌 이야기」는 원래 1983년 이종익 학장님의 회갑기념 문집을 만들려 하여 썼던 글인데 본인의 사양으로 그때 책을 만들지 못하고 있다가, 이 학장께서 1990년 1월 5일 교통사고로 별세하시고 난 1992년 12월에 앞서 말한 제목으로 발행했다. 이 추모 문집이 간행될 때는 회갑 기념으로 글을 썼다. 필자 가운데 고인이 되신 분이 여럿이었다. 나는 내 외숙부인 이응백 박사님과 이 추모 문집에 함께 글을 썼는데, 외숙부께서는 이 학장님의 묘비(墓碑) 글씨를 쓰시기도 했던 고향 파주시의 동경(同庚) 친구이기도 하시다.

이『한용운전집』을 편집·교정할 때는 신구문화사 발행인이신 이 사장님의 독선적인 판단을 충고하여 바로잡아줄 만한 주변 인물이 없어『불교대전』이나『채근담강의』번역을 편집부 직원에게 맡겨 진행한 것이다. 나는 이때 을유문화사로 옮겨가서 있을 때였다. 내가 신구로 복귀해 이 일에 매달릴 때는 두 가지 번역이 끝났을 때였다.

『불교대전』 원고를 검토하다 보니 앞의 글에서 말한 오류가 있다고 하면서 문제를 제기하자, 이 번역 원고는 스님이었던 시인 고은(高銀) 선생의 감수·교열을 거치고 고 선생도 좋다고 했는데 네가 웬 잔말이냐 하기도 했으나 결국 이 원고를 가지고 시인 이원섭 선생 등에게 자문을 구하자 속 시원한 판단을 내려주지 않은 듯하다. 또 다른 분에게 자문을 구해도 또 고개만 갸우뚱하며 명쾌한 해답을 주지 않은 듯하다.

나중에는 할 수 없이 이 번역 원고를 버리고 『불교대전』 원문을 가지고 조금이라도 읽기 좋게 띄어쓰기를 하고 토를 현대 철자로 고치고 중요한 불교 용어를 추려내어 주(註)를 다는 방향으로 결론이 났다. 원문 띄어쓰기는 민병산(閔丙山) 선생이 해주기로 하고, 토는 내가 담당하고, 불교 용어 주석은 윤재영(尹在暎) 선생이 맡아 처리하기로 하여 이대로 정리된 것이다. 윤재영 선생은 해방 공간에 정음사에 계셨던 편집계 대선배이시다. 또 육당(六堂)의 '최남선전집'을 편집·교정한 분이다. 이때 교정을 보다가 원전에서 분명히 빠진 구절이 있기에 이를 김관호(金觀鎬) 선생님께 조사해 보충해달라고 하여 보완하기도 했다. 이때 『불교대전』의 번역을 편집부 동료 직원이 했는데, 나는 이를 처리하면서 그 동료에게 많은 누를 끼쳐 내 음덕까지 해친 셈이다.

『채근담강의』의 번역 원고를 보니, 또 『불교대전』의 경우와 대동소이(大同小異)해 편집부장에게 다시 수정·보완해야 할 것이라고 건의하고 원고를 되돌렸다. 그런데 뒤에 언젠가 보니, 벌써 재교지가 나와 있는 것이다. 내가 이를 가져다 교정을 봤는데 내가 되돌린 원고가 수정되지 않은 채 그대로 조판되어 있었다. 나는 할 수 없이 이때, 신구문화사 입사 초기에 부사장께 부여받았던 '소추권'을 발동해 회사 윗선에 문제를 제기하는 한편, 『불교대전』 때 도와주셨던 윤재영 선생께 교정을 보아 해결해달라고 부탁한 것이다.

윤 선생님께서도 한번 교정을 봐주겠다고 하시기에 내가 그리 간단치는 않을 것이라고 여쭈며 교정지를 드렸다. 한 일주일쯤 뒤에 10여 면 정도 교정을 보아 가지고 와서는 차라리 새로 번역하는 것이 시간이 훨씬 덜 들겠다고 하신다. 이렇게 되자 또 뒷수습을 어떻게 할 것인지를 논의했다. 이때 윤재영 선생은 강의(講義) 부분을 맡아 다시 번역해주겠다 하셨는데, 원문 번역 부분을 이종익 사장님께서는 문제를 제기한 나더러 해내라고 역정스레 강요를 하는 것이었다. 나는 번역자가 아니고 교정자라고 버티니 분위기가 심상치 않아졌다. 이를 지켜보던 민병산 선생이 후반부 어려운 부분을 당신이 맡아 번역해줄 터이니 앞부분 3분의 1쯤 나더러 맡아서 하라고 권하기에 할 수 없이 김성원(金星元) 감사님이 감수하는 조건으로 마지못해 일을 맡았다. 나는 이때까지 한문 번역을 해본 적이 없는데, 민 선생께서 험악한 그 자리를 피하게 하느라고 궂은일을 스스로 떠맡으면서 완충 역할을 하시는지라 나도 그대로 따른 것이다.

이렇게 문제가 많았던『채근담강의』를 윤재영 선생, 민병산 선생, 그리고 내가 원고를 다시 만들어 이를 합치고, 원전은 앞서의『불교대전』때와 같이 현대화해서 하단에 조판해 전광석화처럼 교정을 끝냈다.

본문의 교정을 거의 끝내 이제 목차를 만들 때 그 체제를 편집부장이 구성해 조판하여 교정을 보려는데 원선자(元善子) 편집상무님이 목차 체제가 성에 차지 않았는지 활자 크기를 바꿔가며 두세 번이나 고쳐 편집부장의 애를 말리다가 나중에는 직접 목차를 고쳐서 인쇄소에 가기도 하면서, 끝까지 순탄치 못하고 탈이 많았던 전집이 이 '한용운전집'이었다.

'한용운전집'으로 나는 편집부장이나 동료들에게 인심을 잃고 회사에서도 문제 인물이 되기까지 하며, 마침내 전 6권의 교정을 끝내 1973년 7월 5일 간행하게 되었다. 그리고 이 전집은 1973년에 경향양서출판문화상을 수상하고 문공부 우량도서에 선정되기도 하며 우리 출판계의 큰 업적으로 기록되었다. 이 전집은 1979년 내가 창비 편집부장으로 있으면서도 증보(增補) 실무를 맡아 편집·교정하여 그 증보판을 9월 10일에 간행하도록 하기도 했다.

내가 이제 반세기나 편집·교정·편역에 종사하면서 쌓고 배운 바를 가지고 '한용운전집'을 편집·교정할 때 몰라서 또는 인식이 미치지 못해 그냥 간과(看過)해버린 바는 신문에 연재되었던 장편소설을 그 발표 지면을 복사해 일일이 대조하지 않은 일이다. 만일 당시에 그 발표 지면을 복사해 대조했더라면 '한용운전집'은 만해 선생이 쓴 문장을 한 구절도 빼먹지 않고 수록한 우리 출판사에 한 귀감(龜鑑)이 될 수 있었을 것이다. 뒷날 내가 『한용운 산문선집(韓龍雲 散文選集)』을 편역·간행하며 장편소설 『흑풍(黑風)』과 『박명(薄明)』에서 초록(抄錄)할 때 이 소설이 연재된 ≪조선일보≫의 해당 부분을 복사해 대조해보았는데 전집에 실려 있는 『흑풍』은 문단을 잘못 나누거나 빠뜨린 구절 및 잘못 해독한 부분이 많고, 『박명』에서는 끝부분 곧 대미(大尾)가 다른 말로 고쳐졌을 뿐 아니라 6~7행이 누락되어 있는 것을 발견했다. 이는 이 소설을 베낄 때 잘못 베껴서 생긴 문제였다. 얼마 전 서울대 권영민 교수가 한용운의 소설 작품을 다시 정리해 간행했다는 기사를 본 듯한데, 소설 지면을 모두 복사해 이를 철저히 대조해 바로잡았는지 모르겠다. 만일 이 과정을 거치지 않았다면 헛수고를 한 셈일 터이다. 또 만해 선생이 번역하다 만 『삼국지연의』를 포함시켰다고 했는데, 전집을 편집할 당시 이 자료를 검토했으나 편집·교정자 견해로는 굳이 실어야 할 필요를 느끼지 못해 제외한 것이다.

❹

'한용운전집'을 편집·교정할 때의 이야기를 너무 길게 서술한 듯싶다. 내가 이 전집을 편집·교정하면서 많은 갈등을 겪었기에 할 말이 많았던 탓이다.

이 전집이 1973년에 간행되자 이 전집을 간행할 수 있게 터전을 닦아준 편집위원 최범술(崔凡述) 선생께서 나를 끌고 당시 신신백화점 양식집으로 가서 비프스테이크를 사 먹이고 또 편지봉투에 무엇을 넣어서 주셨다. 선생님께서는 그때 경상남도 사천 다솔사(多率寺)에 계셨는데, 다시(茶詩)를 써서 내게 기념으로 선물한 것이다. 이 선생님이 그때 준 글씨는 아직도 내게 갈무리되어 있다. 최범술 선생님은 우리나라 현대의 유명한 다인(茶人)이시다.

2__『국어국문학사전』

1973년에는 또 서울대 동아문화연구소에서 편찬하고 신구문화사에서 편집·교정해 발행한 『국어국문학사전(國語國文學事典)』도 내가 그 실무를 담당해 교정을 보았는데, 나는 비로소 전문 사전을 앞서의 『시조문학사전』까지 치면 두 권이나 편집·교정한 경험을 쌓게 된 것이다. 나는 원래 국어국문학과를 나왔으나 국어학이나 국문학에 대한 소양과 지식이 하찮았는데, 이 사전을 교정 봄으로써 이제 국어국문학에 대한 교양을 폭넓게 쌓을 수 있었던 것이다.

이 사전은 대한교과서(주) 공무부에서 조판을 했는데, 처음에는 1단씩 줄조판을 하여 교정을 보고 또 중간에 새로운 원고를 끼워 넣고 하면서 본문 집필 원고가 다 들어와 본문 내용이 확정되었을 때 판면을 완성하는 식으로 조판하여 항목 내용이 추가될 때마다 밀려나는 번거로움을 피했다. 전문 사전이고 또 한자가 많아 교정보기도 매우 까다로웠는데, 그동안 고전이나 국어국문학 서적을 많이 편집·교정한 경륜 때문에 큰 과오 없이 교정을 끝냈으나, 주음자모표를 처리할 때는 필자가 써온 주음부호만으로는 그 모양이 아리송해 정확한 자료를 구해 대조한 뒤 동판을 떠 넣느라고 애를 먹기도 했다. 또 사전 본문 조판이 완성된 후에는 사전 내용에서 색인을 뽑느라고 국어국문학과 대학원생에게 본문에 밑줄을 그어주고 색인 카드를 만들라고 하니, 사전에서 색인을 뽑는 것이 이상스럽다고 여기면서 몹시 귀찮아하며 의아해하더니 색인 작업을 진행하면서 그 필요성을 깨달은 듯싶었다. 이『국어국문학사전』은 어휘 사전이 아니고 전문 사전이기 때문에 색인이 반드시 있어야 했다. 이 사전을 이용하는 사람은 이 색인을 잘 활용하고 있을 것이다.

이『국어국문학사전』은 1973년 11월 25일 초판이 발행되었는데, 1974년에 한국출판문화상을 받고 또 문공부 우량도서로 선정되었다.

나는 신구문화사에 있으면서 1973년 여름에 신구산업전문학교 본관 건물 착공식에도 가보았는데, 허허벌판 한편에 언제 학교 건물이 들어서 학생들이 모일지 매우 의심스러웠다. 그러나 그해 12월 19일 신구산업전문학교로 설립 인가를 받아 시작된 신구대는 발전을 거듭해 오늘날 명문대학교 반열에 올라섰다.

3_ 자유학습교실

1973년 신구에서 나는『국어국문학사전』을 편집·교정하면서, 한편으로 어린이 도서인 컬러판 '자유학습교실'(전 10권)을 간행하는 것을 옆에서 지켜볼 수 있었다. 이 책은 프랑스 원서의 번역을 주요 내용으로 하고 이것을 교육 자료로 활용할 수 있게 한 어린이 도서였다.

1965년 말 내가 신구문화사에 입사하고 그 이듬해쯤인가에 신구에서는 '한국의 인간상'을 고학년 초등학생이나 중학생이 읽을 수 있는 전기(傳記)로 만들려고 아동문학가를 동원하여 '한국의 인간상'을 가지고 소년·소녀가 읽을 수 있도록 다시 쓰도록 했으며, 이 원고를 편집·교정할 팀을 따로 운영했다. 여기에 아동문학가인 이종기 선생을 비롯한 황영애·조장희 씨 등이 근무하며 원고를 수집·교열하고 있었으며, 원로 아동문학가인 이원수(李元壽) 선생님도 편집위원으로 참여하고 있었다. 이후 언젠가는 이 부서가 해체되고 그때 수집된 원고는 편집부로 넘어와 편집부가 일이 없을 때마다 그 원고를 내어 교정해 출간하려 했는데 편집부에서는 그 원고가 매우 부실하다면서 이를 책으로 만들 수는 없겠다는 의견을 내놓았다. 그러다가 다른 일이 생기면 다시 원고를 집어넣고 하는 일을 몇 차례 반복하다가 결국 빛을 보지 못하고 원고 1만 5000장쯤을 폐기해버렸다. 아동도서를 다시 시작하려고 이런 책을 먼저 기획·출간했는지 모르겠으나, 이 '자유학습교실'이 잘 팔리지 않아 신구문화사는 아동도서로의 진출이 좌절된 듯하다.

4 _ 신구문고 56권

1974년부터 신구문화사에서는 신구문고(新丘文庫)를 기획하여 문고 시장에 참여했는데, 이때 문고를 발행하여 성공을 하기 시작한 출판사는 을유문화사와 정음사였다. 그리고 대중문고를 발행하여 크게 활기를 띤 출판사는 삼중당이었다. 을유문화사는 내가 있을 때인 1971년에 벌써 문고를 80여 권이나 펴냈고 1974년 말까지 160권을 펴냈으며, 정음사도 그때 정음문고를 활발히 펴내고 있었다. 또 삼성문화재단에서도 값싼 문고를 대량으로 반포하고 있었다. 겉으로 보기에는 문고 시대가 도래한 듯했다. 그러나 내가 보기에는 우리나라 출판계에서 일본 이와나미 문고(岩波文庫)와 같이 질로 승부를 걸지 않고 양으로 경쟁하다가 좋은 기회를 헛되이 날려버린 것 같다.

우리는 신구문고 체제를 정할 때 가로쓰기를 기본으로 하고(그때 을유문고는 세로쓰기로 나왔다), 기본 활자는 9포인트 크기로 했다. 분량이 특별히 많은 원고는 그때 막 선보인 8.5포인트 활자를 쓰기로 했다. 또 판이 작은 만큼 행간도 좁게 해 문고판이지만 4×6판 정도의 원고를 문고판 한 면에 담을 수 있었다.

아무튼 나는 신구문고의 편집·교정 실무자로서 그 간행에 적극 참여했는데, 이때 특별히 내가 애착을 가지고 그 교정에 최선을 다해 문고 수준을 높이려 한 목록을 제시하고 그 책에 얽힌 이야기를 하려 한다.

❷ 『훈민정음』

신구문고 제1권 『훈민정음(訓民正音)』(1974년 5월 발행)은 이 문고의 방향을 어느 정도 상징적으로 암시한 곧 한국 문화와 역사를 그 중심에 두고 출발한다는 의미가 내포되어 있는 것인데, 당시 우리 국어학계의 중심에 있던 강신항(姜信沆) 박사님이 정성을 다해 역주하신 것이다. 강신항 교수님은 내가 졸업한 뒤에 성대 국문과에 교수로 오셔서 정년 퇴임한 분인데, 나는 이때 뵙고 참으로 선비 같은 교수님이라는 느낌을 받았다. 나는 이 『훈민정음』을 교정보면서 한글에 관한 공부를 한 번 더 한 셈이다. 이 문고본에는 훈민정음 해례본 원본도 영인하여 수록해놓았다.

❸ 『풍속가사집』

　신구문고 제2권 『풍속가사집(風俗歌詞集)』(1974년 5월 발행)에는 「한양가(漢陽歌)」와 「농가월령가(農家月令歌)」가 이석래(李石來) 교수 교주로 실려 있는데, 이 가운데 「한양가」는 1949년에 송신용(宋申用) 선생이 교주하여 정음사에서 간행한 것을 대본으로 삼아 다시 정리한 것이다. 나는 이 이석래 교수의 교주 원고를 보면서 활자본에만 의존하고 싶지 않아 미심한 곳을 다른 원본을 보고 확인해보아야 할 듯싶어서 서울대 도서관에 가서 일사본(一簑本) 「농가월령가」 필사본과 고도서의 「한양가」 필사본을 복사해왔다. 이를 대조·참고하면서 「농가월령가」에서도 미심쩍은 곳을 더러 고쳤는데, 「농가월령가」는 누락된 구절이나 잘못된 구절이 많지는 않았다.
　그러나 「한양가」를 필사본과 대조하다 보니 앞부분에서 3~4구가 빠져 있어 이를 보충해 넣고 죽 대조하며 교정해가자니, 뒷부분의 문과(文科) 과거(科擧) 장면을 노래한 "춘당대(春塘臺) 높은 언덕 영화당(暎花堂) 너른 뜰에" 앞부분에 무과(武科) 과거 장면 94구가 몽땅 빠져 있는 것이다. 그렇다 보니 노래의 흐름에 맞지 않게 문과 장면이 느닷없이 튀어나왔다. 나는 이 「한양가」의 문과 장면이 신구문화사의 고등학교 검인정 교과서 『표준고전』에 인용되어 있어 익히 알고 있었는데, 이 필사본과 대조하다 발견한 무과 장면을 문과 장면 앞에 끼워놓으니 그 흐름이 자연스레 연결됨을 보고, 정음사의 송신용 교주본에 큰 착오가 있었음을 교정자로서 확신하게 되었다. 그리하여 이 94구를 교주하여 삽입해 넣고 이석래 교수로 하여금 교주나 해독에 잘못이 없나 살펴보게 했다.
　이때 이미 해제나 해설은 교정이 끝나 있었고 그 당시 나에게는 이게 큰 '발굴'이라는 의식도 없는 터라 보충해 넣은 것만 흐뭇해하고 있었다. 그런데 이 문고의 교료를 놓으려고 할 때 민중서관(民衆書館)의 『한국고전문학대계』에 이「한양가」도 교주되어 곧 나온다는 소식을 들었다. 그 대계를 참고하면 좀 더 완벽한 교주본을 만들까 싶어 한두 달 기다리다가 나오지 않기에 할 수 없이 이 교료를 놓아 간행했다.

이『풍속가사집』을 1974년 5월 1일 자로 간행한 몇 달 뒤 민중서관에서 고려대 박성의(朴晟義) 교수 교주로「한양가」와「한양오백년가」가 나왔다. 나는 얼른 이『한국고전문학대계』를 사다가 신구문고의「한양가」와 대조해보았다. 그 책의「한양가」해설에는 누락된 몇 구절을 발굴해 보충했다고 대서특필되어 있었다. 그 부분은 내가 이미 필사본과 대조해 보충해놓은 것이었다. 게다가 새로 발견해 보충했다는 부분은 한 구절을 오독(誤讀)하기까지 했다. 지금의 압구정동의 '압구정(鴨鷗亭)'을 '앞 구정'으로 해독한 것이다. 또 내가 발굴해 넣은 94구는 빠져 있었다.

나는 그때 고려대 국문과 대학원에 다니던 김춘섭 교수(뒤에 전남대 국어국문학과 교수를 지냈다)에게 내가 복사한 자료와『풍속가사집』을 주며 내가 보충한 무과 장면에 대해 검토를 부탁했다. 그 후 김 교수에게 들은 소식으로는「한양가」에 대한 석사 논문에 의존했는데 '서울대학본'의 존재를 알지 못했다고 하며 가람 선생이 말한 한 '이본'인 듯싶다고 하신다는 것이다. 그러나 내가 참고한 이 필사본은 선본(善本) 중의 선본이다. 따라서 나는 나중에라도 이 서울대본「한양가」를 정밀히 판독하여 새로운 교주본을 만들어도 괜찮겠다 싶어 이「한양가」필사본을「농가월령가」필사본과 함께 소중히 간직하고 있다.

❹「배비장전」,「옹고집전」

신구문고 제4권「배비장전(裵裨將傳)」과 「옹고집전(雍固執傳)」(정병욱 교주, 1974년 5월 발행)은 그 텍스트 원본인 필사본이 현재 우리나라에 남아 있지 않으며, 6·25 전쟁이 일어나기 전인 1950년 4월 25일 국제문화관(國際文化館)에서 발행한 김삼불(金三不) 교주본이 덩그러니 남아 있을 뿐이다. 이 교주본이 대본으로 삼은 필사본은 6·25 전쟁 때 소실(燒失)된 듯하다.

이 김삼불 교주본을 정병욱 교수가 표기를 현대화하고 다시 정리·보완해 낸 것인데, 나는 이때 이 출판 원고로 삼은 책을 보존하고 있다가 신구문고본을 또 대본으로 삼아 다시 정리해 나의 '한국고전소설선집'에 포함시켰는데, 이때 국제문화관의 김삼불 교주본과 다시 더 대조하여 한 글자나 한 단어도 빠뜨리지 않으려 했다. 지금 생각하건대 신구문고를 교정보고 나서, 쓰고 난 자료를 버리지 않고 보관했다는 것이 기적같이 느껴진다. 아마 그때쯤에는 소중한 자료는 거두어 갈무리할 의식이 내게 생겨 있었던 것이 아닐까.

❺ 『판소리 소사』

판소리 관계 저술로는 우리나라 최초인 이 『판소리 소사(小史)』(朴晃 지음, 1974년 5월 발행)는 판소리에 대한 학술적인 연구와 판소리를 창(唱)할 때 그 고수(鼓手)를 할 수 있을 정도라는 정병욱 교수가 추천해 신구문고 제6권으로 발행되었을 것이라 여겨진다.

나는 신구문고를 편집·교정할 때 내가 을유문화사 편집부에서 배운 색인 카드를 써서 간편하게 분리·배열하여 순서대로 붙여 색인 원고를 만드는 편집 기술을 활용해 신구문고에는 거의 다 색인을 달았는데, 이 『판소리 소사』에도 그 자세한 색인을 붙였다.

이 『판소리 소사』는 내가 처음으로 접한 분야라 앞서 『가람문선』을 교정할 때 실패한 경험을 타산지석 삼아 저자와 긴밀히 협조하며 교정에 만전을 기하려 노력했던 것이다.

이 『판소리 소사』가 나온 후 판소리에 대한 사회의 관심이 높아지고 뒷날 뿌리깊은나무 한창기 사장의 후원으로 정기적으로 판소리 창이 발표되면서 그 대본이 기록·출판되지 않았나 싶다.

❻ 『한국의 산수』

이 호암(湖岩) 문일평 선생의 글을 누가 골라 뽑았는지는 지금 생각나지 않지만, 아마도 민병산 선생이 골라주지 않았나 싶다. 그리고 그 범례에 적혀 있는 현대화 작업은 대체로 내가 담당했을 듯하다. 나는 이 신구문고 제7권 『한국의 산수』(1974년 5월 발행)를 편집·교정하면서 호암 선생의 단아하고 평이한 문체에 빠져들고 선생의 학문에 경탄했는데, 이것이 뒷날 내가 현실총서(現實叢書)로 『호암사론사화선집(湖岩史論史話選集)』을 편역한 단초(端初)가 되었을 것이다.

그런데 이때는 내 편집·교정자로서의 의식이나 수준이 아직 부족해 호암 선생이 글을 쓰다가 인용한 한시 등을 본문에 번역하여 넣을 생각을 못하고, 번역문을 주로 처리하여 독자가 본문을 자연스레 읽어가도록 하지 못했다. 그리고 또 제목의 한자를 음독하지 않아 오늘날의 독자가 쉽게 읽을 수 있도록 하지도 못한 것이다. 미래를 조금도 내다보지 못한 편집·교정 처리를 이 신구문고에서 한 셈이다.

❼ 『한국의 서지와 문화』

프랑스 사람인 모리스 쿠랑의 『한국 서지』는 원래 '조선문화사서설(朝鮮文化史序說)'이라는 표제로 1946년 범장각(凡章閣)에서 김수경(金壽卿) 번역으로 간행된 것을 참고하여 다시 번역한 것이라 한다. 김수경의 번역이 원래 명역(名譯)이었고 또 박상규(朴相圭) 교수도 차분한 분이라 편집·교정을 하면서 어려움은 없었던 듯하다. 다만 부록으로 3821권의 목록을 실은 '한국서지목록'을 교정볼 때는 좀 힘이 들었다는 생각이 아직도 남아 있다.

모리스 쿠랑이 수집한 이 책들은 현재 파리동양어학교에 그 대부분이 보관되어 있을 텐데, 김동욱 선생이 한국고전소설 작품 마이크로필름을 얻어 영인·간행한 '영인 고소설판각본전집' 4, 5집에 그 소장본이 많이 수록되어 있다. 나는 '한국고전소설선집'을 교주할 때 이 파리동양어학교본을 다수 참고하기도 했다.

우리는 현재 이 신구문고 제8권에 부록으로 실려 있는 「한국서지목록」을 국내에 있는 도서목록과 면밀히 대조하여 그 목록 중 국내에 판본이 남아 있지 않은 중요 도서 자료를 반드시 구해와야 할 것이다.

아무튼 신구문고 제7권으로 나온 모리스 쿠랑의 이 저서 『한국의 서지와 문화』(1974년 5월 발행)는 당시 조선을 세계에 널리 알린 명저(名著)인데, 나는 이를 편집·교정하면서 한국의 출판문화에 대해 많이 공부한 셈이다. 이 문고가 나오자 역자인 박상규 교수님은 이 문고본에 서명까지 해 기증하기도 했다.

❽ 『나의 남편 안익태』

신구문고 제12권 『나의 남편 안익태(安益泰)』(張鮮影 옮김, 1974년 5월 발행)는 우리나라에서 태어난 세계적인 음악가요, 우리나라 국가(國歌)인 애국가(愛國歌)를 작곡한 안익태 선생의 생애와 사랑을 그의 스페인 아내 롤리타 탈라베라 여사가 쓴 것인데, 원저의 제목은 '마요르카와 안익태'였다. 안익태 선생은 1905년 평양에서 태어나고 1965년 스페인 바르셀로나에서 돌아가셨다. 1921

년부터 일본, 독일, 미국, 오스트리아, 헝가리 등에 유학하고 유명한 지휘자가 되어 1946년 스페인 백작의 딸인 롤리타 탈라베라와 결혼하여 마요르카 섬에 정착하고 1965년 돌아갈 때까지 줄곧 유럽 여러 나라에서 지휘자로 활동했다. 따라서 우리는 「애국가」를 작곡하고 세계적인 음악가로 활동한 안익태 선생의 생애를 그 아내의 이 기록이 없었으면 알 수 없었을 것이다.

나는 이 신구문고를 편집·교정한 덕분에 가장 먼저 이 책을 읽을 수 있었고, 선생의 아내 롤리타 여사의 지극한 남편 사랑의 마음을 느낄 수 있었다. 그리고 외국의 여인네들은 이런 글을 꾸밈없이 잘 쓸 수 있구나 하고 감탄했다.

나는 2009년 포르투갈과 스페인의 마드리드 및 바르셀로나를 관광하면서 현지 가이드로부터 마요르카 섬에서 우리나라 안익태 선생이 살았었다는 얘기를 듣고 그 아내가 쓴 이 전기가 문득 떠올라 바르셀로나의 도시 분위기를 더욱 정겹게 느꼈던 기억이 떠오른다.

❾ 『김규식의 생애』

우리나라 해방 정국에서 좌우 합작을 해 민족 분단의 비극과 파국을 막으려 한 위대한 민족주의자요 애국자의 생애를 정치학자가 조명한 전기인데, 원래는 해방 공간부터 6·25 전쟁이 일어나기까지의 정국에서 발표된 성명서나 기타 자료와 김규식이 지은 영문 장시 「양자강의 유혹」까지 부록으로 실어 학술적으로 쓴 본격적인 전기인데, 교정이 끝나 지형까지 떠놓고 발행을 기다리다가 무슨 사정이 있었는지 간행되지 못하고, 그 가운데 전기에 해당하는 부분만 다시 문고판으로 조판·교정해서 낸 것이다.

나는 이 전기를 교정하면서 내가 익히 보던 전기체 문장이 아닌 데다 사실에 대한 설명이 너무 장황한 듯하고 우리 어조로 기술되지 않았기에 무척 당황했으나, 차차 읽다 보니 나중에는 객관성을 확보하려 노력하는 저자의 의도를 파악하고 그 의도를 훼손하지 않으면서 독자가 감동하며 잘 읽게 할 수 없을까 고민했다. 생각 끝에 원래 큰 분류의 제목만 있던 것을 소항목의 제목을 내용에 맞게 붙여 읽는 이가 지루하지 않도록 꾸몄다. 이 문고에 있는 소제목은 대부분 내가 붙였던 것 같다.

신구문고 제13권 『김규식(金奎植)의 생애』가 나온 뒤 이를 읽은 유명한 역사학자가 참으로 괜찮은 전기라고 했다는 평을 들은 바 있다. 나도 해방 정국부터 6·25 전쟁까지 격동기의 한국사를 이 책을 통해 알 수 있었고, 양심적인 정치인과 정상배(政商輩)를 가려볼 수 있는 혜안을 키울 수 있었다.

❿ 『인생독본』

앞서 1971년과 1972년에 '대똘스또이전집' 전 9권을 낼 때 포함되지 않았던 중국의 수양서 『명심보감(明心寶鑑)』이나 『채근담(菜根譚)』 같은 책이 신구문고 제27~30권인 톨스토이의 『인생독본(人生讀本)』 I~IV(朴炯奎 옮김, 1974년 8월 발행)이다. 이는 톨스토이가 만년에 인생의 귀감으로 쓴 글이라 할 수 있다.

나는 이 번역 원고의 나머지 부분을 받으려고 편집부 동료와 같이 홍은동 박형규 교수댁(뒤에 고려대 노어노문학과 교수로 갔다)에 가기도 했는데, 박 교수는 한때 나와 신구문화사 편집부 동료이기도 했다. 나는 술을 마시지 않았기 때문에 박 교수와 술친구가 되지는 못하고 선배로 깍듯이 대접했다. 이때 원고를 차일피일 미루며 번역을 얼른 끝내주지 않는 박 교수가 얼마나 미웠는지 모른다. 원고를 받으러 갔다가 박 교수 책상에 놓인 국어사전과 기타 사전을 보니 나달나달 해어져 있었다. 번역을 하느라고 얼마나 뒤졌으면 저렇게 되었을까 하고 그 각고의 노력에 경탄하기도 했다. 박 교수는 번역을 할 때 순수한 우리

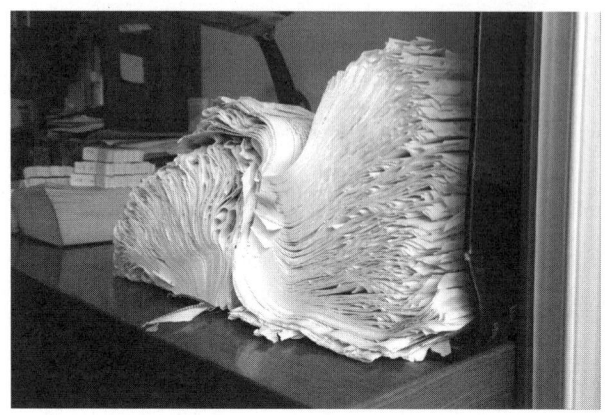
편집의 세월이 고스란히 담긴 『한문대사전』

말을 많이 사용했다. 먼 후일 내가 쓰던 국어사전도 박 교수의 사전과 같이 너덜너덜해진 것을 보며 나도 고소(苦笑)를 금치 못했다.

이 문고 네 권의 번역은 '대똘스또이전집'에 넣어도 두 권은 족히 되는 방대한 분량이다. 지금 이 문고 제1권을 보니 맨 뒤에 인물 해설이 붙어 있었는데, 이는 본문에 인용된 인명을 주(註) 삼아 해설해 가나다순으로 배열해놓은 것이다. 편역해 간행한 책에는 모두 인명 주를 가나다순으로 배열하여 부록으로 싣는 것이 나의 한 편집 방법처럼 굳어졌는데, 『인생독본』 1권에 붙어 있는 것을 보니 감회가 새롭다.

⓫ 『기행가사집: 연행가』

신구문고 제2권 『풍속가사집』에 이어낸 우리나라 가사(歌詞) 작품의 대표작 중 하나인 「연행가」를 교주한 것이 신구문고 제31권 『기행가사집: 연행가(紀行歌詞集: 燕行歌)』(洪淳學 지음, 李石來 교주, 1976년 4월)인데, 김인겸(金仁謙)

의「일동장유가(日東壯遊歌)」와 쌍벽(雙璧)을 이루는 한글로 쓴 기행가사이다. 이는 고종 3년(1866년) 홍순학이 가례주청사(嘉禮奏請使)의 서장관(書狀官)으로 북경에 다녀오면서 쓴 모두 3924구나 되는 장편의 기행가사이다.

나는 앞서 『풍속가사집』을 교정할 때와 같이 서울대 도서관인가 국립도서관인가에서 필사본을 복사해다가 일일이 대조하여 교정했다. 그때 그 복사본은 습식 복사였던 것 같다. 이 복사본을 백지에 풀로 붙인 뒤 묶어서 잘 간수했는데, 집 지하실에 두었을 때 쥐가 들어 그 일부를 쏠았으나 다행히 글자는 쏠리지 않았다. 지금 서재 베란다 창고 어딘가에 남아 있을 터이다.

⑫ 『사외이문』

신구문고 제31권은 『사외이문(史外異聞)』(文一平 지음, 1976년 4월 발행)인데 호암 문일평 선생의 글을 앞서 『한국의 산수』 때와 같이 누가 추려냈는지 지금 생각나지 않으나, 아마도 민병산 선생이 뽑아냈을 듯하다. 그리고 '범례'에 나온 대로의 현대화 작업은 대체로 내가 담당했을 터이다.

그런데 뒷날 내가 현실총서로 '호암사론사화선집(湖岩史論史話選集)'을 편역하면서 이 문고에 있는 「차고사(茶故事)」를 참고했는데 '14. 초의(草衣)의 다송(茶頌)' 항목을 다시 읽다 보니 "초의는 전북 진산군(珍山郡) 대둔산(大芚山) 대둔사승(大芚寺僧) 의순선사(意恂禪師)의 아호인바 ……"로 나와 있었다. 나 역시 현실총서를 편역할 때까지도 이 구절을 무심히 보아 넘겼다. 그러다가 초의의 「동다송(東茶頌)」을 정리하고 또 이 「차고사」를 다시 정리할 때 호암 선생께서 대둔사(大芚寺)를 '전북 진산군 대둔산'에 있는 절로 착각하셨다는 것을 깨닫게 되었다. '대둔사'는 전남 해남군 두륜산(頭輪山)에 있는 절로 호암 선생이 이 글을 쓰실 때는 대흥사(大興寺)로 이름이 바뀌어 불리다가 다시 '대둔사'로 원래 이름을 찾은 우리나라의 유명한 사찰이다. 당시 호암 선생은 대둔사는 으레 대둔산에 있으리라 생각해, 대둔사가 진안 대둔산에 있는 절이라고 여기신 것 같다.

어쨌든 나는 호암 문일평 선생의 글을 현대화하여 2권의 신구문고로 낸 인연과 선생의 단아한 문체에 매료되어 나중에 현실총서로『호암사론사화선집』을 편역해 선생의 학문을 정리해드린 셈이다.

⓭『님의 침묵』

신구문고 제33권『님의 침묵(沈黙)』(1976년 4월 발행)의 시는 1973년에 발행한『한용운전집』(전 6권)에서 시(詩)·시조(時調)·한시(漢詩) 등을 따로 뽑아 '시전집'을 만든 것이다. 한시는 시인 이원섭(李元燮) 선생의 번역으로 실었으며, 뒤에 전집을 증보할 때 순서를 바로잡고 틀린 구절을 고친 「심우장 산시」는 여기에 반영되지 않았을 것이다.

⓮『한용운 수상집』

신구문고 제34권『한용운 수상집(韓龍雲隨想集)』(金觀鎬 엮음, 1976년 4월 발행)은 김관호 편이라 하고 편자서(編者序)가 붙어 있다. 실제로 글은 민병산 선생께서 골라내고 편집·교정 실무는 내가 담당했던 것으로 기억된다.

내가 1971년 5월 신구문화사를 떠나 잠시 을유문화사에 있다가 그해 12월에 신구로 돌아왔을 때 신구에서는 김영호(金泳鎬) 교수를『한용운전집』편집위원으로 모시고 자료를 더 수집하도록 했는데, 이때 김관호 선생님은 소장했던 전집의 많은 원전 자료를 흔쾌히 제공하셨다. 나는 이때 선생님께서 빌려

준 원전 자료를 보면서 편집의 가닥을 잡을 수 있었으며, 모르는 문제가 있으면 선생님께 여쭈어보았던 것이다. 아마도 선생님께서 수시로 찾아오셔서 격려·협조해주시는 바람에 전집을 큰 시행착오 없이 무난히 끝낼 수 있었던 것이다. 만해 한용운 선생님의 애국 독립 사상을 열렬히 숭배하시고 일생 동안 만해 선생을 숭모하시며 지내신 분이라 우리의 전집 교정 진행에 열과 성을 다해 진심으로 도와주신 것이다. 이런 터라 이 문고를 편집·교정하면서 선생님께 그 편자를 맡으시라고 강요했을 것이다. 선생님께서도 사양은 하셨을 테지만 끝내 거절은 하지 못했을 터이다.

이 김관호 선생님께서는 채식을 하시면서 수(壽)를 누리셨는데 먼 뒷날 내가 창비에 있을 때도 가끔 만나 뵙고 사무실로 나를 찾아오기도 하시면서 어느 땐가는 만해 선생님의 소설 작품을 다시 출간했으면 좋겠다고도 했는데, 나는 그때 이왕 정리된 것을 또 출판할 필요가 있을까 싶었다. 그러나 선생님은 만해 선생님의 소설 작품이 우리나라 최고 수준의 사회 교화 소설이라고 여기시고 이를 다시 펴낼 마음이 있었던 것이다.

이후 나는 창비에서 염상섭(廉想涉)의 『만세전』, 『삼대(三代)』 등을 교양문고로 내면서 그 정본(定本)을 만들고, 홍명희의 대하장편소설 『임꺽정』의 정본도 만들면서 깨달은 바대로 만해 선생의 소설 작품도 그 발표 지면인 ≪조선일보≫를 복사해 전집에 실린 것과 대조해 문장이 빠진 것이나 잘못 베낀 것을 바로잡아 출판해도 될 것이었는데, 그때는 내 생각이 여기에 미치지 못했던 것이다.

또 언젠가는 벽초 홍명희의 저술 『학창산화(學窓散話)』를 소장하고 계시던 책으로 두 벌인가 복사해주시기에, 이를 임형택(林熒澤) 교수와 강영주(姜玲珠) 교수에게도 준 듯싶다. 당시 이 『학창산화』는 어디서도 구해볼 수 없는 책이었다.

또 언젠가 인사동에서 뵈었을 때, 선생께서 소장하고 계신 일제강점기에 신조선사에서 간행한 다산 정약용의 『여유당전서(與猶堂全書)』를 80만 원쯤에 넘겨주시겠다고 하는 것을 나는 그때 이를 인수할 만한 여력이 없어 사양했던 것이다. 내 생각으로는 6권짜리 영인본을 가지고 볼 수 있다고 생각한 때문이다. 지금 가만히 생각해보니, 선생님께서는 돈은 어쨌든 간에 그 『여유당전서』를 내게 넘겨주고 싶으셨던 것이다. 이렇듯 나는 선생님의 큰 호의를 받아들이지 못한 셈이다.

ⓑ 『가람일기』

신구문고 제35·36권 『가람일기』 I·II(鄭炳昱·崔勝範 옮김, 1976년 4월)는 가람 이병기(李秉岐) 선생이 1919년 4월 14일부터 1968년 별세하실 때까지 약 50년 동안 쓰신 것인데 200자 원고지로 5000여 매나 된다. 1919년부터 1964년까지의 일기를 수록했는데, 사사로운 가정사나 그 밖의 일부 내용을 솎아내어 책에 실린 분량은 3500매쯤 된다. 1965년부터 1968년까지는 중풍으로 쓰러지셔서 대소변을 보았다는 기록이 대부분이라 생략할 수밖에 없었다. 이렇듯 선생처럼 50여 년 동안 꾸준히 일기를 쓴 사례를 우리나라에서는 찾아보기 어려운 것 같다.

앞서 내가 1966년 『가람문선』을 교정볼 때 일기 부분에서 오자가 많이 나와 매우 부끄러웠다는 말을 했는데, 이 신구문고의 『가람일기』를 교정볼 때는 그때와 같은 실수를 하지 않으려고 일기 원본을 참고해야겠다고 요구하여 원본을 참고하면서 교정을 보지 않았나 싶다. 이 『가람일기』는 우리나라 현대사에서 국문학계와 서울대 국어국문학과의 역사를 일부 엿볼 수 있는 사료로서도 그 가치가 적지 않을 것이며, 우리나라 국문학계의 태두(泰斗)인 가람 선생님의 학문과 생활이 고스란히 기록되어 있는 자료이기도 하다. 또 서지(書誌) 자료도 많이 기록되어 있다.

⓰ 『시베리아 제민족의 원시종교』

앞서 나는 이홍직 박사님의 회갑 기념 논총인 『한국사학논총』 교정에 참여하고 또 유저(遺著) 『한국고대사의 연구』를 편집·교정했던 바를 이야기했는데, 이제 이 박사님의 이 번역물까지 내가 교정을 본 것이다.

지금 이 글을 쓰려고 신구문고 제46호 니오라체의 『시베리아 제민족의 원시종교』(李弘稙 옮김, 1976년 4월 발행)를 살펴보니, 고려대 총장을 지낸 김정배(金貞培) 박사님이 이 책에 발문(跋文)을 쓴 것이 눈에 띈다.

⓱ 『공예문화』

이 문고의 역서(譯序)에 민병산 선생이 썼듯이, 나는 민 선생님이 이 책을 보여주기에 그 목차를 죽 훑어보고 명저(名著)라는 느낌이 강하게 들어 내용은 볼 것도 없이(나는 일본어를 전혀 모른다) 대뜸 이 책을 번역해 간행하자고 말씀드리고 번역을 하시라고 종용했던 것 같다. 편집·교정 생활 10여 년에 이 책의 목차를 한 번 보고 감을 잡은 것이다. 이렇게 해서 야나기 무네요시(柳宗悅)의 선집을 구하고 그중 제3권인 이 『공예문화(工藝文化)』(민병산 옮김, 1976년 4월 발행)를 번역하도록 민 선생께 권한 것이다.

민병산 선생께서도 이 책에 대한 번역은 의미 있는 일이라 생각하셨는지 꽤나 서둘러 번역을 해서 우리에게 넘겨주기에 편집하여 조판·교정을 거의 끝냈을 때이다. 민 선생께서 번역자 이름은 해당 분야 전문가로 해야 하지 않겠느냐며 주저주저 하시기에 내가 대뜸 역자를 선생님 이름으로 하자고 강력히 말하니, 선생께서도 매우 기뻐하시면서 당신께서도 이 책의 역자에 당신 이름을 올리는 것이 고소원(固所願)이었노라고 속내를 슬그머니 드러내셨다.

이『공예문화』는 세계적인 명저라 신구문고 중 가장 잘 팔리는 목록의 하나가 되어 판을 거듭 찍고 뒤에 문장을 좀 더 다듬어 4×6판으로 다시 조판하여 간행하며 명저(名著)임을 증명한 것이다.

나는 1965년 신구문화사 편집부에 입사하여 민 선생님을 만난 이후 1988년 선생님이 돌아가실 때까지 줄곧 만나 뵈며 그 가르침과 정분을 받으면서 선생님을 받들고 지냈다. 선생님을 모시면서 즐겁게 지낸 이야기는 뒤에 다시 할 것이다.

5 뒷이야기

신구문고는 1976년 4월 15일 전 56권을 발행하고 중단되었는데, 1974년에 30권, 1976년에 26권을 간행했다. 그리고 여기서 거론하지 않은 것은 대체로 내가 교정을 보지 않았거나 신구문화사 다른 전집에서 뽑아 중복 출판한 것들이다.

이 신구문고를 편집·교정하면서 그때 느낀 생각과 반성할 점 몇 가지를 적어보려 한다.

이 문고 제14권부터 제18권까지 5권, 제39권부터 제45권까지 7권은 신구에서 간행한 '한국의 인간상'(전 6권, 1965년 발행)에 실려 있던 것이며, 제19권부터 제23권까지 5권, 제50권부터 제55권까지 6권은 '세계의 인간상'(전 12권, 1962년 발행)에서 뽑아 실었는데, 모두 23권이 중복 출판되었다. 이때 만일 중복 출판을 피하고 수준 높은 목록을 골라 일본의 '이와나미(岩波) 문고'처럼 정성과 돈을 들였더라면 문고본이 우리나라 독서계에 제대로 자리 잡았을 것이다.

또 우리나라 고전문학 작품이나 한문 고전 작품을 잘 골라 정말로 공들여 교주하거나 번역하여 현대 독자들이 손쉽게 읽을 수 있도록 꾸준히 노력해 번역 기능과 수준을 높였다면 국학 개발에 크게 이바지하고 우리 문화 수준을 높이는 데 크게 기여했으리라 여겨진다. 이는 현재에도 유효하다고 단언할 수 있다.

편집 체제에 대한 반성으로는 한글의 문자 구성 특성상 글자 크기를 13급(9포인트) 이상으로 하고 그 판형을 4×6판 정도로 크게 하여 문고본을 만들었으면 좋았으리라 생각한다. 일본어나 영어는 문자의 크기가 다르고 공간이 있어 글자의 시각성이 좋아 글자 크기가 1~2급 작아도 읽기에 불편함이 적으나 한글은 네모에 꽉 차서 1~2급 정도 크게 해야 읽기 좋을 것이며 또 문고판 1면을 번역하면 4×6판 1면에 수용하기에 알맞지 않을까 싶다.

❶ 『이무영대표작전집』과 『한국정치경제학사전』

1975년 초부터 외삼촌 이응백 교수의 박사 학위논문 『국어교육사 연구』를 조판·교정해 4월 1일 발행했다. 이 논문은 1975년 문공부 추천도서에 선정된다. 나는 이 논문을 제출 기일에 맞추어 내느라고 조판 인쇄소 근처 여관에서 외삼촌과 밤을 보내기도 했다.

1975년에는 『이무영대표작전집(李無影代表作全集)』(전 5권)을 5월 1일까지 내려고 편집부 직원들에게 집에서 밤에 교정을 보라고 야근 대신 아르바이트까지 시키며 북새를 떨기도 했다. 이 전집은 1975년 한국출판문화상을 받았으나 신구문화사 편집부는 이제 서서히 무너져 가고 있었다. 신구문화사가 내리막 길을 가는 동안에 신구전문학교는 본관 건물을 준공하고 그 발전의 기틀을 다져가고 있었다.

나는 1975년에 또 서울대 동아문화연구소의 『한국정치경제학사전(韓國政治經濟學事典)』 편집·교정에 참여하여 그 실무를 처리했는데, 이 사전의 편집 체제는 1973년에 간행한 『국어국문학사전』과 같았다. 그 편집·조판도 그때와 같이했기에 별 어려움 없이 진행할 수 있었다. 그러나 이 일도 하나의 전문사전을 편집·교정하는 일이라 만만치 않았다.

아무튼 이 『한국정치경제학사전』을 교정하다 보니, 일제가 설치한 통감부(統監府)는 그 항목이 설정되어 집필되어 있었으나 '조선총독부(朝鮮總督府)'가 빠져 있었다. 동아문화연구소 편집간사인 민병수(閔丙秀) 교수에게 문의하니, 배정된 예산도 떨어져 이제 어쩔 수 없다고 하며 손을 놓아버렸다. 내가 생각하기에는 이 사전에서 통감부보다 몇 배나 중요한 항목을 뺀다는 것이 어처구니가 없어 앞서 신구문화사에서 간행한 『한국현대사』 제4권에 실린 홍이섭(洪以燮) 선생이 쓰신 「조선총독부」를 잘 요약하여 '조선총독부' 사전 원고를 만들어 민 교수에게 주며 넣었으면 좋겠다고 하자 민 교수는 최창규(崔昌圭) 교수에게 교열시킨 다음 가져왔는데, 앞부분 몇 장을 최 교수 문체로 고쳐왔다. 어찌 됐든 이 사전에서 빠질 뻔한 항목을 내가 이렇게 원고를 만들어 보충한 것이다.

❷ ≪창작과비평≫

1975년 12월에는 신구전문학교 본관 6층 건물이 완공되었다. 1973년 7월에 착공된 후 연차적으로 올려 이때 준공된 것이다. 이 본관 건물이 착공될 당시 착공식에 참석한 나는 그 현장을 목격하며 어느 세월에 건물이 들어설까 염려스러웠다. 그런데 이 건물이 완성된 후 신구전문대학은 차차 발전하고 있었다. 이렇다 보니 이종익 사장님은 학교 신축 공사를 감독하고 학교를 경영하느라 출판 경영은 뒷전이어서 편집부는 한산해지고 활기를 잃었다. 그 무렵 나는 학교 신문이나 학생 모집 팸플릿을 만드는 데 동원되고 있었다. 일할 의욕이 떨어지기 시작했다. 전환을 모색해야만 할 때가 온 것이다.

이 무렵에는, 앞서 계간지 ≪창작과비평≫을 신구문화사에 맡기고 미국 하버드대로 박사 학위 과정을 밟으러 갔던 백낙청 서울대 영문과 교수가 박사 학위를 마치고 돌아와 다시 신구에 맡겼던 계간지를 돌려받아 편집·간행하는 한편 단행본도 내고 있었다.

나는 박사 학위를 마치고 돌아온 백낙청 박사를 신구에서 다시 만나게 된 것이다. 계간지 ≪창작과비평≫은 1969년 가을·겨울 호(통권 15호)부터 1972년 가을 호(통권 25호)까지 신구문화사에서 그 발행을 맡아(형식적으로는 창작과비평사가 발행처였고 그 발행인도 辛東門 선생이었다), 신구문화사 편집부에서 이를 교정하고 제작까지 해주게 되었던 것이다. 이때 이 계간지의 편집은 염무웅 교수가 담당해 처리했는데, 편집부 옆방에 있으면서 여러 가지로 매우 힘겨워하는 듯했다. 나도 신구의 편집·교정 일이 많지 않아 이 잡지 교정을 거들고 바쁠 때는 다른 직원도 동원해 거들기도 했는데, 발행 날짜를 제대로 지키지 못하고 넘겨가며 겨우겨우 통권 15호부터 25호까지 발행해냈다.

이 계간지가 신구에서 발행되는 동안인 1971년 5월부터 11월까지 나는 잠시 신구를 떠나 을유문화사에 있었다. 이때를 제외하고, ≪창작과비평≫에 실린 대부분의 글을 교정보고 목차대로 페이지를 매겨 교료를 놓고 나서 제작 담당자에게 제작을 채근했던 것이다.

이때 신구문화사에서는 내게 계간지 일을 도우라는 지시나 부탁을 하지 않았고 또 내가 거드는 것을 말리지도 않고 수수방관했다. 편집상무님이나 편집국장, 편집부장도 이 잡지에 대해서는 무심한 듯했다. 발행인 신동문 선생조차 관심을 가지고 내게 당부한 적이 없었다. 오늘날 가만히 생각해보건대, 이때 나라도 이 계간지 교정 일을 거들어주지 않았다면 어떻게 되었을까? 또 염무웅 교수는 얼마나 더 어려웠을까?

6_ 신구문화사를 떠날 작정을 하다

1976년에 접어들자 나는 신구문화사에서 크게 할 일도 없이 무료하기도 하여 ≪조선일보≫ '독자서비스센터'에 가서 주로 1930년대와 1960년대, 1970년대 중반까지의 ≪조선일보≫를 뒤지며 자료 조사를 하는 한편, 1967년부터 1975년까지 작고한 인물을 조사하여 『한국인명대사전』 증보판 기초 자료나 만들어놓으려 했다. 누가 시키거나 지시하지도 않은 일이다. 나는 이 신문 자료를 조사하며 만해 한용운의 「심우장 산시(尋牛莊散詩)」의 연재 자료를 발견하여 '한용운전집' 증보판을 만들 때 이것으로 바꾸어 수록하기도 하고(전집에 실린 것은 해방 후 ≪民聲≫이라는 잡지에서 특집으로 실은 것을 썼는데, 잘못된 부분이 매우 많았다), 인명 자료를 노트에 적어가며 시간을 잘 활용했으나 결국 신구문화사에 대한 애착은 시들어갔다.

이때 염무웅 교수가 창비에서 같이 일하자고 권유한 것이다. 염 교수는 그때 창작과비평사 주간(主幹)이고 발행인은 백낙청 박사였는데, 창비신서도 10여 권이나 발행했을 때이다. 창비가 신구문화사 2층 사무실에 있었던 1974년 3월부터 내기 시작한 '창비신서'가 1976년 초에 이렇게 10여 권이 되고, 또 '창비시선'도 4권이나 나왔을 때인 것이다. 나는 할 일도 별로 없고 학교 경영에만 정신이 온통 쏠려 있는 신구문화사에 기대할 것이 없어 창비에 합류하기로 하고 신구에 사직 의사를 표했다. 신구에서도 말릴 명분과 말릴 만한 주체자가 없어 그냥 놓아준 것이다. 나는 1965년 12월부터 1976년 봄까지 신구문화사 편집부에 있었으니 햇수로는 12년, 만으로는 11년이나 되는 나의 청춘을 바친 신구문화사를 맥없이 떠나게 된 것이다.

내가 신구문화사 편집부에는 가장 오랫동안 있었던 셈인데 이것이 자랑할 만한 일인지 또는 어수룩한 짓인지 나도 모르겠다. 그러나 나는 그동안 우리나라의 가장 뛰어난 많은 학자와 문인을 만나 그분들의 저작과 작품을 편집·교정하며 학교에서 배우지 못한 것을 이분들의 저술과 작품을 통해 많이 배울 수 있었다. 내가 쌓아온 이런 경험은 아무나 할 수 있는 것이 아니었다. 어느 면에서는 큰 행운을 누리고 축복을 받은 것이 나의 신구문화사 시절이라고 할 수 있겠다.

또 신구 편집부에서 선배와 동료로 또는 후배로 같이 일한 분 가운데 대학교수가 된 분이 많았다. 하현강(河炫綱) 교수, 염무웅(廉武雄) 교수, 김치수(金治洙) 교수, 김학성(金學成) 교수, 이동렬(李東烈) 교수, 박현수(朴賢洙) 교수 등 10여 명이 넘는다. 양교석(梁敎錫) 교장 선생도 편집부 생활을 같이했던 분이다. 작가 김문수(金文洙)와 최창학(崔昌學) 교수도 같이 근무했으며, 이 밖에도 수십 명이 신구문화사 편집부에서 같이 지냈다. 그리고 신구문화사 편집부는 내가 떠나자 그 전통의 맥이 끊어졌다고 할 수 있고, 내가 떠난 후로는 출판 실적도 뚜렷이 쌓지 못했다. 내가 떠난 한참 뒤인 1980년 1월 25일 발행한 현용준(玄容駿) 교수의 『제주도무속자료사전(濟州道巫俗資料事典)』도 내가 신구문화사에 있을 때 교정을 보아 지형을 떠놓았던 것이다.

7_ 신구문화사를 떠나서도

나는 1976년 신구문화사를 떠나고 나서도 신구문화사에 들락거리면서 무슨 일이건 도와달라고 하면 내가 도울 수 있는 일은 협력했는데, 그 하나가 검인정 교과서 『표준고전』을 출원이었다. 또한 『국역화성성역의궤(國譯華城城役儀軌)』의 교정도 도와주었다. 또 '한용운전집' 증보판을 낼 때도 수집된 증보 원고를 일일이 읽고 판단하여 만해 선생 글이 확실한 것만 추려 증보하고, 이 증보판 교정도 보아주었다. 내가 청춘을 바친 곳이라 이래저래 정이 쌓이고 또 나를 성장하게 해준 은혜를 조금이라도 갚으려는 생각이 있었기 때문이리라.

내가 창비 편집고문으로 있을 때인 1989년 11월이나 12월 언제쯤인가 신구전문대학 학장을 퇴임한 전 신구문화사 이종익 사장께서 만나자고 하기에 청진동 신구문화사엘 들렀더니, 신구전문대학 출판인쇄과 교수를 해보지 않겠느냐고 하기에 나는 생각해보겠다고 하고 곰곰 고민했다. 그렇지만 내가 전문대학 출판과에 가서 할 수 있는 역할이 별로 없을 것 같아 생각다 못해 못 가겠다고 여쭈었더니 몹시 섭섭해하셨다. 이후 1989년이 가고 이듬해 1월 5일 이 학장께서 교통사고로 돌아가셨다는 부음(訃音)이 들려왔다. 나는 몹시 슬퍼했다. 나를 알고 인정해준 출판계의 큰 어른을 잃은 슬픔 때문이었다.

2009년에 신구대학 설립자이신 이종익 전 학장님의 20주기 추모 문집을 만들겠다면서 추모의 글을 써달라고 요청하기에, 나는 신구 시절을 회고한 글을 써주었다.

❶ 『북양어업론』

나는 신구문화사 편집부에 각각 만 5년씩 전후 두 번에 걸쳐 10여 년 넘게 있었는데, 1차로 있었을 때 신구에서 제작을 담당했던 정태문(鄭泰文) 과장의 부탁으로 1967년 부산수산대(현재 부경대) 이병기(李秉錡) 교수의 『북양어업론

(北洋漁業論)』이라는 어업 전문 서적의 편집·교정을 하게 되었다. 당시는 모두 어려웠던 때라 이런 책의 편집·교정이라도 하지 않으면 살아가기 어려웠다.

이『북양어업론』은 북양(北洋)의 기후 조건과 어선(漁船)의 효율적인 구조를 전문적으로 조사·연구해 설명한 기술 서적이고, 또 어선의 구조를 그린 도판과 기타 복잡한 도판이 많아 편집에 능숙한 사람이 아니면 감당하기 어려운 책이었다. 나는 복잡하고 까다로운 책인 줄도 모르고 해주겠다고 하고 우선 트레싱해온 도판 도면을 교정보고 도면에 들어갈 전사(轉寫)를 붙였는데, 도판 하나의 전사를 한 시간 이상 붙여도 다 못 붙이는 것이 허다했다. 나는 이때 밤을 낮 삼아 며칠씩 전사를 붙이기도 하고 교정을 보면서 천신만고하여 일을 끝낼 수 있었는데, 이는 교학도서에서 편집 기초 기술을 배웠기 때문에 할 수 있었다.

지금 생각해도 그 까다롭고 어려운 일을 햇병아리 편집·교정자가 어떻게 했는지 나도 모르겠다. 나는 이 책을 편집·교정하고 나서 그 저자인 이병기 교수와 편지를 주고받으며 지냈고, 언젠가 내가 편집·교정한 이『북양어업론』1부를 쓸 데가 있어 보내달라고 했더니, 그 책은 남아 있지 않다고 하면서 자신의 다른 저서『저인망어업론(底引網漁業論)』을 보내주었다. 이 책은 지금도 내게 있다. 이 교수의 역저(力著)인 이 책의 발행 날짜는 1968년 7월 30일이었다. 그 책을 뒤적거리며 보다가 당시에 보낸 이 교수의 편지를 책에서 발견하고 새삼 반가웠다. 그 편지지 하단에는 '부산수산대학 어로과학'이라 인쇄되어 있었다.

❷『구운몽』

내가 을유문화사에 있다가 다시 신구문화사로 간 1972년 봄쯤에 신구문화사의 중요 저자인 정병욱 교수께서『구운몽(九雲夢)』을 교정해달라고 부탁을 하기에 내가 감당하기 어려운 일인 줄도 모르고 해드린다고 했더니, 교정지를 주면서 『구운몽』 한글 원문은 그 아드님인 정학성(鄭學成)이 대조했으니 크게 염려할 것 없다고 하면서 교주(校註) 부분과 한문본(漢文本)만 교정해달라고 했다.

교정지를 보니 재교지였다. 한문 원문은 필사해서 조판한 원고를 주기에 이 원문을 필사해낸 원판본을 달라고 했더니 서울대 도서관에 소장된 목판본 원본을 가져다주었다. 이때 교주 대본으로 삼은 한글 필사본은 당시에는 나도 보지 못했다.

우선 교주본을 교정하자니 본문 상단에 주석을 달았는데 미상(未詳) 부분이 군데군데 있었다. 그러나 교주자가 미상이라고 한지라 그대로 넘기면서 교정을 보고 나서 한문본을 목판본과 한 글자 한 글자 대조하기 시작했다. 그러나 조판본 1면 정도만 틀린 곳이 없고 그다음부터는 목판본과 이 판본을 베껴 조판된 원문이 서로 맞지 않는 것 같았다. 나도 목판본이 옳은지 조판된 교정지가 옳은지 판단이 서질 않았는데, 이 조판 원고를 대조해도 알 수가 없었다.

정병욱 교수님은 이 조판 원고가, 나에게 제공된 서울대 소장 한문본 목판본을 베낀 뒤 이 베낀 것을 한문(漢文)의 대가이신 권오돈(權五惇) 선생이 교열한 것이므로 틀림없다고 말씀하셨다.

나는 할 수 없이 이상하고 해독이 안 되는 글자는 ○표를 하여 표를 만들면서 대조해나갔다. 그러면서 차차 이 한문 목판본의 형태를 알아가고 있었다. 이 『구운몽』 한문 목판

『구운몽』 필사본

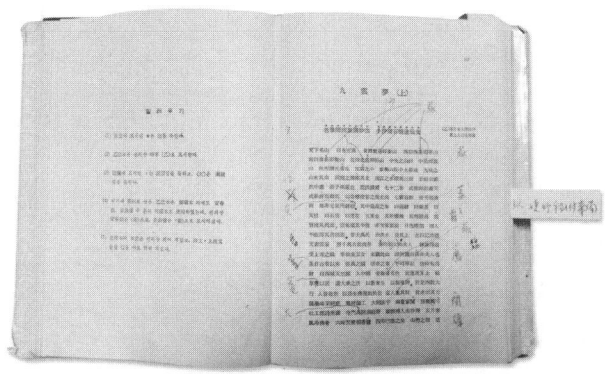

『구운몽』 원문

본은 그 필사자가 권마다 다르고 각 필사자마다 자신의 방식대로 필사했는데, 판각의 편의나 필사의 능률을 올리기 위해 약자(略字)·반자(半字)·속자(俗字)·초서(草書) 등을 두서없이 쓴 것이다. 쓴 약자나 속자 등은 판독하기가 쉬우나 반자나 초서는 나로서는 판독하기 어려웠다. 여기서 반자라 함은 한자(漢字)의 좌우의 한쪽 변이나 상하의 한 부분만을 쓴 것을 말하는데, 이 법칙을 모르는 나나 한문 원문을 베껴낸 이가 잘 모르고 짐작해서 베낀 것이다. 또 교열자도 주마간산(走馬看山)으로 읽은 원고를 써서 조판하고 또 초교를 본 것이다.

이런 사정이 얽혀 있는 교정지라 처음부터 난관에 봉착했다. 그러나 표를 만들며 한 자 한 자 대조하다 보니, 뒤에서는 반자나 초서나 약자를 정자로 쓰기도 했으므로 이 판독된 것을 앞에 표시해놓은 글자에 대입하면 문장이 비로소 통했다. 이를 한글본의 같은 부분과 서로 비교해 대입한 것이 틀림없는 단어나 글자임을 확인할 수 있었다. 이렇게 한 자 한 자 대조하며 교정을 보아가니, 첫 면을 제외하고는 거의 초교지나 다름없이 오자가 많았던 것이다.

내가 이 『구운몽』 한문본을 교정하면서 표로 만든 약자·반자·속자·초서 글자가 200자쯤 되었는데, 이는 한문 목판본에서 우리 선인들이 어떻게 약자나 반자를 만들어 썼는지 알 수 있는 귀중한 자료가 된다.

아무튼 나는 한문 원문 교정 방법을 이 『구운몽』 한문본을 교정하면서 크게 깨달았고, 나름대로 나의 교정 법칙을 만들어 이후 많은 한문 교정을 볼 수 있었던 것이다.

나는 이 『구운몽』 한문본 대조 교정을 딱 한 차례만 한 셈인데 한 번의 교정으로는 아무래도 오자를 다 잡을 수 없었을 터이다. 그러나 한 번의 교정으로는, 더구나 한문 원문의 교정은 불완전하다는 사실을 깨닫지 못해 더 교정을 보아야 한다고 건의하지 못했다.

한문본 교정을 마치고 나서 교주본 교정 때 '미상'이라고 하고 주를 달지 못했던 부분을 한문본과 대조해서 거의 다 주를 달아 해결하기도 했다.

나는 천신만고로 『구운몽』 교주본과 한문본 교정을 보아 이를 정병욱 교수님께 여관방에서 몇 시간 동안 설명하면서 확인해드렸던 것이다. 이때 나의 외숙부인 이응백 박사님도 같이 계셨는데, 내 교정의 옳고 그름을 빨리 판단해주셨다.

나는 『구운몽』 교정을 보면서 참으로 많은 공부를 했던 것이다. 내가 교정을 보고 나서 몇 달이 지난 1975년 9월 15일 민중서관에서 '한국고전문학대계' 9로 그 책이 출판되고, 책이 나오자 바로 신구문화사로 오셔서 달필로 "丁海廉 兄 惠存 著者"라고 서명해 내게 주고 가셨다.

나는 이때 표로 만든 한문 목판본 『구운몽』의 반자·약자·속자·초서를 정리해 목판본 한문 원문을 교정볼 때 참고 자료로 쓸 수 있도록 한문 교정 자료를 만들어 출판협회에서 임시로 개설했던 출판대학에서 이 자료를 가지고 한문 원문을 교정하는 방법을 강의한 바도 있었다.

❸『중국문화총설』

 신구문화사에서 두 번째로 근무하던 1974년경에 신구문화사 영업상무로 있던 김용구(金龍求) 씨가 지업사(紙業社)를 운영해 자본을 좀 축적하자 신지사(新志社)라는 출판사를 등록하고 편집부에서 같이 근무했던 『친일문학론(親日文學論)』의 저자 임종국(林鍾國) 선생의 부인 이선숙(李善淑) 여사를 편집 책임자로 앉히고 의욕적으로 출판을 시작했다. 출판사의 첫 작품을 외국어대 중어중문학과 허세욱(許世旭) 교수의 저서 『중국문화총설(中國文化叢說)』로 결정하고, 편집·교정을 내게 아르바이트로 부탁한 것이다. 나는 이 여사에게 여러 가지로 도움을 받은 바 있어서 이에 기꺼이 참여했다. 이 여사는 고려대 영어영문학과 출신이라 한문 서적을 다루기는 힘들었을 것이다.
 나는 이때 중국 문화와 문학에 대한 깊은 소양은 없었으나 이제 10여 년 쌓아온 경험을 바탕으로 닥치면 해낼 수 있지 않을까 싶었다. 허세욱 교수의 원고를 보면서 나는 이만한 저서는 중국 학자나 일본 학자도 저술하지 못한 훌륭한 저술이라는 느낌이 들었고, 중국의 문화를 1500여 년 이상이나 받아들였으면서도 중국의 문화와 문학에 대해 종합적으로 해설한 책으로는 이 저술이 처음이 아닐까 생각하며, 이 명저(名著)를 내가 편집·교정한다는 긍지를 가지고 혼신의 힘을 다해 열심히 교열·교정해서 저자가 한두 줄 실수로 빠뜨린 문장까지 지적해 바로잡게 하고, 틀리기 쉬운 미묘한 한자(漢字)를 바로잡기도 했다.
 이때 나는 내 일처럼 이 책 교정에 매달려 열과 성을 다해 편집·교정했는데, 지금 이 책을 펼쳐 보아도 당시 수준으로는 수준 높은 판면 구성이었음이 느껴진다. 그리고 본문 활자체도 그 당시 새로 만든 최고 등급의 조판소를 택해 조판했다.
 또 나는 이런 명저를 더 빛내는 방법으로 그 색인을 자세히 뽑아 달아야겠다고 생각하고 수천 장의 색인 카드를 만들어 이를 정리해 붙인 것이다. 색인 항목이 너무 많아 색인 활자를 보통 쓰는 활자보다 1포인트나 작은 7포인트 활자를 쓰고 3단으로 조판하기도 했다.

아무튼 나는 이 『중국문화총설』을 우리나라 최고 수준의 편집·교정으로 끝냈고, 출판사에서도 제일 좋은 종이를 써서 가장 튼튼하게 책을 만들어냈다고 할 수 있다. 나는 지금도 그때의 내가 책의 편집과 교정에 들인 노력을 흐뭇하게 여기고 있다. 이 『중국문화총설』의 발행 날짜는 1974년 11월 30일이다.

이 책이 나온 뒤 저자 허세욱 교수님은 동대문 근방에 있던 맨션아파트에 이 책을 편집·교정한 실무자를 초청해 연회를 베풀기도 했는데, 그 부인은 매우 앳되어 보였다. 이때 허세욱 교수는 다음에는 중국 시사(中國詩史)를 저술할 계획이라고 했는데, 나중에 보니 『중국문학사(中國文學史)』란 대작을 저술해 출판하셨다.

이 『중국문화총설』이 나온 후로 허 교수님을 만날 기회가 많지 않았지만 어쩌다 마주치면 반갑기 그지없었고, 나중에 내 둘째 아들 하영(夏榮)이 고려대 중어중문학과에 들어가 고려대로 옮겨오신 허 교수의 제자가 되었다.

허 교수께서는 또 내 외삼촌인 이응백 박사님과도 잘 지내셨는데, 외삼촌과 관련된 무슨 행사 때는 꼭 허 교수를 만나볼 수 있었다. 지난 2009년 내 외삼촌께서 87세로 돌아가셨을 때 허 교수께서도 조문하러 온 것을 보았는데, 뜻밖에도 허세욱 교수님께서 그해에 별세하셨다는 소식을 들었다. 뒤늦게나마 삼가 조의(弔儀)를 표한다.

❹ 『한국문학사』 인쇄대본

1976년 초 어느 땐가 이때는 신구문화사 편집부도 좀 한가하여 나는 그 얼마 전인 1975년 12월 30일에 발행된 서울대 국어국문학과 장덕순(張德順) 교수의 『한국문학사(韓國文學史)』를 공부해보려고 사서 읽게 되었다. 그런데 얼마쯤을 읽다 보니, 당시에 요란했던 신문 서평과는 달리 오자가 너무도 많아 서술 내용에 대한 신뢰가 감해져 읽기를 그만두고 지나는 말로 오자가 너무 많다고 한 것이다. 이를 들은 신구의 편집상무 원선자(元善子) 교수가 장덕순 박사께 얘기했던 게 아닌가 싶다. 장 박사님은 신구문화사에서 『국문학통론(國文學通論)』이라는 저술을 1960년에 낸 분이기도 하다. 그런 한참 뒤에 원 교수를 통해서인지 또는 직접 오셨는지 모르겠으나 나더러 『한국문학사』의 교정을 보아달라고 하셨다. 나는 교정의 수고료를 내야 하겠다고 하니 좋다고 하기에, 돈을 받으면서 하는 공부라 마다하지 않았던 것이다.

이렇게 되어 나는 500여 면이나 되는 이 『한국문학사』를 꼼꼼히 읽게 된 것이다. 읽다 보니 머리말부터 오자가 튀어나오며 띄어쓰기도 많이 틀린 것이다. 이 문학사는 국한문 병용으로 저작되어 한자를 많이 썼는데 이것이 오자의 문제를 일으킨 한 원인이 되기도 했다. 아무튼 읽어가다 보니 오자가 너무 많이 튀어나와 책의 편집·교정에 종사하는 내가 기절초풍을 할 정도였다. 특히 한문 원전을 인용한 부분이나 주(註)로 단 원전의 인용에서 오자가 많이 나왔다.

500여 면이나 되는 거질의 『한국문학사』를 다 읽고 나서 장 박사님께 연락을 드렸더니 정병욱 박사님과 같이 신구문화사 편집부로 오셨기에, 앞에서부터 책을 넘겨가며 설명을 드리자 한 30여 면에 이르러 덮자고 하시면서 교정을 본 책을 달라고 하셨다. 나는 이 책을 낸 출판사에서 이 교정본을 베껴가도록 하라고 말씀드렸더니, 그 출판사에서 수고비와 책을 가지고 와서 나더러 옮겨달라고 했다. 나는 할 수 없이 가져온 책으로 교정 대본을 만들어주면서 이런 현상이 왜 일어났는지를 추궁해보았다. 자기네 회사에는 이런 어려운 전문 서적을 편집·교정할 인력이 없어 모든 것을 장 박사님께 의존했다고 한다.

내가 추측컨대, 호인(好人)이신 장 박사님은 서울대 국어국문학과 대학원생이나 박사 과정 제자들을 동원해 교정을 보게 하고 또 수고료를 주었을 터이나, 제자들은 정성들여 보아도 볼지 말지일 텐데 대충대충 보아 넘겼을 성싶다. 그렇지 않고서는 이런 결과가 나오지 않았을 것이다.

교정을 마치고 나서 대충 살펴보니, 한 면당 평균 3~5자의 틀린 곳이 나왔다. 한 면에 오자가 3자라면 500면에 걸쳐 틀린 곳이 1500자나 되고, 한 면에 5자로 잡으면 2500군데나 틀렸다고 할 수 있다. 내가 보기에 초교도 제대로 보지 않은 것이다. 어떤 면에서는 15군데나 틀린 곳이 있기도 했다. 내가 여태까지 본 책 가운데 그 교정 상태가 그야말로 최악이었다.

나는 그 출판사에서 가져온 인쇄대본(교정 대본이라고 할 수도 있다)에 내가 교정해 바로잡은 글자와 띄어쓰기를 옮겨 표시해 보냈는데, 많은 시일이 지난 뒤에 내가 대본에 고쳐준 대로 상감(象嵌)하여 이를 인쇄해 가지고 와서 바로 고쳤나 또 보아달라고 하는 것이다. 나는 신구문화사 원 교수나 장 박사님 체면 때문에 군소리 없이 보아주었다.

나중에 들은 얘기로는 학생들이 시도 때도 없이 제 ○ 면 ○ 행의 아무 글자는 틀린 글자가 아니냐고 했단다. 그래서 견디다 못해 나더러 교정을 부탁했다는 것이다. 장 박사님은 이때 호인(好人)의 대가를 톡톡히 치르신 셈이다. 이후로 회갑논총 증정식이나 학계의 행사 때 나를 만나면 슬그머니 피하시기도 하는 듯싶었다. 장 박사님과 같이 나와 만나기를 껄끄러워하는 분이 국문학계에는 한두 분 더 있는데, 교정을 잘 본다는 것은 어느 면으로는 남의 약점을 짚어내는 것처럼 여겨져 공연히 인심(人心)을 잃는 일이 되기도 한다.

ⓒ 변영욱

제3부

둥지를 옮겨 창비에 몸담다

창작과비평사 1

ⓒ 변영욱

편집부장 시절 1

1976년

❶

    1976년 봄쯤 창비 주간으로 있는 염무웅 교수를 만나 창비에서 같이 일하자는 권유를 받았다. 나는 크게 망설이지도 않고 또 근무 조건이나 여러 문제에 대한 요구도 없이 신구문화사에서 받던 월급 정도는 주겠다는 말을 선뜻 받아들였는데, 당시 백낙청 교수는 유신(維新)을 반대하고 민주화운동을 지지하다가 교수직에서 해직되어 출판사 사업을 본격적으로 시작할 때였다. 나는 두 분의 정의감과 독재에 맞서는 용기 있는 행동에 동참하여 조그마한 보탬이라도 주고자 하는 마음이 있었다. 또 젊은 피가 끓고 있고 그동안 내가 배우고 닦은 경험도 잘 활용해야겠다는 마음도 한편으로 있었던 것이다.
    신구문화사 편집과장에서 창비 편집부장으로 옮겨간 1976년 봄에는 계간지 ≪창작과비평≫이 통권 39호까지 나와 있었고, 1974년 4월 10일로 계간지와 별개로 출판 등록을 하여 소설가 천승세(千勝世)의 『황구(黃狗)의 비명(悲鳴)』이 '창비신서' 제11권으로, 조태일(趙泰一) 시인의 『국토(國土)』가 '창비시선' 제

4권으로 나와 있었으며, 이 밖에 시인 김광섭(金珖燮)의 자전 문집인 『나의 옥중기』가 출간되어 있었다.

창비 대표는 백낙청 박사였고, 주간은 염무웅 교수였다. 내 직책이 편집부장이었으나 그때 내 밑으로 수습사원이 1명이나 있었는지 잘 생각나지 않으며, 영업부도 구성되어 영업부장과 사원이 있었고 회사 살림을 책임지는 '실장'도 있었다. 내 위치는 주간 다음이나 다른 실장이나 부장과의 관계는 잘 알 수 없었다.

내가 창비로 옮겨 출근할 때는 그 사무실이 종로구 수송동 135-1 조그만 개인 빌딩에 세를 들어 있었는데, 당시 합동통신사 건물 입구쯤에 있었다. 이 건물은 청진동 신구문화사에서 200, 300미터 거리에 있었기에 신구문화사에 다닐 때와 출근 환경도 달라질 게 없었다.

내가 창비에 출근한 날짜가 정확히 몇 월 며칠이었는지는 기억이 나지 않으나, 내가 편집·교정해 만든 이정환(李貞桓)의 소설집 『까치방』(창비신서 13)의 발행일이 1976년 5월 15일인 것으로 미루어보아 4월쯤이 아닐까 싶다. 그리고 또 창비신서 14 이호철의 소설집 『이단자(異端者)』가 1976년 6월 15일 자로 발행되었다. 이후로 나는 계간지 ≪창작과비평≫과 창비신서·창비시선 등을 1개월에 한 권 정도로 편집·교정 실무를 보아 내고 있었다.

창비신서 13 『까치방』과 창비신서 14 『이단자』를 교정해 내고 나서 ≪창작과비평≫ 가을 호를 교정하는 한편, 또 창비의 간판 역할을 한 창비신서 12 『문학과 예술의 사회사』(고대·중세편)를 교정했다. 하우저 원작의 이 책은 현대편이 창비신서 1로 1974년에 출간된 바 있었는데, 이때 공역자는 백낙청·염무응이고 이분들은 창비 대표와 주간을 지냈다.

아무튼 회사 대표의 번역문을 교정한다는 것은 아무래도 신경이 쓰이지 않을 수 없었다. 나는 잔뜩 긴장하고 교정을 보았다. 번역자가 옆에 있으니 문제를 쉽게 해결하며 손발을 맞추어 일사천리로 교정을 진행해 나도 백 대표의 성격을 교정지를 통해 파악하고, 백 대표도 나의 교정 수준을 알았으리라 짐작된다.

이 창비신서 12 『문학과 예술의 사회사』(고대·중세편)의 발행일이 1976년 9월 10일이고, 창비신서 13 『까치방』은 1976년 5월 15일, 창비신서 14 『이단자』는 1976년 6월 15일로, 창비신서 13, 14가 12보다 먼저 발행된 것은 이 책이 먼저 발행될 줄 알고 그 목록을 예고했다가 여러 가지 사정으로 늦어졌기 때문이다.

발행인인 출판·잡지사 대표가 편집·교정 속내를 너무 잘 알아도 그 밑에 있는 편집·교정자는 매우 껄끄럽기 마련이다. 나는 편집·교정을 잘하고 또 잘 아는 대표와 주간을 모시고 또 내 교정 일을 도와줄 변변한 직원도 없이 많은 편집·교정 일을 쉴 새 없이 해나가고 있었다.

1__『한국의 역사인식』

내가 창비로 가서 마음 쏟아 한 첫 사업은 창비신서 15·16인 『한국의 역사인식』 상·하권인데, 이 책은 그 편자가 이우성(李佑成)·강만길(姜萬吉)로 되어 있으나, 실제로는 정창렬(鄭昌烈) 교수가 대학에서 한국사학사(韓國史學史) 강의를 하면서 교재로 엮어 편집해놓은 목록을 기초 자료로 삼아 여기에 새로운 논문을 보탠 것이다.

나는 이때 이 『한국의 역사인식』 편집 실무를 진행하면서 몇 가지 새로운 시도를 했는데, 첫째는 본문을 한글로만 쓰고 꼭 필요한 한자는 괄호 안에 쓰되 한자를 절제해서 썼다. 실제로 이런 원고 교정 작업을 하려면 많은 노력과 역사 지식이 필요하여, 그 원고 교정도 일반 교정자는 할 수 없었다. 둘째로는 이때까지 모든 역사 논문은 국한 병용문으로 쓰고 한국사 사료 인용문은 한문 원전을 대부분 그대로 써서 인용하는 것이 관례였는데, 인용한 한문 원전을 모두 번역해 본문에 넣고 한문 원문은 각주로 처리했다. 이렇게 해야만 사학과 학생이나 다른 과 학생이 교양으로 읽을 수 있는 것이다. 예전에는 그 분야 전공자만이 겨우 읽을 수 있었던 사학사 논문을 이렇게 해서 이젠 누구나 읽을 수 있게 편집 처리한 것이다. 그러나 실무 과정은 간단치 않았다.

나는 이와 같은 방침을 정해 원고 교정을 하고 한문 원전 인용이 많은 논문은 그 필자에게 번역해줄 것을 요구해 받아내고 간단한 것은 내가 번역해 넣고 필자 교정 때 고쳐달라고 하면서 일을 진행했다. 내가 편집·교정 방침을 정해 이를 그래도 무난히 완수할 수 있었던 것은 신구문화사에 있을 때 이홍직(李弘稙) 박사의 『한국고대사의 연구』와 『한국현대사』(전 9권)를 편집·교정하고, 또 이 『한국의 역사인식』과 비슷한 『한국사의 반성』이란 역사서를 교정한 경험이 그 바탕이 된 것이다.

이 『한국의 역사인식』의 실무를 진행하면서 나는 우리나라의 유명한 역사학자들을 처음으로 만나며 낯을 익히게 되었다. 이때 만나본 몇 분에 대한 기억을 더듬어보자면, 「한국사연구 백년」을 쓰신 천관우(千寬宇) 선생님은 신구문화사의 『한국사의 반성』 때 교정을 보느라고 혼난 이야기를 앞에서 썼으나 낯을 뵙기는 처음이었다. 뒤에 창비가 냉천동에 있을 때는 자주 뵙고 사적인 이야기도 여쭈며 친숙해졌다. 고병익(高炳翊) 교수님은 앞서 신구문화사에 있을 때 낸 『국어국문학사전』과 『한국정치경제학사전』의 편찬 주체인 서울대학교 동아문화연구소 소장이었기 때문에 사전 출간 기념으로 신구 편집진과 일식집에서 연회를 할 때 술자리에서 뵌 적이 있었다. 서울대 김철준(金哲埈) 교수님과 이기백(李基白) 교수님도 교정지를 드리며 처음 뵌 셈이다. 이우성 교수님은 나의 성균관대 국어국문학과 은사이신데 이때 다시 뵌 뒤로 여태까지 많은 일을 선생님을 모시고 해왔다. 그리고 김용섭(金容燮) 교수님도 처음 뵈었는데, 나는 신구문화사에서 『한국현대사』(전 9권)를 편집·교정할 때부터 선생님의 글을 익히 보았었다. 이때 김용섭 교수님은 이런 편서에 당신의 글이 재수록되는 것을 허용하시지 않아, 허락할 줄 알고 이왕 조판까지 해놓았는데 그러면 짜 놓은 조판을 헐어버려야 한다고 통사정하니 할 수 없이 허락하기에 부랴부랴 조판을 해 교정지를 드리니 교정을 해주었던 것이다.

그리고 황원구(黃元九) 교수님은 신구에서 펴낸 『한국현대사』의 「노일전쟁(露日戰爭)」을 쓰신 분으로, 그때 받은 감동 때문에 잘 기억하고 있다가 뵈었는데, 조선호텔 커피숍이나 신세계백화점 커피숍 같은 데서 만나 교정지를 주고받았다. 이 밖에는 자세한 기억이 나지 않는다.

나는 어렵사리 교정을 끝내고 색인까지 만들다 보니 예정했던 것보다 훨씬 면수가 늘어나 상·하권으로 분권하기에 이른 것이다.

이 『한국의 역사인식』 상·하권은 누구나 읽을 수 있는 편집 체제 때문에 학계나 독서계에 큰 반향을 일으키고, 역사의 대중화를 일으킨 책으로 자리 잡아 꾸준히 팔려나갔다. 여기에 실린 어떤 논문은 사실 역사를 전공한 교수도 읽기가 수월치 않았는데, 이를 일반인이 읽을 수 있도록 했으니 어찌 그 반향이 크지 않았겠는가?

이제 창비는 문학 출판만이 아니라 역사 분야로도 그 범위를 넓힐 수 있는 터전을 마련하게 된 셈이다. 내 실험도 성공을 거두었다고 할 수 있겠다.

2_ 김정일 국방위원장의 사망

 2011년 11월 30일인가 12월 1일부터인가 내가 살아온 길을 되돌아보고 반성하는 한편, 남은 삶을 어떻게 살아가야 할까를 생각하려고 이 자서전이라면 자서전이고 회고록이라면 회고록인 글을 쓰기 시작하여 '신구문화사 시절'까지 두서없이 써낸 것이 12월 19일이다. 이날 공덕동 내 사무실에서 6호선 전철을 타려고 나가서 구세군의 자선냄비가 있는 지하철 구내를 지나다가 '김정일 사망' 특보가 실린 신문을 보았다. 마침내 우리나라의 한 시대를 짓누르던 이른바 '존경하는 위대한 영도자'인 북한 정권의 국방위원장이 그 생애를 마감했다는 것이다.
 나는 이날 밤부터 이튿날 2시까지 김정일 사망 관계 뉴스와 채널을 보면서 앞으로 우리나라 정세는 어떻게 전개될 것인가를 생각했다. 아침에 공덕동 사무실에 나와 12월 20일 신문의 '김정일 사망' 관계 기사를 샅샅이 훑어보고 나서야 내가 쓰고 있던 글을 억지로 다시 시작해 '창작과비평사 시절'의 서두를 조금 썼다.
 오늘(2011.12.21) 다시 이 글을 이어 쓰려다가 이 글을 쓰는 시점을 밝히고 싶어 나의 근황을 간단히 기술한 것이다. 그리고 이런 글을 쓰는 마디에 나도 내 생각의 일단을 조금 펼쳐 보이고 싶어 ≪조선일보≫ 2011년 12월 20일 자에 실린 사설 "김일성·김정일 왕조(王朝) 몰락과 우리의 자세"의 다음 문구를 인용한다.

> 김 위원장은 1974년 북한의 공동 통치자로 부상한 다음 1976년 판문점 도끼 만행사건, 1983년 버마 아웅산 묘지 폭탄테러사건, 1987년 KAL기 폭파 사건, 2002년 서해상의 우리 해군 기습사건, 2010년 천안함 폭침사건과 연평도 포격사건 입안자

(立案者)이고, 실행자(實行者)였다.

    그러나 2400만 북한 동포들은 대한민국의 희생보다 몇십 배 몇백 배나 더 처참한 희생을 치러야 했다. 김정일은 자신의 권력기반 강화를 위해 식량을 사들여야 할 수십억 달러의 돈을 핵무기 개발에 투입하며 1994~1998년 수백만 명이 굶어 죽는 우리 민족사 최대의 집단 아사사건을 '고난의 행군'으로 미화(美化)하고 비극을 조장(助長)·방치했다. 김일성이 6·25 남침을 통해 수백만 명의 동족을 총과 대포의 밥으로 몰아넣었다면 김정일은 남쪽을 향한 테러와 북한 주민을 굶겨 죽임으로써 대량 학살 주모자라는 흉가(凶家)의 대(代)를 이은 것이다.

    나는 이 사설을 보며 다산(茶山) 정약용(丁若鏞)이 그의 저술인 『흠흠신서(欽欽新書)』, 『목민심서(牧民心書)』 등에서 법관(法官)인 지방 수령이 재판을 할 때 뇌물을 받고 판결을 불공정하게 하여 죄도 없는 사람에게 원통함을 끼치거나 죽게 하면 그 판결을 한 수령은 그 자신이 앙화를 받거나 그렇지 않으면 자손들이라도 반드시 재앙을 당할 것이라고 여러 가지 역사적인 증거 사례를 들어 설명하고, 또 법관으로서 공정한 판결을 하여 백성에게 원통함을 끼치지 않는 선치(善治) 수령은 본인은 물론 그 자손들도 그 음덕(陰德)을 입어 복을 받는다고 한 것을 떠올렸다.

    나는 다산의 이 글을 철석같이 믿지는 않지만 비과학적이라고 여기지도 않는다. 그런데 이 김일성·김정일 양대(兩代)에 걸쳐 몇백만의 인민과 국민이 죄 없이 죽음을 당하게 한 재앙을 끼친 데 대한 앙갚음 없이 '김일성 폭정 가문'이 우리나라에서 길이 번성하지는 않을 것이라고 나는 생각한다. 정말로 이 '김씨 폭군 왕조'가 누릴 권력이 얼마 남지 않았다는 것은 역사의 법칙이다. 어쨌든 어제 오늘 텔레비전을 통해 보는 북한 인민의 눈물이 곧 분노의 아우성으로 변할 날도 머지않았다고 할 수 있다.

3 _ 창비시선

나는 앞에서 잠시 한눈판 이야기를 했는데, 이제 다시 창비 시절 이야기로 돌아가야겠다. 1976년 봄에 내가 창비로 가서 교정을 보아 낸 창비신서 12부터 16까지는 이미 이야기한지라 이제 창비시선으로 이야기를 돌리겠다. 내가 창비로 옮겨가서 1976년 연말까지 교정해 낸 창비시선은 박봉우(朴鳳宇)의 『황지(荒地)의 풀잎』, 김관식(金冠植)의 『다시 광야(曠野)에』, 최하림(崔夏林)의 『우리들을 위하여』, 구자운(具滋雲)의 『벌거숭이 바다』, 황명걸(黃明杰)의 『한국의 아이』, 이시영(李時英)의 『만월(滿月)』 등 6권이나 되었다. 나는 시에 대한 소양이 별로 없기 때문에 그저 맞춤법이나 띄어쓰기 교정을 보면서 이제 본격적으로 시 교정도 공부하게 된 것이다.

나는 앞서 신구문화사에 있을 때 '현대한국문학전집' 제18권 『52인 시집』을 교정본 것이 시 교정을 본 처음인데, 이제 앞으로는 시집이나 소설 교정을 꽤 많이 보아야 할 듯싶었다.

아무튼 이런 시집들을 교정보며 이제 시인들과도 안면(顔面)을 트게 된 것이다. 이때 구자운(具滋雲) 시인과 김관식(金冠植) 시인은 이미 고인(故人)이 된 분들이라 그 얼굴을 볼 수 없었고, 그 뒤에 여러 사람의 말을 통해 그 인품과 기행(奇行)에 대해 들었다. 이 가운데 김관식 선생의 기행은 서울상업고등학교(도상)를 졸업한 중학교 동기에게 벌써부터 귀에 익게 들었다. 자하문 밖에서 자취를 하던 동네 친구 이종하(李鍾夏)는 도시락을 꽁무니에 차고 다니는 등 그 기행의 현장에서 직접 겪은 국어과 김관식 선생님에 대해 아주 재미있게 이야기를 해, 귀에 못이 박힐 정도였다. 이 친구는 1957년에 이 학교를 졸업했다.

또 이 가운데 황명걸 시인은 내가 가끔 나가 놀던 '건달그룹'의 일원으로 머리가 희끗희끗할 때까지 즐겁게 만나 놀았고, 이시영 시인은 뒤에 창비에 들어와 편집·교정을 내게서 일부 배웠을 터이며, 창비에서 오랫동안 같이 지낸 나보다 꼭 10살 연하의 뛰어난 시인이다.

4. 작가 김춘복과 『쌈짓골』

내가 창비로 옮겨 교정을 보아 1976년 말까지 발행한 계간지 ≪창작과비평≫은 여름 호(통권 40호)부터 겨울 호(통권 42호)까지 3권인데, 이때 창비에 장편소설 '쌈짓골'을 연재한 소설가 김춘복(金春福)을 처음 만나 오래 교유하며 그와 같이 그의 고향 밀양에 있는 표충사를 가보고 재약산(載藥山)에 올랐다가 얼음골로 내려와 그의 고향 마을을 보고 왔는데, 이것이 이영희(李泳禧) 선생, 고은(高銀) 시인, 염무웅 주간 등과 처음으로 한 등산 여행이었다.

아무튼 나는 여태까지 '신구문화사'라는 울타리 안에 있으면서 일에 싸여 다양한 사람들을 만나지 못하다가 잡지라는 기구를 통해 이제 좀 넓은 시야를 확보해가며 살기 시작한 것이다.

이때 나는 또 서울문리사대의 은사 김동욱 교수님을 다시 뵈었고, 나중에 대흥동 댁에서 『영인 고소설판각본전집』을 구해 보물처럼 지니고 있다가 '한국고전소설선집'의 기본 자료로 삼아 잘 활용하기도 했다.

≪창작과비평≫ 41호(가을 호)에는 이기백(李基白) 교수의 「삼국유사의 사학사적 의의」와 정구복(鄭求福) 교수의 「조선전기의 역사서술」이 실렸는데, 이는 창비신서 15·16 『한국의 역사인식』 상·하에 싣기 위해 청탁해 쓴 것이며 좌담 「민족의 역사, 그 반성과 전망」도 이와 관련이 있는 내용인 것이다.

≪창작과비평≫ 42호를 교정할 때는 저 유명한 박완서(朴婉緖) 선생님을 만나 뵈었는데, 나는 옛날 ≪신동아(新東亞)≫ 부록에 실린 선생의 데뷔 소설 『나

목(裸木)』을 아주 감명 깊게 읽었던 터라 감회가 남달랐고, 뒤에 선생님의 장편소설 『휘청거리는 오후』 상·하권을 교정할 때 매우 정성을 다해 교정했던 기억이 남아 있다.

또 윤홍로(尹弘老) 교수의 『춘향전』 관계 논문인 「화해와 새 질서」를 교정보았던 일은 여전히 또렷이 남아 있다. 그때 나는 김동욱 교수의 『고소설판각본전집』을 막 구해 가지고 있었으므로 이 논문에서 인용한 『춘향전』의 원문 구절을 내 습성대로 원전과 대조하자 잘못 필사된 곳이 더러 있고 중간에 빠진 구절도 있어 이를 보완해주는 등 원전 인용의 오류를 많이 바로잡아주기도 했다. 그리고 원고를 쓸 때 우리가 흔히 범하는 잘못을 일깨워줌이 좋다고 생각해 원고와 내가 본 교정지를 함께 돌려주며 참고하시라고 했다.

5_『황혼』과 『샛강』

내가 창비로 간 해에는 창비신서로 낸 2권의 소설집 말고도 4·6판으로 오영수(吳永壽)의 단편집 『황혼(黃昏)』을 내드리며 원로 소설가에게 예의를 차리고, 또 ≪창작과비평≫에 4회에 걸쳐 연재했던 이정환(李貞桓)의 장편소설 『샛강』을 상·하권으로 출판하기도 했는데, 이 뛰어난 소설가는 그 재능을 다 발휘하지도 못하고 얼마 뒤에 작고하고 만다. 이후부터 창비에서는 소설집을 신서로 내지 않고 '창비소설집'으로 따로 묶어 내기 시작한다.

오영수 선생은 신구문화사 '현대한국문학전집' 제1권에 박연희(朴淵禧) 선생과 같이 수록되어 그 작품은 익히 보았으며, 이 전집은 1945년 해방 후 등단한 작가를 수록한 전집이므로 선생은 해방 후 등단한 것이 틀림없겠는데, 뒤에 나는 일제강점기의 ≪조선일보≫를 들추다가 오영수 선생의 「전봇대」라는 동시를 발견해 그것을 복사해드리기도 한 듯하다(내 기억이 맞는지 꼭 장담할 수는 없다). 어쨌든 나는 오영수 선생의 소설집인 『황혼』을 교정을 보아 간행할 수 있었던 것을 큰 기쁨으로 간직하게 되었다.

ⓒ변영욱

편집부장 시절 2

1977년

❶

　내가 창비로 와서 이제 해가 바뀌었는데, 이 1977년에는 계간지 ≪창작과 비평≫ 통권 43호부터 46호까지 4권, 창비시선 11부터 14까지 4권, 창비신서 17부터 18까지 2권, 창비소설집 12권, 창비아동문고 1~5권 등 모두 27권이 나와 한 달에 2권 넘게 낸 셈이다. 이때엔 계간지를 낼 때에는 대표와 주간도 총동원되어 편집·교정에 매달려야 했다.
　잡지 원고의 기획과 청탁은 주간과 대표의 몫이고 나는 잘 모르는 분야라 그저 편집·조판·교정 실무만 열심히 하고 있을 뿐이었고, 이 무렵 본격적으로 시작한 창비 좌담은 대표와 주간이 번갈아 맡아서 했다.
　≪창작과비평≫ 43호(1977년 봄 호)에 실린 「답십리 1」 등의 시를 쓰고, 창비시선 11 『용인 지나는 길에』를 낸 민영(閔暎) 시인을 이때 처음 만나 이후 어려운 시대를 같이 아파하면서 머리가 희어질 때까지 교우를 유지하며 거침없는 농담으로 버릇없이 굴며, 같이 민병산(閔丙山) 선생께 가서 놀기도 했다.

나는 이때 동아일보 편집국장을 지낸 송건호(宋建鎬) 선생과 박현채(朴玄埰) 선생을 만나고 뒤에 '거시기 산악회'에서 일요일마다 북한산에 오르며 이분들이 생애를 마칠 때까지 잘 지내며 모시기도 했다.

특히 박현채 선생과는 지리산과 설악산 등산도 하며 정을 쌓기도 했다. 이 박현채 선생의 글은 좀 난해한 곳이 많고 획을 생략한 극도로 경제적인 필체라 알아보기 힘든 구절이 많았다. 언젠가 산에서 무슨 이야기 끝에 선생의 글씨는 자기 경제는 잘하셨나본데 응당 남의 경제도 생각해주어야 진짜 경제학자가 아니냐고 시비를 걸었더니, 예의 폭력을 휘두르려는 시늉의 자세를 취하기도 했다.

또 나는 이때 뒤에 두레출판사 사장이 된 신홍범(愼洪範) 선생의 서평「허구시대의 논픽션의 의미」라는 글을 읽고 그 문장의 탄탄함에 크게 감탄했는데, 편집 형편상 몇 줄을 꼭 줄여야겠는데 아무 데도 뺄 만한 말이 없어 크게 고심했던 것이 지금도 생각난다. 어쩌다 만나면 반갑게 웃는 그 순박한 웃음은 참으로 일품이었다.

≪창작과비평≫ 통권 43호에 소설을 쓴 작가는 박태순(朴泰洵)·방영웅(方榮雄)·한승원(韓勝源)·백우암(白雨岩) 등으로 방영웅 씨를 제외하고는 처음 만난 작가들이었다. 백우암은 나와 같은 성균관대 국문과 출신이었다.

≪창작과비평≫ 44호에는 원로 아동문학가 이주홍(李周洪)의「어머니」라는 소설이 실려 볼 수 있었고, 또 윤흥길(尹興吉)·김웅·조정래(趙廷來)·송기원(宋基元)의 소설이 실려 이 작가들을 만나볼 수 있었다. 윤흥길은 그의 대표작의 하나가 된「아홉 켤레의 구두로 남은 사내」를 이 여름 호에 발표했는데, 작가 최창학(崔昌學)과 같이 일조각(一潮閣) 편집부에 있었기에 금방 친해질 수 있었다.

시인 정희성(鄭喜成)과 이동순(李東洵)도 처음 보았을 터인데, 자세한 기억은 없고, 김윤수(金潤洙) 사장도 처음 만난 기억이 희미하고, 역사학자 정석종(鄭奭

鐘) 교수의 기억도 희미하다. 이때 만난 분 가운데 전철환(全哲煥) 교수가 잊히지 않는데, 선생은 백범(白凡) 김구(金九) 선생님의 "勞動神聖"이라는 글씨를 엿장수한테서 구했다면서 여러 장 한지(韓紙)에 복사해주어 액자를 만들어 한때 사무실에 걸어놓기도 했다. 이 전철환 교수는 훗날 김대중 정부 시절에 한국은행 총재를 지내기도 했다.

≪창작과비평≫ 45호에 원로 소설가 황순원(黃順元) 선생의 「그물을 거둔 자리」라는 소설이 실린 덕에 황 선생을 뵐 수 있는 영광을 얻었고, 작가 김주영(金周榮)·손춘익(孫春翼)도 낯을 익힌 셈이다. 뒤에 내가 그 박사 학위논문을 교정보아 책자를 내준 강영주(姜玲珠) 박사도 이 무렵 처음 보았을 터이다. 성내운(成來運) 선생도 이때 처음 뵙고 이후 많은 일로 만나기도 하고 또 내가 다닌 '거시기 산악회'에 대항해서 '머시기 산악회'를 끌어가며 뒷날 양성우의 시를 전문적으로 외워 낭송하신 것으로 유명하다. 또 나중에 출판사 한길사를 창립한 김언호(金彦鎬) 사장도 이 가을 호에 「언론과 권력의 갈등」이라는 논문을 썼고, 『일제하 민족언론사론』이라는 저작을 펴낸 최민지도 「일제하 기자운동」란 논문을 썼다. 이 분은 본명이 '최옥자'라고 하는데 일월서각(日月書閣) 김승균 사장의 부인이다. 지금은 흰머리의 노부인이 되어 가끔 오다가다 만나 악수를 하며 지나치곤 한다.

≪창작과비평≫ 46호를 만들면서 시인 김상옥(金相玉) 선생을 처음으로 만나 뵈었다. 이 겨울 호에는 성대경(成大慶) 선생이 발굴·해제한 「정미왜란창의록(丁未倭亂倡義錄)」이 실렸는데, 나는 이때 원전과 자세히 대조하여 그 해독에 완벽을 기하려 하기도 했다. 이 성대경 선생은 성균관대 선배님이기도 한데, 뒤에 성균관대 교수로 복직하고 또 다산연구회(茶山硏究會)의 일원으로 창비에서 10여 년에 걸쳐 발행한 『역주 목민심서』 번역자의 한 분이라 이후에도 계속 때때로 만나 뵙고 있다.

❷

    1977년에 나는 창비시선 11부터 14까지 4권을 편집·교정했는데, 그 시선 제11권은 시인 민영(閔暎)의 시집『용인(龍仁) 지나는 길에』, 제12권은 이성부(李盛夫)의 시집『백제행(百濟行)』, 제13권은 강우식(姜禹植)의 시집『고려의 눈보라』, 제14권은 김준태(金準泰)의 시집『참깨를 털면서』이다. 민영 선생은 당시 아동출판사 계몽사 편집부에서 일했고, 이성부 선생은 한국일보사 기자였고, 강우식 선생은 나와 동문인 성균관대 국문과 출신으로 현암사(玄岩社)를 거쳐 문학예술사에서 편집주간을 담당하다가 뒤에 모교 국문과 교수를 지냈으며, 김준태 시인은 베트남전쟁에도 참전한 참전 용사로 내가 혹시 광주(光州)에 가서 만나기라도 할라치면 매우 반갑게 인사하는 시인이다.

    이 시집들은 처음엔 국판으로 발행되다가 나중엔 변형 국판으로 판형이 바뀌었다.

1__『시정신과 유희정신』

    1977년 초봄에 창비신서 17 이오덕(李五德) 선생의『시정신과 유희정신』을 교정하면서 나는 아동문학계에도 이런 통렬한 비판정신을 가진 분이 있구나 싶고, 또 명쾌한 논리에 존경심마저 느끼면서 이분의 글을 교정했다. 이 책에 서문을 쓰신 이원수(李元壽) 선생님은 내가 신구문화사에 있을 때 그 얼굴을 뵌 적이 있는 분이었다.

    창비에서는 이오덕 선생의 이 평론집을 내면서 선생의 아동문학 평론에 깊이 공감해, 선생의 자문을 받아 아동문고를 기획·출간했다. 그 뒤 이오덕 선생님은 당당히 아동문학계 중앙 문단에서 왕성한 활동을 하게 된다. 또 여러 출판사에 그 저자나 편자로 초빙되어 많은 편서와 저서를 내시고 또 새로운 교육운동을 펼치는 교사들의 중심에 우뚝 서신다.

이렇게 왕성하게 활동하면서 지내시다가 언젠가 마포 용강동 창비 사무실에 오셔서 이제 명예퇴직을 하셨다고 하시기에 나는 진심으로 "이제 시간도 많이 주어졌으니, 차분히 독서하시면서 우리나라의 아동문학사를 제대로 정리하여 쓰시면 평론집에서 비판한 문제를 해결하여 한국 아동문학의 올바른 길을 열어줄 실천적 저술이 되는 큰일이 아니겠느냐"라고 말씀드린 적이 있었다. 나는 이때까지도 한국 아동문학의 올바른 장래를 위해 선생님께서 역할을 해주실 것이라고 크게 기대하고 있었다. 그러나 나의 바람은 이루어지지 못하고 만다.

2 『8억인과의 대화』

나는 이오덕 선생의 『시정신과 유희정신』을 교정하고 나서 또 이영희(李泳禧) 선생의 편역서인 『8억인과의 대화(對話)』를 편집·교정하기 시작했다. 이 책은 사회주의국가가 되어 '죽(竹)의 장막'에 가려져 있던 중국의 모습을 우리나라 독자에게 드러낸 최초의 편역서라 나는 흥미 있게 읽으면서 교정했다. 그리고 30여 년 베일에 가려져 있던 중국 대륙의 정보에 처음 접근한 셈이라 신기해하면서 사회주의 중국에 대해 큰 호감을 가지고 보았다.

이 책을 편집·교정하여 간행하기에 이르렀을 즈음 발행인 백 선생이 같이 교정을 보았기에 염려가 되는지 걸릴 만한 데는 없겠느냐고 하기에 나는 특별히 걸릴 만한 데는 없으리라고 대답한 듯하다. 나는 이때 이 책이 문제가 되리라고는 전혀 생각하지 못했다. 검열에 대한 경험이 없었기 때문이다.

이 『8억인과의 대화』는 1977년 9월 1일 자로 창비신서 18로 발행되었는데, 발행되자마자 독서계에 큰 반향을 불러일으켜 한 달 남짓 만인 10월 25일 재판을 발행할 수 있었다. 이제 베스트셀러를 만들었다고 좋아할 무렵, 출판을 시작한 지 얼마 안 되는 한길사에서 이영희 선생의 평론집 『우상(偶像)과 이성(理性)』이 나와 독서계의 주목을 받기 시작했다. 이 책에는 우리 정치 현실에 대한 신랄한 비평이 많이 실려 있어 권력 당국자가 보기에는 그냥 놓아둘 수가 없을 듯싶었는데, 그렇다고 이 책을 문제 삼으면 노골적인 언론 탄압이라고 할 수 있는지라 트집 잡기 좋은, 선생의 편역서인 이 『8억인과의 대화』를 문제 삼아 선생을 구속하여 재판에 넘겼다. 발행인인 백낙청 사장도 불구속 상태로 기소해 재판을 받았다. 이때 재판을 담당한 판사는 기억나지 않으나 기소한 이는 정경식 검사였다.

편역자인 이영희 교수는 흰 수의(囚衣) 차림으로 백낙청 사장은 양복을 입고 여러 차례 재판을 받았는데, 나는 모든 재판을 방청하며 그 현장에서 당시 정권의 문화 탄압을 처음으로 목격한 것이다. 나는 이 재판을 방청하며 이영희 교수의 당당한 언론과 백낙청 사장의 논리 정연한 말솜씨에 감탄하며 일찍이 '대 똘스또이 전집'을 교정볼 때 본 어느 작품에서 톨스토이가 재판의 허구성을 묘사한 장면을 떠올렸으며, 또 이 재판의 김빠진 듯한 분위기와 권력에 의해 마지못해 움직이는 듯한 분위기를 보고 듣고 느꼈다.

이후 나는 내가 살던 목동 이웃 친구 내외들과 모처럼 설악산 관광을 하고 덕구 온천에 들렀다가 불영계곡으로 넘어온 적이 있었는데, 오색 약수터에 있던 남설악호텔 큰방에 단체로 투숙하고, 관광객들이 환등기로 남설악 풍경을 단체로 보았는데, 여기서 정경식 검사를 보게 되었다. 법정이 아닌 관광지 호텔에서 재판할 때 서슬이 퍼렇던 검사를 보다니 참으로 묘한 기분이 들기도 했다.

아무튼 창비는 이『8억인과의 대화』가 잘 팔려 한시름 놓으려다가 벼락을 맞고 책도 팔 수 없게 되었으나, 한길사는 그 저자 이영희 선생의 옥살이 덕분에『우상과 이성』이 판매 금지도 되지 않고 잘 팔려 출판사의 기반을 잡아갔던 것이다.

3_ 창비소설집

1977년에 내가 교정을 본 소설집은 모두 12권으로 여류 작가 전병순(田炳淳)의『강원도 달비장수』, 원로 여류 작가 박화성(朴花城) 여사의『휴화산(休火山)』, 한승원(韓勝源)의『앞산도 첩첩하고』, 백우암(白雨岩)의『갯바람』, 여류 작가 이정호(李貞浩)의『안개』와 박완서(朴婉緖)의 장편소설『휘청거리는 오후』상·하, 김춘복(金春福)의 장편소설『쌈짓골』, 천승세(千勝世)의 장편소설『사계의 후조(候鳥)』상·하, 송기숙(宋基淑)의 장편소설『자랏골의 비가(悲歌)』상·하 등이었다.

나는 이 가운데 우리 시대의 도덕적 타락상을 매우 예리하게 풍자한 박완서의『휘청거리는 오후』를 몹시 감명 깊게 보았고, 우리나라에 이런 여류 소설가가 탄생한 것을 기뻐했다. 그 후 선생의 여러 작품을 읽으면서 한국 여류 문학의 최고봉을 이루었구나 하며 존경했다.

또 송기숙의『자랏골의 비가』를 교정보고는 그 구수한 입담과 해학에 매료되어 송기숙의 열렬한 팬이 되고, 그의 장편소설『암태도』를 교정해주는 등 이후에 나오는 송기숙의 거의 모든 작품은 내가 교정해 출판하기에 이르렀다. 끈끈하고 두터운 교제를 이어가며 인간적으로도 친해졌다. 내가 작가와 마음 쏟아 친하게 지낸 것은 송기숙 교수가 유일하다.

4 _ 창비아동문고

이해에는 또 앞서 말한 이오덕(李五德) 선생님의 자문을 받으며 '창비아동문고'를 기획·편집해 그 첫 5권을 내기도 했다. 제1권은 이원수 동화집 『꼬마 옥이』, 제2권은 이주홍(李周洪) 동화소설집 『못나도 울엄마』, 제3권은 마해송 동화집 『사슴과 사냥개』, 제4권은 권정생(權正生)·손춘익(孫春翼)·이영호·이현주·정휘창 5인 동화집 『똘배가 보고 온 달나라』, 제5권은 안데르센 동화선집 『그림 없는 그림책』으로 이 책의 번역은 서울대 영문과 김영무 교수가 해주었다.

이 아동문고는 문고판보다 조금 큰 4·6판으로 판형을 잡고 본문은 10포인트나 10.5포인트 활자를 쓰되 맞춤법은 초·중등학교 국어교과서나 기타 국정교과서 등에 쓰인 대로 따라 하는 것을 원칙으로 삼았는데, 나는 옛날 초등학교 국어과 교사용 지도서를 만들고 중·고등학교 국어과에 딸린 검인정 교과서를 편집·교정해본 경험이 있어 대체로 이 원칙을 정할 수 있었던 것이다.

이 창비아동문고를 기획·편집하여 발행한 뜻은 이 문고를 펴낼 때 쓴 발행인 백낙청 사장의 「창비아동문고를 펴내면서」라는 글에 잘 나타나 있어 여기 그 일부를 옮겨본다.

…… 어린이를 상대로 한 우리 나라의 출판계와 문학계는 다른 분야보다도 오히려 제구실을 못 하고 있는 실정입니다. 대부분의 가정에서는 꿈도 못 꿀 엄청난 가격과 호화스런 꾸밈새로 쏟아져 나오는 이른바 아동물들이 그 내용마저 알차지 못하다면 나라의 앞날은 어두울 수밖에 없겠습니다. 더구나 진정으로 훌륭한 아동문학이란 어른에게도 교양이 되고 즐거움을 주는 우리 민족문학의 일부라고 한다면, 분별없는 아동물의 범람 속에서 어른들의 정서 생활도 메말라 왔다고 하겠습니다. 저희가 '창비아동문고'를 펴내기로 한 것은 이런 실정에서 조그마한 새 길이나마

열어 보려는 뜻에서입니다. 그 동안 저희 '창비'를 아껴 주신 여러분들이 사랑하는 아들·딸·동생 들에게 마음놓고 권할 수 있고 큰 부담 없이 사줄 수 있으며, 어른들 스스로가 즐겁게 읽을 수 있는 책들을 만들어 보자는 것입니다.……

1977년 새해에

창비아동문고는 이렇게 1977년 새해에 소박한 체제로 발간되기 시작했다. 처음에는 본문에 삽화도 넣지 않았으나 6권부터는 삽화도 넣어가며 꾸준히 발행되어 2011년까지 260여 권이 넘게 면면히 이어지고 있다.

5 『한국사신론』(개정판)

≪창작과비평≫ 42호(1976년 겨울 호)에 실린 천관우(千寬宇) 선생의 글 「개성 있는 통사(通史)」는 이기백(李基白) 교수의 저서인 『한국사신론(韓國史新論)』 개정판에 대한 서평이다. 나는 이 서평을 읽고 우리 창비에서도 이런 한국사 개설서를 내면 좋겠다고 생각해 이 개정판 『한국사신론』을 사서 공부 삼아 쉬엄쉬엄 읽었다. 읽다 보니까 가끔가다 오자(誤字)가 눈에 띄었다. 얼마 동안에 걸쳐 읽었는지 모르겠으나 아무튼 끝까지 다 읽었다. 한국사에 대한 공부를 제대로 해보겠다고 읽기 시작했는데, 읽다가 교정자로서의 직업의식이 발동해 이상하다고 생각되는 단어나 한자(漢字)는 자료를 찾아 확인하면서 읽고, 오자가 확실하다고 인정되는 글자는 표시를 해가며 다 읽어내게 되었다.

다 읽고 나니 내가 발견해낸 오자와 기타 틀린 곳이 약 130곳이나 되었다. 544면이나 되는 이 개정판 『한국사신론』은 5면당 한 글자씩 잘못이 있다는 얘기이다. 교정자인 내가 볼 때 이 '신론'의 교정 상태는 한국의 현실로는 최상이라 할 수 있다. 더구나 1면에 조판된 글자 수가 많고 또 한자를 많이 쓴 책이라는 것을 감안하면 참으로 교정이 잘되었다고 할 수 있다. 책을 잘 편집·교정하는 일본에서도 이런 유의 책을 이 정도로 교정해낸다는 것은 쉽지 않을 것이다.

나는 1977년 어느 땐가에 내가 교정본 이 자료를 『한국사신론』을 출판한 일조각에 가지고 가서 교정 대본을 만들어주고, 내가 확인할 수 없는 곳은 그 저자인 이기백 교수님께 확인해 고치도록 했다. 이후 이를 일조각에서 어떻게 처리했는지는 알 수 없다. 그런데 이해 겨울인지 그 이듬해 겨울인지 몹시 추운 날 종로 1가 광화문우체국 건너편 무과수제과 앞 택시 정류장에서 이기백 교수님을 뵈었다. 창비에서 『한국의 역사인식』을 편집·교정할 때 몇 번 이 교수님을 뵈어 교수님도 내 낯을 익히고 있었을 때이다. 나를 본 이 교수님은 '신론' 교정에 대해 해명을 열심히 하셨는데, 나는 그때 '신론'의 교정 상태는 우리 출판 현실로는 최선의 상태임을 누누이 말씀드리며 교수님께 경의를 표한 듯하다. 지금도 이 개정판 『한국사신론』을 이 정도로 잘 교정해낼 출판사는 한국에 없을 듯하다. 더구나 '참고(參考)'란의 한자투성이 저자와 논문을 제시한 곳의 교정은 그 교정이 매우 어려워 이를 잘 교정할 수 있는 교정자는 없으리라 나는 단언할 수 있다.

나는 이때쯤인가 또는 그 얼마 뒤에 대한출판협회에서 개설한 출판대학에서 교정(校正)을 강의할 때, 이 『한국사신론』의 교정 상태는 우리나라 출판 현실에서는 최선이라고 소개한 바도 있었다. 내가 지금 이 신론을 새로 조판해 교정을 보아도 이만큼의 성과를 거두기는 쉽지 않을 터이다. 더구나 내가 앞서 거론한 장덕순 교수의 『한국문학사』 교정 상태와 비교해보면 천양지차(天壤之差)가 있는 것이다.

나는 한국사 개설서를 출판할 것에 대비한 공부를, 이렇듯 『한국사신론』을 가지고 미리 여러 가지로 준비한 셈이다.

편집부장 시절 3

●

1978년

❶

나는 1978년 창비에서 3년째를 맞이했는데, 이해에는 계간지 ≪창작과비평≫ 통권 47호부터 50호까지 4권, 창비시선 15부터 17까지 3권, 창비신서 19부터 22까지 4권, 창비소설집 1권, 창비아동문고 제6권 1권, 나중에 제삼세계총서 1·2로 분류한 알렉스 헤일리(Alex Haley)의『말콤 엑스』2권 등 모두 15권의 책을 교정하여 한 달에 한 권 남짓씩 냈다. 1977년에 비해 권수가 반쯤 줄어든 셈이다. 이는 1977년 9월 1일 발행한 창비신서 18 이영희 편역의『8억인과의 대화』로 말미암아 발행인 백낙청 사장께서 불구속 기소되어 재판을 받는 등 정국의 소용돌이에 휘말렸기 때문이었을 것이다. 그리고 의욕적으로 펴낸 책들이 우리의 생각만큼 잘 팔리지도 않아 주춤거리기도 했을 터이다.

1978년 초에는 ≪창작과비평≫ 발행인이 염무웅 교수로 바뀌기도 했다. 또 사무실도 종로구 수송동에서 서대문구 냉천동으로 밀려나 있었다.

≪창작과비평≫ 47호(1978년 봄 호)에는 전 발행인 백낙청과 박형규(朴炯圭)

목사의 「한국기독교와 민족현실」이라는 대담이 실렸는데, 나는 짓눌린 민족현실을 개선하려 적극 발언하며 사회 참여를 왕성하게 전개한 박 목사를 이때 처음 뵌 이후 오랫동안 박 목사님의 활동에 갈채를 보내며 살아오기도 했다. 또 평론 「다산시의 대립적 구조」를 쓴 송재소(宋載卲) 교수도 만나고 뒤에 그의 편역인 『다산시선(茶山詩選)』과 『다산시 연구』라는 저술을 편집·교정해주기도 했다. 또 이때 허술 선생을 뵈었는데 그의 연극을 보는 듯한 재담에 매료되어 그와 만나 그의 이야기를 듣는 일은 하나의 즐거움이기도 했다.

≪창작과비평≫ 48호(1978년 여름 호)에는 문익환(文益煥) 목사의 시 「밤하늘」이 실려 목사님을 처음 뵙고, 저 유명한 작가 조세희(趙世熙)도 만난다. 또 이 여름 호에는 변형윤(邊衡尹) 박사님의 「민중을 위한 경제학의 모색」이라는 박현채 선생의 『민족경제론』에 대한 서평이 실려 있는데, 이때 변 교수님을 뵈었는지는 기억에 없으나, 변 교수님은 해직 교수 시절 '거시기 산악회' 회원으로 나는 참으로 오랜 세월 선생님과 같이 일요일에는 북한산엘 오른 것이다. 또 「몽양 여운형의 정치활동」을 쓴 이동화(李東華) 옹의 선비 같은 모습은 아직도 내 뇌리에 남아 있다.

≪창작과비평≫ 49호(1978년 가을 호) 좌담에 동아투위 이부영(李富榮) 선생이 등장하는데, 나는 이때부터 이부영 선생을 알고 지내며 '방배추'에게는 한주먹거리도 안 되는 이 의원이 배추의 따귀를 때렸다는 '방배추'에 얽힌 그의 무용담을 들으며 민주화운동에 헌신하는 선생을 지켜보았다. 이부영 선생이 뒤에 국회의원이 되어 창비에 인사차 들렀을 때는 참으로 반가웠다. 언제 보아도 밝게 웃는 이 의원의 모습은 참으로 호감이 간다. 이때 나는 이 의원의 '세모 선물'도 받았으니, 더 호감이 갈 수밖에 ……. ≪창작과비평≫ 49호에는 현기영(玄基榮)의 대표작이 된 「순이 삼촌」이 실리기도 했는데, 이 뒤에 나는 그의 소설집 2권을 편집·교정해주기도 하며 지내게 된다.

≪창작과비평≫ 50호(1978년 겨울 호)에는 박두진(朴斗鎭)·천상병(千祥炳)·문병란(文炳蘭)·조태일의 시가 실렸는데, 원로 시인과 중진 시인을 이만큼 한자리에 모을 수 있었으니 얼마나 다행인가. 또 신경림(申庚林)의 장시「새재」도 1300행이나 전재(全載)되었고, 또 소설에서도 윤흥길(尹興吉)의 대표작 중 하나인「무지개는 언제 뜨는가」도 이 겨울 호에 실린 것이다.

나는 여기서 시인 천상병 선생에 대한 이야기를 조금 하고 넘어가야겠다. 이 천 선생은 문단의 3대 걸작의 한 분이라는 소문이 있었는데, 나는 신구에서 '현대한국문학전집'을 교정할 때 천 선생의 작품 해설을 보고 또 신구 편집실로 가끔 찾아와 막걸리 값을 토색해가는 모습을 보기도 했다. 선생이 언젠가는 신구 편집부에 들렀다가 지면(知面)이 없으니까(이때 ≪창작과비평≫은 신구 편집부 옆방을 쓰고 있었다) 나에게 와서 돈 500원을 달라고 하신다. 그래서 처음이자 마지막으로 나도 선생과 거래를 해보았다. 선생은 처음에 문학 평론을 쓰다가 나중에야 시로 방향을 바꾸었는데, 민병산 선생께 들은 이야기로는, 천 선생은 시를 쓰면 반드시 먼저 민 선생께 보이고 나서야 발표를 했다고 한다. 지금도 천상병 선생의 작품 해설 원고의 그 독특한 필체가 눈에 어린다. 누가 천 선생의 필적인지 감정해달라고 하면 해줄 수도 있다는 생각이 든다.

발행인의 무거운 굴레를 벗은 백낙청 교수는 이해 봄 호부터 겨울 호까지 매호 좌담이나 대담 또는 평론을 거르지 않고 왕성하게 활동했고, 그 모습을 나는 경이롭게 바라보며 지냈다.

❷

창비시선 15부터 17까지 3권은 고은(高銀) 선생의 시집『새벽길』이 15, 정희성(鄭喜成) 시인의 시집『저문 강에 삽을 씻고』가 16, 김창완(金昌完) 시인의

『인동일기(忍冬日記)』가 17이었는데, 고은 선생은 이때쯤에는 나와도 꽤 친숙해 있을 때라 고 선생을 떠올리며 교정을 보았을 터이다. 이 고은 선생은 신구문화사에서 제2시집 『해변의 운문집』을 냈기에 나는 더욱 친근감이 든다. 이 시집은 내가 신구문화사에 들어갈 무렵에 나온 것으로 기억하는데, 신구 도서목록에는 그 출간 연도가 나와 있지 않다.

정희성 시인의 『저문 강에 삽을 씻고』는 뒤에 성내운(成來運) 학장께서 이 표제의 시를 애송(愛誦)하셔서 더 유명해지지 않았나 싶다. 이 부분은 내가 착각하고 있는 것이 아닐까 하는 생각도 든다. 정희성 시인은 서울대 인문대학 국어국문학과 출신으로 나와 인연이 몹시나 깊은 정병욱 박사님의 촉망을 받던 애제자였다고 한다. 이 시인은 학문의 길을 접고 이렇게 고단한 그러나 행복한 시인이 되었다.

『인동일기』의 김창완 시인에 대해서는 알고 있는 것이 거의 없어 추억거리가 없고, 시인 김재원 씨가 하던 어떤 잡지사 풍경을 재미있게 얘기했다는 것만 떠오른다.

창비신서 19는 전 발행인 백낙청 박사의 평론집 『민족문학과 세계문학』으로 나는 여러 역경(逆境)을 헤쳐 넘어오느라고 심신(心身)이 지쳐 있을 듯한 저자를 위해 혼신의 힘을 기울여 이 평론집을 교정했을 듯싶다. 이 책에 실린 당시의 백 박사의 귀공자 같은 젊은 날의 사진을 다시 보자니 문득 세월의 무상함과 인정세태가 매우 급변했음이 느껴져 그 당시가 새삼 떠오른다.

1 『역주 목민심서』 제1권

창비신서 20은 다산(茶山) 정약용(丁若鏞)의 『목민심서(牧民心書)』를 다산연구회(茶山研究會) 여러 교수들이 공부 삼아 강독·번역한 것을 창작과비평사에서 출판하기로 하고 내가 그 교정을 전담하여 내기 시작한 『역주 목민심서』 I로, 앞으로 몇 년에 걸쳐 완역될지 모르는 그 시작을 한 것이다. 이때 나는 고전 번역에 대한 교정 경험도 없이 이 일에 착수한 것이다. 그러나 나는 이 일을 계속하면서 한문 공부를 다시 시작했다. 10여 년에 걸친 『목민심서』 교정으로 쌓은 공부를 밑천 삼아 뒷날 다산의 많은 저술을 편역하거나 완역하는 데 단초(端初)가 되기도 한 것이 이 『목민심서』의 편집·교정이었다. 이 『역주 목민심서』 I의 편집 체제를 잡을 때는 체제에 대한 깊은 생각 없이 편집했다가 제2책을 낼 때에야 완전하게 정돈되었다. 이 제1권은 『역주 목민심서』 VI까지 완결하고 나서 다시 수정·보완하기도 했다. 창비에서는 이때부터 고전 국역까지 출판 분야를 확대한 것이다. 이는 내가 있었기에 가능한 일이다.

2 『분단시대의 역사인식』

창비신서 21 강만길 교수의 『분단시대의 역사인식』은 내가 『한국의 역사인식』을 편집·교정한 이후 또 사론집(史論集)을 편집·교정한 두 번째 작업이다. 강만길 교수의 이 명저 덕택에 내 이름이 일본에까지 알려지게 된 것이다. 이 『분단시대의 역사인식』은 1984년 일본 학생사(學生社)에서 일본 말로 번역해 출판되었는데, 그 서문에 있던 "편집·교정을 맡아준 정해렴 선생께 깊이 감사한다"라는 말 때문이다. 그런데 일본에서는 내 성(姓)인 정(丁)을 정(鄭)으로 잘못 쓰기

> この本に収めた文章の半ば近くが『創作と批評』
> 版できることを嬉しく思うと同時に、出版を勧め
> 鄭ヘリョム氏に深く感謝する。また、あちこちに
> さった崔ドクス君と金ヨン嬢の御苦労に感謝する
> 質・量ともに取るに足りない本になってしまっ
> に一つでも明るくし、新しくすることができるな
>
> 一九七八年七月一八日

일본 번역서 '丁'을 '鄭'으로 잘못 표기했다.

는 했지만. 이 책은 창비신서 가운데 가장 잘 팔리는 목록에 오르기도 했다.

후일담 한 가지만 이야기해야겠다. 나는 요 몇 해 전 '거시기 산악회'에서 무하마드 간슈(정수일) 교수에게 요청해 정수일 교수의 안내로 우즈베키스탄 실크로드를 여행한 적이 있다. 이때 여행에 참여한 강만길 전 총장님을 오랜만에 뵙게 되어 매우 반가워하며 즐거운 시간을 보냈다. 이때 『분단시대의 역사인식』에 실려 있던 논문 「한글 창제의 역사적 의미」가 문득 떠올라 현재의 입장에서 한글의 역사적 의미를 다시 더 살펴보아야 하지 않을까 하는 생각에 그 속편을 쓰셔야 할 때가 되지 않았느냐고 여쭸다. 그러나 선생님은 더 쓰기는 어렵겠다고 했다.

내 생각에 우리들은 이 한글이라는 우수한 문자 때문에, 특히 컴퓨터를 쓰기에 편리하여 빠르게 변하는 세계에 잘 따라가며 적응할 수 있는 한글이라는 문자 도구 때문에 경제 강국의 반열에 낄 수 있지 않았을까 하는 생각으로 한글의 역사적 의미를 다시 조명해볼 필요성을 느껴서이다.

3 _ 『판소리의 이해』

창비신서 22 『판소리의 이해』는 조동일(趙東一)·김흥규(金興圭) 편으로 되어 있는데, 이때 나는 편자들이 제공해준 판소리에 관한 논문 15편을 가지고 편집·교정의 역할이나 했을 것이다. 여기에 논문을 실은 13명의 필자 중 제3부

판소리의 음악 필자 4명을 제외하고는 모두 내가 이미 알고 있는 은사님이거나 창비 필자분이었다. 「판소리의 이론」을 쓴 강한영(姜漢永) 교수와 정병욱 교수는 신구 시절에 자주 뵙던 분이고, 김동욱·최진원 교수는 대학 시절의 은사님이셨고, 인권환(印權煥) 교수는 '한용운전집'과 관련해 익히 알고 있었으며, 이 밖에는 계간지 ≪창작과비평≫ 필자로 낯을 익히고 있었다. 그리고 나는 신구문고로 『판소리 소사』를 이미 교정보아 약간의 지식을 가지고 있었기 때문에 이 『판소리의 이해』를 무난히 편집·교정할 수 있었다.

4 _ 『배반의 여름』

박완서 소설집 『배반(背叛)의 여름』은 1978년 12월에 간행되었는데, 이해에는 이 한 권의 소설집만 내었다. 1977년에는 12권의 소설집을 낸 데 비해 너무 초라한 실적이었다. 이때 창비는 전 발행인 백낙청 박사가 재판을 받고 있었고, 또 회사 사무실도 이리저리 쫓겨 다니느라 을씨년스럽고 하여 마음 놓고 단행본을 펴낼 수 없었던 것인지 모르겠다. 하여튼 나는 이제 박완서 선생의 소설집 『휘청거리는 오후』에 이어 두 번째로 이 『배반의 여름』을 교정본 것이며, 더욱더 선생의 문학 세계에 열렬한 한 독자가 되어가고 있었다.

5 _ 『바보 이반의 이야기』

1978년에는 창비의 단행본 출판 활동이 여러 가지 사정으로 위축되어 1977년에 의욕적으로 출발한 창비아동문고도 톨스토이 동화집 『바보 이반 이야기』한 권밖에 내지 못했다.

지금의 내 기억으로는 발행인이 된 염무웅 사장께서 당시 지식산업사에서 번역·출판한 어린이용『톨스토이어린이문학전집』(전 5권)을 사다가 읽어보고, 그 가운데서 우리나라 어린이에게 가장 읽힐 만한 동화를 골라내어 이를 한국외국어대 노어과 이종진 교수에게 새로 번역해달라고 부탁해 출판한 것이다.

이때 우리는 창비아동문고 1~5권에는 본문에 삽화도 그려 넣지 않고 너무 소박한 체제로 출판한 것을 반성해, 이 문고 6권『바보 이반의 이야기』부터는 조판 교정지를 화가에게 주고 삽화도 그려달라고 부탁해 넣기 시작한 것이다.

나는 이때 이종진 교수를 만나 번역을 청탁하고 번역 원고를 받느라고 여러 차례 만나 사귀기 시작하면서, 이 교수가 참으로 점잖은 국제 신사라는 느낌을 받았다. 이『바보 이반의 이야기』가 그런 대로 잘 팔려 '창비아동문고'가 널리 알려지는 데 큰 역할을 하여, 창비아동문고도 조금씩 자리를 잡아가고 있었다. 이 경험 때문에 나는 뒤에『톨스토이어린이문학전집』을 다시 차분히 읽어 문고 한 권 분량의 동화를 더 골라 또 이종진 교수에게 그 번역을 청탁하여 낸 것이 창비아동문고 30『사람은 무엇으로 사는가』이다. 지식산업사에서는 일찌감치 톨스토이 동화의 가치를 알아보고 그 전집을 잘 엮어냈으나 상업적으로는 성공을 거두지 못한 듯하다. 그러나 이 전집에서 골라낸 톨스토이 동화 2권은 그런 대로 잘 팔려 창비아동문고가 자리 잡는 데 크게 기여했다.

6__『말콤 엑스』

이 1978년에 창작과비평사에서는 베스트셀러를 만들어보고자『뿌리』의 작가 알렉스 헤일리가 기록한 흑인 인권운동가 말콤 엑스의 전기『말콤 엑스』

(상·하)를 냈는데, 그 번역은 당시 동아투위 위원들인 김종철(金鍾澈)·이종욱(李宗郁)·정연주(鄭淵珠) 등이 해주었다. 당시 이분들은 동아일보에서 쫓겨난 기자로, 생계를 위해 번역에 종사하고 있어 창비와는 '공생 관계'에 있었다.

나는 이『말콤 엑스』원고를 보면서 당시 우리나라의 억압적인 분위기에서 이 책이 인권 문제에 관심을 불러일으키고 또 잘 팔릴 수도 있다는 희망으로 이 책을 편집·교정했는데, 발간 후 장기 베스트셀러는 되지 못했으나 이때까지 창비가 만든 책 가운데서는 가장 잘 팔렸던 것이다.

이『말콤 엑스』의 번역자 세 분 가운데 한 분인 시인 이종욱 씨는 이때 창비 편집부에 있으면서 나를 돕고 있었고, 김종철 선생은 뒤에 연합통신사 사장을 지냈으며, 정연주 선생은 KBS 사장을 역임했다.

편집부장 시절 4

•

1979년

❶

　나는 이제 창비에서 4년째를 맞이했는데, 이해에는 계간지 ≪창작과비평≫ 통권 51호부터 54호까지 4권, 창비시선 18부터 20까지 3권, 창비신서 23부터 25까지 3권, 창비소설집 3권, 창비 아동문고 7부터 10까지 4권 등 모두 17권의 책을 교정하여 한 달에 1.5권씩 낸 셈이다. 1978년보다는 몇 권 늘었으나 이리 저리 쫓겨 이사를 다니느라고 책을 마음 놓고 내지 못한 것이다.
　≪창작과비평≫ 51호(1979년 봄 호)에는 「국문학 연구와 문화창조의 방향」이 라는 소장 국문학자와 평론가가 함께 모색한 새로운 문화 창조의 방향에 대해 토론한 좌담이 실렸는데, 나는 국문학과 출신이라 매우 감명 깊게 읽고 교정본 듯하다. 또 이 봄 호에는 이효재(李効再) 교수의 「분단시대의 사회학」이라는 논문이 실려 강만길 교수의 '분단시대'라는 말이 보편화되어가는 과정을 밟게 되었다.
　≪창작과비평≫ 52호에는 시인 이동순(李東洵)의 장시 「검정 버선」이 실렸

는데, 이동순 시인은 '안동댐'으로 말미암은 수몰민의 애환을 노래한 시인이며 뒤에 영남대 교수가 되고 1987년에는 『백석시전집(白石詩全集)』을 편찬해 창비에서 간행하여, 창비에서 백석문학상을 만들게 하는 단초를 제공한다. 이 '백석시전집'이 나온 뒤 나는 조선일보사에 가서 일제강점기 ≪조선일보≫를 살펴보다가 백석의 '소설' 작품을 발견해 복사해두었는데, 이를 이동순 교수에게 주며 이와 관련된 글을 쓰고 받는 원고료는 나에게 달라는 농담을 하며 건네기도 했다. 이동순 교수는 백석이 느닷없이 시인으로 나온 것이 의문이었는데, 이 발견으로 의문의 일부가 해소되었다고 한다. 그때 준 소설의 제목은 지금 잊어버렸다. 이 여름 호에는 '만해 탄신 100주년 기념 논문'이 2편 실렸는데, 신구문화사에서 발행한 '한용운전집'(전6권) 원고를 발행인 염무웅 사장과 같이 관철동 제헌회관에서 인수해온 바가 있어 감회가 남달랐다. 그리고 안병직(安秉直) 교수가 분석한 만해 한용운 선생의 「조선불교유신론」은 뒷날 내가 이를 다시 번역해 현실총서 1 『한용운 산문선집』에 싣기도 했다. 또 이때 투고된 논문인 박두규(朴斗圭) 씨의 「청해진대사(淸海鎭大使) 궁복(弓福) 논고」를 매우 흥미롭게 읽은 기억이 남아 있다.

≪창작과비평≫ 53호(1979년 가을 호)의 「대중문화의 현황과 새 방향」 좌담에는 한완상(韓完相) 교수가 그 일원으로 참여했는데, 먼 훗날에도 만나면 서로 알아보고 인사를 하는 정도가 되었고, 시인 김규동(金奎東) 선생도 만나 그 어려운 시대를 같이 넘어가며 지냈다. 언젠가 부여에서 '신동엽 시비'를 건립했을 때 김 선생님과 같이 신동엽 선생의 부친을 뵈었는데, 그때 90세가 넘은 신동엽 선생의 부친께서 김규동 시인의 나이를 묻고는 60대인 김 시인에게 "한창 좋을 때"라고 하시는 말씀을 듣기도 했고, 선생님은 내가 관심을 많이 가졌을 것이라 생각하고 서지학(書誌學)에 관련된 일본 서적을 사나가 주기도 하시며 나에게는 많은 친절을 베푸셨다. 또 이 가을 호에 「백인문화에의 저항과 순

웅」이라는 서평을 쓴 영남대 박현수(朴賢洙) 교수는 내가 신구문화사 편집과장으로 있을 때 편집부원으로 있으면서 외국 인명 표기에 일가견이 있어 『한국현대사』 연표 교정에 많은 도움을 받기도 했다. 지금도 만나면 반갑게 웃는 그 모습은 한결같기만 하다.

≪창작과비평≫ 54호(1979년 겨울 호)에는 소설가 송기숙 교수가 장편소설 『암태도(岩泰島)』를 연재하기 시작했는데, 이 소설은 56호까지 총 3회에 걸쳐 연재되고 1981년 창비신서 34 『암태도』로 간행된다. 작가 송기숙 '괴수'는 『자랏골의 비가』를 내가 교정한 1977년 이후 나와 참으로 끈끈한 인연을 이어갔다. 뒤에 그의 대하 장편 역사소설 『녹두장군』(전 12권)이 1989년부터 1994년까지 6년 동안에 걸쳐 창비에서 간행되었다. 나는 혼자 12권을 모두 교정보며 선생께 인간적으로도 형님 같은 친근감을 가지고 살아왔다. 내가 창비에서 정년퇴직을 하고 나온 뒤로는 지금까지 한 번도 만나보지 못했는데, 화순에서 노년을 보내고 있다는 그 '형님'을 만나보고 싶은 마음이 내게서 사라지지 않고 있다. 이 『녹두장군』을 교정본 이야기는 뒤에 할 것이다.

이 겨울 호에는 '심산 김창숙 선생 탄신 100주년 기념 논문' 5편이 실려 있는데, 이 겨울 호를 만들고 있을 때 10·26 사건이 일어나고 계엄령이 선포되어 모든 간행물은 계엄 검열을 받아서 내야 했기에 검열에 무사히 통과한 기념 논문이 한꺼번에 실리게 된 것이다. 우리는 이제부터 전보다 더 심한 언론과 문화 탄압을 받으며 계간지를 발행하고 단행본을 간행할 환경에 처했다. 이때 검열로 삭제당하는 바람에 겨울 호 면수가 대폭 줄었으나 그 삭제당한 작품이나 논문이 어떤 것이었는지는 지금 기억에 없다.

❷

　창비시선 18부터 20까지 3권은 창비시선 18 신경림 시인의 시집『새재』(창비시선 18), 창비시선 19 정호승(鄭浩承) 시인의『슬픔이 기쁨에게』, 창비시선 20 신동엽(申東曄) 시선집『누가 하늘을 보았다 하는가』이다.

　신경림 시집『새재』의「새재」는 조령(鳥嶺)을 뜻하는 장시로, 나는 이 시가 ≪창작과비평≫ 제50호에 전재되었을 때 '장시'란 이런 것이로구나 깨달으며 시를 공부했고, 이후 신경림 시인과 어울려 그의 기행(紀行)에 가끔 동반자가 되어 지방 문인들을 만나기도 했다. 이 시집에는 신 시인의 대표작 중 하나인「목계장터」가 수록되어 있는데, 나는 신경림 시인과 함께 충주 달내강(㷷川과 신립(申砬)이 임진왜란 때 왜군에게 크게 패배하고 죽은 탄금대(彈琴臺)도 올라보고, 이 목계장터를 둘러보며 어두운 시대를 같이 살아왔다. 이 신경림 시인은 창비시선 1『농무(農舞)』를 낸 창비의 간판 시인이기도 하다.

　시선 19 정호승 시인의『슬픔이 기쁨에게』를 교정보며 내가 그의 시를 어떻게 느꼈는지 생각나지 않으나, 그의 가녀리고 깨끗한 모습은 참으로 호감이 갔다. 뒤에 창비에서 이은성 선생의『소설 동의보감』을 내고 이를 홍보하기 위해 ≪조선일보≫로 이진섭 부장을 찾아가 그 방법을 상의할 때 정호승 시인을 만났다. 그때 정 시인은 ≪조선일보≫ 월간부에 있었는데 나를 참으로 반갑게 대해주어 몹시 기뻤었다. 언젠가 정 시인이 〈아침마당〉에 나와 시에 대한 강의를 하는 모습을 보았는데, 문득 그때 반갑게 만났던 생각이 떠올랐다.

　창비시선 20 '신동엽시선집(申東曄詩選集)'『누가 하늘을 보았다 하는가』는 1975년에 낸 신동엽 시인의『신동엽전집』이 판매 금지를 당해 신 시인의 훌륭한 시를 독자들이 읽을 수 없는 것이 안타까워 10주기를 맞이하여 창비시선 20으로 전집에서 가려낸 시선집이다. 이 시선집은 창비시선 중 꾸준히 팔리는 자리를 차지했으며, 1989년에 증보판을 내기도 한다.

❸

창비신서 23은 현재 발행인을 맡고 있는 염무웅 사장의 평론집『민중시대(民衆時代)의 문학』으로 염무웅 사장은 내가 신구문화사 편집부에 들어가던 1965년 12월경에 만나 1979년 현재까지 죽 알고 지낸 분이라 비교적 간극이 없이 지낼 수 있었고, 상하 관계를 차리지 않았다. 저자가 발행인이라 나는 초교 교정으로 원고 대조나 했을 듯싶다. 저자도 이 평론집 서문인「책 머리에」에서 "신구문화사 시절부터 고락을 함께 해 온 정해렴 형"이라고 썼다.

창비신서 24『여성해방의 이론과 현실』은 이화여대 사회학과 교수로 있던 이효재(李効再) 교수 편역으로 국내외 여성운동에 관한 논문 17편이 실려 있다. 이효재 교수님은 우리나라 사회학계 원로 교수님으로 이때부터 창비의 고난에 동참하며 창비를 뜨겁게 지켜온 한 분이다. 나는 이 책을 보면서 여성 해방의 가치를 조금은 깨달았을 성싶다.

창비신서 25『역주 목민심서』II는『목민심서』역주 사업의 두 번째 성과인데 1978년 4월에 그 첫 권이 나오고 이제 1년 반 만에 그 둘째 권이 나왔다. 앞에서도 말했듯이 이『목민심서』역주 사업은 창비에 내가 없었다면 아마 착수하지 못했을 것이다. 특히 뒤에 붙인 원문 교주는 나의 은사님인 이우성 박사님과 내가 힘겹게 교정했다. 이는 일제강점기에 간행된 신조선사본(新朝鮮社本)을 처음으로 교정하고 교주한 것이다.

이 역주 강독에 참여하여 번역하고 주해한 교수는 성균관대의 이우성·송재소(宋載卲)·이동환(李東歡)·임형택(林熒澤), 고려대의 강만길(姜萬吉), 이화여대의 김경태(金敬泰), 서울대의 김진균(金晉均)·안병직(安秉直), 경희대의 김태영

(金泰永), 숙명여대의 이만열(李萬烈), 홍익대의 정윤형(鄭允炯), 한양대의 정창렬(鄭昌烈) 등 12명의 다산연구회(茶山硏究會) 회원들이다. 이 가운데 김경태·김진균·정윤형 등 세 분이 이미 작고했다.

1 『순이 삼촌』

창비소설집『바다 위를 나는 목』은 ≪창작과비평≫ 제11호에 「창(槍)」으로 데뷔한 최창학(崔昌學)의 세 번째 소설집으로, 나를 비롯해 최 작가는 발행인 염무웅 사장과 신구문화사 편집부에서 같이 교정을 본 동료이기도 하다. 또 이번에 소설집『무지개는 언제 뜨는가』를 낸 윤흥길(尹興吉)과도 그는 일조각 편집부에서 같이 지낸 동료였는데, 소설집도 이렇게 같은 시기에 같은 출판사에서 낸 것이다.

『무지개는 언제 뜨는가』는 작가 윤흥길의 소설집으로, 표제의 소설은 ≪창작과비평≫ 1978년 겨울 호에 발표되었다. 출판사 편집부에서 같이 교정을 보았었다는 동료 의식으로 더욱 친근감을 가지게 되는 작가이다. 작가 윤흥길은 교정 수준도 매우 높다는 소문을 들었다.

현기영의 소설집『순이 삼촌』은 앞의 최창학이나 윤흥길과 달리 내가 직접 편집·교정을 했다. 작가가 구성해온 목차는 발표순대로 차례를 잡았는데 내가 교정을 보느라고 읽어보니, 데뷔한 작품과 초기 소설은 이상(李箱) 같은 냄새가 난다고 느꼈고 큰 재미가 없었다. 한참 고민을 하다가 발표 역순(逆順)으로 목차를 정해보니 괜찮을 듯싶었다. 그래서 일반적인 상식을 벗어난 편집을 해본 것이다. 결국 이 작품집을 내면서 나는 목차를 구성하는 방법도 조금 실험한 셈이다. 작가 현기영은 이 소설집을 내고 수난을 크게 겪었으며, 이 작품

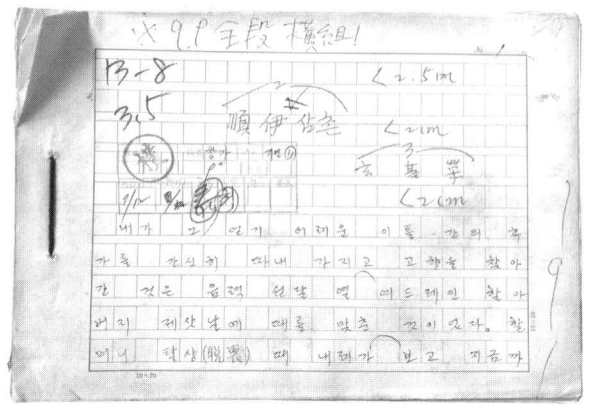

「순이 삼촌」 원고

집도 판매 금지를 당했었다. 그리고 현기영도 민주화운동 대열에 합류하여 작가로서 크게 성장한다. 뒤에 그의 장편소설 『바람 타는 섬』도 내가 맡아 교정해 낸 바 있다. 이 장편소설은 ≪한겨레신문≫에 연재한 것인데, 어찌나 복잡하게 퇴고해 조각조각 붙여놓았던지 이리저리 찾아가며 읽어내기가 매우 힘들었었다. 이런 퇴고 원고는 아마 내가 아니면 읽어낼 사람이 없지 않았을까 한다.

2 『사과나무밭 달님』

1978년에는 창비아동문고를 한 권밖에 교정해 내지 못했으나, 이해에는 이오덕(李五德) 선생과 시인 이종욱(李宗郁)이 같이 엮은 창비아동문고 7 동시집 『꽃 속에 묻힌 집』과 창비아동문고 8 권정생 동화집 『사과나무밭 달님』, 창비아동문고 9 이원수 동시전집 『너를 부른다』, 창비아동문고 10 이원수 소년소설

『해와 같이 달과 같이』 등 4권을 냈다.

이오덕·이종욱 엮음 『꽃 속에 묻힌 집』은 시인들과 아동문학가들이 어린이를 위해 쓴 시 100편과 초등학교 어린이가 쓴 14편을 골라 엮은 것이다. 「꽃 속에 묻힌 집」이라는 표제 시는 시조 시인이기도 한 김상옥(金相玉) 선생의 시이다. 편자의 한 분인 이오덕 선생은 익히 알려진 분이라 더 소개할 필요도 없겠고, 또 한 분 이종욱 시인은 동아투위 일원으로 1977년 창작과비평사 편집부에 들어와 이때 창비 편집부에 근무하고 있으면서 이 책의 자료를 검토·정리했으며, 뒤에 '동아투위' 일을 보려고 1979년 1월 창비를 떠났다.

권정생 동화집 『사과나무밭 달님』은 14편의 동화가 실려 있는데, 작가의 순진무구한 눈으로 바라본 인간의 참된 삶의 세계를 그린 작품 14편이 실려 있다. 이 동화집의 작가는 1984년 『몽실 언니』라는 소년소설로 창비에 장기 베스트셀러를 안겨주었다. 나는 훗날 『혼자만 잘 살믄 무슨 재민겨』의 저자 전우익 선생, 방송작가 박이엽 선생과 같이 안동 일직교회가 있는 곳에 가서 권정생 선생을 만나 하루를 보낸 적이 있는데, 회충을 퇴치하느라고 휘발유를 마시고 고생한 이야기를 선생이 아주 재미있게 이야기하는 것을 들었고, 방 한 칸 부엌 한 칸의 외딴집을 보고 문득 민병산(閔丙山) 선생과 같이 이 시대의 자유인(自由人)으로 살아가고 있다는 느낌을 받았다. 권 선생의 오두막 뒤에 있는 큰 바윗덩이는 선생을 닮았거나 선생이 바위를 닮았거나 양단간에 하나라고 느꼈으며, 그 주위 풍경은 태곳적 모습인 듯했다.

이원수 동시 전집 『너를 부른다』는 우리나라 원로 아동문학가의 동시 전집으로 나는 이 전집을 만들고 나서 이 전집을 만들기 위해 베껴온 원고를 통째로 갈무리해 지금도 가지고 있다. 그러나 이 원고가 선생님의 필적인지는 여쭤보지 못했다. 하도 정성들여 베꼈기에 버리기가 아까워 가져다 둔 것이다. 이 동시 전집의 삽화를 화가 이만익 선생이 그려주었는데, 매우 독특한 그림이었다. 우리는 그때 사례도 변변히 못했다는 미안함이 앙금처럼 남아 있다.

이원수의 소년소설 『해와 같이 달과 같이』는 지금 하도 오래 지난지라 그 줄거리도 잘 생각나지 않지만, 우리는 아동문고를 통해 원로 아동문학가의 작품을 어린이들에게 값싼 문고로 읽히게 해놓았던 것이다.

3 설악산 대청봉 등산

창비는 1976년 내가 편집부장으로 입사할 무렵 종로구 수송동에 있었는데, 1978년 봄에 서대문구 냉천동 4 동명여고가 있던 자리로 이사했다가 1978년 겨울 호까지 내고 한겨울에 또 쫓기듯이 종로구 신문로 1가 7 세종학원이 있던 건물 4층인가에 임시로 이사해 1979년 여름 호(52호)까지 내고 종로구 공평동 3번지로 옮겼다. 이렇게 정신없이 옮겨 다니며 시련을 겪고 단련되어 점점 유명한 출판사로 자리를 잡아가고 있었다.

창비가 임시로 있던 세종학원은 시인 최민(崔旻) 선생의 부친께서 운영하던 학원이었는데, 이때 남영동에 학원을 새로 짓고 이사해 신문로에 있던 건물이 잠시 비어 있었기 때문에 갈 데가 없는 우리가 사무실로 쓴 것이다. 최민 선생의 부친께서는 또 김병걸(金炳傑) 교수와 매우 친해 김 교수의 부탁으로 잠시 있게 된 것으로 나는 들었다.

≪창작과비평≫ 1979년 여름 호인가를 내고 나서 발행인 염무웅 사장, 이영희 선생, 김병걸 교수, 소설가 남정현(南廷賢), 시인 신경림, 그리고 나는 소설가 이호철(李浩哲) 선생을 대장으로 모시고 설악산(雪嶽山) 등산길에 나서 버스를 타고 한계령을 넘어 오색약수터에 내려 민박집에서 자고 이튿날 새벽 5시에 일어나 독주폭포로 해서 대청봉에 올랐는데, 이때 남정현 선생은 겁을

먹고 우리가 내려갈 천불동 계곡 입구에서 기다리겠다고 했다.

우리는 이호철 대장의 안내로 천신만고하며 그 높은 대청봉엘 올랐는데, 이호철 선생을 빼고는 높은 산 등산은 모두 처음이었다. 나도 물론 처음으로 나선 등산길이라 여간 힘들지 않았다.

우리 등산대원은 겨우겨우 대청봉에 올라보고 이 대장을 따라 화채봉 쪽으로 내려가다가 만경대 길로 들어섰는데, 남산만 한 높이의 산등성이 길이 넘어지면 천야만야한 절벽으로 떨어지는 2미터밖에 안 되는 좁은 길 몇 군데를 거쳐 엉금엉금 간신히 기어가며, 또 천불동 계곡과 공룡능선이나 마등령 경치를 보며 양폭산장이 있는 데로 길을 찾아가며 간신히 내려왔다. 이호철 대장을 빼고는 모두들 기진맥진 지쳐 있었다.

그래도 양폭산장부터는 길이 험하지 않아 겨우겨우 내려왔는데, 내리막길이 이어지다가 귀면암(鬼面巖)에 와서부터는 한참 동안 오르막길인데 이 오르막길이 나는 그렇게 원망스러울 수가 없었다. 나는 내가 워낙 힘든지라 다른 등산대원이 힘들어하는 모습을 미처 살펴볼 수가 없었다. 겨우겨우 발짝을 옮겨놓으며 하산하고 있는데 날이 어두워지기 시작했다. 그러나 다행스럽게도 매점이 있고, 길이 좀 넓고 평탄한 데까지 왔기에 밤이 되어도 걱정은 없었다.

이때 우리가 내려온 만경대 능선(이 명칭이 맞는지 모르지만)은 당시에는 등산이 통제되는 길이었다고 뒤에 들었는데 정말로 아슬아슬한 길이었고, 등성이에서 양폭산장으로 내려올 때는 뚜렷한 길도 없어 넘어지면서 내려오기도 했다. 밤 8시쯤 설악동에 내려오니 남정현 선생이 애타게 우리를 기다리면서 크게 걱정이 되어 등산안내소와 매표소에 우리 행방을 묻기도 했단다.

우리는 버스인가 택시를 타고 속초시로 나와 여관에서 자고 이튿날 서울로 무사히 돌아왔는데, 남정현 선생은 우리와 같이 산행한 걸로 얘기해달라고 신신당부했다. 나는 이 설악산 산행을 하면서 김병걸 선생의 교사 시절 과거사를 들었고, 김병걸 선생과 남정현 선생의 따뜻한 우정인지 형제애인지 모를 깊은 관계나 변함없이 서로를 아끼는 두 분의 맑고 천진스러운 소년 같은 모습을 관찰하는 것이 즐거웠다.

설악산 등반을 하고 와서 3층인가 4층에 있던 사무실을 오르내리는 것이 하루 이틀은 매우 힘들었다. 앞서 말했듯이 이때 우리가 내려온 만경대 코스는 줄곧 통제되는 매우 위험한 등산로인데, 얼떨결에 남들은 걷지 못한 이 절경의 코스를 걸어 내려온 것이다. 나의 설악산 첫 등산은 이렇듯 아무 탈 없이 무사히 끝났다. 이때 내 나이가 만 40이었다.

4 10·26 사태가 일어나다

내가 1976년 4·5월경에 신구문화사에서 창비 편집부장으로 와서 1979년 12월까지 편집·교정한 책은 ≪창작과비평≫ 통권 40호부터 54호까지 15권, 창비신서는 12부터 25까지 14권, 창비시선은 5부터 20까지 16권, 창비소설집은 28권, 창비아동문고는 1부터 10까지 10권, 기타『말콤 엑스』2권으로 모두 85권이나 된다. 이때 편집부에는 시인이자 동아투위 위원인 이종욱 씨가 들어와 1979년 1월까지 있으면서 나를 도와 편집·교정 일을 했고, 또 발행인과 주간도 잡지를 편집·교정할 때는 많은 일손을 보탰기에 이렇게 많은 권수의 책을 낼 수 있었다.

창비는 1979년 6월 초순 종로구 신문로 세종학원 건물에서 종로구 공평동 3번지 상아빌딩으로 사무실을 옮기고 조금은 안정을 찾았다. 신구문화사 2층 편집부 옆방에서 시작해 수송동 개인 빌딩 2층으로 옮겨 새살림을 차렸다가 다시 서대문구 냉천동 옛 동명여고 자리로 옮기고, 또 종로구 신문로 세종학원

빌딩에 잠시 있다가 이제 공평동으로 온 것이다. 그전까지 발행인 이하 온 창비인이 한방에서 복닥거리며 책상과 얼굴을 맞대고 일해왔다.

이해 가을이 지나 ≪창작과비평≫ 54호(겨울 호)를 편집할 때 10·26 사태가 일어나 대통령 박정희(朴正熙)가 중앙정보부장 김재규(金載圭)에게 죽임을 당했다. 계엄령이 선포되어 모든 신문 잡지는 검열을 거쳐야 발행할 수 있었다. ≪창작과비평≫ 겨울 호도 싣기로 했던 여러 글을 삭제한 뒤 겨우 발행되었다.

이해 12월 중·하순경에는 해직 교수로 있던 발행인 염무웅 사장과 편집위원 백낙청·김윤수(金潤洙) 교수가 장차 대학으로 돌아가게 될 전망이 보이자 편집위원들은 창비의 장래를 논의하기 시작한 모양이다. 나는 그때나 지금이나 일에 묻혀 앞으로 나라가 어떻게 될 것인가는 생각할 줄도 모르고, 또 판단해 알 수 있는 능력도 없어 그저 유신 독재 시대가 가고 민주화 시대가 오리라는 희망에 차 있기만 했다. 그런데 백낙청·염무웅 두 분이 느닷없이 나더러 창비 대표를 맡으라는 것이다. 나는 갑작스레 닥친 일이라 얼떨떨하기도 하고 또 회사를 경영할 능력이 없는지라 거듭 사양을 한 듯싶다. 그러나 다른 대안이 없다면서 강요하다시피 떠맡기는 바람에 창비를 떠나지 않는 이상 더는 피할 수 없게 되어 할 수 없이 창비를 떠맡게 되었다. 염무웅 사장은 그 무거운 짐을 내려놓게 되어 좋았겠지만, 나는 두렵기도 하고 또 새로운 환경에 대한 걱정이 태산 같았다. 나는 이렇게 할 수 없이 떠밀려 발행인이 되었다. 앞으로 그 자리에서 물러나게 되면 갈 데도 없을 자리로 나아간 것이다.

5_ 성내운 교수와 송기숙 교수

내가 이제 창비의 대표 자리를 맡게 되어 편집부장을 끝낼 입장이라 편집부장으로 있을 때 나도 모르게 겪은 사건을 하나 짚고 넘어가려고 한다. 창비가 서대문구 냉천동에 있을 때인 1978년 ≪창작과비평≫ 여름 호에 「분단현실과 민족교육」이라는 좌담을 성내운(成來運) 교수, 이오덕(李五德) 교장, 김인회(金仁會) 교수, 이시영(李時英) 시인, 김윤수(金潤洙) 교수(창비 편집위원) 등이 함께 나눴다. 이후 성내운 교수와 소설가이자 전남대 국문학과 교수이기도 한 송기숙 '괴수'(시골 분들이 '교수'를 '괴수'로 부른다고 했다)가 당시의 꽉 막힌 교육 현실을 타개하고자 성명서를 발표한 이른바 교육지표 사건이 터져 성내운·송기숙 교수가 구속·수감되어 재판을 받고 감옥살이를 한 적이 있다. 이때 나는 영문도 모른 채 연락병 노릇을 했다. 전화로 무슨 이야기를 전한 듯한데, 자세한 내막도 모르고 말을 전한 것이다.

먼 훗날 송기숙 교수는 그 사건을 회상하면서 구속·수감되어 조사를 받을 때 내 이름을 댔는데, 생각해보니 나는 창비에서 편집 일을 해야 하고 만일 이 사건에 연루되어 잡혀온다면 창비에는 큰 낭패일뿐더러 그 순하고 순박한 얼굴이 눈에 밟혀 생각다 못해 다른 한 건을 실토하고 나와 관련된 사실을 없애달랬다고 했다고 털어놓았다. 또 그때 성내운 교수 때문에 구치소에서 애를 태운 사실도 이야기했다. 빨리 연락을 취해 말을 맞추어야 하는데, 성내운 교수는 시만 외고 있어 답답해 죽을 뻔했다는 것이다.

이후 언젠가 대구에서 시인 고은 선생의 재판이 열렸을 때, 나와 송기숙 교수가 함께 그 방청을 하러 기차를 타고 대구에 갔다가 방청을 하고 나서 대구 어느 음식점에서 밤새 술을 마시며 이야기판을 벌였다. 이 자리에는 성내운 선생님, 시인 김지하, 소설가 황석영·이문열(李文烈) 등이 있었고, 또 대구의 젊은 시인들이 있었다. 이때 술이 점점 오르기 시작한 송기숙 괴수는 처음에는 깍듯이 "성 선생님" 하다가 좀 더 취해서는 "내운이 형" 하다가 고주망태가 되고 나니 "야, 내운아!" 하는 것이었다. 나는 이 모습을 '호방한 문인'들의 술버

릇은 저렇구나 하며 감탄의 눈으로 보았다. 이후로도 두 분이 함께 있는 술자리에서 가끔 이런 모습을 볼 수 있었다.

송기숙 교수가 언제 풀려났는지 나는 모르겠으나, 이미 해직되어 1979년 ≪창작과비평≫ 겨울 호부터 장편소설 『암태도(岩泰島)』를 연재하기 시작한다.

ⓒ 변영욱

제4부

창비와 굴곡을 함께하다

창작과비평사 2

ⓒ 변영욱

대표 시절 1

●

1980년

1. 창작과비평사 대표가 되다

　내가 등 떠밀려 할 수 없이 창작과비평사 대표 자리에 올랐을 때는 최규하(崔圭夏) 대통령이 취임해 있을 때였다. 우리나라 정국이 앞으로 어떻게 전개될지 모르는 비상시국이었고, 온갖 유언비어가 난무하고 있었다.

　이때까지 창비에서는 계간지 ≪창작과비평≫이 통권 54호까지 발행되어 있었고, 창비신서는 25권, 창비시선은 20권, 창비소설집 28권, 창비아동문고는 10권, 기타 3권으로 모두 140권의 책이 발행되어 있었다. 또 ≪창작과비평≫ 영인본(전 10권)이 나왔다. 창비 영인본은 외판 회사인 운암사(雲岩社)에서 제작·발행하고 창비에 인세를 어음으로 지불하고 있었다.

　이때 창비는 140권의 책을 발행하고도 축적된 현금이 별로 없어 한 달 한 달 살얼음판 걷듯이 겨우겨우 넘어가고 있었고, 계간지 ≪창작과비평≫의 매출 비중이 전체에 반쯤을 차지하고 있었지 않았나 싶다.

　내가 사장 일을 맡게 되자 이시영 시인을 편집부장으로 영입하고, 뒤에 또 백영서(白永瑞) 씨, 이혜경 씨를 편집부에 맞이했다.

내가 발행인이 되어 낸 첫 계간지는 ≪창작과비평≫ 55호(1980년 봄 호)였는데 비상시국에 계엄 검열을 마치고 냈는지 자세히 기억나지 않으나, 어쨌든 조심조심 냈을 터이다. 그리고 54호와 마찬가지로 검열을 의식해 애국자와 독립운동가를 겸한 「단재 신채호 선생 탄신 100주년 기념 논문(1)」을 싣고, 56호에도 이 글의 2편을 실었다. 이 56호에 송기숙의 장편소설 『암태도』 3회를 아슬아슬하게 실어 그 연재를 마쳤다.

2_ ≪창작과비평≫ 폐간

이때 5·17이 일어나고 5·18 민주화운동이 일어났으며 '국가보위비상대책위'가 설치되어 언론 탄압과 통제가 더욱 심해지고 사회는 공포 분위기에 싸여 숨도 크게 쉬지 못할 지경이었다. 우리는 이런 속에서도 ≪창작과비평≫ 가을호를 편집·간행하려고 준비하고 또 단행본을 더 부지런히 내면서 어려운 난국을 극복하려고 마음을 추슬렀다.

계엄령하의 비상시국이라 모든 간행물(단행본이나 잡지)은 계엄사 검열단의 검열을 받고 발행되던 때였다. 당시에는 서울시청에 있는 검열단(그 책임자는 보안사에서 나와 있었다)에 조판 교정쇄를 제출해 검열필 도장을 받아야 발행할 수 있었는데, ≪창작과비평≫ 57호(1980년 가을 호)의 발행을 앞두고 검열받을 원고를 제출하고 일부는 검열을 끝낸 어느 날이었다.

7월 말경 아침 공평동 사무실에 나가니 사방에서 전화가 정신없이 걸려왔다. 계간지 ≪창작과비평≫이 등록 취소되었다는 것이다. 그날 석간신문(오전에 발행된다)에 ≪창작과비평≫, ≪뿌리깊은나무≫, ≪문학과지성≫ 등이 나란히 등록 취소되었다는 특보가 실렸다. 우리는 잡지 검열이 끝나기를 기다리고 있었는데, 청천벽력(靑天霹靂)을 맞은 것이다. 사장이 되어 7·8개월 만에 일어난 일이다. 내 이름이 처음으로 신문 1면에 크게 났다. '창비'의 시련은 이렇게 계속되고, 나도 세상에 태어나 처음으로 큰 시련에 부딪힌 것이다. 당시 우리나라는 공포 분위기에 휩싸여 어디다 호소하거나 항의할 곳도 없었던 때이다. 만일 항의하면 구속하겠다는 엄포성 소문이 나돌기도 했다.

3 _ 지방 출장과 서점 등급

나는 사장이 된 해부터 2년 동안 매년 영업부장을 따라 지방 서점을 순회하며 부탁 겸 인사를 하고 영업 현실을 현장에서 보고 배우려 7~8일 동안 전국 도시를 돌며 푸대접과 동정을 아울러 받아가며 협조를 부탁하기도 했다.

이때 내가 출장을 다니며 보고 느낀 서점의 등급은 대체로 세 가지로 구분할 수 있었다. 첫째는 그 지방에서 검인정교과서나 다른 수준 있는 서적을 보급하며 기반을 다지고 지방 문화 발전에 일익을 담당한다는 의식을 지닌 서점이고, 둘째는 참고서나 기타 일반 서적을 안정되게 보급하는 등급의 서점이며, 다음은 전집 외판을 하다 서점을 차려 꾸려가다가 여차하면 부도를 내는 질이 안 좋은 등급의 서점이었다. 나를 대하는 서점 사장님들의 태도와 교양을 보며 이렇게 분류했는데, 이 중 세 번째 등급의 서점 사장이다 싶으면 설득할 방법을 몰라 인사만 대충 공손히 하면서 영업부장을 따라다녔다.

또 사장이 해야 할 일을 대강 파악하고 난 뒤로, 아침에 한두 시간 내로 그런 일을 마무리하고 편집·교정에 매달려 하루를 보내는 것을 기본으로 여기고 지내기 시작했다. 창비 매출의 50%쯤을 차지하고 있던 계간지가 폐간되어 회사가 입은 타격을 단행본 출간으로 메워야 했기에, 편집·교정에 더욱 매달릴 수밖에 없었다.

4_ 한국전래동화집 발행

1979년 10·26 사태 후 비상시국에 당국의 감시와 주목을 받고 있는 상태에서 창비가 그래도 마음 놓고 출판할 수 있던 책이 아동문고였다. 우리는 상황이 어렵다 보니 이원수(李元壽) 선생과 손동인(孫東仁) 교수에게 한국전래동화집을 편집·집필해주십사고 요청하여 이를 창비아동문고 11~15 '한국전래동화집'(1~5) 5권을 한 권당 300면이 넘는 분량으로 1980년 7월 10일에 그 초판을 발행했다. 다행히 이 전래동화집이 어린이들에게 또 학부모들에게 호평을 받으며 잘 팔렸다. 또 입에서 입으로 전파되면서 창비아동문고의 '견인차' 노릇을 톡톡히 해냈다. 이 전래동화집 덕분에 앞서 간행된 문고도 따라서 팔려나간 셈이다. 이 『전래동화집』 한 책의 판권을 살펴보니 1983년 9월 15일에 5판을 발행한 것으로 되어 있다. 창비아동문고 6 톨스토이 동화 선집 『바보 이반의 이야기』 이후 만난 경사였다.

그리고 이 '한국전래동화집' 시리즈는 뒤에 창비아동문고 36·37 『한국 전래동화집』 6·7로 이어졌는데 이때는 손동인 교수가 혼자 엮었다. 뒤에 또 창비아동문고 48~50 '한국전래동화집' 8~10을 이어 펴냈는데, 이때는 최내옥(崔來沃) 교수가 엮어 이 시리즈를 10권으로 완성해냈다.

이 '한국전래동화집' 10권의 편집·교정은 거의 내가 담당하다시피 하며 진행했다. 손동인 교수는 내가 신구문화사에 있을 때부터 알기 시작해 이 전래동화집 일로 다시 만나 뵈었다. 인천교대(현재 경인교육대학교)에서 정년 퇴임을 하신 교수님과는 작고할 때까지 연하장과 전화를 주고받으며 지냈다. 손동인 교수는 참으로 점잖고 따뜻한 분이셨다. 최내옥 교수는 나와 비슷한 연배로 내 외삼촌 이응백 박사님의 서울사대 국어교육과 제자라 단번에 친해져 일하기가 퍽 수월했다. 한양대에서 정년 퇴임을 하고, 몇 년 전 외삼촌 장례 때도 장지까지 따라왔었다.

5__『먹을 갈다가』

1980년 살얼음판 시절에 시단(詩壇)의 '천재'이기도 하고 '이단아'이기도 한 초정(草丁) 김상옥(金相沃) 선생의 환갑을 맞이해 그 기념 시집 『먹(墨)을 갈다가』를 창비시선 21로 내드렸다. 기념행사용으로는 좋은 종이를 써서 제작했다. 초정 선생께서는 몹시 까다롭고 성격이 불같으시다는 말을 듣고, 나는 몹시 긴장을 하며 이 시집을 교정해드린 듯하다. 시집을 내드리며 1938년에 문단에 나온 분이 이제야 '환갑'이라는 사실이 놀랍기만 했다. 어쨌든 나는 까다로운 선생님께 큰 탈을 잡히지 않고 무사히 행사를 치르게 해드렸다. 초정 선생은 성격이 급해서서 그런지 말을 침이 튀어나오듯 하시던 것이 잊히지 않는다. 시인 민영 선생만이 초정 선생을 공손히 떠받드는 듯했다.

이 무렵 저 양성우 시인의 『북치는 앉은뱅이』라는 시집이 창비시선 23으로 나왔다가 판매 금지를 당한 것 같은데, 자세한 기억은 남아 있지 않다. 이해에는 이시영 시인이 편집부장으로 있었기에 나는 시집에 대한 편집·교정에는 별로 관여하지 않았을 터이다.

6 __ 『문학과 예술의 사회사』

창비신서 26 하우저의 『문학과 예술의 사회사』(근세편 상)와 창비신서 29 『문학과 예술의 사회사』(근세편 하)는 전 사장에 대한 예우로, 또 전에 고대·중세편을 교정본 경험으로 나도 참여하여 교정을 본 듯하다.

이 『문학과 예술의 사회사』는 전 4권으로 완간되었는데, 현대편은 백낙청·염무웅 공역으로 창비신서 1로, 고대·중세편은 백낙청 번역으로 창비신서 12로, 그리고 근세편 상·하는 반성완(潘星完)·백낙청 공역으로 완간된 것이다.

창비는 이 무렵 이 책을 발행한 독일 출판사로부터 그 번역·발행권을 다소간의 약소한 돈을 지불하고 얻었는데, 이때는 꼭 그러지 않아도 될 때였다.

7 __ 『독립운동사 연구』의 판매 보류

1980년에는 박성수(朴成壽) 교수의 『독립운동사 연구』(창비신서 27)를 3월 11일 자로 발행해 화제가 되고 또 그런 대로 보급도 잘되어 조금 안심했는데, 문공부에서 간행물 심의관이 좀 보자고 하기에 갔더니, 이 책의 17면에 기술된 "해방 직전에 3대 독립군사단체가 있었으니 그 하나가 광복군(金九)이었다. 다른 둘은 연안(延安)의 조선혁명군(金武丁)과 간도 장백산의 조선인민혁명군(金日成)이었다"가 문제가 되니, 이 구절을 고치거나 괄호 안에 있는 '金日成'에 대해 현재 북한의 '김 주석'이 아니라는 주석을 달아 발행하라는 것이었다.

이때는 문공부 간행물 심의관실의 서슬이 퍼런 때라 나는 할 수 없이 저자 박성수 교수를 대동해 심의관과 얘기해보라고 했더니, 저자가 학술적으로 심의관을 설득하지 못하고 서로 낯을 붉히기만 하기에 나는 이 책을 더 찍지 않겠다고 하여 이 자리를 수습했다. 심의관은 나더러 저자가 좀 이상하다고 하기도 했다.

이 『독립운동사 연구』는 처음에는 잘 보급되었으나, 이 무렵에는 거의 팔리지 않아 사실 더 찍어낼 수도 없었던 때라 이렇게 수습한 것이다. 뒤에 저자가 이 부분을 수정해 내자고 했으나 책이 팔리지 않아 그만두었다.

이때 들은 소문으로는 반공 단체인가 경찰 측이 문공부에 항의해서 일어난 일이라고 했다.

8 『신동엽전집』 증보판도 판매가 금지되다

이해에 1975년 6월 5일에 그 초판을 내었다가 긴급조치 9호에 위반된다는 이유로 판매금지를 당한 창비신서 10 『신동엽전집(申東曄全集)』을 증보하여 그 재판을 1980년 4월 25일 자로 발행했다가 또 계엄사 검열단에 의해 판매 보류 처분을 받았다. 이때도 신동엽의 시나 산문 내용에 문제가 있어 판매 금지를 한 것 같지는 않았다. 이 책에는 「재판(증보판)을 내면서」라는 후기를 전집 뒤에 붙였는데, 당국자는 이 부분을 아프게 받아들인 듯하다.

『신동엽전집』 초판은 나오자마자 독자들의 큰 관심을 모았다. 그러나 두 달도 채 못되어 그 내용이 긴급조치 9호에 위반된다는 이유로 당국으로부터 판매 금지 처분을 받았다. 이 문제로 편집 책임자가 수사기관에 연행되기조차 했지만 내용의 어디가 저촉되는지는 끝내 밝혀지지 않았고 다만 이런 책을 다시 안 내겠다는 다짐을 요구받았다.

이 내용이 당국의 아픈 데를 건드린 듯하다. 이때는 긴급조치가 모두 풀렸으나, 이 '신동엽전집'은 또 판매 금지를 당한 것이다. 이 무렵 판매 금지를 당한 신서나 시집은 그 수요에 따라 대개는 팔려나가 재고가 쌓이지는 않았다. 이렇게 두 번이나 판매 금지를 당한 끝에 1985년 2월 1일 3판으로 수정증보판을 내고 해금이 된다. 그러나 이때는 신동엽 시에 대한 폭발적 반응이 어느 정도 가라앉아 창비신서의 평범한 한 책으로 자리 잡는다.

1980년 겨울 창비는 또 종로구 공평동 상아빌딩에서, 창고 건물을 합판 등으로 막아 사무실로 꾸민 마포구 아현동 613-4 창고 건물로 쫓기다시피 들어갔다. 오늘날 창비 직원들이 그때 그 모습을 본다면 아마도 기절초풍할 것이다. 그러나 우리들은 그런 최악의 환경에서도 좌절하지 않고 다시 출판 활동을 계속해 솟아날 준비를 시작했다.

대표 시절 2

●

1981년

❶

　창비신서 30 『서양경제사상사 연구』는 나로서는 처음 접해보는 서양 경제사상에 관한 논문이라 매우 두려운 마음으로 조심스럽게 편집·교정에 임했던 듯싶다. 저자 정윤형(鄭允炯) 교수는 경제사상사를 전공하면서도 다산연구회(茶山研究會)의 일원으로 『목민심서』 강독과 번역에 참여하여 『역주 목민심서』를 전담해 편집·교정하고 있던 나와는 상당히 친분도 쌓여 있는지라 더욱 관심을 기울여 교정을 한 셈이다.
　이 『서양경제사상사 연구』를 간행한 후 홍익대 교수로 있던 선생과 인간적으로도 더욱 가깝게 지냈다. 정 교수는 대단한 골초였다. 글을 쓸 때나 번역할 때는 담배를 물고 살았다 한다. 내 눈에도 손끝이 노랗게 물들어 보였다. 뒷날 제주도 4·3 항쟁의 역사적 위상을 바로잡기 위해 노력하다가 요절한 분이다.

❷

　마포구 아현동의 블록으로 지은 창고 건물에서도 창비시선 25 인태성(印泰星) 시집 『바람 설레는 날에』, 26 문병란(文炳蘭) 시선집 『땅의 연가(戀歌)』, 27 이가림(李嘉林) 시집 『유리창에 이마를 대고』 등 3권을 1981년 5월 30일 자로 발행한다. 그런데 이 3권의 시집 가운데 문병란 시인의 『땅의 연가』가 또 판매 금지를 당한다. 이때까지 창비시선에서 판매 금지를 당한 시집이 이 『땅의 연가』까지 3권으로, 창비신서 4권과 함께 모두 7권이 금서가 되면서 창비는 판매 금지 단골 출판사가 되어 있었다. 당국으로서는 참으로 개전의 정이 없는 불온한 출판사인 것이다. 창비가 이런 실적을 쌓으며 문공부 당국의 제일 주목 대상이 되어 있는 틈을 타 이를 잘 헤쳐 나가며 출판해 재미를 본 출판사도 생겨나기에 이르렀다. 창비가 최전선에서 어느 정도 방패막이가 되어준 셈이라고나 할까.

1__『객주』

❶

　1980년 7월에 계간지 《창작과비평》이 폐간당하고 또 다른 신서와 시선 7권이 판매 금지를 당한 창작과비평사로서는 어떻든 베스트셀러를 내어야만 할 처지가 되었다. 이런 막다른 골목에 부딪혀 이를 뚫고 나가려고 시작한 것이 작가 김주영(金周榮)의 장편 역사소설 『객주(客主)』의 발행 사업이었다. 『객주』는 당시 《서울신문》에 연재되고 있었는데, 그 제1부 외장(外場) 3권분이 완결되어 작가가 이를 퇴고하여 우리에게 넘긴 것이다. 이는 염무웅 사장 때 이미 약속되어 있었다.

『객주』의 간행 사업에 창비의 사운(社運)이 걸린지라 사장인 내가 이를 원고 교정부터 교료를 놓기까지 몸소 담당했는데, 원고를 교정하면서 보니 그 문장과 어휘에 일반 독자가 쉽게 빨려들 것 같지 않다는 느낌이 들었다. 그래서 소설 독자의 관심을 끌 장치를 생각하기 시작하여 연구해낸 것이 첫째로 가장 보편적이고 보급에 유리한 4×6판으로 판형을 정하고, 둘째로는 숨을 가다듬으면서 빨리 읽을 수 있게 하려고 장별로 연재 번호를 넣었다. 이로써 장편소설의 긴 단조로움을 어느 정도 풀 수가 있다. 셋째로 주요 주인공을 간략히 소개하는 글을 표지 바로 뒤에 작가의 묘사 해설로 싣되, 신문 연재 때의 삽화에서 그 인물 모습을 따서 넣었다. 이 장치는 아마 내가 처음으로 고안한 것이 아닐까 한다. 이때 주인공 소개는 작가가 써왔다. 넷째로 권마다 다른 이 작품의 배경 지도를 그려 넣어 독자가 좀 더 쉽게 작품을 이해할 수 있게 했다. 다섯째로 주요 낱말 해설을 실어 작가가 참으로 공들여 수집해 쓴 까다롭고 아름다운 우리말을 공부할 수 있게 했다. 이 책에 해설된 낱말은 모두 내가 뽑아 해설을 붙였는데, 내가 해설할 수 없는 낱말은 작가가 해설했다. 내가 이런 해설 장치를 해놓았기 때문에 훗날 『국어대사전』을 편찬할 때 『객주』에 나온 문장이 뽑혀 사전에 등재되었다.

이렇게 정성을 들여 편집·교정한 덕인지 몰라도 1981년 3월 30일에 제1부 외장(外場) 3책이 나오자 독자와 언론의 주목을 받아 그런 대로 활발히 보급되고 꾸준히 팔려나가 김주영의 장편 역사소설 『객주』는 황석영(黃晳暎)의 『장길산(張吉山)』, 박경리(朴景利)의 『토지(土地)』와 함께 우리 소설사에 길이 남게 되었다.

이 『객주』 3권이 나오자 도하 각 언론에서 『객주』 편집 체제에 감탄하는 논평을 꽤 많이 실렀다. 이때는 이 소설이 아직 완결되지 않아 작품에 대한 평가가 본격적으로 이루어지지 않았을 때라, 작가에게 좀 미안한 감이 있었다.

『객주』의 장정은 시인 오규원(吳圭原) 씨가 파격적으로 참 화려하게 잘 해주었다. 지금『객주』를 들추어보니 오규원 선생의 이름이 보이지 않는다. 당시 이름을 넣는 것을 극구 사양하지 않았나 싶다.

 이 장편 역사소설『객주』전 9권은 내가 창비 대표직에서 물러나 창비 편집고문으로 있을 때인 1984년 3월 30일 전 9권으로 완간되었는데, 4권부터는 6개월에 한 권씩 발행하며 완간될 때까지 줄곧 나 혼자 편집·교정을 담당했던 것이다. 나는 이때 작가 김주영과 그의 장편 역사소설『객주』와 떼려야 뗄 수 없는 인연을 맺어 지금까지 사이좋게 지내고 있다.

❷

 『객주』전 9권이 완간되자 작가 김주영 선생은 완간 기념으로 창비 전 직원을 초청해 정읍 내장산 관광을 시키고 호텔에서 하룻밤 지내며 즐겁게 쉬게 하기도 했다.

 작가는『객주』로 중앙일보사가 주는 큰 상을 받았는데, 그 상을 받을 때 나도 참석해 축하의 뜻을 전했다. 시상식 이후 중앙일보 근처 어느 음식점에서 술자리가 벌어지고 그 자리에 이 상 심사위원인 이어령 전 문화부 장관도 참석했었는데, 그때 이 장관께서는 시인 김○○ 씨의 잡지 사업 수완에 대한 찬사를 아주 재미있게 하셨다. 이때 소설가 천승세(千勝世) 씨가 "이어령 선생! 내가 전에 텔레비전에서 김○○ 씨가 어느 독립운동가 후손을 놓고 시청자의 동정을 모아 모금을 하는 자리였나 본데 시인이란 분이 그 독립운동가나 후손의 자존심에 먹칠을 하며 돈 얼마를 모아준들 무슨 의미가 있냐"며 이에 대한 선생의 생각을 말씀하시라고 아주 낭낭히 울분을 토하는 장면을 목격했다. 이때 이어령 장관의 대답이 어땠는지 나는 잘 모르겠다. 그러나 얼마 뒤에 보니 이 장관님은 그 자리에 없으셨다.

평소 작가 천승세 선생의 기행(奇行)에 대한 이야기를 본인이나 또는 다른 분의 이야기를 통해 들었는데, 이때 천승세 씨의 '의협심'과 그 당당한 행동은 가위 존경할 만했다. 사실 나는 성균관대 국어국문학과 3학년 때 작가 천승세 씨를 만났는데, 그때 벌써 작가가 되어 동급생에 둘러싸여 지내는 선망의 대상이었다. 나는 그분이 작가라는 것도 잘 몰랐다. 게다가 편입생이라 한쪽 귀퉁이에서 수업만 듣고 다니다가 그해 겨울방학 때 입대하여 병역을 마치고 돌아오니 작가 천승세 씨는 이미 졸업한 뒤라 동급생으로 친분을 쌓을 기회가 없었다. 훗날 내가 신구문화사에 있을 때 신구문화사 2층 편집부 옆방에 있던 창작과비평 사무실에 다니던 천승세 씨가 나를 보고 낯이 익어 대학 동창인 줄 모르고 종로국민학교 동창인가 했다고 한다.

❸

신문 연재소설이었던 김주영의 장편 역사소설의 편집·교정 과정 경험을 기록해 편집·교정자가 이를 참고해 발전적으로 계승함으로써 우리나라 출판문화에 보탬이 되기를 바라는 마음으로 이 글을 쓴다.

지금은 컴퓨터로 원고를 작성해 이메일로 보내고 그것을 받아 교정을 보면 간단히 끝나지만, 당시에는 작가가 200자 원고지에 일일이 손으로 써서 신문사로 보내면 신문사 문화부에서 조판을 넘겨 조판한 것을 교정보아 신문에 싣고 작가는 신문에 연재된 것을 스크랩해두었다가 한 권 분량씩 묶어 퇴고를 하여 출판사에 넘긴다. 출판사에서는 이 스크랩된 원고를 교정을 보아 활자 조판소에 넘겨 다시 문선·조판해 그 초교지를 출판사에 보내어 초교·재교·삼교의 과정을 거쳐 지형(紙型)을 떠서 인쇄소로 넘긴다. 인쇄소에서는 이 지형에 납을 끓여 부어 연판(鉛版)을 만들어 인쇄해 제책하는 과정을 거쳐 책이 나오는데, 이 지형을 뜨기 전까지의 과정을 편집·교정자가 담당하게 된다.

이때 신문을 스크랩한 조판 원고는 작은 활자로 깨알같이 박혀 있으므로 조판소 문선공은 이 깨알 같은 글자를 보며 문선하는지라 시각이 조금만 이동하면 한두 줄이나 한두 단어씩 빠뜨리고 문선할 확률이 매우 높다. 이렇게 문선할 때 빠뜨리고 조판한 것을 교정자가 원고 대조를 건성건성 소홀히 하여 잡아내지 못해 빠뜨리고 나면, 교묘하게 빠진 이 문장은 영원히 작품에서 사라지게 된다. 작가가 고심참담하며 살을 깎고 피를 말리며 쓴 문장이 이 작품에서 사라지고 마는 것이다. 따라서 좁은 공간에 많은 내용이 담긴 이런 스크랩한 원고를 가지고 조판한 것은 한 자 한 자 한 줄 한 줄 꼼꼼히 대조해야만 한다. 지금도 조판된 책이나 입력된 글을 원고로 삼아 다시 입력한 조판물은 문장이나 단어가 이와 같이 빠질 확률이 많다는 것을 명심해야 한다.

나는 스크랩되어 넘어온 『객주』 원고를 가지고 조판·교정을 할 때 앞에서 말한 맹점을 알고 대조를 차분히 공들여 했던 것이다. 그래서 이 장편소설 『객주』에는 빠진 문장이나 단어가 아마 거의 없을 것이다. 그러나 권마다 한두 문장이나 글자가 전혀 빠지지 않았다고 장담할 수는 없다. 우리는 이런 사실을 명심하고 원고 대조에 최선을 다해야만 빠진 문장이나 오자를 줄일 수 있다.

2 『고향을 지키는 아이들』

1981년 4월 25일 박상규(朴相圭) 동화집 『고향을 지키는 아이들』을 창비아동문고 23으로 발행했다. 이때 나는 창비의 사장으로 이 동화집을 직접 편집·교정하면서 저자와 만났다. 또 이 동화집 원고를 다 읽어보고 3부로 나누어 편집했는데, 제1부 '조그만 마음'은 주인공의 가정과 그 주변에서 일어난 일을 작품화한 것을 주로 모으고, 제2부는 주인공이 살고 있는 농촌 마을 주변과 학교에서 벌어지는 일을 소재로 삼은 것을 모으고, 제3부는 사회를 소재로 한 작품을 묶어 차례를 만들었다. 이렇게 하며 나도 동화집을 어떻게 편집해야 하는지에 대해 조금은 눈을 떴는데 그 실습을 이 박상규 동화집을 가지고 한 셈이다.

이 동화집은 그 저자가 충주 인근에서 초등학교 교사로 오랫동안 아이들을 가르치고, 또 인품도 자상하고 너그러워 동료들의 도움을 많이 받아 초판을 금방 보급하고 재판을 찍었다. 작가도 아동문학계에서 크게 두각을 나타내며 주목을 받아 계몽사에서도 장편 동화집을 내기로 계약했다고 알려왔다. 충주에서 차분히 교사 생활을 하던 박상규 선생은 이 동화집을 내면서 일약 유명해지자 한때 좀 들뜬 듯 느껴져 나는 차분히 작품을 쓰면서 때를 기다림이 좋겠다고 조언을 해주기도 했다.

이 박상규 동화집 『고향을 지키는 아이들』을 내고 나서 나는 시인 신경림 선생과 같이 충주 일대를 여행하며 탄금대와 달내강을 둘러보았다. 이때 박상규 선생과도 만나 한수면 청풍을 가보고 강을 건너 충주댐이 건설되면 장차 수몰된다는 초등학교도 가보곤 했다. 이 한수면의 남한강 줄기는 그 강폭이 좁은데 그때 보니 저 아래로 강물이 흘러가고 있어 대홍수 때 우리가 서 있던 마을까지 물이 차서 떠내려갔다는 말을 나는 믿지 못하기도 했다. 이런 강가 마을에서 장마를 겪어본 경험이 없었기 때문이다. 이 무렵 나는 신경림 선생을 따라 목계장터도 가보고 문경 새재도 넘나들며 지냈다.

3 『암태도』

　창비신서 34 『암태도(岩泰島)』는 송기숙의 장편소설로 계간지 ≪창작과비평≫ 54호(1979년 겨울 호)부터 연재하기 시작하여 56호까지 3회에 걸쳐 연재했는데, 아슬아슬하게 연재를 마쳤다. 계간지 ≪창작과비평≫이 56호를 내고 폐간되었기 때문이다. 당시는 계엄하의 비상시국이라 신문에 발표해 폐간을 통고했다. 당국자로부터 무슨 사유로 말미암아 폐간시킨다는 공문도 없다. 이렇게 간발의 차로 연재를 끝낸 장편을 다시 퇴고해 300장 정도를 더 보태(작가 송기숙은 내가 알기로는 수없이 퇴고하는 분이다) 완성한 것이다. 이는 일제강점기의 역사적인 사건인 암태도 소작쟁의를 소설화한 작품인데, 나는 두 번째로 송기숙 선생의 소설집을 교정해주며 친분을 더욱 쌓았던 것이다.

　이 소설집에는 주인공 서태석(徐邰晳) 씨의 사진을 발문(跋文)에 실었고, 또 '농사 및 소작관계 어휘풀이'와 암태도 지도까지 실었다.

　이 소설집 뒤표지에 실린 고인이 된 소설가 이문구(李文求)의 송기숙에 대한 인물 촌평을 옮겨본다.

　　나라에 천연기념물 보호법은 있어도 송기숙 선생 같은 천연인간 보호법은 왜 없는지 모르겠다. 갯가에서 얼씬거리면 날씨와 갯것만 바라고 사는 어부로 보이고, 산길을 걸으면 탄광에서 막장일을 하다 하루 쉬는 광부의 나들이에 진배없으며, 보리 영근 들판에 들어서면 다 그만 두고 싶은 마음이 보름달 같아도 새끼들이 가여워 땅 하나 쳐다보고 사는, 하잘것없는 농투산이와 얼른 가려지지 않는 얼굴이 송기숙 선생이다. 그러나 정의(正義)로 기준을 삼아 세상을 짯짯이 살펴온 어질고 바른 대인(大人)이 바로 그다.

4 _ 『역주 목민심서』 역주 작업 중단

1981년 12월 5일 창작과비평사에서 『역주 목민심서』 제3권을 발행했는데, 그 제1권은 1978년 4월 20일에 발행되고, 제2권은 1979년 9월 5일에 발행되어 이제 전 6권이 될 이 거질(巨帙)의 명저가 그 반을 채운 것이다. 그런데 이때 다산연구회 회원 중 다수가 교수직에서 해직되어 있었고, 또 당국의 주목을 받아 번역 모임을 잠정 중단하고 있었기에 제4책은 언제 나올지 모를 암울한 상황에 빠지고 말았다. 다산이 유배지 강진에서 만남을 무릅쓰고 저작한 이 『목민심서』는 이와 같이 번역과 주석을 할 때도 번역자들이 수난을 당한 것이다.

나도 『역주 목민심서』의 편집·교정을 혼자 담당해 제3권까지 그 반을 간행함으로써 다산학(茶山學) 공부를 제법 톡톡히 했고 이제 조금씩 눈을 뜨게 되어 이 일을 하면서 참으로 행복했는데, 제4권이 언제 나올지 알 수 없어 안타까웠고 한편 슬퍼하지 않을 수 없었다.

나는 『목민심서』의 편저자인 다산 정약용(丁若鏞)의 방손(傍孫)이라 이 역주 간행 사업에 남다른 애착으로 편집·교정에 열정을 쏟고 있었던 터라, 그 실망감은 더욱 대단했다.

5 _ 『다산시선』

내가 대표로 있으면서 『역주 목민심서』를 단독으로 편집·교정하는 한편 송재소 교수의 『다산시선(茶山詩選)』을 편집·교정했는데, 그 번역자의 시 번역 의도를 잘 살릴 수 있는 편집 체제를 꾸미려고 역문(譯文)의 활자를 크게 하고 원시(原詩)를 역시 뒤로 돌려 독자가 한시(漢詩)의 번역이라는 느낌을 덜 받도록 참신하고 시원하게 판면을 잡느라 고심했으며, 한시 원문을 깔끔하게 조판하기 위해 우리나라에서 조판 시설이 가장 잘된 곳에서 조판을 해 기왕의 창비 단행본보다는 훨씬 판면이 다듬어졌다고 할 수 있다. 이후 나온 한시의 번역 시집은 이 『다산시선』의 체제를 본뜨는 경향이 많았다.

이 『다산시선』을 교정보면서 다산의 시를 또 공부하게 되고 「정다산 연보」를 교정보면서 다산의 생애도 거칠게나마 대강 알게 되었다. 그리고 다산학에 점점 빠져들었다. 「다산시 총목차(茶山詩總目次)」를 교정하면서는 2500여 수나 되는 다산 시의 분량에 놀라기도 했다.

이 창비신서 33 『다산시선』이 1981년 12월 20일로 나오자 시인으로서의 다산의 위치가 우리나라 문학사에 새롭게 솟아나기 시작해 차차 그 정상을 향해 치닫게 되었으니, 이는 송 교수의 큰 공로인 것이다. 또한 일찍이 『여유당전서(與猶堂全書)』가 1930년대 후반 일제하에서 간행되었을 때 동아일보에 최익한(崔益翰) 선생이 연재한 「여유당전서를 독(讀)함」이라는 글을 통해 다산의 사회시(社會詩)를 거론하여 우리에게 다산 시를 바라보는 시각을 열어주었는데, 송 교수는 이를 실천적으로 잘 계승하여 이렇게 다산 시를 우리 민족 사회에 일으켜 세우는 공적을 쌓은 것이다.

이 『다산시선』이 나온 1년 3개월 뒤 시인사(詩人社)에서 박석무(朴錫武) 편역의 『다산시집(茶山詩集)』이 민족시선 1로 간행되어 이제 우국애민(憂國愛民) 정신이 깃든 다산 시에 대한 관심을 더욱 불러일으켰다.

6_ 박두진 정년 퇴임 시선집

1981년에는 창비시선 28부터 32까지 5권의 시선이 나왔는데, 이 무렵 나는 시집을 교정보지 않았으므로 여기에는 시집 목록만 간단히 기록한다.

창비시선 28은 이종욱(李宗郁) 시집 『꽃샘 추위』인데 이종욱 시인은 내가 편집부장으로 있을 때 같이 있었던 시인으로 이때 동아투위 살림을 맡고 있었다. 창비시선 29는 원로 시인 박두진(朴斗鎭) 선생의 정년 퇴임 기념 시선집 『예레미야의 노래』, 창비시선 30은 이성부(李盛夫) 시집 『전야(前夜)』, 창비시선 31은 김창범(金昌範) 시집 『봄의 소리』, 창비시선 32는 하종오(河鍾五) 시집 『벼는 벼끼리 피는 피끼리』이다.

7 『신라 이야기』

1981년 12월 15일 자로 창비아동문고 27·28인 윤경렬(尹景烈) 선생의 『신라 이야기』 1·2를 발행했다. 이때 이 『신라 이야기』에 들어간 삽화도 선생님께서 직접 그려준 것이다. 나는 이해에 영업부장과 같이 전국 서점을 도는 출장길에 나서 윤 선생님이 계신 경주에 들러 업무를 끝내고 아침에 선생님 댁을 방문해 선생님과 같이 아침을 먹은 적이 있었다. 선생님께서는 작은 한옥을 아담하게 짓고 검소하게 사셨는데, 경주를 사랑하는 마음이 매우 지극하셔서 '영원한 신라인'이라는 호칭을 갖게 되셨다고 했다. 이때 나는 선생님에게서 '서라벌의 선비이자 예술인'이라는 느낌을 매우 강렬히 받았다.

나는 사장으로 있으면서도 선생님의 이 『신라 이야기』를 편집·교정하는 수고를 아끼지 않았다. 이후 연말에 윤 선생님께서는 연하장 대신 매화도(梅花圖)를 손수 그려 보내셨기에 나는 이를 표구해 액자를 만들어내 조그만 서재에 걸어놓고 볼 때마다 윤 선생님의 모습을 그려보곤 했다.

선생님이 생존해 계실 때 경주에 가서 선생님과 함께 남산을 샅샅이 둘러보

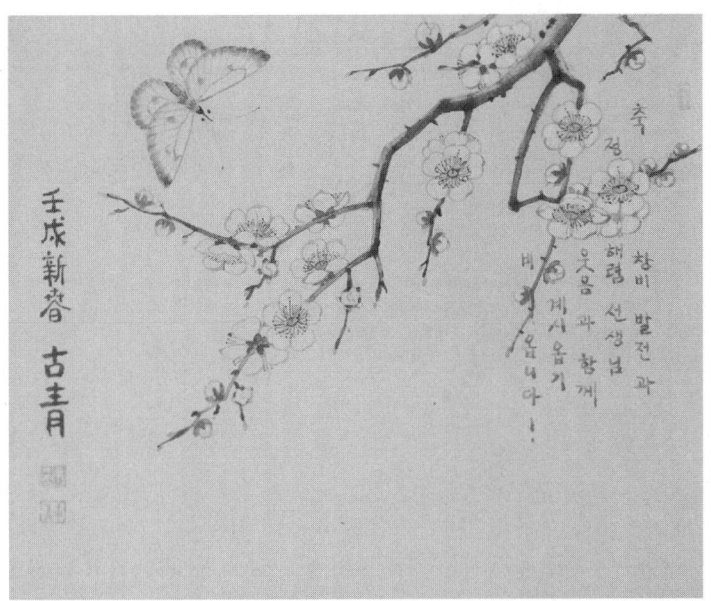

윤경렬 선생이 그린 매화도

며 신라인의 모습과 신라 문화에 대한 선생님의 애정 어린 해설을 듣지 못한 것이 한스러울 뿐이다.

  이때 선생님께서 이『신라 이야기』2권을 써주신 덕에 이것이 모범이 되어 후일 아동문고로『제주도 이야기』와『고구려 이야기』,『백제 이야기』도 기획해낼 수 있었다고 하겠다.

대표 시절 3

●

1982년

창비는 1980년 7월 계간지 ≪창작과비평≫ 56호가 폐간되고 나서 1981년 1월에는 폐간의 공백과 허전함을 메우고 또 시인들의 꺾인 시작(詩作) 의식을 불러일으키고자 13인 신작 시집 『우리들의 그리움은』을 염무웅·이시영 편으로 간행하고, 1982년 2월에는 신작 시집을 엮을 때와 같은 의도로 평론가들의 신작 평론집 『한국문학의 현단계』를 김윤수·백낙청·염무웅 엮음으로 간행하게 된다. 이후 이 두 시리즈는 계간지 ≪창작과비평≫이 복간될 때까지 계속되며 계간지가 없어진 공백을 일부나마 채우려고 노력했다.

1__『타는 목마름으로』

❶

1982년 6월 5일에는 창비시선 33으로 김지하 시선집 『타는 목마름으로』를

김지하 선생의 글과 난 그림

발행했다. 이는 오랜 영어(囹圄) 생활 끝에 풀려나 원주에서 쉬고 있던 김 시인을 나와 이시영 부장이 방문하여 가져온 원고를 가지고 편집해낸 시집이다. 참으로 뜻깊은 출판 사업이었다. 나는 창비의 매우 중요한 사업인 이 시집의 교정에 심혈을 기울였다.

당시 시대 상황으로는 김지하의 사회풍자시 「오적(五賊)」, 「똥바다」나 사회풍자극 「구리 이순신」 등 김 시인의 진짜 대표작은 출판할 엄두도 내지 못할 때라 이런 서정시를 모아 출판을 시도하여 우리 시대가 낳은 세계적인 시인을 독자에게 선보이려고 한 것이다.

참으로 힘겹고 어려운 과정을 거쳐 시집의 지형을 떠서 인쇄할 때는(이때는 활자로 조판해 지형을 뜨고, 그 지형에 납을 끓여 부어 연판을 만들어 이것을 가지고 인쇄한다) 만일을 위해 아트지로 전사(轉寫)를 떠놓았다. 이 전사는 인쇄용 필름을 만들 때 그 원고로 쓸 수 있는데, 이 필름은 활판본의 지형 같은 역할을 할 수 있는 것이다.

우리 창비에서는 이 김지하의 시 선집 『타는 목마름으로』를 내어 문공부에 납본을 하고 바로 서점에 배포했다. 이 책이 서점에서 잘 팔려나가 주문이 쇄도해 재판을 인쇄할 무렵 나는 그동안 몹시 지친 데다가 문공부의 호출을 피할 겸 대구에 내려가 이수인 교수 집에서 하룻밤 자고 그 이튿날 같이 팔공산(八公山) 등산을 하고 돌아왔는데, 서울에서 전화가 오기를 안기부에서 나를 찾는다는 것이다. 이 소식을 들은 나는 가슴이 덜컥 내려앉았다.

이젠 대구에 더 머물 수가 없고 서울로 올라와야겠기에 밤에 고속버스를 타고 올라와 집으로 가지도 못하고 창비 편집위원인 김윤수 교수의 정릉 집으로 가서 회사 상황을 알아보고 이튿날 느지막이 아현동에 있는 창고 같은 회사 사무실로 출근했다. 출근하고 얼마 지나지 않아 안기부 수사관에게 끌려 남산으로 가게 되었다. 나는 이때 멋도 모르고 내가 교정을 보던 책 서문과 짤막한 교정지를 챙겨 가지고 나섰으니 얼마나 어리석고 우습게 보였을까?

이렇게 사무실을 나서 지프차를 타고 가다가 눈을 가리고 남산에 올라간 것이다. 가서는 새벽까지 이런저런 조사를 받고 진술서를 쓰라고 한다. 진술서에 쓸 말이 없어 어떻게 쓰느냐고 물었더니 참으로 딱하다는 표정이었다. 나는 필화 사건으로 들어온 것도 아니고, 또 무슨 사상범도 아니고 그렇다고 시국 사건도 아니고 범죄 사실도 없으니 쓸 말이 없는데 무엇을 쓰라고 하는지 몰랐던 것이다. 그들은 몹시 답답해하다가 편집부장 이시영 씨를 조사해 받은 진술서를 가지고 그것을 보고 말을 맞추며 쓰게 하는 것이었다. 이시영 씨의 글씨는 내가 익히 아는지라 나는 대뜸 알아본 것이다. 그러고도 답답한 듯이 쓰는 요령을 이리저리 불러주는 것이었다. 그분들도 얼른 조사를 끝내고 자거나 쉬어야 할 텐데 내가 꾸물거리니 얼마나 답답하고 맥이 빠졌으랴. 그분들도 나를 추궁해서 공명을 세울 만한 무슨 단서를 얻어낼 수 없다는 것을 진작 알아챘을 테니 이미 김이 샜을 것이다.

자정이 넘어서까지 조사를 받고 또 진술서를 쓰고 나서 눈을 좀 붙였는지 모르겠다. 그 이튿날은 때때로 다시 한두 가지씩 물어보며 형식 요건을 맞추어가는 듯했다. 나는 이때부터는 시간이 많이 남고 긴장도 약간 풀려 가져갔던 교정지를 두세 번씩 읽었으나 머리에는 잘 들어오지 않았다.

일차 조사를 받고 나서 토요일인가 일요일에 따로 관계 기관에 얼마의 교제비를 들여 납본 허가서를 받아내려 했느냐고 추궁하기에 나는 출판사가 이 시집을 출판해서 얻을 수 있는 이익을 자세히 설명해주고 일반 회사에서 교제비를 써서 거두는 이익과의 차이를 분석해주며 그분들의 오해를 풀어주려고 애썼다. 뒤에 듣기로는 간행물 심의실에서도 이 문제로 시달림을 받은 듯했다.

내가 남산으로 끌려간 날이 금요일쯤이었는데 다음이 토요일과 일요일이라 조사관들도 쉬어야겠기에 나는 크게 시달림을 받지 않았던 것이다. 사회에서는 이곳을 저승과 같이 얘기했으나 나는 워낙 무딘 성격이고 또 무슨 큰 잘 못을 저지른 것도 없는지라 차차 마음을 누그러가고 있었다. 처음 들어갔을 때 윽박지르느라고 배를 몇 번 쿡쿡 찌른 것 외에는 따귀 한 대도 맞지 않았으니 내가 어찌 이곳을 염라국이라고 하랴. 다만 이곳에 들어와서부터 곰탕이나 설렁탕이 식사로 제공되었는데, 나는 긴장한 탓에 입에서 단내가 나고 소화가 되지 않아 밥을 맛있게 먹지는 못했다.

한번은 조사관도 자리를 비우고 나 혼자 남아 있는데 전화 벨소리가 끊이지 않고 나기에 무심코 받았더니 상대가 대뜸 누구냐고 물었다. 피의자로 들어온 사람이라고 했더니 그 전화가 어떤 전환데 함부로 받느냐고 하므로, 나는 무슨 큰 죄를 지은 듯이 잘못했다고 용서를 빌었다.

이곳에서 나는 침대에서 조사관은 소파에서 잤는데, 나는 원래 잠꾸러기라 잠을 많이 잤을 터인데 지금은 잘 생각나지 않는다. 일요일도 별일 없이 지내고 월요일이 되어서야 한 분이 머리를 쓸어 넘기면서 저 위의 높은 분의 결재가 나야 나를 내보낼 수 있다고 하기에 나는 전두환 대통령의 결재가 나야 나갈 수 있다는 것을 알았다. 이날 오후부터 나에게 시집과 지형 포기 각서를 쓰라고 하기에 그냥 써주었다. 출판사 폐업계도 쓰라고 하기에 써주었다. 내가 안 쓰겠다고 앙탈해보았자 소용도 없는 일이라 그냥 써준 것이다. 내가 나갈 채비를 할 때 한 조사관이 출판사 포기서는 아무 의미가 없다는 것을 귀띔해주었다.

이날 오후 풀려나 회사에 도착하니 서울지방국세청에서 회사에 들이닥쳐 장부 일부를 가져가고 또 목동 내 집에서도 어음장과 장부를 가져갔다.

❷

 내가 풀려날 때 사회에 나가서 그곳에 들어왔던 사실과 있었던 일을 일절 말하지 않겠다는 각서를 썼는데, 이미 30년이 지난 옛일이고 특별히 국가 기밀이나 치부를 들춰낸 것도 없는지라 나의 3박 4일을 추억하며 기록해 내가 살던 시절 역사의 일단을 조금 알게 하려는 생각으로 옛날을 더듬어본 것이다.
 또 내가 나와서 들으니, 이시영 씨는 풀려나와 제책소로 끌려가서 제본하던 책을 재단기로 잘라 폐기하고 지형도 찾아다 재단기에 넣어 작두질하게 했다는 것이다. 기원전에 있었던 진시황(秦始皇)의 분서갱유(焚書坑儒) 같은 시집(詩集) 절단의 야만적인 문화 탄압의 한 현장을 한 시인이 목격한 것이다. 우리는 '문화공보부'를 '문화공포부'라고 부르기도 했다. 20세기 말에 그것도 '자유민주주의 국가'라는 수도 서울 한복판에서 한 시인이 그 시집에 "타는 목마름으로 타는 목마름으로 민주주의여 만세"라고 썼다고 그 시집과 지형을 난도질하다니, 문화를 발전시키고 북돋워야 할 문화 부서로서는 어떻든 해서는 안 될 역사에 크게 기록될 만한 야만스러운 일을 한 것이다.
 내가 남산에 갔다가 나오자마자 들이닥쳐 회사 장부를 가져간 서울지방국세청에서는 그 뒤에 우리 창비 경리 장부를 조사하고 나서 나더러 와서 조사 내용을 인정하는 각서를 쓰라고 하기에 갔더니, 자신들의 조사 비용도 안 나오는 조사를 어쩔 수 없이 했다면서 탈세를 인정하라기에 그 조사 내용을 시인하고 돌아왔다. 참으로 좋은 나라다. 그 후 우리 회사는 탈세 명목으로 800, 900만 원의 세금 통지를 받고 이를 내기 위해 책 팔기 운동을 벌여 이 세금을 냈는데, 그 후 1984년 초 내가 대표직에서 물러나 고문으로 있을 때 이때 부과한 세금이 잘못 부과되었다고 220~230만 원을 찾아가라고 하기에 찾아다 회사에 반환하기도 했다. 마포 용강동에 있을 때 일인 듯하다. 또 한 번 우리나라는 좋은 나라라고 여겼다. 그 얼마 뒤에 나는 일본 쓰쿠바에서 열리는 박람회에 출판사 사장들을 따라 회사에서 비용을 대어 갔다 온 적이 있다. 난생처음의 해외여행이었다.

나와 편집부장인 시인 이시영 씨가 김지하 시선집 『타는 목마름으로』를 편집·교정해 내고 남산에 올라 곤욕을 치르고 있을 때에도 이 시집의 저자는 감히 어쩌지 못한 듯하다. 왜냐하면 시인 김지하는 국제사회에서 주목하고 있는 시인이라 이런 서정시집을 낸 것을 가지고 또 어떻게 할 수는 없었을 것이다.

우리도 서슬 퍼런 한 고비가 지나고 난 뒤에 전사를 떠놓았던 것을 가지고 필름을 만들어 평판 인쇄로 이 시집을 찍어내어 읽고 싶어 하는 독자에게 슬금슬금 팔기도 했다. 그러나 광고를 하고 선전을 하여 관심을 불러일으켜 팔 수 있는 좋은 기회를 놓쳐 베스트셀러를 만들려 했던 우리들의 희망은 물거품이 되고 말았다. 지금 나에게 남아 있는 『타는 목마름으로』 시집은 평판 인쇄로 찍은 것이다. 그때 생각을 하며 이 책을 다시 살펴보고, 이 시집의 표지 장정을 누가 했는지 기억나지 않으나 참 잘했다는 감탄이 절로 나왔다.

2__『한국의 역사상』

내가 『타는 목마름으로』를 간행하고 나서 남산에 끌려갈 때 교정을 보겠다고 가져간 것이 창비신서 41로 발행된 이우성역사론집(李佑成歷史論集) 『한국의 역사상(歷史像)』의 3쪽 분량의 머리말이다. 당시 이우성 교수는 성균관대 국문학과에 계시다가 해직되어, 이때 일본의 유명한 한국사학자 하타다 교수의 주선으로 도쿄(東京) 동양문고(東洋文庫)에서 연구하시면서 머리말을 써 보내 이를 조판해 교정하던 중이었다.

이 『한국의 역사상』은 1982년 8월 30일 발행한 이우성 교수의 첫 저서로 아무데서나 손쉽게 펴낼 수 있는 내용의 저술이 아니었다. 따라서 고도로 훈련된 한국학 분야의 전문 편집·교정자가 아니면 이 저술을 담당·교정할 수 없는 것이다. 나는 앞서 신구문화사에 있을 때 『한국사의 반성』 교정 경험과 창비에서 펴낸 『한국의 역사인식』 상·하 등을 편집·교정하면서 쌓은 경험을 토대로 이 『한국의 역사상』의 편집·교정 실무를 자임하고 나선 것이다.

나는 이 책의 편집 방향을 잡을 때 본문은 한글로 쓰되 필요한 한자는 괄호 안에 넣기로 하고, 한시(漢詩)나 한문 원문을 그대로 인용해 넣는 대신 번역을 해서 넣도록 하되 한시는 번역문 바로 뒤에 넣고 한문 원문은 주(註)로 돌렸다. 주 제목이나 중간 제목은 한자를 노출해 쓰도록 했다. 이렇게 해야 한문에 큰 소양이 없는 독자도 읽고 글 뜻을 이해할 수 있게 된다. 이 편집·교정 방향은 『한국의 역사인식』에서 실험하여 성과를 거둔 것이다. 내가 이런 편집 방침을 설명하자 처음에는 매우 못마땅해하시며 선생님의 글에 적용하기에는 무리가 따를 것이라며 버티셨다. 그러나 나는 젊은 독자가 읽을 수 있도록 해주는 것도 편집자의 책무라고 하면서 『한국의 역사인식』 성공 사례를 대며 선생님의 양보를 간신히 얻어내 머리말에서 말한 김시업(金時鄴) 교수로 하여금 인용된 한시를 번역하여 넣게 했다.

앞에서 말한 본문을 한글로 쓰되 필요한 한자는 괄호 안에 넣고, 한시나 한문 원문을 번역하여 넣는다는 것이 말하기는 쉬우나, 이 방침에 따른 원고 정리는 말처럼 간단하지가 않고 많은 시간과 고급 인력의 노력이 필요하여 모두 이런 일을 번거롭게 여겨 기피한 것이다.

나는 은사님의 첫 저서를 내는 일이라 모든 번거로움을 스스로 감당해 원고를 정리하여 조판에 넘기고, 또 조판 교정을 보았다. 앞서 말한 바와 같이 남산에도 올라갔다 오고 하면서 400면에 가까운 책을 색인까지 자세히 뽑아 넣고, 이해 8월 30일에 초판을 내고 이듬해 2월 25일 재판까지 발행한다. 색인도 그 항목이 많아 3단으로 조판을 했다. 이때 저자인 은사님은 일본에 체류하고 계셨다.

❷

우리나라에서는 드물게 문(文)·사(史)·철(哲)을 겸비한 선생님의 저술인 데다 일반 젊은 독자도 읽을 수 있도록 내가 많은 노력을 기울인 덕분인지는 모르겠으나, 『한국의 역사상』은 발행된 지 6개월도 채 되지 않아 재판을 찍었다. 역사론집에 대한 반응으로는 매우 괜찮은 편이라고 할 수 있겠다. 내 편집 방침에 대한 독자들의 지지를 『한국의 역사인식』에 이어 두 번이나 얻게 된 셈이다. 고난의 시절에 얻은 한 쾌사(快事)라 하겠다.

벽사(碧史) 이우성 박사님은 이제 우리나라에서 원로 역사학자로 확고한 위치를 차지하셨다. 이는 창비에서 발행한 『한국의 역사인식』 상·하에 강만길 교수와 함께 편자를 맡으셨고, 또 이 역사론집 『한국의 역사상』을 간행해드린 것이 일조하지 않았을까 생각해본다.

이 『한국의 역사상』은 1987년 7월 10일 일본의 헤이본샤선서(平凡社選書) 109로 번역·발행되기도 하여 머리말에 나온 "어려운 여건 속에 이 책을 간행한 창비에, 특히 편집과 교정에 직접 성의를 다해준 정해렴(丁海廉) 사장에게 깊은 감사를 드린다"라는 구절 때문에 일본에까지 또 내 이름이 알려지게 된 것이다.

이 헤이본샤(平凡社)의 번역서인 『한국의 역사상』은 창비 간행의 『한국의 역사상』에 실린 34편의 글 가운데 16편을 골라 번역했으며, 하타다 다카시(旗

田巍) 교수가 번역을 감수해준 것이다. 이 고령의 하타다 교수가 한국을 방문했을 때 다산연구회원과 인사동에서 식사할 때 나도 그 자리에 있어 그 유명한 일본의 한국사학자를 뵈었는데, 나를 소개하자 아주 잘 알고 있다는 표정으로 반기신 기억이 아직도 생생하다.

3 _ 『남』

❶

나는 『타는 목마름으로』를 발행해 저 무서운 남산의 3박 4일 코스를 다녀오고도 또다시 김지하 시인의 대설(大說) 『남(南)』 간행 사업에 달려든다. 나는 이 책을 내기 위해 김 시인의 원주 집을 방문하고, 그때 이 대설 『남』에 대한 작가의 내용 구상과 일부 원고를 보고 또 작가의 작품 형식에 따른 본문 판형과 판면 및 이에 따른 활자 크기 등을 계산해 세로 43㎝ 40칸, 가로 28㎝에 14줄로 1면에 딱 맞는 원고지를 만들어 인쇄해주기도 하면서 집필이 끝나는 대로 출판하기로 한 것이다.

작가의 창작 의욕을 나름대로 돕겠다는 마음이 매우 컸던 셈이다. 이때 작가는 창비에서는 세로쓰기로 낸 책이 없었는데도 굳이 세로쓰기로 판 구성을 해야 한다기에 가로쓰기로 할 것을 한두 번 권하다가 물러섰다. 그런데 세로쓰기에 맞추자니 본문을 10.5포인트 크기의 활자로 하면 너무 작을 것 같아 12포인트로 정하고 행간도 넓게 잡는 판 구성을 한 것이다. 이는 이 작품을 판소리로 엮어 창(唱)을 할 때도 편리하게 이용할 수 있게 한, 판면 구성이기도 하다.

이때 내가 계산해 만든 원고지를 원주에 가져다 전했는데, 대설 『남』을 보

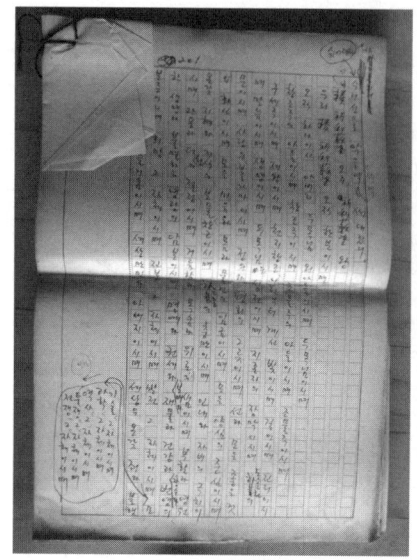

대설 『남』 원고

고 계산해보건대 14행×40자 원고지를 만든 것이다. 대설 본문 판짜기는 가로 11cm, 세로 16.5cm, 본문은 12포인트에 세로짜기 14행이고 행간은 5호 전각 행간이다. 이것을 급수로 바꾸면 본문 12포인트는 18급이고 행간 5호는 15급에 해당한다.

이 대설 『남』을 낼 때 붙인 「편집자의 말」을 일부 인용하여 그 체제에 대한 설명을 보충해보겠다.

> 이 大說 『南』은 우리 시대의 시인 김지하가 시도하는 새로운 작품이다. 첫째판 水山, 둘째판 무부, 세째판 出關으로 이루어질 이 〈대설〉은 한 판이 각 세 마당씩, 한 마당이 다시 세 대목씩인데, 여기 수록된 것은 그 첫째판 중 첫째마당 첫째대목이다. 각 대목은 그 대목대로 완결·독립되어 있으면서도 마당과 판으로 연결된 특수한 형태를 띠고 있다.……

우리는 이야기를 전개하는 시인의 긴 호흡과 새롭게 시도되는 '대설'이라는 문학 양식을 고려하여 세로쓰기에 큰 활자를 사용함으로써 시인의 자유분방하고 독특한 숨결을 살리고자 노력했다. 참고로 말씀드리면, 시인이 특수 도안하여 쓰고 있는 원고지의 한 행과 이 책에서의 한 행의 길이가 일치한다.……

'시인이 특수 도안'했다는 것은 착오이며, 앞에서 말한 대로 내가 1면에 딱 맞게 원고지를 도안·인쇄해 김 시인에게 전했다. 이 원고지에 쓴 대설『남』원고는 지금도 내가 챙겨 기념물로 보관하고 있다.

김 시인이 새롭게 시도하는 대설『남』의 첫 번째 권의 첫 대목을 교정보면서 나도 모르겠는 말과 특수 용어가 불쑥불쑥 튀어나와 나는 이런 말과 용어를 가려내어 '편집자 주'를 만들어 붙였는데, 나도 모르고 또 해결이 안 되는 말은 김 시인에게 물어 주를 달았다. 나는 이 대설『남』을 보면서『오적(五賊)』과는 달리 고금(古今)을 오르내리고, 불교와 증산교의 광활한 우주를 넘나드는 작가의 상상의 세계에 감탄을 금치 못했다. 또 새로운 장르를 개척하려는 작가의 열정에 동참하고 있다는 즐거움을 누렸다. 지금 이 글을 쓰다가『남』50쪽에 나열된 한약(韓藥) 이름을 읽고 있자니 고소(苦笑)가 나온다. '牛夏湯'과 '蔘求湯'이 나오는데, 이는 '반하탕(半夏湯)'과 '삼출탕(蔘朮湯)'의 잘못일 것이다. 나의 교정 수준을 보는 듯해 새삼 얼굴이 붉어진다.

시인 김지하가 오랜 영어 생활을 마치고 나와 몸과 마음을 추스르고 열정을 쏟아 새롭게 시도하는 작품이고 나도 온갖 정성을 기울여 편집·교정을 하여 간행했는데, 공을 들인 보람도 없이 또 판매 금지를 당하고 만다. 이때는 문공부 간행물 심의실도 강화되어 매우 엄중히 심의해 가차 없이 판매 금지 처분을 할 때였다. 판매 금지 처분을 내릴 때도 문서로 통고해주는 것이 아니라 발행인을 불러다 팔지 말라고 통고했다. 공문을 보내면 나중에 이를 근거로 삼아 소송을 제기할 수도 있고 골치 아픈 일이 생길 수도 있으니까 말로 처리하는 듯했다. 아마 이때까지 우리나라에서 창비가 제일 많이 판매 금지를 당했을 것이다. 참으로 어처구니없는 일이다.

이로써 세계적인 작가의 붓이 또 꺾이고, 우리 창비도 한 번 더 곤란을 겪는다. 나도 때때로 문공부에 불려가 추궁을 받기도 했다. 나에게는 문화공포부였다. 아무튼 나는 경고를 수없이 받아 주의하겠다는 약속을 하고도 약속을 지키지 않는 뻔뻔한 사람이 되어가고 있었다.

❷

앞서 대설 『남』 제1권을 1982년 12월 25일에 발행했다가 판매 금지와 더불어 책의 부수를 헤아려 봉인까지 당하고 말았다. 그러나 나도 여기서 주저앉지 않고 김 시인도 그 시작(詩作)을 계속해 1984년 9월 10일에 제2권 첫째 마당의 둘째 대목 상을 발행해 또 판매 금지를 당했고, 1985년 4월 10일엔 제3권 첫째 마당의 둘째 대목 중을 발행해 마찬가지로 판매 금지를 당한다. 시인 김지하는 우리나라에서 아직도 복권되지 않고 창작의 자유를 누리지 못하고 있었다.

다음은 대설 『남』 제2권이 1984년 9월 10일에 나오고 나서 인하대 최원식(崔元植) 교수가 원주로 김지하 시인을 찾아가 대설 『남』을 가지고 대담한 것에서 김 시인이 대답한 대설의 뜻과 『남』의 구성 형식에 대한 답변을 간추린 것인데, 이 대담은 1984년 10월 2일 자 ≪동아일보≫에 실렸다. 이용우(李龍雨)·윤정국(尹正國) 기자가 정리했다.

① '대설'은 겉셈이 아닌 속셈의 문학을 이야기해 보자는 것입니다.
② 대설은 큰 이야기가 아니라 황당무계한 파천황(破天荒)과도 같은 울림입니

다. 거짓말은 거짓말인데 큰 거짓말이라 할까요.

③ 판소리의 잉아걸이의 수법으로 대설을 풀어나가고 있습니다. 그럼에도 판소리와는 다릅니다.…… 민중의 판놀이에서 출발한 판소리가 그 뒤 귀족화하면서 근대 민중사와 분리되었기 때문에 나로서는 판소리를 수용하면서도 그 귀족문화의 낙인은 부정하면서 그 귀족문화도 부정적으로 수용 계승하여 총체적으로 포용하는 것입니다.

④ 대설에는 산문적 운문과 운문적 산문이 어울려 리듬을 포기하지 않습니다. 기존 리듬을 활용하여 생명의 소리를, 그 리듬을 찾아내어 신성한 것으로 도달시키는 것입니다.

⑤ 저는 대설이란 양식을 처음 내놓지만 선입자 망(亡), 중립자 흥(興), 후립자 망(亡)이란 말이 생각납니다. 대설을 다 쓰고 나면, 30권 속에 다 뱉어내고 나면 저는 지겨워질 것 같습니다.

⑥ 대설 3권부터는 재미있는 이야기가 쏟아질 겁니다. 판소리에서 중요한 중모리 중중모리가 약화돼 있지만 앞으론 많이 나올 겁니다. 동학란(東學亂)이 나오고 구체적 민중들이 등장하면서부터는 재미있어질 겁니다. 그리고 수산(水山)이가 누구냐 하는 질문도 많이 받는데 수산이는 결국 나 자신이겠지요.

4_ 편집고문으로 물러나다

나는 1983년 초경에 대설 『남』이 판매 금지를 당하고 문공부 간행물 심의실에 불려가 책망의 소리를 수없이 들으며 심신이 지쳐갔다. 그때 명칭은 심의실이지만, '검열실'이나 다름없었다. 아마 일제강점기 조선총독부의 도서 검열 부서도 이와 같았을 터이다. 이때는 우리 대한민국 역사상 납본 도서에 대한 심의·검열이 가장 강화되어 있었을 때라 나도 많은 무형의 압력에 짓눌려 이 무게를 견디기 어려웠을 것이다.

이와 같은 시대 상황에 심신이 지치고 또 나의 출판사 경영 능력으로는 창비를 더는 이끌어갈 수 없음을 스스로 깨닫고 이제 대표를 그만두어야겠다고 생각해 그 뜻을 밝혔다. 이런저런 얘기 끝에 1월 18일 해직 상태에 있던 김윤수(金潤洙) 교수에게 발행인 자리를 넘기고 나서 일정 기간 동안 회사 살림을 그대로 더 해주다가 나중에 고문으로 물러앉게 되었다.

나는 드디어 무거운 짐을 벗어놓고 이제부터는 '고문' 직분으로 주로 편집·교정 일에만 매달려 앞으로 살아나갈 방법을 모색하기 시작한다.

5___『범하 이돈명선생 화갑기념문집』

1982년은 내가 참여하고 있던 '거시기산악회'의 만년 대장 격인 범하(凡下) 이돈명(李敦明) 변호사가 회갑을 맞이한 해이다. 이돈명 변호사는 민주화운동을 하다가 구속되어 재판을 받는 대부분의 피고인들을 변론하는 운동권 담당 인권 변호사였는데, 그 회갑을 기리는 방법으로 범하화갑기념문집 편집위원회가 구성되어 민주화운동권 사회 각계의 글을 모아 화갑기념문집으로 발행하기로 한 것이다.

이 회갑기념문집의 편집위원은 전 서울대 교수 변형윤(邊衡尹), 서울대 교수 백낙청(白樂晴), 전 동아일보 편집국장 송건호(宋建鎬), 전 한양대 교수 이영희(李泳禧), 소설가 이호철(李浩哲), 변호사 홍성우(洪性宇) 등 6명인데, 홍 변호사를 제외한 5명은 거시기산악회 회원이었다. 이때 이영희 교수는 해직 상태였으므로 '전'으로 표기했다. 뒤에는 복직되었다.

이 기념 문집의 원고가 모아져 조판을 하고 그 교정을 보기에 이르러 이 책의 간행을 맡은 두레출판사 정태기(鄭泰基) 사장이 나에게 간행 방법을 상의하기에 그 실무 과정을 자세히 설명해주고 내가 편집·교정 일을 도와주겠다고 했다. 도리상 창비에서 출간해드려야 마땅했지만, 이때는 잡지도 폐간되고 『타는 목마름으로』를 간행해 된서리를 맞은 판국이라 여력이 없어 그 미안한 마음에 편집·교정 과정이나마 개인적으로 도우려 한 것이다. 그래서 나는 이 회갑기념문집의 초교와 재교를 보아주고, 회갑잔치를 한 다음 이를 다시 추려 단행본으로 낼 수 있는 방법도 일러주었다.

❷

지금은 이런 기념 문집을 낼 때 아무 문제가 없으나 그때만 해도 당국이 촉각을 곤두세우고 감시할 때라 조심스럽게 움직여야만 했다. 내가 교정 실무를 대강 끝내고 두레에서 그 뒤처리를 해 간행될 무렵 이 변호사가 다소 불안하고 겁먹은 목소리로 내게 관계 기관이 당신의 회갑 기념 문집에 대해 물어오는데 어떻게 해야 하느냐 물었다. 이런 문제에 대해 내게 어떤 노하우가 있는 줄 알고 물어온 것이다. 변호사께서는 후배들이 기념 문집을 만들겠다고 하기에 마지못해 인정하기는 했으나 어떻게 만드는지는 나도 모르겠다고 '모르쇠'로 일관하시라고 알려드렸다.

당시에 듣자니, 두레 정태기 사장은 회사 사무실엔 잘 나타나지도 않고 보안을 철저히 하며 외부에서 제작을 진행하여 만든 책을 안전한 장소에 보관했다고 한다. 회갑 기념 문집도 마음대로 만들지 못하던, 문화가 통제·탄압받던

장일순 선생이 써준 글씨

시대였다. 어떻든 이 『범하 이돈명선생 화갑기념문집(凡下李敦明先生華甲紀念文集)』은 무사히 발행되어 명동성당 여전도회관인가 하는 데서 그 잔치까지 탈 없이 잘 끝냈다. 이 변호사님도 민주화운동에 애쓴 영광을 조금이나마 누린 셈이다.

이 기념 문집을 낼 때 논문을 쓴 분은 총 26명으로 역사학자 정창렬(鄭昌烈)을 비롯하여 유인호(兪仁浩), 김진균(金晉均), 이효재(李効再), 한승헌(韓勝憲), 이호철(李浩哲), 구중서(具仲書), 백낙청(白樂晴), 송건호(宋建鎬), 신홍범(愼洪範), 성유보(成裕普), 고승우(高昇羽), 함세웅(咸世雄), 서인석(徐仁錫), 박순경, 안병무(安炳茂), 김용복, 이남덕(李男德), 변형윤(邊衡尹), 정윤형(鄭允炯), 박현채(朴玄埰), 이경의(李敬儀), 임재경(任在慶) 등이다.

또 청강(靑江) 장일순(張一淳) 선생이 "至人平凡"이란 글씨와 난(蘭) 그림을 그렸고, 김지하 시인도 매화와 달마도를 그려 축하하고, 김수환(金壽煥) 추기경과 김제형(金濟亨) 변호사가 하서(賀序)를 쓰셨으며, 문병란(文炳蘭) 시인이 송시(頌詩)를 썼다.

이 회갑 잔치를 무사히 치르고 나서 두레에서 필자들과 나를 점봉산 등산 행사에 초청했으나 나는 다른 일정 때문에 참여하지 못했다. 김정남 선생이 장

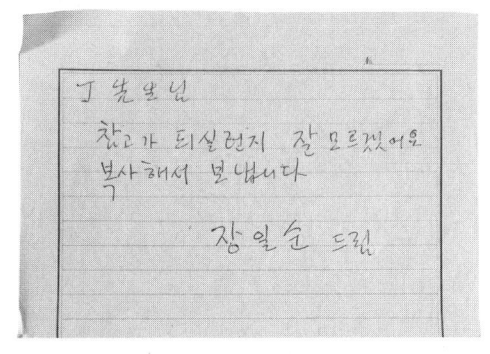

장일순 선생의 쪽지

일순 선생에게 문집에 들어갈 글씨와 난 그림을 받아왔는데, 액자 글씨 한 폭에 내 이름을 넣어 써주셨기에 나는 이를 소중히 간직하고 있다. 나는 작가 송기숙 교수와 같이 원주로 김지하 시인을 만나러 갔을 때 술자리에서 장일순 선생을 뵈었고, 내가 고전소설에 관심이 많다고 하자 완판『열녀춘향수절가』를 복사해 간단한 쪽지를 써서 내게 보내주셨다. "정 선생님, 참고가 되실런지 잘 모르겠어요. 복사해서 보냅니다. 장일순 드림"이라고 쓰인 쪽지인데, 만년필로 써서 복사한 책갈피에 넣었던 것이다. 이 복사본은 습식 복사본인데 실로 정성스레 묶은 것이었다. 내가 뵙기에 선생님은 참으로 훌륭한 군자(君子)이셨다.

이돈명 변호사는 1977년 이영희 선생이『8억인과의 대화』를 창비에서 내고 '반공법' 위반으로 구속되어 창비 백낙청 사장과 같이 재판을 받을 때 법정에서 자주 뵈었고, 1980년경 내가 '거시기산악회'에 나가면서부터 일요일마다 북한산에 올라 언론의 자유를 누릴 때부터 정을 통하며 십수 년을 보며 살아왔다. 우리는 설악산·소백산·지리산·덕유산·오대산·재약산 등을 같이 등산하면서 그 어려운 세월을 견뎌냈는데, 선생은 늘 웃음을 잃지 않고 해학도 일품이라 나는 간격 없이 또 버릇없이 모시고 따랐다.

뒤에 이 변호사께서 조선대 총장으로 가셨다가 임기를 무사히 끝내실 무렵에 나는 무슨 일 때문에 광주에 가서 작가 송기숙 교수와 같이 이 총장님을 만났다. 그날 저녁 식사를 같이하고 무등산 아래 있던 총장 공관에 가서 하룻밤을 보낸 뒤 이튿날 아침 무등산에 올라 한두 시간 등산을 하고 서울로 온 적이 있었다. 이때 나와 송 교수는 총장 연임을 절대로 하지 마시라고 여쭈었다. 잘못하다가는 그 인격에 먹칠을 당할 듯하고, 또 이 변호사님이 할 수 있는 역할은 여기까지라고 생각했기 때문이다.

광주 사회를, 또 대학 사회를 잘 아는 송 교수도 아마 나와 같은 생각이었는지 모르겠다. 이 총장님도 맹세코 연임하는 일은 없을 것이라 하셨다. 우리는 아쉽기는 하시겠지만 시원하게 털어버리시라고 했다. 이 총장님은 정말로 깨끗이 털고 다시 서울로 오시어 일요일마다 또 만나 즐겁게 북한산에 오르며 노익장을 과시하면서, 옛날 안기부에 잡혀 들어갔을 때 그곳에 얼마간 적응하고 나서부터 우스갯소리로 그 서슬 퍼런 수사관들을 웃기던 이야기를 아주 익살맞게 해주셨다. 우리 거시기산악회에는 '개띠'가 두 분이었는데 이 변호사와 박현채(朴玄埰) 교수가 띠 동갑 개띠셨다. 그래서 두 분 앞에서 짓궂게 누구를 "개만도 못한 놈들"이라고 욕을 할라치면 박 교수는 반드시 "개새끼만도 못하다"라고 해야 한다고 주장하셨다. 이 변호사는 살벌하던 시대를 해학으로 눙치며 우리를 즐겁게 하던 영원한 젊은이셨다.

6_ 대표 취임 이후 발행한 도서

내가 1980년 창작과비평사 대표로 취임하고 나서 1983년 후반이 되어 물러날 때까지 3년 동안 그 발행인으로 간행한 책은 계간지 ≪창작과비평≫ 제55

호와 제56호 2권, 창비신서 26부터 44까지 19권, 창비시선 21부터 36까지 16권, 창비소설집 9권(『객주(客主)』6권을 포함), 창비아동문고 11부터 41까지 31권, 제3세계총서 3부터 5까지 3권, 대설『남』1권 등 모두 81권이나 되었다. 이 기간 동안 창비아동문고가 31권이나 낸 것은, 판매 금지를 당하지 않고 비교적 안심하고 출판할 수 있는 것이 아동문고밖에 없었기 때문이다.

편집고문 시절

•

1983~1996년

❶

창작과비평사 연혁에는 1983년 "1월 18일 창작과비평사 대표에 김윤수 취임"이라고 나와 있지만, 실상은 김윤수로 명의를 변경하고 실무는 내가 그대로 처리하고 있다가 몇 달이 지난 뒤에 고문으로 물러앉았다. 나는 이때 잠시 쉬면서 한국고전소설을 정리해보려고 김동욱 교수가 편찬한 『영인 고소설판각본전집(景印古小說板刻本全集)』에서 고전소설 작품을 판독해 원고지에 옮기기 시작했다. 이는 내가 편집·교정자 생활을 오랫동안 해본 경험을 바탕으로 삼아 하면 가장 잘할 수 있으리라 생각하고 착수한 일인데, 이후 시간이 날 때마다 이 작업을 꾸준히 계속했다.

처음에는 비교적 판독하기 쉽다고 여겨지는 작품부터 시작하여 몇 년 동안 계속해 1990년대에는 이때 판독한 것을 둘째 아들 하영(夏榮)에게 컴퓨터에 입력(入力)을 하게 하여 교정을 본 다음 해독(解讀)에 필요한 한자(漢字)를 더 써넣고 꼭 필요한 주석을 다는 한편 각 작품에 나오는 등장인물과 역사 인물을 해설하기 시작하고, 또 여태까지 판독해본 경험을 바탕으로 우리나라 최고(最高)의 고전에 해당하는 작품 판독에 달려들어 판독하는 한편, 한문 소설을 번역하는 등 『한국고전소설선집』을 교주·편역하는 장정(長程)을 오늘날까지 단속적으로 계속하고 있다.

처음 입력 작업은 둘째 아들이 했으나, 큰아들이 박사학위를 끝낸 뒤로는 둘째의 그 뒤를 이어 이 고전소설의 주요 작품과 한문 소설을 번역·주해한 것도 입력 및 교정해주었다.

❷

1983년 여름 이후부터는 창비의 경영 실무로부터 완전히 벗어나 편집고문으로 편집·교정 실무만 맡아 처리할 수 있어, 나는 이제 명실 공히 원숙한 편집자로 돌아올 수 있었다. 이제 나는 편집·교정을 회사 경영과 관련시켜 할 수 있는 시각도 비로소 확보한 것이다. 이는 내가 경영을 해보았기 때문에 얻어낸 수확인 것이다.

1_ 『우전 신호열선생 고희기념논총』

❶

1983년 6월 15일 『우전 신호열선생 고희기념논총(雨田辛鎬烈先生古稀紀念論叢)』을 간행했는데, 이는 논총 간행을 주도한 송재소 교수의 요청에 따라 이루어진 것이다. 이때 창비에서 우전(雨田) 신호열(辛鎬烈) 선생님과는 고희 논총을 간행해드릴 만한 어떤 인연도 맺은 바가 없는데도 이 논총을 간행해드린 것은 당시 우전 선생님께서 강독을 하고 계신 박지원(朴趾源)의 『연암집(燕巖集)』 역주본을 간행해보려는 생각이 있어서였다. 당시 창비에서는 『역주 목민심서』를 제3책까지 간행하고 있어서 이 『역주 목민심서』 간행의 후속 작업으로 『연암집』 역주본 간행을 염두에 두었던 것이다. 이는 또한 나의 편집·교정 일거리이기도 했다.

나는 이때 이 『연암집』 역주 사업에 필요한 기초 조사를 하기 위해 1932년 간본인 박영철본(朴榮喆本) 『연암집(燕巖集)』 영인본(慶熙出版社, 1966)을 구입해 그 목차 색인을 만드는 한편, 번역본을 다섯 권으로 나누고 원문 교주본을 한 권으로 한 전 6권의 편집 계획을 세워놓기도 했다.

이 고희 논총은 한문학이나 국문학 기타 중국학 관계가 주를 이루고 있어 실무를 내가 담당 처리할 수밖에 없기에 창비 살림을 처리하면서 그 교정을 보아 예정된 간행 날짜를 맞추려고 애쓰면서 간신히 교료를 놓아 인쇄를 하려는데 조판소와 인쇄소가 서로 책임을 미루며 옥신각신하고 있었다. 나는 다급하여 조판소에 가서 조판소와 인쇄소가 다투는 사유를 알아보니, 현판 운반비 부담 문제를 가지고 서로 미루는 것이었다. 나는 그 자리에서 현판 운반비는 창비가 당연히 부담할 테니 빨리 실어다 인쇄를 하라고 겨우 조정해주었다.

이 논총은 활판 현판을 가지고 인쇄했는데, 그 무거운 현판을 조심조심 운반해와 인쇄기에 올려 인쇄하고 그 현판을 잘 묶어서 흐트러지지 않게 하여 다시 조판소로 가져다 보관했다가 그중에서 다시 뽑아 창비신서 한 권을 편집할 계획이었다. 신서를 만들 때는 다시 편집 순서에 따라 목차를 만들어 페이지를 고치고 또 색인이나 다른 것을 보태고 나서 지형(紙型)을 떠서 지형만 인쇄소로 넘기면 된다. 단순히 기념 논총만 간행한다면 지형을 떠서 지형만 인쇄소로 넘기면 되기에 운반비 문제가 없는 것이다. 또 조판 시설과 인쇄 시설이 한곳에 있으면 현판 인쇄라도 운반비 문제가 발생하지 않는다.

이때 조판소인 창제인쇄공사는 마포구 도화동에 있었고 인쇄할 곳은 서대문구 냉천동에 있었다. 조판소 사장인 시인 조태일 선생이 내게 전화 한 통만 해도 간단히 해결될 문제를 가지고 무슨 못마땅한 일이 있었는지 막무가내로 고집을 세웠다. 나는 이때 고집을 부리고 있는 조 시인과 처음으로 얼굴을 붉히며 언쟁을 하기도 했다. 이 장면을 목격한 송재소 교수는 그렇게 순하디순한 사람이 어디서 그런 단호함이 나오는지 미처 몰랐다고 했다. 내가 화가 났던 것은 전화로 간단히 해결할 수 있는 문제를 가지고 몇 시간을 허비했기 때문이다. 책을 날짜에 맞게 만들어 축하 잔치를 베풀려면 한시가 아까운데 현판을 붙들고 실어 보내지 않았던 것이다.

이런저런 곡절을 겪으며 고희 잔치 날짜에 맞추어 765면이나 되는 기념 논총을 최고급 양장본에 금박까지 찍어 납품했다. 행사를 마치고 이 논총의 글을 다시 추려 창비신서 49『이조후기 한문학(李朝後期漢文學)의 재조명』을 편집·간행하여 그 비용의 일부를 충당하기도 했다.

이 고희논총을 간행해드리고 나서『연암집』번역 원고를 기다렸으나 그 강독과 번역이 원활히 이루어지지 않아 창비에서는『연암집』역서를 한 권도 내지 못했고, 우전 선생께서도 1993년 돌아가셨다. 나는 앞서 말한『역주 연암집』편집 계획서만 지금껏 헛되이 간직하고 있다. 또 이렇게 우전 선생님의 고희 논총을 만들어드리고 나서 우연히 내가 가지고 있던 동서문화사에서 발행한『삼국사기(三國史記)』역해본을 보니, 역해사가 신호열이었다. 이 책은 내가 신구문화사에 있을 때인 1975년에 아르바이트로 초교 교정을 보아준 것이다. 교정을 볼 때는 역주자가 누구인지도 알지 못하고 교정을 보고, 번역이 매우 잘된 듯싶다고 느꼈었다. 이 동서문화사의 『삼국사기』는 한문 원문도 실려 있다. 그 원문을 대조하여 교정보느라고 혼이 난 것이다. 이 책은 세로짜기 2단으로 1면에 200자 원고지 5매씩 들어가는, 매우 촘촘하게 조판되어 있는 문고판이며 860면이나 되었다. 이 『삼국사기』를 전부 교정했는지는 기억나지 않으나 아무튼 신호열 선생님의 번역 원고를 가지고 초교 교정을 보았으니, 나도 모르는 인연이 신호열 선생님과 있었던 것이다.

2__『한국근대사』, 『한국현대사』

❶

1984년 5월 20일 창비에서는 강만길 전 고려대 교수의 『한국근대사(韓國近代史)』를 간행하고 또 6월 초쯤에 『한국현대사(韓國現代史)』를 간행했는데, 이는 1980년 내가 창비 대표가 되고 나서 회사를 오랫동안 지탱할 수 있는 도서목록 하나를 확보해야겠다는 욕심으로 편집위원들과 상의하여 한국사 개설서 간행을 역점 사업으로 정한 데 따른 것이다. 그때 교수직에서 강제로 쫓겨난 전 성균관대 이우성 교수와 강만길 교수에게 그 집필을 의뢰하고 매월 각 50만 원씩 선급 인세를 드렸는데, 이때 창비의 형편으로는 큰 지출이었다. 이 지출이 얼마 동안 계속되었는지는 지금 생각나지 않으나 1년쯤은 계속되었을 것이다.

이때 이우성 교수는 고대·중세사를 담당하고 강만길 교수는 근대·현대사를 담당해 집필하기로 하고, 한국사 개설서를 공저로 내기로 한 것이다. 또한 각기 한 분씩 집필을 도와줄 분도 정했으며, 이분들이 함께 모여 집필 요령을 상의하기도 했다. 그러나 그 뒤 저자분들과 창비가 여러 사태를 겪으며 이 한국사 개설서가 잘 저작·출판될 수 있을까 할 만큼 우리나라는 격동하고 있었다.

교수직에서 해직된 불안 속에서도 강만길 교수께서는 꾸준히 집필을 계속하여 이렇게 『한국근대사』, 『한국현대사』 2권을 간행하기에 이른 것이다. 다산 정약용이 귀양지 강진에서 500여 권의 저술을 했듯이, 강 교수께서는 암담한 해직 교수 시절 3년여 동안 이 두 책의 저술을 일구어낸 것이다. 어떤 의미로는 축복받은 해직 시절인지도 모르겠다. 내 생각에 해직 시절을 참으로 가장 유용하게 활용하신 분이 강 교수 아니었나 싶다. 또 사마천(司馬遷)이 그 처지의 울분을 『사기(史記)』에 토(吐)했듯이 우리나라 군부 독재 시대의 암담한 역사 현실을 이 근현대사 집필에 쏟아 넣은 것이 아닐까 싶다.

나는 한국사 개설서를 편집·교정해보겠다는 생각으로 앞서 1976년 9월 20일 발행한 이기백 교수의 개정판 『한국사신론』을 사서 한국사 공부를 하기도 하면서 개설서 간행 준비를 한 셈인데, 이렇게 강만길 교수께서 2권의 한국사 개설서 원고를 창비에 넘겨준 것이다. 나는 이 원고를 보고 그 편집 체제와 판면 구성을 어떻게 할 것인지 생각하다가 본문 활자를 종래 우리나라에서 쓰던 9포인트(13급) 활자보다 조금 큰 9.5포인트(14급)로 쓰고, 행간은 6호 전각(12급)으로 잡고, 참고 문헌은 8포인트(12급) 활자에 5호 2푼(7급 정도)으로, 색인(索引)은 8포인트 2단 조판에 행간은 6호 2푼(6급) 행간에 본문 판형은 가로 10.5cm, 세로 17cm 29행으로 판면 구성을 일목요연하게 간단히 해서 조판에 넘겼다. 기존의 판 구성보다는 일보 전진했다고 할 수 있으며, 또 본문에서는 꼭 필요한 한자만을 괄호 안에 써 넣고 제목이나 참고 문헌은 한자를 노출(露

出)해서 쓴 단순한 체제를 마련했다. 따라서 일반 독자가 문자 장벽에 얽매여 읽기를 기피하는 현상을 크게 줄여준 것이다.

이때 9.5포인트 활자를 만들어 쓰는 조판 인쇄소가 한두 군데밖에 없어 나는 이 『한국근대사』, 『한국현대사』를 조판하기 위해 이보다 앞서 창비와 거래를 하며 준비하기도 했다. 이 무렵 나는 독자가 읽기 편리한 편집 체제를 고려한 판면 구성에도 관심을 기울이고 있었다.

나는 오랜 염원 끝에 내는 한국사 개설서라 각별히 정성을 기울여 교정을 보았다. 이때 창비 편집부에 입사해 있던 고세현(高世鉉) 전 사장도 이 『한국근대사』, 『한국현대사』 교정에 참여하고 김윤수(金潤洙) 사장도 일부 교정을 보면서 회사 차원의 역량을 총동원한 것이다.

이 『한국근대사』, 『한국현대사』 교정을 거의 마무리하면서 만일 이 한국사 개설서가 자칫 판매 금지라도 당하면 큰 낭패다 싶어, 문공부 심의·검열을 무사히 통과하기 위해 서술 내용과 문장 표현에 신경 쓰면서 조금이라도 당국의 신경을 건드려 트집 잡힐 문장이나 어휘가 있으면 골라내 무난한 표현으로 고치고, 당국이 꺼리는 어휘는 다른 말로 바꾸는 등 자체 검열을 했다. 고친 문장이나 바꾼 단어는 저자와 상의하여 허락을 받아 교정을 마치고도 또 만사는 불여튼튼이라 생각하여 걸릴 염려가 적은 『한국근대사』를 먼저 납본하여 그 납본필증을 받은 다음 『한국현대사』를 납본하는 등 신중을 기했다. 고친 교정 내용을 저자에게 허락받을 때도 학문적 소신에 관계되는 것이 아니면 그냥 넘기자고 우기면서 저자의 양해를 구했는데, 이런저런 노력으로 그 살벌한 시대의 검열을 무난히 통과하여 우리는 납본필증을 받아낼 수 있었다.

❸

『한국근대사』·『한국현대사』의 교정을 거의 끝낼 무렵 「책 머리에」 원고를 받아보니 저자분이 매우 지쳐 있다는 느낌이 들기에 이제 좀 쉬시며 당분간 글을 쓰지 말라고 건의했다. 그러자 전공 논문은 써도 괜찮지 않겠냐고 하기에 나는 그것도 안 될 것이라고 하니, 이 친구가 남의 밥줄을 끊으려 한다고 언짢아하기에 나는 이 책이 나오면 얼마간 밥걱정은 안 해도 될 것이라고 했다.

다행히 저자와 창비의 운수가 좀 펴지려는지 이 2권의 개설서는 화제를 불러일으키며 잘 팔려 그 기울인 정성을 보답하기에 이르렀다. 강만길 교수는 이 책 기증본에 "丁海廉님께, 강만길 드림, 편집과정에서의 정성에 깊이 감사합니다"라고 서명해주기도 했다.

그 후 일본 고마쇼린(高麗書林)에서 1985년에 『한국현대사』를 번역·출판하고, 1986년에는 『한국근대사』를 각기 다른 번역자가 번역·출판하게 된다. 창비에서 이 책이 출간된 지 1년도 되지 않아 『한국현대사』가 번역·간행되고 『한국근대사』도 2년이 채 되지 않아 번역·간행된 것이다. 일본 출판사에서는 유례없이 빠른 속도로 책을 냈던 것이다. 이렇게 되어 『한국근대사』 서문에 있는 내 이름이 또다시 일본에 알려지는 명예를 얻게 되었다.

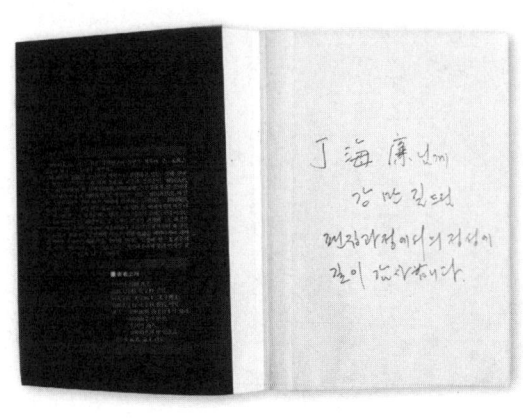

강만길 선생이 써준 감사의 글

3 __ 『똘스또이』

    1985년 12월 5일 민병산(閔丙山) 선생이 지은 『똘스또이』 전기(傳記)가 창비 교양문고 4로 간행되었는데, 이는 아마 내가 원고를 부탁해 집필했을 것이다. 민병산 선생과는 이때까지 20년 동안 지기(知己)같이 또는 형님같이, 스승같이 지내며 내가 많은 도움을 받고 의지해왔다.

    이때는 선생께서 붓글씨를 쓰기 시작해 주머니에 접어가지고 다니며 나 같은 후배를 만나면 호주머니나 들고 다니던 바랑에서 뒤적뒤적 글씨 쓴 한지 조각을 꺼내 보이고 나서 주시던 것이 취미요 생활일 때였다. 나뿐 아니라 젊은 처자나 부인을 만나서도 친근의 표시로 글씨를 나누어주며 인기를 얻기도 한 환갑이 가까운 총각이었다. 그리고 선생은 이때쯤에는 관철동 한국기원에서 인사동 골목에 있던 '귀천(歸天)'으로 그 터전을 넓히셨을 때이다.

    민 선생은 우리나라에서 '유일한' 전기 작가이기도 하신지라 나는 전부터 이 선생께 많은 전기를 쓰시라고 하여 선생이 쓰시기만 하면 출판을 해드릴 작정

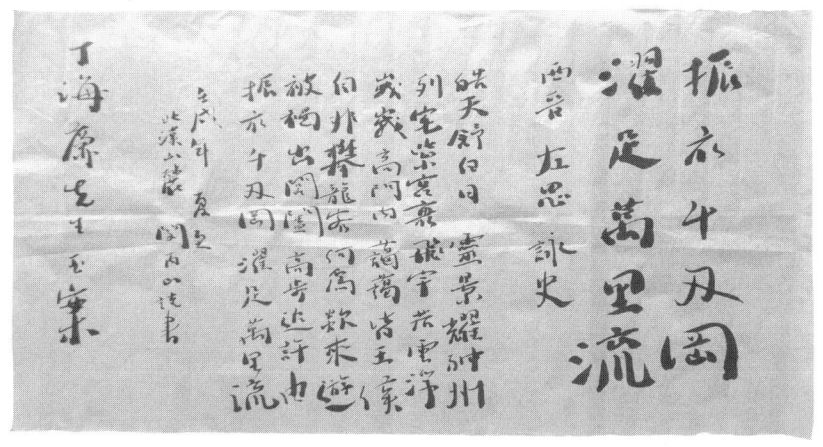

민병산 선생의 글씨

이었다. 그래서 부탁하고 또 선생께서도 쓰시고 싶다고 한 것이 안중근(安重根) 전기였는데, 언젠가 이 안중근 전기를 350장쯤 써가지고 오셔서 우리 창비의 출판 의도에 맞겠느냐고 점검해보라고 하기에 담당자에게 원고 검토를 지시했다. 당시 원고를 넘겨받은 이혜경 씨는 이 원고를 집에서도 보려고 싸가지고 다니다가 그만 잃어버렸던 것이다. 사실 출판사에서 저자의 원고를 분실한다는 것은 저자에 대해 대단히 큰 실례를 저지른 것이다. 나도 어쩔 바를 몰랐는데, 민 선생께서는 만삭(滿朔)이 가까운 이혜경 씨를 보고는 오히려 다시 쓸 수 있을 것이라 위로해주며 태연히 넘어가셨지만, 그 속이야 편치 않았을 것이다. 이혜경 씨는 노무현 정권 때 청와대에도 들어갔던 유인태 의원의 부인으로, 당시 창비 편집부에 있으면서 결혼을 하여 만삭이었던 때였다.

민 선생께서는 이 안중근 원고를 혹시라도 찾을까 기다리면서 '똘스또이' 전기를 집필해 1985년 12월 5일 날짜로 발행했는데, 창비는 1985년 12월 9일 자로 출판사 등록을 서울시로부터 취소당해 공중에 뜬 상태였다. 창비에서는 이때까지 진행해 간행 단계에 이른 책을 모두 출판사 등록을 취소당하기 전인 1985년 12월 5일 자로 간행했는데, 이『똘스또이』도 그 가운데 한 책이다. 지금 이 책을 찾아내 펼쳐보니 면지에 "丁海廉 선생 惠存 1986, 1月 21日 著者"라는 굵은 펜촉의 만년필 글씨로 서명되어 있어 당시 창비의 고난의 역사를

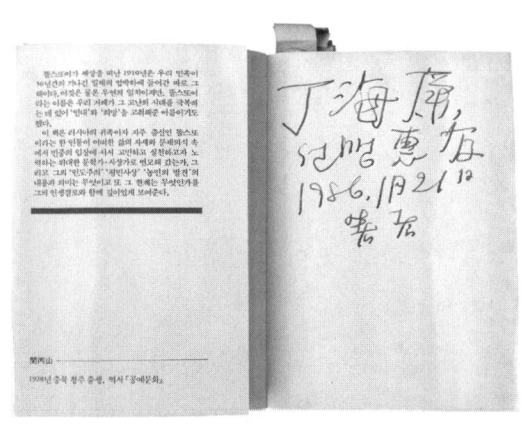

민병산 선생이 서명해준 필적

알 수 있다. 민 선생이 집필한 안중근 전기 원고는 끝내 우리 손에 돌아오지 않았고, 선생께서도 맥이 빠져 다시 집필하지 않아 안중근 전기는 민 선생의 '전기 수집 도서'와 함께 세상의 빛을 보지 못하게 되었다. 민병산 선생과 얽힌 이야기는 저 앞에서도 나왔으며 뒤에 또 나올 터이다.

4 『다산산문선』

❶

1985년 12월 5일 정약용의 『다산산문선(茶山散文選)』이 박석무 편역의 창비신서 70으로 400면이 넘는 두툼한 책으로 간행되었다. 이는 박석무 전 의원의 필생의 역주 작업이기도 했지만, 나로서도 이 책의 편집·교정에 혼신의 힘을 기울인 뜻깊은 책이기도 하다.

1983년 봄 이 번역 원고를 넘겨받았을 때는 당시로서는 매우 어렵고 낯선 장르의 글을 어떻게 교정해낼 것인지가 큰 문제였고, 또 박석무라는 편역자가 이런 어려운 글을 잘 번역해낼 수 있었을까라는 의문이 들기도 했다. 그러나 이『다산산문선』에 실린 제일 중요하고도 긴 「자찬묘지명(自撰墓誌銘)」과 「정헌이가환 묘지명(貞軒李家煥墓誌銘)」을 박 의원의 친구인 성균관대 임형택(林熒澤) 교수가 교열해준다는 바람에 발행하기로 하고, 또 이 책은 나밖에 편집·교정을 담당할 자가 없어 큰 고역을 감당하게 된 것이다.

편역자가 넘겨준 번역 원고와 가목차를 가지고 원고 교정을 보고 나서 목차 편집을 해보았으나 그 가닥이 잡히지 않아 수없이 다시 하여 대강 정리가 되자, 이를 『목민심서』를 강독하던 다산연구회 여러분과도 상의를 해보고 나서 결국 6부로 나누어 편집하고 각 부의 순서를 정하게 되었다. 여기까지만도 큰 홍역을 치렀는데, 또 이 차례에 따른 주석을 검토해 처음 나오는 곳으로 옮기는 것도 대단히 번거롭고 까다로운 일이었다.

임형택 교수가 그 어려운 교열을 해서 넘겨주면 다시 원고 교정을 하고 조판에 넘겨 교정을 보면서 또 원문과도 대강 대조하며 교정을 보느라, 다른 책과는 달리 품이 배나 들면서도 찜찜한 구석이 많았다. 편집·교정 생활 20년에 이렇게 어렵게 한 일은 처음인 듯했다. 또 뒤에 실린 원문 73면은 필사본까지 복사해다가 대조하여 신조선사본 『여유당전서(與猶堂全書)』의 오식을 바로잡아 주기도 하고 역문에 두서없이 실린 인명 주석은 사전 자료를 찾아 일정한 형식을 갖추어 다시 정리하기도 하면서 나름대로 공부도 많이 했다.

어렵사리 편집·교정을 대강 추스르고 나서는 각 부별로 '읽기 전에'를 마련해서 본 글을 예비지식을 가지고 읽으면 이해하기가 조금은 쉽지 않을까 싶었다. 그리하여 광주(光州)에 살던 편역자를 서울로 모셔다가 여관살이를 시키면서 초고(草稿)를 만들게 하고 해제(解題)도 더 손질토록 하고 나서, 이 원고를 내가 다시 교정하고 나서 이때는 내가 광주로 가서 박 의원 집에서 자며 둘이서 다시 읽어 마무리했다. 이 일을 하며 나와 박 의원은 인간적으로도 매우 가까워져 30년 지기가 되었던 것이며, 박 의원도 이 책은 자신의 책이기도 하지만 내 책이기도 하다고 입버릇처럼 말했다. 나도 이『다산산문선』을 만들 때는 나의 방조(傍祖)이시기도 한 다산 할아버지를 위해 온갖 정성을 다 바쳤던 것이다.

나는 이 책을 만들면서 박석무 의원의 총기(聰記)에 놀랐고 이후로 사귀면서 또 더욱 놀랐는데, 이『다산산문선』이 이만한 체제로 세상에 나옴으로써 박

의원의 명성이 중앙 학계에도 크게 알려지는 계기가 되었다고 말할 수 있겠다. 따라서 나도 박 의원의 중앙 진출에 조금은 보탬이 되었으리라 여긴다.

이 번역 원고는 1980년 5·18 광주민주화운동으로 수배를 당해 피신해 있으면서 잡히면 죽는다는 불안을 떨치기 위해 온 힘을 기울여 번역에 몰두해 나온 결과라고 하는데, 이때 역자는 달랑 『한한사전』 1권과 『여유당전서』 1책만 가지고 이 『다산산문선』을 번역해냈다고 한다. 참으로 놀라운 일이다. 다산은 18년 동안 귀양살이를 하면서 500여 권에 이르는 방대한 저술을 남겼다. 그때와 마찬가지로 박석무 의원도 수배를 당해 붙잡히면 죽는다는 강박감 속에서 이 글을 번역하고, 이 책을 낼 무렵에는 창비도 출판사 등록을 취소당해 출판사가 살아 있을 때 날짜로 소급해 발행했으니, 저자와 역자와 출판사가 공동으로 수난을 당하는 기구한 운명 속에 책이 발행되었던 것이다.

5 _ 『만세전』

1987년 5월 10일 염상섭의 중편소설 『만세전(萬歲前)』이 창비교양문고 6으로 간행되었는데, 이 문고는 1948년 2월 20일 수선사(首善社)에서 발행한 『만세전』을 원본으로 삼아 현대 표기법으로 고쳐 바로잡았고, ( ) 안에 넣은 한자는 대체로 살리되 한자 없이 이해하기 어려운 곳에는 새로 써 넣기도 했다.

이 책은 소설 작품을 문고에 처음으로 수용하는 케이스라 그 본문 체제에 대해 매우 신중하게 토론해 문장부호와 외래어 표기를 현행 맞춤법에 따르기로 했다.

이 『만세전』은 그 저작권이 유족(遺族)에게 있어 나는 저작권을 얻으려고 은평구 구파발 기자촌에 있는 염상섭 선생의 아들 염재용 선생을 찾아가 어렵사리 출판권을 얻고, 원본을 두세 번씩 대조해 한 글자도 빠뜨리지 않으려고 노력했다. 또 발표 원전을 복사해 참고하기도 하며 현대판『만세전』결정본을 만드는 데 심혈을 기울였다. 그리고 우리가 일상생활에서 흔히 들을 수 없는 낱말을 추려내어 그 낱말풀이도 해놓으며 근대 소설을 현대화해서 출판하는 방법의 한 전범을 제시하려고 했다.

1948년에『만세전』을 출판한 수선사는 백봉제(白鳳濟) 선생이 설립한 출판사인데, 백봉제 선생은 창비의 창립인 백낙청 박사의 선친이다. 그러므로『만세전』은 대를 이어 출판된 기이한 운명을 지닌 작품이기도 하다. 김윤식(金允植) 교수의 고증에 따르면, 1919년 3월 19일 염상섭이 오사카(大阪)의 덴노지(天王寺) 공원에서 조선인 노동자대회를 열어 만세운동을 벌이려고 했던 시위 사건을 뒤에서 도와준 오사카 유학생이 백봉제였다고 한다.

6 『태평천하』

1987년 5월 25일 채만식의 장편소설『태평천하(太平天下)』가 창비교양문고 7로 간행되었는데, 이는 1948년 12월 5일 동지사(同志社)에서 발행한『태평천하』를 원전으로 삼아 현대 표기로 고쳐 재간했다. 현대 표기로 고치는 과정은 내가 담당했다. 그리고 이 문고 뒤에 실린 낱말풀이도 내가 뽑고 풀이했는데, 이는 내가 소설을 교정하면서 늘 하던 작업의 일환이었다.

나는 이『태평천하』표기의 현대화 작업을 하면서 채만식 선생의 해학 세계에 빠져 다른 작품은 읽어보지도 않고 이 작품을 채만식의 최대 걸작이라고 여겼다. 그리고 이때는 이런 유의 작업을 많이 해보지 않았기에 완벽하게 작업하는 방법론을 아직 찾아내지 못했을 때이다. 이 책을 간행하고 나서 뒤에 1989년

'채만식전집(蔡萬植全集)'을 편집·교정할 때 다시 점검해보니, 이 문고에서 허술히 처리된 부분이 많았다. 이때 얻은 교훈으로 '채만식전집'을 편집·교정할 때는 더 많은 노력을 기울였고, 뒤에 다른 근대문학 작품을 현대 표기로 고쳐낼 때는 이때 경험을 타산지석(他山之石)으로 삼았다. 그리하여 창비교양문고 11·12『황혼』상·하를 낼 때에는 '정본(定本)'에 매우 가까운 간본을 낼 수 있었고, 1993년 창비교양문고 26·27『삼대』상·하를 낼 때는 드디어 '정본'을 만들어낼 수 있었다.

채만식의 걸작인『태평천하』를 보고 나서 작가에 대해 크게 호감을 가지게 된 나는『채만식전집』(전 10권)을 간행하려 할 때 그 편집 실무를 기꺼이 담당하여 우리나라에서 처음으로 개인의 문학 전집을 거의 완벽에 가깝게 낼 수 있게 했다. 이보다 훨씬 앞서 낸 '이광수전집(李光洙全集)'은 허술하기 짝이 없는 것으로 여겨진다. 우리나라의 최대 작가인 이광수의 전집을 믿고 읽을 수 없다는 것은 우리나라 출판문화 수준이 그리 높지 않다는 것을 증명하는 사례라 하겠다.

7 __『역주 목민심서』

❶

1982년 12월 5일『역주 목민심서』(전 6권) 제3책을 발행하면서 다산연구회는『목민심서』독회 모임을 잠정적으로 중단했는데, 이때는 이 연구회 소속 교수 다수가 강제 해직되고 또 당국에서도 주시하던 살벌한 때라 역주 모임을 한동안 중단했다가 다시 독회를 시작해 1984년 12월 20일『역주 목민심서』제

4권을, 1985년 10월 25일 제5권을, 1985년 11월 15일 제6권을 내어 『역주 목민심서』를 완역하는 한편, 그 체계가 잘 잡히지 않아 어설펐던 제1권을 개역(改譯)하고 다시 조판해 1988년 6월 15일에 발행함으로써 『목민심서』 역주 작업이 대단원의 막을 내렸던 것이다. 1978년 제1권을 내었으니 이 『역주 목민심서』는 만 10년이 넘게 걸려 우리나라 최초로 완역을 하고 주석을 자세히 달아낸 것이다. 다산이 『목민심서』 저술을 완성한 1818년부터 170년이 지나 이룩해낸 역주 작업인 것이다. 이는 『목민심서』의 제2의 탄생이다. 따라서 우리는 이제야 비로소 우리나라의 제일가는 고전을 읽을 수 있게 되었다.

나는 이 『역주 목민심서』 전 6권이 완간될 때까지 10여 년 동안 다른 책을 교정보면서도 『목민심서』는 원고 교정부터 초교·재교·삼교까지 혼자서 모든 교정을 담당했던 것이다. 다산연구회 회원이 모여서 이 『목민심서』 독회를 하여 그 번역과 주석을 통일한다고 했으나 번역 문장과 주석 형식은 각기 역주자의 개성에 따라 조금씩 달라 다시 다듬고 체제를 통일해야 했는데, 이는 간단해 보이나 매우 까다롭고 벅찬 일이다. 앞에서 그 주석이 달렸는데도 또 나오는 경우는 둘을 종합해 더 자상한 주석을 달고, 인명 주석은 그 기술 형식을 통일하는 한편 빠진 것은 내가 새로 조사해 넣기도 했다. 나는 공부도 할 겸 혼신의 힘을 기울여 편집·교정을 한 셈이다. 이 『역주 목민심서』는 저자인 다산과 역주자인 다산연구회 구성원 여러 교수와 편집·교정자인 나의 피와 땀과 정성으로 이루어낸 성과인 것이다.

이 『역주 목민심서』 전 6권의 총면수는 2544면이며, 이 가운데 한문 원문은 537면이다. 그리고 제6권에 붙은 총색인은 139면이나 된다. 총색인은 2단

38행이며 1면당 76항목이라 1만의 항목이 색인으로 작성된 것이다. 그 중복된 것을 계산하면 1만 5000여 장의 색인 카드를 써서 뽑은 것이다. 이 총색인은 웬만한 책자 한 권 분량에 이른다. 『역주 목민심서』의 색인을 만들 때 주로 나와 정창렬 교수가 그 작업을 했는데 내가 체크하고 정 교수가 덧보태 밑줄을 그어 이를 카드로 뽑아 합해 원고를 만들어 조판했다. 그런데 제2권부터는 제1권의 색인도 덧붙이고 제3권에서도 제1·2권의 색인을 합치라는 바람에 나는 색인 작업의 번거로움으로 곤욕을 치르기도 했다. 아무리 그리할 필요가 없다고 해도 정창렬 교수는 막무가내였다. 그 소신이 쇠심줄보다도 질겼다. 이『역주 목민심서』가 완간되어 제6권에 총색인이 붙으면 앞에서 제2권, 제3권에 붙은 색인은 그 권만의 색인을 다시 조판해 붙여야 하는 번거로움이 따르는 것이다. 나는 이 책의 전체 색인을 정 교수의 소신에 따라 제3권까지는 붙였으나, 제4권과 제5권에 이르러서는 정 교수도 그 소신이 꺾여 그 권만의 색인을 붙였다. 제6권에는 1~6권 총색인을 만들어 붙였다. 이 색인 작업에만 책을 한 권 편집·교정한 만큼의 공력을 들인 셈이다.

또 이『역주 목민심서』에 교주해 붙인『목민심서』한문 원문은 537면이나 된다. 이 원문은 벽사 이우성 박사께서 띄어쓰기를 해서 조판해 교정을 했는데, 하루 8시간에 10여 면밖에는 대조할 수 없었다. 제일 먼저는 조판 원고로 삼은 것과 대조하고, 재교는 신조선사(新朝鮮社) 영인본과 대조했으며, 3교는 필사본(筆寫本)과 대조하고 하여 세 번이나 원문을 대조했다. 따라서 이『목민심서』의 원문을 교정보는 데만 총 150일 정도의 내 품이 들었다. 이뿐 아니라 벽사 선생님께서도 한 번씩 읽어보시고 의심스러운 것은 다른 필사본을 참고해 바로잡았다. 이때 내가 대조한 필사본 선본(善本)은 연세대 도서관 소장의 필사본이다. 나는 이렇듯 힘겹게『목민심서』원문을 교정하여 그 교주본(校註本)을 완성했으나 인간의 힘으로는 한계가 있는지라, 더구나 한문을 공부한 세

대가 아니라 교정이 아무리 잘되었다고 하더라도 10면이나 5면에 한 글자씩 오자(誤字)가 나올 확률이 있는 것이다. 따라서 『목민심서』 원문 537면에 적게는 50자나 100여 자 정도의 오자가 나올 수 있을 것이다. 그러나 나는 이 원문에서 문장이나 단어의 탈락은 없다고 말할 수 있다. 나는 이 정도로 만족하기로 작정했다.

대체로 이런 역주본을 출판할 때 원고 교정부터 교료를 놓기까지는 1명이 3개월쯤 매달려야 하는데 나는 1년 반을 온통 여기에 쏟아 넣으며 다산학(茶山學) 공부를 톡톡히 한 것이다. 이 공부는 나의 큰 밑천이 되어 내가 국학 발전에 조금이나마 공헌할 수 있는 단초(端初)가 되었다고 할 수 있겠다.

❸

1985년 『역주 목민심서』 6권이 완간되고 나서 이듬해인 1986년 5월 20일 다산연구회에서는 "위의 분은 本 硏究會의 「譯註 牧民心書」 출판에 誠意를 다하였고 특히 그 譯文과 原文의 교정에 竭力하여 책을 더욱 미쁘게 하였기에 會員 모두의 감사의 뜻을 담아 이 牌를 드립니다"라고 적힌 감사패를 주었다.

사실을 말하자면, 내가 창비에 없었다면 창비에선 이 책의 간행

다산연구회에서 받은 감사패

을 꿈도 꾸지 못했을 뿐만 아니라 다산연구회에서도 그 완역 출간을 기약할 수 없었을 것이다. 나도 다산이 나의 방조(傍祖)가 아니었다면 끝까지 정성을 기울여 꼭 완간해야겠다는 집념을 가지고 있지 않았을지도 모른다.

아무튼 나는 이 『역주 목민심서』 전 6권을 교정하고 또 그 제1권을 개역하여 『목민심서』 교정·간행 사업을 완수하고, 그 교정 과정을 수필로 써서 ≪신동아(新東亞)≫ 1988년 7월 호에 발표하기도 했다. 그리고 이 『역주 목민심서』 전 6권과 송재소 교수의 『다산시선(茶山詩選)』, 『다산시 연구(茶山詩研究)』, 박석무 전 의원의 『다산산문선(茶山散文選)』을 합쳐 전 9권의 다산선집(茶山選集)으로 엮어 따로 전집을 만들기도 했다.

8 _ 『문장강화』

1988년 11월 25일 이태준(李泰俊)의 명저(名著) 『문장강화(文章講話)』가 창비 교양문고 10으로 간행되었는데, 이는 이태준이 월북 작가라 하여 그의 저술도 쉬쉬하며 몰래 보았던 것을 1947년 박문출판사에서 펴낸 증정판 『문장강화』를 대본으로 삼아 현대 표기로 고쳐 현대 독자가 읽기 쉽도록 체제를 정비해 참신한 모습으로 펴낸 것이다.

이 문고에 실린 『문장강화』는 원본보다 그 체제가 정비되고 한자를 정리하여 현대 독자가 읽기 편하도록 되어 있으나, 이만큼 현대화하기까지 그 작업은 몹시 힘들었다. 나는 이 책의 현대화 작업을 하다가 가람본에서 길게 인용한 『한중록』, 『인현왕후전』 등의 원문을 다른 선본(善本)과 대조하여 인용문에서 누락된 구절과 잘못된 말을 바로잡아 그 뜻이 통하도록 하기도 했는데, 나중에 생각하니 다른 인용문들도 원전을 찾아 더 대조했으면 좋았겠다는 아쉬움이 남기도 했다.

이때쯤에는 일종의 고전(古典)이라 할 일제강점기나 해방 공간에 발행된 저술이나 작품을 현대 독자들이 읽을 수 있도록 재편집해내는 방법론을 내 나름대로 갖추어가고 있었다. 그 일단을 이 이태준의 『문장강화』로 실험한 셈이다. 이 『문장강화』 뒤에는 인명 해설과 인용문 색인이 붙어 있는데, 이렇듯 대본으로 삼은 원서에도 없는 부록을 달아주는 것도 출판문화가 차차 발전되어가고 있다는 증거가 될 것이다.

이 창비교양문고 10 『문장강화』도 교양문고의 가치를 높이는 한 목록으로 자리 잡으며 쏠쏠히 보급되어 그 노력한 만큼의 성과를 얻어냈다.

9 『황혼』

1989년 4월 10일 한설야(韓雪野)의 장편소설 『황혼(黃昏)』 상·하가 창비교양문고 11·12로 간행되었다. 이 장편소설은 1936년 2월 5일부터 10월 18일까지 203회에 걸쳐 ≪조선일보≫에 연재되고, 1940년 초판이, 1948년 재판이 간행되었다. 그리고 1988년 월북 작가에 대해 대대적인 해금 조치가 있었으나, 이 작가는 그 조치에서 제외되었던 것을 창비에서 간행하게 되어 그 실무를 내가 맡게 되었던 것이다.

이 장편소설 『황혼』의 실무를 진행할 때 ≪조선일보≫ 연재본을 복사해 참고했는지는 기억이 남아 있지 않아 잘 모르겠다. 그러나 이때는 내가 신문 연재본과 반드시 대조해보아야 한다는 확신이 서지 않았기에 초고본인 신문 연재본을 대조해보지 않은 듯하다. 만일 이때 신문 연재본을 대조해보았다면 그 대조한 자취가 남아 있을 텐데 그런 기록이 없고, 다만 한설야가 함경남도 함흥 출신이라 함경도 방언과 특이한 말이 많이 나와 이를 풀이해 부록으로 실어주기만 했다.

『황혼』은 1948년 영창서관의 재판본을 저본으로 삼았는데, 내 경험으로 보아 이 작품도 연재본을 대조해야 정본(定本)이 나올 수 있을 것이다. 만일 이 작품이 우리나라 문학사에 길이 남을 만한 작품 반열에 오른다면 말이다.

10 『채만식전집』

일제 시기 한국 현대 문학의 대가인 작가 채만식(蔡萬植)의 『채만식전집(蔡萬植全集)』은 모두 10권으로 편집·간행되었는데, 전집 제1권부터 제5권까지는 1987년 11월 30일 창작사(創作社)에서 발행하고(이때 창작과비평사는 1985년 11월 출판사 등록이 취소되어 '창작사'로 다시 등록을 했다), 제6권부터 제10권까지는 1989년 7월 30일 창작과비평사에서 발행했다. 이때는 창작과비평사 이름을 다시 찾았을 때이다. 이 『채만식전집』에도 창작과비평사의 고난의 역사와 흔적이 남아 있는 셈이다.

『채만식전집』(전 10권)은 그 조판 면수가 5550면이나 되는 전집인데, 권당 550면으로 우리나라 문화사상 『이광수전집』 다음으로 그 분량이 많을 듯하다. 아마도 이 『채만식전집』은 우리나라 문학 전집 역사상 가장 온전하게 편집·교정된 모범적인 전집일 것이다. 이때 이 전집을 편찬하면서 우리는 편집위원으로 소설가인 서울대 교수 전광용(全光鏞), 연세대 교수 이선영(李善榮), 영남대 교수 염무웅, 경북대 교수 이주형(李注衡), 인하대 교수 최원식(崔元植)을 편집위원으로 모셨다. 그리고 나도 편집위원으로 참여했다.

나는 이 전집의 편집·교정 실무를 끝내고 「채만식전집 편집·교정을 마치고」란 제목의 교정 후기를 써서 전집 제10권 뒤에 붙여놓았는데, 여기에 그 글을 그대로 싣고 뒤에 또 '후기'를 더 써서 그때 간과(看過)했던 문제를 반성해보려 한다.

채만식전집 편집·교정

1

창작과 비평사에서 『채만식전집(蔡萬植全集)』을 발간하기로 결정하기는 1986년 여름이었다. 그전부터도 이 전집 간행의 당위성이 띄엄띄엄 논의되기는 했었으나 논의에 그쳤을 뿐 그 실현 가능성이 보이지 않았었다. 그러던 차에 염무웅(廉武雄) 교수의 적극적인 제의와 구체적 실천 방법 제시로 전집 간행에 착수하기로 했다. 이에 따라 이주형(李注衡) 교수에게 원고의 수집과 정리를 의뢰하기로 하고, 회사측의 편집 실무를 내가 맡기로 하였는데, 털어놓고 말하자면, 나는 그때까지도 채만식 선생의 작품이나 기타 글을 읽은 것이 별로 없었다. 그래서 한편 두려운 생각이 나면서도 『한용운전집(韓龍雲全集)』이나 『이무영대표작전집(李無影代表作全集)』 편집·교정의 경험을 바탕으로 삼고, 여기에 전심을 다하면 되리라 싶어 이 일을 주저없이 맡았다.

이 해 여름이 끝나갈 무렵, 수집된 원고와 작품목록을 입수하고 겸하여 편집요강을 의논하려고, 염무웅 교수와 같이 대구로 이주형 교수를 방문하여 '일러두기'에 제시한 바와 같은 대강의 편집방향을 정하였다. 이 작품 총목록을 가지고 편집계획을 짜고 원고정리를 하는 한편 전집 편집위원회를 구성한 것이 1987년 초봄이었다. 이 무렵 3회에 걸친 편집위원 회의가 창비 사무실에서 열렸는데, 노환의 몸으로 참석하신 전광용(全光鏞) 선생은 원전 자료의 충실한 수집과 연보의 상세한 작성을 당부하시는 등 전집 간행에 깊은 관심을 보였다. 이 자리를 빌어 전집의 완간을 보지 못하고 작고하신 고인의 명복을 빈다.

이렇게 해서 전집 5권이 1987년 11월 30일 간행되었는데, 이 동안 창작과 비평사는 무크지 『창작과비평』 57호를 냈다는 이유로 당국에 의해 등록취소를 당했고, 이 전집 제1차분 5권을 낼 때에는 '창작사'라는 이름으로 출판 활동을 계속할 때였다. 그후 1988년초 우리는 '창작과 비평사'라는 이름을 되찾았고, 이 전집도 따라서 창작과 비평사라는 이름으로 완결을 보게 되었다. 1986년부터 치면 4년여 만에 이 전집이 완간되는 셈이다.

2

이 전집 10권에는 장편이 9편, 중편이 8편, 단편이 60편, 꽁뜨·동화가 9편, 희곡이 28편(대화소설 포함), 시나리오 1편, 방송극 1편, 자작해설문(自作解說文) 14편, 좌담 3편, 기행문 10편, 평론 31편, 서평 6편, 수필 77편, 잡문 62편, 서문 및 후기 6편 등 도합 324편의 글이 수록되었는데, 이 전집 편찬 초기에 예상했던 280여 편보다 40여 편이 더 늘어난 것이다. 자료를 입수할 수 없었거나 수록 필요성이 없어 제외한 것을 합친다면, 늘어난 것이 50여 편이 되는 셈이다. 또 편집 체재상 들어간 간행사, 유고집 후기, 해제, 해설, 연보, 목차, 총색인 기타가 200여 페이지에 이른다.

전집에 수록된 글들을 원고의 양으로 환산해 보면, 채만식 선생의 글은 200자 원고지로 26,600여 매이며, 이를 조판한 것이 5,350여 페이지에 이른다. 이 가운데 소설이 23,000매이고, 평론, 수필, 기타가 3,600여 매나 된다. 그리고 해설, 연보 등이 1천여 매로 200여 페이지에 이른다. 이들을 모두 합치면 27,600여 매, 5,550페이지에 달한다.

3

우리는 이처럼 방대한 원고를 수집·정리하였지만, 전집이 완성되기까지도 작품목록만이 알려져 있고, 작품을 입수하지 못해 수록치 못한 것이 단편으로는 「남식(南植)이」 「덕원이 선생」 「고약한 사돈」이 있다. 「차 안의 풍속」은 2회에 걸쳐 연재된 단편인데, 후반부 1회분이 입수되지 않아 결국 싣지 못했으며, 「황금원」은 선생의 유작이라고 알려져 있으나 확실치 않아 보류했다. 또 미완 유고인 장편 『청류(淸流)』와 단편「소」는 별 의미가 없어 이를 제외했다. 이 밖에도 자료를 찾지 못한 것이나 전집에 수록해야 될 의미가 없는 잡문 10여 편이 제외되었다. (연보 및 잡문 해제 참조)

특히 우리가 이 전집을 편집하면서 미처 확인하지 못해 그 전편(前編)만 싣고 '후편(後編)'을 싣지 못한 장편 『아름다운 새벽』에 대한 경위를 변명해야겠다. 『아름다운 새벽』은 원래 매일신보(每日新報)에 1942년 2월 10일부터 7월 10일까지 145회에 걸쳐 연재되고, 1947년 박문출판사(博文出版社)에서 '전편'이 간행되었다. 그래서 우리는 연재된 신문을 찾아 확인하지도 않고 이것만 수록하는 과오를 범했다. 그런데 이 전집 제1차분 5권이 나온 후 김홍기 교수가 이를 지적해 주었고, 또 김상선 교수가 『채만식연구』에서 거듭 지적해 주었다. 두 분의 지적을 매우 고맙게 생각하며 기회 있는 대로 이를 보완하려고 한다.

4

이 전집을 편집 간행함에 있어 일차적으로는 이주형 교수의 연구 업적과 그 수집 자료에 의존하였다. 그러나 이교수도 보지 못했거나 없는 자료들은 그 상당수를, 특히 세상에 공개되지 않고 있던 방송극 1편과 『젊은 날의 한 구절』 6~9회분 160매 및 유고로 발표될 당시의 시대상황으로 삭제되었던 부분을 다시 살려 만든 『소년은 자란다』 교정본은, 선생의 영식 계열(桂烈) 씨의 제공에 힘입었다. 이 밖에도 창비에서 『채만식전집』을 준비하고 있다는 소식을 듣고 필명으로 발표된 탐정소설 자료를 제공해 준 김영민 교수, 전집 제1차분 5권이 나간 후 우리가 작성해 놓은 작품목록을 보고 여기에 빠져 있던 소년소설 「어머니를 찾아서」 외 10여 편의 글을 제공해 준 김홍기 교수에게는 무어라 고마움을 표시할 길이 없다. 또 「박태원 씨 저 지나소설집」 서평은 김상선 교수의 『채만식연구』에서 보고 수록하였음을 밝혀 둔다.

5

이렇게 채만식 문학을 연구하는 분들의 도움을 받아 수집된 원고를 가지고 '일러두기'에서 제시한 원칙대로 정리했는데, 여기서 우리는 편집·교정상의 갖가지 난관에 부딪치면서 이들 문제를 하나하나 해결했다.

편집상의 난관으로는 수록 텍스트의 취사 선택이었다. 일단 신문·잡지에만 발표되고 단행본으로 출판되지 않은 것들은 문제가 없었지만, 퇴고하여 여러 단행본에 중복 수록된 작품은 어느 책의 것을 택하느냐 하는 어려움이 있었다. 둘째 신문이나 잡지에 게재된 것들은 일일이 판독 교정하면서 필사해야 비로소 조판 원고로 사용할 수 있었는데, 장편 『염마』 『인형의 집을 나와서』 『여인전기』 등을 비롯하여 꽁뜨·동화, 평론, 자작해설문, 기행, 수필, 잡문의 대부분은 이런 과정을 거쳤다. 이렇게 필사해낸 원고 매수는 대략 6,500여 매에 달한다. 이들 필사해낸 원고는 필사하면서 빠뜨린 구절이나 잘못 판독한 부분도 있을 수 있으므로 조판 원고로만 사용하고 교정 때에는 원전을 가지고 대조, 교정을 보아 편집·교정상의 실수를 최대한 방지하려고 했다. 셋째 글의 장르를 구별하여 권별·장르별 수록 순서를 결정하는 데 따른 어려움이었다. 특히 평론, 수필, 기행, 잡문 등의 분류는 편집위원의 한 분인 최원식 교수가 일일이 읽어보고 분류해 주었다. 넷째 편집체제상 넣은 해제 작성의 어려움이었다. 작품의 교정만 보기도 벅찰 지경인데, 여러 연구 업적들을 살펴보고, 원문을 분석하고 확인해서 각 작품별 해제를 쓰기란 번거롭고 까다로운 일이었다. 그러나 독자들을 위해 이를 감내했다. 다섯째 평론이나 수필, 잡문 등에서 기왕의 목록에 쓴 제목이 원 제목이 아닌 경우가 있는데, 이를 원 제목으로 살려 주는 한편, 기왕에 알려진 제목도 이를 전집 총색인에서 여기에 수록된 제목으로 안내해 놓았다.

교정상의 난관으로는 첫째 원고 인쇄 상태의 불량으로 이를 판독하기가 힘든 부분이었다. 연구자들은 몇 구절이 빠졌거나 몇몇 말이 판독 불능이라도 대강의 뜻이 통하면 되니까 구태여 문제가 되지 않지만, 교정에서는 글자 한 자 획 하나가 문제가 되므로, 글자 몇 자를 살리고 정확을 기하기 위해 자료 소장처에서 다시 복사를 떠다 본 것이 수없이 많았는데, 이에 소비한 시간과 노력이 적지 않았다. 심지어는 글자 몇 자를 찾기 위해 하루를 소비한 적도 있었다. 둘째 원고 일부분의 누락인데, 가령 탐정소설『염마』같은 것은 제공된 자료를 가지고 표기를 교정하면서 필사한 다음, 신문철에서 복사하면서 편철 관계로 복사되지 않은 부분을 연세대 도서관과 고려대 도서관의 조선일보철에서 이틀 동안 완전히 보충 필사하였다. 셋째 표기법을 맞추어 주는 일의 어려움이었다. 채만식 선생이 작품 활동을 한 시기가 1924년부터 1950년까지 27년간에 걸치는데, 이 기간은 한글 표기법의 혼란기였다. 이들을 현대 표기법으로 고치기란 힘든 일이었다. 또한 채만식은 당대의 뛰어난 산문가(散文家)로 그 사용 어휘수가 많고 다양할 뿐만 아니라 특히 전라도 방언(方言)과 구어(口語)를 많이 구사했는데, 이들 방언과 구어의 표기를 맞추기는 더욱 어려웠다. 더구나 오식(誤植)인지 아닌지 모를 꽤 까다로운 말들을 확인하기 위해서는 국어대사전을 비롯하여 속담사전, 인명대사전, 방언 자료집, 심지어는 북한의 현대조선말사전까지 참조하면서 교정을 보았다. 그래도 해결되지 않는 말은 우전(雨田) 신호열(辛鎬烈) 선생께도 폐를 끼쳤다. 네째 편집과 교정에 걸치는 문제로, 작품목록의 불분명으로 해서 겪은 시행착오다. 가령 '자작해설문'의「잃어버린 10년」은 원래 조선일보 1938년 2월 18일부터 26일까지 7회에 걸쳐 게재된 글인데,『현대문학』1980년 1월호에 유고라 하여 재수록되어 있다. 우리는 이『현대문학』재수록분을 가지고 조판하여서 교정을 보았다. 내용이 좀 이상하여 조선일보에서 복사해 보니 잘못된 부분이 많았고, 또한 연재 제4회분 10여 매가 빠져 있어 이를 보충했으며, 평론인「위장의 과학평론」은 조선일보 1937년 12월 1일부터 6일까지 6회에 걸쳐 게재된 글인데, 모든 연구 목록에서 5일까지 완결된 것으로 나와 있었다. 우리는 원본의 복사가 판독 불능 부분이 많아 다시 복사를 떠다가 보는 과정에서 제6회분 16매가 더 있는 것을 발견 보충했다. 이 밖에도 교정 과정에서 부분적으로 보충 수록한 예가 많다. 또 중편『냉동어』는『인문평론』4, 5월호에 발표된 작품인데, 『인문평론』 영인본에는 이 작품의 일부분이 빠져 있다. 간발의 차로 이를 발견, '정음문고' 60에 실려 있는 것을 가지고 채워 넣었다. 우리는 이와 같이 글자 한 자 획 하나라도 소홀히 넘기지 않았지만, 그래도 몇 군데는 판독 불능으로 숨김표(○○)로 처리하지 않을 수 없었다. 여기서 덧붙여 말해둘 것은, 이 전집 제1차분 5권이 나올 때는 새로운 '한글 맞춤법'이 시행되기 전이라 개정된 맞춤법대로 표기할 수 없었다. 따라서 제2차분 5권에서도 개정되기 전의 맞춤법대로 표기했음을 밝혀 둔다.

6

나는 이 후기 앞부분에서 선생의 작품이나 글을 읽은 것이 별로 없었다고 했는데, 선생의 작품이나 글을 교정보면서 선생의 문학세계에 경의를 표하는 한 열렬한 독자가 되었다. 첫째 그 문장에 빠져들었다. 동시대의 다른 작가들의 작품이나 글을 읽으면 그 문장이 유치하고 치졸하다고 생각되어 싫증을 금방 느꼈는데, 선생의 문장은 좀 난삽한 듯하기는 하지만 그런 구석을 발견할 수 없었다. 둘째 어휘의 방대함과 다양성에 처음에는 정신을 못 차리다가 말을 정확하게 쓰는 데 감탄했다. 특히 구어와 전라도 및 개성 지방의 방언의 구사에서 돋보이는데, 이는 벽초(碧初)가 『임꺽정』에서 사용한 역사용어나 서민언어에 필적할 듯싶다는 느낌이 들었다. 아마 당대 작가 중 어휘가 풍부하기로는 으뜸에 속할 것 같다. 셋째 사이비와 불의를 용납하지 않는 치열한 역사의식에 바탕을 둔 현실성 및 예술성에 공감되어 고개를 숙이게 되었다. 사이비와 불의를 척결하는 글은 통쾌하기조차 했다. 네째 채만식 작품을 교정 보고 있던 작금 양년에, 우리 사회에서는 납·월북 작가들의 작품이 쏟아져나와서 나도 여러 편 읽을 기회가 있었는데, 선생의 작품이 이들 납·월북 작가들의 작품보다도 여러 면에서 빛나고 있다는 점을 더욱 느끼게 되었다. 앞에 든 이러저러한 이유로 하여 나는 이 전집에 더 심혈을 기울이고 정성을 쏟아붓지 않았나 싶다.

7

그런데 이러한 10권의 전집이 나오기까지는 어느 한 개인의 열성과 노력만으로는 부족하다. 이 책을 위해 회사 안에서 도와준 분들이 여럿 있다. 중요한 작품을 일일이 원문 대조를 해준 김이구(金二求) 씨, 평론과 수필 기타 잡문을 맞춤법에 따라 교정하고 한자를 한글로 음독하면서 필사(筆寫)의 노고를 아끼지 않은 이혜경(李惠璟) 씨, 그리고 가장 큰 적자 요인이 되는 이 전집 발간을 조금도 부담스러워하지 않고 같이 견뎌준 김윤수 사장 이하 이시영 주간 및 편집부·영업부의 동료 여러분들께 고마움을 느낀다. 특히 많은 관심을 가지고 꾸준히 격려해 준 백낙청 교수께는 무어라 감사해야 할지 모르겠다.

또, 매일신보에 실린 많은 자료를 흔쾌히 제공해 준 한국연구원 천부택 실장님, 1930년대의 조선일보와 동아일보를 열람시켜 준 연세대와 고려대 도서관측의 호의에 감사드린다.

8

『채만식전집』전10권이 어떤 역정을 밟아 이 세상에 탄생하게 되었는지 그 과정을 대충 밝혀보았다. 이제 남은 일은 많은 독자가 이 전집을 읽고 역사의식에 눈떠 현실을 제대로 바라볼 수 있게 되는 것이다. 끝으로, 우리는 우리 나름대로 온갖 정성을 기울여 채만식 선생의 문학정신을 제대로 드러내고 쉽게 전달하기 위해 애썼다고 생각하지만, 역량의 부족으로 인해 잘못 처리된 부분이 없지 않을 듯하다. 유택에 누워 계신 선생께서 꾸중이나 내리지 않으실는지 자못 두렵다.

1989년 7월 11일

앞의 글에서 장편『아름다운 새벽』은 박문출판사(博文出版社)에서 1947년에 낸 '전편'만 수록했다고 했는데, 뒤에 나는 서대문에 있는 한국연구원에서 ≪매일신보≫에 연재된 부분을 사진으로 찍어 그 필름을 인화해 베껴가지고 뒷부분을 보충하려 했으나 기회가 없어 그만두었다. 그 필름이 어디에 있는지 지금은 생각조차 나지 않는다.

또 하나 생각나는 일은 채만식 선생이 개성에 살면서 수필에 쓴 글로 미루어 장편소설 『탁류(濁流)』는 1939년 박문서관(博文書館)에서 출판되었는데, 퇴고해준 원고를 제대로 판독·조판하지 못해 빠진 부분과 잘못된 부분이 많았다고 작가가 불만을 토로한 것으로 보아 초판본은 신뢰성이 떨어질 것이다. 이 『탁류』는 1941년 5월 30일 자로 재판이 간행되었고, 6월 27일 자로 3판은 발행 금지 처분을 받는다. 따라서 채만식의 대표작이라 할 『탁류』는 1937년 10월 12일부터 1938년 5월 17일까지 ≪조선일보≫에 연재된 198회를 초판본과 다시 대조해보고 또 재판본까지 대조해보아야 비로소 그 정본(定本)을 만들 수 있다고 확신한다. 벽초(碧初) 홍명희(洪命憙)의 대하역사소설 『임꺽정』과 염상섭(廉想涉)의 장편소설 『삼대(三代)』의 정본을 만들어본 경험으로 하는 말이다. 결국 나는 이런 생각만 할 뿐 『탁류』의 정본을 만들지 못하는 안타까운 마음을 여기에 적어놓는다.

11 　『바람 타는 섬』

현기영(玄基榮) 장편소설 『바람 타는 섬』은 창비에서 1989년 11월 20일 자로 발행했는데, 이는 ≪한겨레신문≫에 연재된 제주도 잠녀들의 항일 투쟁을 소설화한 것이다. 나는 앞서 현기영의 소설집 『순이 삼촌』을 발표 역순으로 편집해 간행한 이후 현기영의 장편소설 『변방에 우짖는 새』도 교정보았고, 또 이 『바람 타는 섬』을 담당해 편집·교정을 해주었으므로 현기영의 주요 소설을 다 읽어본 셈이다.

이 장편소설은 신문 연재소설인데 연재소설 스크랩에다 요령부득으로 퇴고하고 또 어떤 부분은 새로 집필하다시피 했으므로, 「책 뒤에」에서 작가가 말했듯이 뒷부분은 더욱 많이 퇴고하는 바람에 원고가 걸레쪽 같았다. 이 걸레쪽 원고를 가지고 다시 전산 조판을 하여 교정을 보아 책을 만들기란 그리 쉬운 일이 아니다. 이런 원고는 참으로 능숙하게 다룰 줄 아는 편집·교정자가 아니면 실패할 확률이 매우 높은 것이다. 나는 이런 사실을 잘 알기 때문에 초교 때 원고 대조를 매우 차근차근히 신중하게 해서 그 실패할 것을 예방했던 것이다. 그리고 작가 현기영의 글씨는 달필이지만, 오독할 만한 부분도 많아 자세히 문맥을 따라 읽지 않으면 안 된다. 또 나는 현용준 교수의 『제주도 무속자료사전』을 옛날에 교정본 적이 있어 제주도 말에도 약간의 소양이 생겨 작가 현기영의 문장을 쉽게 알 수 있어 그의 작품을 잘 교정보았던 것이다.

결국 작가 현기영도 나 같은 편집·교정자를 만나 그의 작품집이나 장편소설집을 큰 하자 없이 출판할 수 있었다고 하겠다. 그런데 이 작가의 작품집이 내 손으로 편집·교정되어 큰 하자 없이 나왔기에 모든 작가의 작품집이 큰 교정 실패 없이 무난히 나오는 줄로 인식되어 편집·교정자의 고마움을 아마 작가 현기영은 크게 깨닫지 못했을 터이다. 만일 이 추측이 사실이라면 이는 작가 현기영의 불행일 터이다.

12 _ 『소설 동의보감』

❶

1990년 2월 25일 창비에서는 고 이은성(李恩成) 작가의 『소설 동의보감』

상·중권과 이 소설의 하권인 미완(未完)의 소설집을 발행하여 우리나라 출판사상 매우 드문 베스트셀러로 자리 잡음으로써 오랫동안 목마르게 기다리던 대박이 터지고 창비는 돈방석을 깔고 앉게 되었다.

이『소설 동의보감』은 당시 조선일보 출판국 기획위원이던 이진섭(李珍燮) 선생이 백낙청 박사에게 간행을 부탁하려고 가져온 것인데, 꽤 재미가 있어 출판해도 좋겠다고 하여 편집부로 원고가 넘어온 것이다. 나는 이진섭 씨와 유족인 저자의 부인 장태자(張泰子) 여사를 만나 이 소설집 출간에 대해 구체적으로 약속했는데, 다른 작가와 같은 조건인 초판 3000부는 정가의 7%, 재판부터는 정가의 10%를 인세로 드리는 조건으로 합의한 것이다. 창비에서는 크게 대우를 한 셈이다. 이 작품은 미완이고, 이은성 선생은 방송 작가로는 유명했으나 소설가로서는 무명이나 다름없었으므로 실로 파격적인 대우를 한 셈이다. 나는 이진섭 위원과의 친분도 고려해 이렇게 정한 것이다.

이 소설 원고는 타블로이드판으로 된 주간 신문 ≪주간부산≫에 1984년 11월 11일부터 1988년 2월 초까지 1면씩 총 167회가 연재되었다. 이는 작가가 3년 3개월 동안 쓴 것으로, 1회 분량이 200자 원고지 28~30장이나 되어 모두 4800매에 이른다. 그러나 연재를 끝내지 못하고 작가가 작고하여 미완의 유작(遺作)이 되었다.

나는 이『소설 동의보감』원고를 분석해 판면 구성을 생각해보았는데, 1면에 200자 원고지 5매씩 들어가게 하면 총 960면이 나오고 이를 셋으로 등분하면 320면씩 되어 상·중·하 3권으로 간행해낼 수 있기에 본문 14급 장 1(이때는 장 2분의 1급이 없었다)로 하고, 행간 8급으로 판면 구성을 하여 전산 조판을 하게 했다. 굳이 상·중·하 3권으로 나눈 것은 애초부터 이 『소설 동의보감』이 미완의 작품이라는 인상을 주지 않기 위해서였다. 원래 작가의 구상은 춘하추동 즉 봄·여름·가을·겨울 4권으로 내려 한 것인데, 겨울에 해당하는 권이 미완이라 춘하추동 대신 상·중·하로 구성한 것이다.

이렇게 3권으로 조판을 했는데, 편집부에서는 2권으로 하자는 것이 중론이었다. 나는 이를 영업 논리로 설득해 잠재웠다. 가령 2권으로 하면 권당 480면에 그때 소설책 정가는 3800원이나 3900원이 한계라 2권에 7800원으로 정가를 매길 수밖에 없지만, 3권으로 하면 11400원이나 되어 그 차액이 3600원이나 되었다. 이렇게 하여 3권으로 분권하여 낸 『소설 동의보감』이 베스트셀러가 되어 4개월 만에 5판까지 찍을 수 있었으니, 2권으로 하지 않고 3권으로 나눔으로써 상당한 영업 차익이 생긴 것이다. 이 『소설 동의보감』은 윤전인쇄를 할 만큼 잘 팔렸는데, 창비가 오랫동안 탄압을 받으며 고생한 보답을 이 책이 보상해준 것이다. 당시 소설가 이문열 씨는 책이 이렇게 잘 팔리는데 유족은 그 혜택을 누리지 못해 안타깝다는 글을 쓰기도 했다. 이 판권에 쓰인 "저자와의 협약에 의해 검인 생략"이라는 문구를 인세를 지불하지 않는다는 말로 오해한 데서 비롯된 듯싶다. 이에 대해서는 유족이 적극 나서서 오해를 풀었다고 들었다.

이 『소설 동의보감』을 편집·교정할 때 겪었던 일을 말하고 넘어가는 것이 좋을 듯하기에 좀 자세히 적어보려 한다.

이때 나는 창비 편집고문으로 있으면서 편집 실무를 거들고 있었다. 『채만식전집』 전 10권을 편집·교정하고 나서 6개월도 안 되고, 또 송기숙 장편소설

『녹두장군』제1부 상·하 교정에 매달려 간행한 지 한두 달 지났을 때이다. 『소설 동의보감』의 판면을 구성하여 편집부에 지시하고, 이는 소설이라고 해도 한의학(漢醫學)이나 기타 특수한 용어가 많이 나오므로 교료를 놓기 전에 내가 한 번은 꼭 읽어야겠다고 하면서 내가 읽을 수 있는 시간을 충분히 잡아놓으라고 당부했다. 편집부에서는 이 소설에 3명이 매달려 교정을 보는 듯싶었는데, 편집부 담당자는 그때 시대 분위기에 들떠 교정은 팽개쳐두고 노동운동에 관심을 많이 기울이는 듯하고 편집부 분위기도 어수선하기 짝이 없었다. 그렇지만 나는 나설 만한 처지에 있지 않았기에 그냥 보고 있을 수밖에 없었다.

그런데 2월 어느 때인가 편집부장과 담당자 등이 내게 와서 내가 이 소설을 교정보기에는 그 시간이 너무 촉박하니 보지 말고 그냥 넘겼으면 좋겠다고 하는 것이다. 그래서 나는 이미 내가 볼 수 있는 시간을 요구해놓았는데 이제 와서 보지 말라니 무엇 때문이냐고 했다. 그러자 회사와 간행을 약속한 날짜가 얼마 남지 않았으니, 나보고 보지 말라고 하는 것이다. 그래서 내가 보지 않으면 약속한 간행 날짜에 댈 수 있겠냐고 했더니, 할 수 있다고 하기에 간행 날짜로부터 역순으로 계산해보자고 하니 금방 그 거짓이 들통나버렸다. 편집부 직원들은 전문가인 나를 얼렁뚱땅 속이려고 하다가 할 말을 잃게 된 것이다. 사실 내가 교정을 본다고 해도 나에게서 교정지가 멈추어 있는 시간은 하루밖에 안 된다는 것을 그들은 몰랐던 것이다. 또 교정을 엉터리로 본 것이 탄로 날까 싶어 내게 보이고 싶지 않았던 것이다. 나는 내가 교정을 보았기 때문에 발행 날짜가 드틴 것은 내가 책임지겠다고 하고 교정지를 당장 넘기라고 하니, 아직 내게 넘길 준비도 되지 않았다고 한다.

나는 교료 교정지를 하루 이틀 뒤에 묶음별로 넘겨받아 원고를 참조하여 교정을 보았는데, 원고 대조도 제대로 되지 않은 듯싶었다. 문장이나 단어가 많이 빠져 있었던 것이다.

원고 대조를 새로 하다시피 하여 100여 면의 교정을 보아 담당자와 책임자를 불러 교정지를 보이며 이래도 내가 보지 않아야겠냐고 추궁을 했다. 이런 식으로 하루에 70·80면씩 교정을 보아 상·중 2권 660면의 교정을 보았는데, 내가 100여 면의 교정을 보아 주의를 환기시켰음에도 조금도 나아지지 않았다. 이렇게 2권을 교정보고 났어도 하권은 초교도 이루어지지 않았던 것이다. 결국은 나 때문에 간행 날짜가 늦어지는 것이 아님을 창비 편집부에서는 이때 깨달았을 것이다.

하권은 며칠 뒤에 재교지를 가져오며 그들로서는 아무리 애를 써서 교정을 보아도 잘 교정을 볼 수 없으니 하권은 그냥 내가 교정보는 걸로 하자고 했다. 그러나 내가 아무리 교정을 잘 보아도 교묘하게 빠진 문장이나 글자는 찾아낼 도리가 없다고 하니, 이 하권은 글자 한 자 한 자 대조하여 빠진 글자는 없으리라고 했다. 나도 귀신이 아닌 이상 빠진 문장이나 글자는 책임질 수 없다고 하면서 그들의 항복을 접수하여 나 혼자서 3권을 재교한 셈이다. 그러나 원고 대조를 잘할 수 있는 훈련이 되지 않아 더러 간단한 문장을 빠뜨린 경우가 가끔 나왔다.

❹

이렇게 『소설 동의보감』 교정이 끝날 무렵에는 어수선하고 뒤숭숭하던 편집부가 쥐죽은 듯 조용해지고 이런 분위기가 오랫동안 계속되며 차차 정착되어갔다. 이른바 군기를 다잡아놓은 셈이다. 창비 편집부에서는 그깟 소설쯤이야 하다가 된통 혼쭐이 난 셈이다. 더구나 이때 조판 원고로 삼은 타블로이드판 주간 신문은 활자 크기도 작고 원고를 보고 입력하기에 불편한 여러 조건을 두루 갖추고 있어 원고 대조를 아무리 잘해도 문장이나 단어를 빠뜨리고 넘어갈 확률이 많았던 것이다. 그런데 이런 원고를 다룬 경험이 없었기에 큰 실수를 한 것이다. 지금도 활자화된 신문이나 책자를 가지고 다시 조판·입력할 때는 문장이나 단어를 빠뜨릴 확률이 많은데, 교정자는 이를 명심하고 대처해야 실수하지 않을 것이다.

내가 이때『소설 동의보감』으로 창비 편집부를 다시 한 번 확실히 길들여놓았기 때문에 독자가 창비 책을 어느 정도 믿고 읽을 수 있게 되었을 터이다.

이『소설 동의보감』은 후일 베스트셀러가 되어 잘 팔릴 때도 인세를 놓고 어떠한 말썽도 일어나지 않았다. 이는 이 책의 계약 과정에서 창비가 유족에게 신뢰를 얻은 덕분인데, 이는 내 나름의 공이라고 생각한다. 그리고 이 소설이 베스트셀러가 되자 각계에서 오자에 대한 지적이 있어, 많지는 않으나 오자를 전부 고칠 수 있었던 것이다. 나는 이『소설 동의보감』이 간행되고 나서 그 원고를 버리지 않고 잘 갈무리해두었는데, 스크랩 원고일망정 출판박물관이 생긴다면 아마 큰 보배가 될 것이다.

13__『민족사의 전개와 그 문화』(상·하)

창비에서는 1990년 9월 15일 벽사 이우성 교수 정년 퇴임 기념 논총『민족사의 전개와 그 문화』상·하 2책을 간행했는데, 상권은 1077면, 하권은 1035면으로 상·하 2112면이나 되는 우리나라에서는 보기 드문 방대한 기념 논총이었다. 이 기념 논총에는 일본인 학자 13명과 중국인 학자 4명이 논문을 써서 한국 학자와 함께 3국의 학자가 논문을 기고했으며, 서문도 민영규(閔泳珪) 선생과 하타다(旗田巍) 선생이 쓰신 국제적 기념 논총이었다.

이 기념 논총에는 모두 66편의 논문이 수록되어 있는데, 일본인 학자와 중국인 학자가 쓴 논문은 모두 번역해 수록했다. 이 책의 편집과 교정은 또 내가 담당하다시피 했는데, 이런 논총은 행사를 치러야 하는 날짜가 정해져 있어 편집·교정 담당자는 날짜를 맞추려고 줄곧 긴장 상태로 진행해야 하는 골치 아픈 일이기도 하다. 또 이 기념 논총은 일본과 중국에도 배포가 되기 때문에 우리나라의 체면도 걸려 있는지라 판 구성과 교정에 더욱 신경을 써야 했다.

이 기념 논총을 만들 때는 활자 조판이 점차 사라지고 전산 조판이 자리 잡아 갈 때인데 나는 편집·교정에 모험을 할 수 없어 활자 조판으로 책을 만들고, 또 한자 활자가 가장 많은 조판소를 가려 단기간에 효율적으로 조판하게 했다. 그리고 이 기념 논총은 내가 활자 조판으로 책을 만든 마지막 작품이 아닐까 싶다. 이 논총은 교료를 놓고 현판 인쇄를 한 다음 판을 잘 보존했다가 여기에서 추려내어 창비신서 100 『다산의 정치경제사상』과 창비신서 101 『한국 근대문학사의 쟁점』이라는 책으로 편집·간행하기도 했다. 이 신서로 펴낼 때는 색인을 붙여 단행본 체제로 꾸며 일반 독자도 교양서로 읽을 수 있도록 했던 것이다. 이는 기념 논총의 편집 체제를 정할 때부터 본문을 한글로 쓰고 필요한 한자는 괄호 안에 넣었으며, 또 창비신서 체제와 같이 편집했기 때문에 한 번 조판해서 두 가지로 책을 만들 수 있었다.

창비신서 100 『다산의 정치경제 사상(思想)』에는 정창렬 교수의 「실학의 역사관」 외 10편의 다산연구회 회원의 다산학 관계 논문을 수록했으며, 창비신서 101 『한국 근대문학사의 쟁점』에는 박희병(朴熙秉) 교수의 「17세기 동아시아의 전란과 민중의 삶」 외 10편의 논문을 수록했고, 정년 퇴임 기념 논총에 논문을 쓰지 못한 김시업 교수가 「서문(序文)」을 써서 그 체면을 조금이나마 차렸다고 하겠다.

창비신서도 이 기념 논총의 부산물 때문에 100권을 넘기는 역사를 창조했던 것이다.

❷

나는 앞서 우전(雨田) 신호열(辛鎬烈) 선생 고희 기념 논총을 만들고 나서도 창비신서 49 『이조후기 한문학의 재조명』을 부산물로 만들어냈고, 또 1982년에 『범하(凡下) 이돈명(李敦明) 선생 화갑기념문집』을 만들고 나서 두레신서 1 『역사와 인간』을 편집하여 발행할 수 있는 실무적인 방법론을 제시해 실천하도록 했다. 이 『역사와 인간』의 편자가 쓴 머리말에는 "여러 가지로 많은 도움을 준 창작과비평사의 정해렴(丁海廉) 사장, 그리고 두레사의 직원들에게 심심한 사의를 표한다"라고 쓰여 있다. 이때 내 성인 '丁'을 '鄭'으로 착각하는 잘못을 범하기도 했다.

> 끝으로 본서를 발간함에 있어서 편자는 집필자에 대해서는 말할 것도 없고 발간을 흔쾌히 맡아 준 두레사의 정태기(鄭泰基) 사장과 여러 가지로 많은 도움을 준 창작과 비평사의 정해렴(鄭海廉) 사장 그리고 두레사의 직원들에게 심심한 사의를 표한다.
>
> 1982년 11월　　　　編者

책에 실린 감사의 글 필자의 성(姓)인 '丁'을 '鄭'으로 잘못 표기했다.

이 벽사선생 정년 퇴임 기념 논총의 편집·교정을 진행할 때는 한 시간 단위로 교정지를 재촉해 교정을 보느라고 조판소에 진행 노트를 가지고 나가서 교정을 보고 간행위원인 성균관대 교수들의 도움을 받기도 했는데, 중간 제목 글자가 초교 때부터 고치라고 해도 계속 틀리게 나오는지라 조판소 책임자에게 "10.5포인트의 무슨 글자는 문선 상자에 다른 글자가 꽂혀 있으니 바로잡아달라"라고 부탁했다. 그 책임자가 직접 가서 확인해보고 사무실에 앉아서 그걸 어떻게 알았느냐고 감탄하는 장면을 지켜본 임형택 교수는 나를 교정 귀신이라 여기기도 했다. 또 이 논총에 논문을 쓰기로 한 성균관대 김시업 교수가 하루 이틀, 하루 이틀 하면서 원고를 가져오지 않기에 시한을 정해 이 날짜가 넘으면 더는 보아줄 수 없다고 딱 잘라 말하고 그 날짜보다 하루 이틀 더 기다리다가 목차에 면수를 매겨 끝내고 말았다. 나는 최후의 일각까지 기다려준 셈이다. 이렇게 해서 안타깝지만 김 교수의 논문은 싣지 못하고 말았다. 이때 김 교수와 같이 시한에 걸린 고려대 이동환(李東歡) 교수는 불완전하나마 원고를 가져와 조판을 하고 교정을 보면서 원고를 추가하는 등 간발의 차로 실을 수 있었다. 나는 이때 필자 교정을 조판소에 와서 보라고 하기도 했는데, 면수를 이미 정해놓은 상태에서 조판 교정지를 가지고 가서 잔뜩 추가해오는 바람에 그 안에 집어넣느라 참으로 혼이 났다. 이동환 교수는 내가 무던히 참아준 덕분으로 이 논총에 무사히 논문을 실을 수 있었다.

14__『철학의 즐거움』

 1990년 9월 15일 민병산 산문집 『철학의 즐거움』이 신구문화사에서 간행되어 나왔다. 이 유고집은 1988년 9월 18일 환갑잔치를 베풀기로 한 날을 하루 앞서 돌아가신 민 선생의 글을 모아 편집하고, 후배들이 쓴 조시(弔詩)·조사(弔辭)와 추모의 글을 보태 편집·간행한 것이다.
 1988년 9월 19일 인사동에 모여 민 선생의 환갑잔치를 베풀기로 했던 민 선생 주변의 친구와 후배 및 따르는 팬들은 그 하루 전날 돌아가셨다는 뜻밖의 비보(悲報)를 듣고 누구 하나 눈물을 흘리지 않은 이가 없었을 것이다. 환갑 잔

첫날 선생께 입혀드리려던 한복이 수의(壽衣)가 될 줄 그 누가 알았으랴! 선생의 장례는 서대문 고려병원(지금의 강북삼성병원) 영안실에서 치러졌다. 나는 선생의 모습을 마지막으로 보려고 염습할 때 자리를 지켰는데, 선생의 동갑 친구인 시인 신동문(辛東門) 선생이 선생의 얼굴을 쓰다듬으며 통곡할 때 보니 생시와 다름없이 정말로 편안한 얼굴이셨다. 나는 이때 생사(生死)의 경계가 없다고 느꼈다.

이 민 선생이 돌아가시고 나서 그해 11월에 신구대 원예과 전시장에서 '민병산 선생 붓글씨 유작전'이 열렸고, 이 유작전을 보고 나서 신구문화사 청진동 사무실에 모여 선생을 회고하는 이야기를 나누다가 선생의 유고집을 간행해주겠다는 신구대 이종익(李鍾翊) 학장의 말씀을 언덕 삼아 나는 이 산문집 편집 작업을 시작했다. 그러나 원고를 모아 교정을 보고 편집 작업을 시작하려다가 이런저런 일이 생겨 차일피일하고 시간을 보냈는데, 그 사이 또 이 학장께서 1990년 초에 교통사고를 당해 돌아가신 것이다. 그래서 나도 이 민 선생의 유고집은 영영 그 빛을 보기 힘들겠다고 여기고 있었는데, 신구문화사 이사영(李土永) 사장이 이 유고집을 간행하겠다고 하기에 마음 놓고 편집·교정 작업을 다시 시작했던 것이다.

편집 일을 다시 시작하려다 보니, 원고를 조판에 넘겨 일부 조판을 했다는 것이다. 다시 원고를 찾아다가 편집 원칙을 세워 원고 교정을 보고 다시 조판을 하는 한편, 복사가 잘되지 않아 알아보기 힘든 원고는 그 원전을 찾아 다시 복사해 대조하는 등 나는 이 산문집 교정에 정성을 다 쏟았다. 처음에는 300~400쪽의 조촐한 단행본을 낼까 싶었는데, 욕심을 부리다 보니 이렇게 신국판 614면이나 되는 거질의 책이 되었다. 중간에 몇 쪽이 되냐고 물었더니 500쪽이 넘지 않는다는 보고에 나는 안심했는데, 신구에서 총면수를 잘못 파악하고 있어 민 선생께는 오히려 다행스럽게도 이렇게 두툼한 책을 남겨드릴 수 있었다. 나로서는 이십 몇 년 동안 스승이듯 친구이듯 모시던 정을 다소나마 갚는다는 마음으로 한 문장도 소홀히 교정보지 않았고 온 정성을 들였던 것이다. 또 전에 내가 창비 사장으로 있을 때 민 선생이 쓰시던 안중근 의사의 전기 원고를 창비 직원이 잃어버린 실수에 대한 사죄의 뜻도 이 책 교정에 담은 것이다. 이 책의 제목은 '철학의 즐거움'이나 오늘날 민 선생의 이 책을 다시 읽으면 '글을 읽는 즐거움이 솟아난다'.

❷

민병산 산문집 『철학의 즐거움』 교정을 마치고 그 간행을 기다리고 있을 때 신구문화사 이사영 사장과 강정희(姜正熙) 상무가 마포 용강동 창비 사무실로 나를 찾아와 이 책을 '시판용'과 '기념용'으로 따로 제작했으면 좋겠다고 하기에 굳이 그럴 필요가 있느냐고 했더니, 이사영 사장은 넌지시 상무님의 뜻이 매우 완강하니 나더러 좀 양해해달라고 했다. 나는 곧 후회할 것이라고 하면서 마지못해 그 뜻대로 하라고 했는데, 아니나 다를까 독자들이 민 선생의 사진과 연보, 화보가 있는 책만 찾는다고 하여 곧 그 잘못을 깨닫게 되었다. 민 선생의 『철학의 즐거움』은 재판까지 찍었다. 나는 선생께 받은 은혜를 좀 갚은 셈이다.

이 글을 쓰려고 민 선생의 유고집 『철학의 즐거움』을 찾아 들춰보니, 책갈피에 민 선생이 깨알같이 써서 정리해놓은 8절지의 저술 목록 4장이 꽂혀 있어 다시금 선생을 보기나 한 듯 감회가 새로웠고, 대학 노트 2권에 깨알같이 써놓은 일기 겸 수상록(隨想錄)을 간행해드리지 못한 것이 아쉽기만 하다. 일본어로도 따로 쓴 수상록을 언젠가 본 적이 있다. 이 유고집의 간행위원은 신동문, 강민, 구중관, 구중서, 김윤수, 민영, 박이엽, 방영웅, 백낙청, 신경림, 안영이, 염무웅, 임재경, 정해렴, 채현국, 황명걸 등 16명이다.

15 _ 『한용운 산문선집』

❶

    나는 1991년 창비 편집고문으로 있으면서 이해 3월 15일 현실총서 1 『한용운 산문선집(韓龍雲散文選集)』을 현대실학사를 출판·등록하여 간행했는데, 이는 장차 편집·교정 현직에서 물러나면 그동안 갈고 닦은 편집·교정 경력을 활용하여 우리나라의 중요한 인물의 글과 사상을 편역하거나 해설하여 선집으로 정리해보겠다는, 이른바 노후를 잘 보내야겠다는 나의 염원을 실험한 첫 작품이었다.

    앞서 신구문화사 시절의 기술에서 나온 바 있는 '한용운전집(韓龍雲全集)' 전 6권(1973년)의 편집·교정 실무를 맡아 처리하고, 또 1979년 만해 선생 탄신 100주년에는 전집의 증보판이 나왔는데, 나는 이때도 증보할 원고를 검토해서 진위(眞僞)를 가려내어 그 수록 여부를 판단하는 한편 편집·교정 실무를 해주었다. 창비 편집부장으로 있을 때였다. 나는 만해 선생의 글을 자주 읽고 편집·교정하다 보니 선생에 대해 흠모(欽慕)하는 정이 더욱 간절해졌다. 말하자면 만해 선생은 허위와 악을 미워하고 진실과 정의를 편들고 사는 인간이 되게 하는 은혜를 끼쳐준 스승이 된 것이다.

    나는 젊은 날에 내 삶을 바로잡아준 만해 선생에게서 받은 큰 공덕에 보답하는 길은 무엇일까를 생각하던 중 문득 선생이 끼친 유훈(遺訓) 가운데 정수(精粹)라고 생각됨직한 것들을 따로 뽑아 한 권으로 묶어서 많은 독자들이 쉽게 읽을 수 있도록 해주는 것이 큰 공덕일 것이라고 여겼다. 또 1983년 언제쯤에 그동안 맡고 있었던 창비 대표직을 내놓고 잠시 여가가 생겼다. 그때 우선 「조선 독립에 대한 감상의 개요」와 「조선불교유신론(朝鮮佛敎維新論)」을 내 나름대로 더 쉽고 정확하게 번역해두었던 것이 지금(1991년) 이렇게 한 권의 편역서를 만든 기초가 되었다고 할 수 있다. 이를 기초 삼아 1990년 가을부터 그동안 대충 꾸며놓았던 '선집' 목록을 가지고 전집을 다시 읽으면서 이 『한용운 산문선집』의 편집 작업을 좀 더 구체적으로 진행해 제1부 불교유신의 제창, 제2부 불교정신과 그 개혁운동, 제3부 민족정기와 독립정신, 제4부 사회와 인생, 제5부 인생 역정, 제6부 사회교화의 방편(方便)으로 편집하고 모두 52편의 글을 수록했다.

❷

제1부에 수록한「조선불교유신론」은 전집의 이원섭(李元燮) 역주본 및 삼성문화문고의 서경보(徐京保) 역본을 참고하면서 내가 다시 번역한 것이며, 제3부에 수록한「조선 독립에 대한 감상의 개요」는 전집에 있는 이길진(李吉鎭)의 번역을 참고하면서 직역에 가깝게 다시 번역하고 제목도 원제를 살렸다. 제6부「흑풍(黑風)」(抄)은 《조선일보》 해당 부분을 복사해다가 대조해 '전집'에서 문단을 잘못 나눈 것이나 빠뜨린 구절 및 잘못 해독한 부분을 다수 바로잡고,「박명(薄命)」(抄)도 '전집'에서는 끝부분 즉 대미(大尾)가 다른 말로 바뀌었을 뿐만 아니라 6~7행이 누락되어 있었던 것을 보충하기도 했다.

내가 '한용운전집'을 편집·교정할 때는 베껴온 원고를 가지고 조판·교정했는데, '선집'을 만들 때 해당 부분을 복사해 대조해보니 앞에서 말한 큰 오류가 발견되었다. 따라서 '전집'에 실린 장편소설 『흑풍』이나 『박명』은 《조선일보》 연재본을 복사해다가 정밀히 대조해보아야 그 정본(定本)을 만들 수 있을 것이다.

나는 이 『한용운 산문선집』을 편집·교정할 때 그 발표 '원전'을 복사하여 일

일이 대조해 누락된 구절을 보충하고 잘못된 곳을 바로잡아 여기에 수록된 것을 '정본'으로 활용하기에 부족함이 없도록 정성을 기울였다.

이렇게 만해 한용운 선생의 독립정신과 애국정신의 정수를 내 딴에는 잘 정리해 현대 독서계에 제공했으나 만해의 독립정신과 애국정신 및 시 정신, 산문 정신을 기려 만든 기념행사나 만해상 수상자가 만해 정신이 잘 정리되어 있는 이 선집을 몇 명이나 읽어보았는지 모르겠다. 이런 행사의 요란한 신문 기사를 볼 때마다 서글픈 생각만 더 쌓인다.

16__『임꺽정』

나는 1991년 11월 30일 사계절출판사에서 발행한 벽초 홍명희의 대하역사소설 『임꺽정(林巨正)』 전 10권을 편집·교열하고 나서 그 「교정후기」를 써서 제10권 뒤에 실었는데, 그 중요한 대목만 여기 옮겨놓아 편집·교정의 참고 자료로 제시할까 한다.

❶

나는 1980년대 초부터 벽초 선생의 역사소설 『임꺽정』에 대해 관심을 가지고, 선생이 북한에서 이 대작을 마무리 짓지 않았나를 수소문하다가 결국은 마무리 짓지 못했다는 소문을 듣고 실망을 금치 못했었다. 이렇게 안타까워하다가 기왕에 집필되어 세상에 발표된 부분만이라도 잘 정리하여 『임꺽정』 애독자들이나 연구자들에게 쉽게 읽고 부담 없이 연구할 수 있는 단서를 제공하고자 생각했다. 그래서 일본에 있던 안우식(安宇植) 선생을 통해 북한에서 발행한

『임꺽정』마지막 권 복사본 자료를 얻어 검토하고 있던 중 사계절출판사에서 좀 더 완벽한 『임꺽정』의 정본(定本)을 만들어내고 싶다고 하면서, 성균관대 임형택 교수를 통해 그 교열 작업을 부탁해왔다. 원래 하고 싶었던 일이라 자신의 역량을 돌아볼 새도 없이 좋다고 하고서 본격적으로 이 작업에 매달리게 된 셈이다.

가장 먼저 시작한 일이 기왕에 현대 표기법으로 고쳐서 나온 사계절출판사의 『임꺽정』(전9권) 가운데 봉단 편, 피장 편, 양반 편을 가지고 ≪조선일보≫ 연재물(총 307회, 1928년 11월 21일부터 1929년 12월 26일까지)과 상호 대조하여 사계절출판사본에서 누락된 부분이나 잘못 옮겨진 것을 바로잡았다. 이 과정에서 사계절출판사본은 한국학연구소에서 만든 신문 스크랩 복사본만을 가지고 만들었기 때문에 여기에 빠져 있던 피장편의 제5장 형제 이후 제6장 제자, 제7장 분산, 제8장 출가(편의상 교정자가 붙인 분류) 등의 제목이 누락되어 있었음을 밝혀내는 한편, 스크랩을 하면서 문장의 순서가 바뀐 부분이나 누락된 문장 및 복사된 글자의 판독 불가능으로 인한 오류 등을 모두 바로잡았다. 이 원전 대조 작업을 재교 때도 되풀이하여 빠진 문장이나 단어가 없도록 최선을 다했고, 삼교 때는 정독을 하여 완벽을 기하려고 노력했다. 또 한편 이 봉단 편, 피장 편, 양반 편은 다른 텍스트가 없고 유일한 텍스트가 신문 연재본뿐이므로, 신문에서 조판·교정을 하다가 잘못 조판되거나 정판된 부분, 즉 실타래 엉키듯이 뒤얽혀 있는 문맥을 순리로 풀어내느라 끙끙거렸다. 이것을 풀어내는 데는 교정자의 오랜 교정 경험이 큰 도움이 되었다.

다음 제4권부터 제9권에 해당하는 의형제 편과 화적 편은 을유문화사본 전 6권을 기본 텍스트로 삼고 기왕에 현대 표기로 고쳐진 사계절판을 조판 원고로 삼아 원전 대조를 하는 한편, 신문 연재본을 일일이 을유문화사본과 대교하여 누락된 문장이나 잘못을 보완하고 바로잡아놓았다. 이렇게 을유문화사본의 허실을 탐색하면서 느낀 것은 민족 문화의 위대한 유산에 값하는 만큼의 정성을 그 출판에 기울이지 않았다는 것이다. 특히 화적 편 2·3권은 교정도 제대로 보지 않고 서둘러 책을 만들지 않았나 싶었을 정도였다.

앞서 말한 바와 같이 을유문화사본을 가지고 대교한 사계절출판사본을 조판 원고로 하여 조판하고, 출판사 측에서도 원고 대조를 철저히 했다. 나는 그 재교지를 가지고 조선일보사판과 다시 한 번 대교 작업을 더 벌였는데, 이 과정에서 을유문화사본의 누락된 곳이나 잘못된 것을 더 바로잡을 수 있었을뿐더러 을유문화사본의 소종래(所從來)를 짐작할 수 있었다. 짐작컨대 『임꺽정』은 ≪조선일보≫에 연재되고, 그 가운데 의형제 편과 화적 편만 먼저 작자의 대폭적인 퇴고를 거쳐 1939년과 1940년에 조선일보사에서 4권으로 초판이 간행되었으며, 해방 후 이 조선일보사본의 저자 교정본(부분적인 자구 수정이나 오자·탈자 정도를 바로잡은 것)을 가지고 6권으로 다시 분책하여 중간(重刊)된 것이 아닌가 싶다.

이번에 새로 간행되는 사계절출판사본은 앞서 말했듯이 신문 연재본, 조선일보사본, 을유문화사본을 다 일일이 대조하여 그 선후(善後)를 가리고 평정(評定)하여 고친 상태에서 독자의 애독·열독을 기다리게 되었다. 또한 연구자들은 이 사계절본만 가지고도 문학 본연의 연구를 깊이 있게 할 수 있으리라 생각한다.

1991년 3월에 나는 『한용운 산문선집』을 편역·간행한 바 있다. 이 일로 ≪조선일보≫에 게재된 만해 한용운 선생의 글을 복사하느라고 조선일보 정보서비스센터를 더러 이용하고 있었다. 이때 ≪조선일보≫에 연재된 『임꺽정』전문을 복사하는 데 드는 비용과 어떤 복사 방법이 좋을까를 대강 알아본 후 형편이 닿는 대로 복사하려던 중 마침 사계절출판사로부터 앞서 얘기한 제의를 받았다. 이에 따라 출판사 측에『임꺽정』연재 자료를 복사해달라고 요구하여 갖춰놓게 되었다.

이 연재 자료를 쌓아놓고 있다가 을유문화사본과 대교하려고 각 권별로 분류하여 정리하고 나니까 1939년 3월 17일부터 7월 4일까지 36회분(연재 번호로는 229~264회)이 남았다. 별 생각 없이 대충 검토해보았는데, 여기서부터 화적편 4권 앞부분 이야기가 시작되고 있었다('자모산성 상·하'를 거쳐서 구월산성으로 넘어가 이 대하 장편이 대미를 장식할 것이라 짐작되었다). 가슴이 울렁거리고 얼굴이 상기되는 흥분을 누그러뜨릴 수가 없었다. 어느 정도 흥분을 가라앉힌 뒤 ≪조광≫ 1940년 10월 호에 게재된 것과 대조·고찰해보니, 뒷부분이 아닌 앞부분 이야기라는 감이 들었다. 이리하여 복사 상태가 나빠서 읽기가 거북한 부분과 새로 발굴된 부분을 마이크로필름에서 다시 복사하여 현대 표기법에 따라 판독·필사하여 정리해놓고 ≪조광≫ 10월 호 원전을 다시 더 검토해보니 모두에 '37'이라는 숫자와 함께 '자모산성 상'이라는 제목이 나와, 앞서 ≪조선일보≫에 연재된 36회분의 계속이라는 확신을 가지게 되었다. 한편 이 ≪조광≫에 실려 있는 내용이 원래는 신문에 계속 연재하려고 당시에 써놓았던 것임을 알 수 있었고, 신문 연재로는 8회분이라는 것을 알 수 있었다. 이리하여 이때 새로 발굴한 것을 정리하여 ≪창작과비평≫ 73호(1991년 가을 호)에 발굴 원고 36회 연재분 400여 매를 게재해 세상에 알렸다. 따라서 ≪조광≫에 발표된 연재 8회분과 합치면 500여 매가 더 집필되었던 것이다. 우리는 이제 드디어 벽초 선생께서 우리 민족에게 끼친 만큼의『임꺽정』의 전모를 볼 수 있게 된 것이다.

❸

　벽초 선생이 남긴 위대한 민족 문학 유산을 우리들이 현재의 표기법으로 쉽게 읽고 깊이 있게 연구할 수 있는 '정본(定本)'을 복원하려고 한 것이 교정 작업의 원뜻이었다. 이렇듯 저자의 퇴고본(초간본)이나 교정본(중간본)이 있는 의형제 편 1·2·3과 화적 편 1·2·3은 퇴고본과 교정본을 상호·비교하여 조판·교정 과정에서 잘못되고 저자가 미처 바로잡지 못한 곳을 찾아내어 바로잡는 한편, ≪조선일보≫ 연재본(초고본)과도 대교하여 초간본과 중간본에서 잘못된 부분을 바로잡았다. 이때 어느 본에도 나와 있지 않은 문장이나 단어는 물론 조사 하나라도 교정자로서 임의로 덧보태거나 뺀 것이 없었다.

　다음으로 봉단 편, 피장 편, 양반 편 및 이번에 새로 발굴하여 넣은 화적 편 4권은 텍스트가 ≪조선일보≫ 연재본과 ≪조선일보≫ 게재본뿐이므로 이 원본들과 두세 번씩 철저히 대교 작업을 하여 빠뜨린 문장이나 단어가 없도록 했고, 연재될 때에 잘못 조판된 곳은 거듭거듭 읽어서 확신했을 때 비로소 고쳤다. 따라서 이렇게 신중을 기하다 보니 교료 직전에야 겨우 바로잡힌 곳도 더러 있다. 마치 『임꺽정』에 숨겨져 있던 비밀을 아슬아슬하게 풀어낸 듯한 희열이 밀려왔다.

　현행의 표기법으로 고칠 때에도 섬세하고 호한하게 구사되어 있는 저자의 문장과 어휘력으로 말미암아 끊임없이 사전과 씨름했다. 사전도 남북한의 권위 있는 사전을 다 참조했음을 밝혀둔다.

　또 『임꺽정』에는 우리말의 보고라 할 만큼 우리의 고유한 말들이 다양하게 적재적소에 구사되어 있어 이를 지금 쓰는 말로 알기 쉽게 풀어주는 작업 또한 이 작품을 온전하게 이해하게 하는 데 필요한 일이라 생각해 10권의 말미에 미력하나마 그 뜻풀이를 붙여두었다.

❹

나는 앞에서 자신의 역량을 돌아볼 새도 없이『임꺽정』교정 작업을 떠맡았다고 했는데, 이제 막상 이 일을 끝내고 보니 이 일을 떠맡기를 백번 잘했다는 생각이 든다. 왜냐하면 우리나라 근대문학사상(文學史上) 가장 위대한 작품 하나를 또 내 손으로 정리했다는 만족감 때문이다. 나는 전에 우리 근대문학의 고전이라 할 수 있는 '채만식전집' 전 10권의 편집·교정 실무를 맡아 독자나 문학 연구자에게 제공한 바 있고, 만해 한용운 선생의 산문을 모아 편역해서 독자들에게 민족정기를 심어주려고 노력하기도 했다. 여기에『임꺽정』까지 내 손으로 정리할 수 있었으니 은근한 자부심마저 생긴다. 나에게 이런 기회를 준 사계절출판사와, 자료와 더불어 격려를 베풀어준 성균관대 임형택 교수에게 고마움을 느낀다.

나는 이 작업을 하면서 벽초 선생의 민족정신과 산문정신에 깊이 빠져 열렬한 독자가 되었다. 아울러 선생께서『임꺽정』에 쏟은 고심에 찬 각고의 노력에 경외(敬畏)를 표하게 되었다. 다른 한편으로는 나름대로 온갖 정성을 기울여 교정에 임하기는 했으나 나의 능력 부족으로 말미암아 선생의 산문정신을 흠지게 한 면이 없지 않을까 자못 두려운 생각이 들기도 한다.

벽초 선생의 이 대작이 완성되었더라면 현대의 우리는 더 큰 문학적 위안과 행복을 누릴 수 있었을 터인데, 이 역시 민족사의 불운이 아닌가 한다. 우리는 결국 이번에 정리된 상태만으로 아쉬움을 달랠 수밖에 없다. 삼가 선생님의 명복을 손 모아 빈다.

❺

　나는 『임꺽정』 전 10권의 편집·교정을 완료하고 그 「교정후기」를 앞의 중요한 부분만 추려내어 다시 거듭 썼는데, 그때 쓰지 못한 이야기와 후일담을 더 이야기해보아야겠다.

　앞에서 『임꺽정』 제1·2·3권인 봉단 편, 피장 편, 양반 편은 사계절출판사에서 1985년에 발행한 판을 그 대본 원고로 삼고 여기에 ≪조선일보≫ 연재본을 복사해 대조하여 교정했는데, 연재본을 가지고 조판 원고와 대조해보니 사계절판은 그 빠뜨린 글자가 1000자쯤 되고 한자를 빼놓은 것도 수없이 많았다. 또한 한자를 잘못 쓰거나 맞춤법을 잘못 쓴 것도 이루 헤아릴 수 없어 우리나라 편집·출판 수준을 크게 개탄하기도 했다. 또 이때 의형제 편 3권과 화적 편 3권을 ≪조선일보≫ 연재본과 대조하면서 초간본인 조선일보사판과 중간본인 을유문화사판에서 실수로 빠뜨린 부분을 찾아 넣고 잘못된 글자를 바로잡았다. 이렇게 대조해서 빠진 구절이나 문장을 68군데 449자를 보충하고 중복된 글자 7자를 삭제했다. 오자나 복자 등 잘못된 것을 바로잡은 것도 수없이 많았다.

　이와 같이 나는 홍명희의 대하장편소설 『임꺽정』을 ≪조선일보≫ 연재본과 일일이 대조하고 또 조선일보사판과 을유문화사판과도 대조해 정본을 만들고, 또 제10권의 화적 편 4 자모산성 상(上) 연재본 36회를 찾아내고 ≪조광≫에 연재한 8회분을 덧붙여 총 44회분을 살려낸 것이다. 이 44회분은 결국 제10권의 3분의 1 분량인 셈이다. 이는 저자가 살았던 북한에서도 알지 못하고 있던 사실이다. 그리고 44회에 해당하는 편에서 '자모산성 하'가 시작되고 있었다. 이 자모산성 하가 끝나면 구월산성 편으로 이어져 역사소설 『임꺽정』이 완결될 터인데, 결국 이쯤에서 미완으로 끝나고 말았다. 한국문학사의 한 비극적 운명인 것이다.

나는 벽초 선생이 북한에서 어떤 정치적 역할을 해서 우리 역사에 기여했는지 모르겠으나, 오늘날 생각해보건대 북한에서의 그 어떤 역할도 이 『임꺽정』을 완성하는 것만 못했으리라고 단언할 수 있다. 참으로 안타까운 일이다.

❻

나는 1976년 늦봄부터 겨울 초입까지 잠시 을유문화사 편집국에 있으면서 서수옥(徐洙玉) 국장을 모시고 지냈기에, 서 국장께 『임꺽정』 발행 당시의 상황을 여쭤보았다. 서 국장께서는 1948년 당시 입사해보니 이미 판매가 금지되어 편집부에 오는 손님에게 한 보따리씩 선물로 준 기억만 있다고 하시면서 윤석중(尹石重) 선생께 여쭈어보라고 하셨다. 대우빌딩에 계신 윤 선생께 전화를 드렸더니 선생께서는 『임꺽정』 선전 벽보만 붙이러 다녔다고 하면서 조풍연 선생이 실무를 맡아 처리해 그 내용을 잘 알 텐데 지금 중풍으로 쓰러져 계시다고 하며 안타까워하셨다. 내가 을유문화사판을 보건대 제5·6권은 조판을 해서 교정도 제대로 보지 않고 서둘러 찍어낸 듯하다. 이때 벽초 선생은 남북회담차 평양에 가서 돌아오지 않고 있을 때였을 것이다. 따라서 조선일보사판이 을유문화사판보다 더 신뢰할 만한 판이라 할 수 있겠다.

결국 을유문화사판도 그 출판 과정이 순탄치 않아 좋은 판본으로 정착되지 못하고, 1985년의 사계절출판사판도 앞서 말한 여러 가지 결함이 많아 판본으로 인정하기 어렵다. 따라서 내가 편집·교정한 1991년 사계절출판사 판본이 남북한을 통틀어 비교적 완전한 정본이라 할 수 있다. 그러나 오늘날 가만히 생각해보건대, 다시 한 번 ≪조선일보≫ 연재본과 조선일보사판으로 정밀히 대조해 완벽한 판을 만들어야만 벽초 홍명희의 『임꺽정』을 우리 문학사에 길이 전승시킬 수 있지 않을까 싶다. 나는 『삼대』 정본을 만들 때 신문 연재본을 두 번째 대조하면서 첫 번째 대조할 때 미처 살려 넣지 못했던 많은 문장을 심사숙고해 보충한 경험이 있다.

또 덧붙여 말하고 싶은 것은 『임꺽정』에 나오는 역사 인물과 등장인물을 해설해 실제 역사와의 상관관계를 규명해 작가가 그 역사 사실에 바탕을 두고 이만한 대하역사소설을 창작했다는 사실을 추적하여 『임꺽정』의 뛰어난 문학적 가치를 드높이면 좋지 않을까 싶다.

만일 벽초 선생이 『임꺽정』 제1·2·3권인 봉단 편, 피장 편, 양반 편을 퇴고하고 또 화적 편 뒤 자모산성 하와 구월산성 편을 완결했더라면 이 『임꺽정』은 우리나라 문학사에서 불후(不朽)의 명작이 되어, 우리나라 소설사의 큰 기둥으로 한국 문학 발전에 큰 기여를 했을 것이다.

17__『유배지에서 보낸 편지』

1991년 12월 10일 다산 정약용이 쓰고 강석(江石) 박석무(朴錫武)가 편역한 개역 증보판 『유배지에서 보낸 편지』가 창비교양문고 17로 간행되었는데, 이는 1979년 시인사에서 발행한 같은 이름의 다산 서간집을 개역(改譯)하고 증보해 펴낸 것이다.

1990년 언제쯤인지 기억이 분명치 않은데, 박석무 의원이 시인사에서 낸 『유배지에서 보낸 편지』를 창비에서 다시 펴내달라고 부탁을 하기에 나는 그 책자로 된 원고를 가지고 틈이 날 때마다 조금씩 원전과 대조하며 원고 교정을 보았는데, 편지 한 통을 교정하는 데 하루가 넘게 걸리기도 했다. 이렇게 틈날 때마다 5~6통을 교정했는데 매우 지지부진해 진도가 나가지 않고, 또 내가 원문과 대조하며 원교 교정을 한 것이 제대로 교정을 한 것인지도 이때의 내 한문 실력으로는 아리송했다. 그래서 나는 내가 고친 5~6통과 함께 시인사 책자를 가지고 진주로 가서, 지면(知面)이 있던 경상대 허권수(許捲洙) 교수에게 내가 고친 것을 살펴보고 이런 투로 고쳐달라고 부탁했다. 그곳에서 경상대 한문학과 교수들과 하루를 지내고 허 교수 집에서 하룻밤 묵고 올라왔다.

상당한 시간이 흐른 뒤 허권수 교수가 교열한 원고를 보내와 이를 가지고 또 내가 다시 더 교정을 보아 조판에 넘겼는데, 이 무렵부터는 활자 조판이 차차 없어지고 전산 조판이 점점 퍼져가고 있을 때라 전산 조판을 하여 교정을 보았다. 원고가 하도 복잡해서 복잡한 원고를 다룰 수 있고 활자 조판을 겸하고 있는 데로 넘겨 조판했던 것이다. 그런데 이때는 전산 조판이 제대로 자리 잡지 못하여 시행착오도 일어나고 또 전산 조판 한자 수가 적을 때라 없는 글자는 따 붙이기를 하는 곤욕을 치르며 필름을 겨우 만들어 인쇄소로 넘길 수 있었다.

애초 시인사에서 냈던 다산 편지는 소제목마다 한 통의 편지처럼 보이게 편집했다. 그러나 이를 한 통의 편지 밑에 소제목을 다는 편집으로 바꾸어 다산 편지의 원형을 살리고 편지 원제목도 원제별로 나누어 1·2·3으로 구분하는 체계를 세워 전체를 4부로 편집함으로써『유배지에서 보낸 편지』가 이 시대에 길이 팔릴 수 있도록 구성했다. 그리고 큰 제목과 소제목도 평이하고 간명하게 붙여 오래 지나도 진부(陳腐)하지 않도록 했다. 그 문장도 '편지투'로 다듬었던 것이다. 그리고 학술 서적에 붙이는 찾아보기도 만들어 뒤에 붙여놓았다. 이는 독자가 잘 활용할 수 있도록 한 장치이다.

이렇게 편집·교정을 고심하여 겨우 인쇄대본(印刷臺本)을 만들어 인쇄소로 넘겨 인쇄판 교정을 보러 갔더니, 그 인쇄소에서는 내가 만들어준 인쇄대본은 거들떠보지도 않고 자기네 상식대로 엉망으로 판을 만들어 내 편집 의도를 깔아뭉개버렸던 것이다. 그래서 나는 내가 만들어준 인쇄대본을 가져오라고 하니 페이지 앉히는 표를 가져오기에 이게 인쇄대본이냐고 했더니 이게 인쇄대본이 아니냐고 하는 것이다. 나는 어이가 없어 사장님을 보자고 하여 내가 넘긴 인쇄대본을 찾아다 이대로 고치라고 하니, 사장이 잘못을 인정하고 사죄를 하는 것이다. 일본에서는 인쇄대본을 주지 않으면 절대로 인쇄를 해주지 않는다고 하는데, 우리나라에서는 만들어준 인쇄대본도 보지 않고 적당히 판을 앉혀 인쇄하고 있었던 것이다. 출판사도 인쇄소도 다들 그렇게 한다는 것이다. 이게 그 당시 조그만 인쇄소의 실상이었다. 가만히 생각해보니, 창비에서도 인쇄대본을 만들 줄 아는 편집자가 없었다.

이해 12월에 국회의원 선거가 있어 서둘러 이 문고를 만들어 보내고, 나도 박 의원의 선거 격려차 전남 무안(務安)엘 가서 산 낙지를 처음으로 먹어보지 않았나 싶다.

이『유배지에서 보낸 편지』는 베스트셀러가 되어 13쇄나 거듭 찍다가 개정 1판을 발행해 24쇄를 더 발행하고, 또다시 개정 2판을 양장본으로 간행해 현재도 꾸준히 계속 팔리고 있다고 하니, 내가 들인 공이 헛되지 않았음을 알 수 있다. 그런데 양장본으로 만들 때는 원제를 없애고 제목을 새로 만들어 붙이는 편집 방법을 택해, 내가 만들어 뒤에 붙였던 '찾아보기'를 없애버렸다. 왜 그랬을까 생각해보니, 무엇이 좋은지를 알아보지도 않고 만들기 번거롭다는 이유로 그렇게 해버린 것 아닌가 싶어 씁쓸한 마음이 일어났다.

18 ___ 『이조시대 서사시』(상·하)

1992년 1월 25일 창비에서는 임형택 교수가 편역한 『이조시대 서사시(李朝時代敍事詩)』 상·하 2권을 간행했는데, 이 서사시집 두 권도 결국 내가 그 편집·교정을 담당할 수밖에 없었다.

여기에 실린 104편의 서사시는 우리나라에서 처음으로 편역해 내는 것이라고 하여 나는 그 판면 구성을 어떻게 할까를 고심하다가 시 번역문을 왼편에 배치하고 시 원문을 오른편에 넣는 2단 구성을 하여 편역자의 대역(對譯) 형태로 번역한 의도를 살리되 이를 하단에 맞추어 답답한 판 구성을 피하고 번역시가 아닌 시처럼 읽도록 배려했다.

모든 책의 편집에서 그 요체가 되는 것은 독자가 읽기 쉽도록 판면 체제를 단순화하여 일목요연하게 볼 수 있게 하는 것인데, 시집에서는 더욱 간명하게 해야 잘 읽고 감상할 수 있는 것이다. 나는 시집을 편집할 때는 항상 간단명료하게 편집하려고 애쓴 편이다. 이 서사시집도 편집하기에 따라서는 매우 복잡한 구성으로 편집할 수 있으나 나는 이를 피해 교과서처럼 단순하게 편집했던 것이다. 오늘날 우리가 이 『이조시대 서사시』를 펼쳐볼 때 그 판면 구성이 낡아 보이지 않을 터이다. 그렇다면 이 책의 편집은 일단 성공했다고 할 수 있겠다.

이 서사시집도 한시 원문이 들어가는지라 전산 조판으로 하기에는 아직 위험 부담이 있어 활자 조판으로 책을 만들었는데, 한문 교정은 언제나 힘들어 이 시집도 결국 내 교정이 아니면 쉽게 책을 낼 수 없었을 것이다. 창비도 내가 있었기에 이런 한시집을 서슴없이 낼 수 있었고, 편역자도 안심하고 원고를 맡길 수 있었을 것이다. 오늘날은 이런 책을 내고 싶어도 이런 원고를 다룰 수 있는 편집·교정 인력이 없어 일반 출판사에서는 포기하는 경우가 많을 터이다. 어떻게 보면 문화가 단절되는 아픔이 있을지도 모르겠다. 이 책 「후기」에 "난

감한 일을 마다 않고 추려 주신 정해렴 선생께 감사를 드린다" 했듯이, 창비에서 낸 고전 국역책이나 한국학 관계 주요 간행물은 모두 내 손길을 거쳐야만 나올 수 있었다.

19 『해방 전후』

1992년 3월 25일 임형택(林熒澤)·민충환(閔忠煥) 공편의 이태준 단편선 『해방 전후(解放前後)』를 냈는데, 이는 이태준의 주옥같은 단편을 잘 뽑아 창비교양문고 18로 낸 결정판이다. 앞서 펴낸 이태준의 『문장강화』와 함께 창비교양문고를 길이 빛낼 목록이 된 것이다.

나는 편자들이 고증해 넘겨준 원고를 가지고 교정을 보고 이를 조판해서 교정을 보면서, 그 깔끔한 문장에 매료되기도 하고 또 이태준 단편선을 편자들과 같이 우리나라의 모범적인 선본(善本)을 만들어보려는 마음으로 교정에 많은 노력을 기울였다. 그리고 이 단편선에서 「해방 전후」를 가장 감명 깊게 읽었는데, 채만식의 「민족(民族)의 죄인(罪人)」과 더불어 일제강점기를 겪은 문인(文人) 참회록의 명작이라고 감탄하며 다시 한 번 그 진술한 인품에 경의를 표하기도 했다.

이 이태준의 단편선에는 17편의 단편이 수록되어 있는데, 편자 중 한 분인 민충환 교수와 같이 한 글자의 오자도 없는 모범적인 선집을 내겠다는 욕심으로 교정을 본다고 혼신의 힘을 다했으나 나중에 책이 나온 뒤에 보니 15글자나 오자가 나왔다. 20면에 한 글자씩 나온 것이다. 우리나라 실정으론 이것도 최선이라고 변명할 수 있겠으나 그래도 낯이 뜨겁다. 우리나라에선 한 글자의 오자도 없는 책을 만들기란 불가능하다고 나는 단언할 수 있는데, 그래도 교정자로선 한 자의 오자도 없는 책을 만들겠다는 목표를 세우고 노력해야 할 것이다.

이 단편선 뒤에는 이태준 연보를 붙이고 어휘 해설을 해놓았는데, 연보는 민충환 교수가 작성해주었을 듯하고 어휘 해설에는 나도 힘을 보탰을 것이다. 풍수원(豊水院) 지명은 내가 조사해 해설을 했는데 뒤에 민 교수가 작품에 등장한 지명을 순례하다가 확인하니 딱 들어맞았다고 감탄을 하며 어떻게 알아냈느냐고 하기에 웃어넘겼다. 나는 교정을 보거나 책을 읽다가 나온 역사 인명과 지명을 조사해보는 일종의 취미가 있는 자이다.

20__『인간 문제』

1992년 10월 15일 강경애(姜敬愛)의 장편소설『인간 문제(人間問題)』가 창비교양문고 22로 간행되었다. 이 장편소설은 ≪동아일보≫에 1934년 8월 1일부터 12월 22일까지 120회에 걸쳐 연재된 것을 대본으로 삼아 현대 표기법으로 고쳐 간행한『인간 문제』의 최선의 원전이라 할 수 있겠다.

나는 앞서 염상섭의『만세전』, 채만식의『태평천하』, 이태준의『문장강화』,『해방 전후』를 현대 표기로 고쳐 현대판 정본(定本)을 만드는 작업을 한 경험을 바탕으로 삼아 또 이『인간 문제』를 교정해 선본(善本)을 만들어내었다.

이상경의「강경애와 인간 문제」해설에 따르면, 이『인간 문제』는 1938년 태양사에서 단행본으로 발행했다고 했으나 남아 있지 않고, 1949년 북한에서 기석복(奇石福)의 주도로 '재판'이라고 하면서 간행했다고 한다. 한국에서는 1970년 성음사에서『한국장편문학대계』제12권으로, 1978년 삼성출판사에서『한국현대문학전집』제12권으로 출판되고, 1988년 열사람 출판사에서도 출판되었으나 모두 연재 당시의 원본을 충실히 따르지 않았다고 하므로, 작가의 기구했던 운명과 같이 『인간 문제』 간행 운명도 기구했으나, 이제 창비교양문고 22로 간행되면서 비로소 정본을 얻게 된 셈이다.

창비에서 내가 『인간 문제』 정본을 만들 때는 편의상 열사람본 '강경애전집'을 원고본으로 사용했는데, 이 열사람본에서는 ① 소설 내용이 1회분(제91회) 200자 원고지 11매가 빠져 있었고, ② 문장이 빠져 있는 곳이 8군데 82자, ③ 부사·접속사·명사·조사 등이 빠진 곳이 83군데 114자, ④ 원문을 잘못 판독해놓은 곳이 796군데 940자, ⑤ 띄어쓰기가 틀린 곳이 700 내지 800곳, ⑥ 원전과 달리 줄을 바꾼 곳이 94군데, ⑦ 필요 없는 글자가 덧들어간 것이 58자, ⑧ 그 위치가 잘못된 것도 한 줄 있었고, ⑨ 문장부호를 임의로 고친 것은 셀 수가 없을 정도였다. 이는 창비교양문고 22로 『인간 문제』를 내면서 신문 연재본(초고본)과 대조해 바로잡은 것이다. 작가가 저승에서 이 사실을 안다면 아마 통곡하지 않을까 싶다.

이 강경애의 『인간 문제』를 간행하고 나서 소설가 이호철(李浩哲) 선생이 6·25 전 북한에 있을 때, 이 소설을 읽은 기억이 있다고 했다. 이호철 선생이 고등학생 때 읽은 것은 아마 기석복이 주도하여 1949년에 발행된 것일 듯하다.

21 『출판과 교육에 바친 열정』

1992년 12월 30일에 발행된 우촌 이종익 추모문집간행위원회 편으로 신구대학 전 학장님의 추모 문집 『출판(出版)과 교육(敎育)에 바친 열정』이 발행되었다. 나는 신구문화사 편집부에 근무했던 인연으로 이 책의 편집위원이 되어 그 편집·교정을 도와주었다.

이 책 제1부로부터 제4부까지의 글은 대체로 1983년 이 학장의 회갑을 맞아 회갑 기념 문집으로 간행하려고 청탁해 받아 조판까지 했던 글인데, 고인이 된 이 학장의 사양으로 간행하지 못하고 조판된 채로 남아 있던 글이다. 제5부는 이 학장께서 돌아갔을 때의 조사(弔詞)와 조시(弔詩)·추모사이고, 제6부는 이 학장의 글을 수록했다. 그리고 여기에 우촌 이종익 연보를 작성해 보탠 것이다.

제1부에는 영남대 교수 염무웅을 비롯하여 소설가 전광용(全光鏞), 서울대 교수 장덕순(張德順)·이응백(李應百)·양병탁(梁炳鐸) 등 25명이 글을 썼고, 제2부에는 신구문화사 편집부와 영업부에 있었던 임종국(林鍾國)·이어령(李御寧)·민병산(閔丙山)·하현강(河炫綱)·정해렴 등 16명이 글을 쓰고, 제3부에는 이희찬(李喜燦) 등 신구대 초기에 그 개교를 위해 애쓴 6명이 글을 쓰고, 제4부에는 신구문화사 저자들인 백철(白鐵)·이숭녕(李崇寧)·허웅 등 13명이 글을 쓰고, 제5부에는 이강로(李江魯)·정한모(鄭漢模)·최덕교(崔德敎) 등 7명이 조사와 조시를 썼다.

나는 신구문화사 편집부에 비교적 장기 근무한 까닭으로 이 추모 문집 편집·교정을 받았는데, 신구문화사와 이 학장님의 생애를 비교적 잘 알고 또 이 학장님과 동향(同鄕)이라는 인연 때문에 어쩔 수 없이 동원되어 교정 실무를 거들었다.

그런데 제1부로부터 제4부까지는 1983년에 조판되어 있던 교정쇄를 가지고 다시 전산 조판한 것이라 원래의 원고가 없어 교정을 볼 수가 없었다. 할 수 없이 원래의 원고를 수소문하여 찾아내서 다시 대조하며 교정을 보다 보니, 이 학장에 대해 조금이나마 비판적인 표현을 했거나 풍자한 내용에 과도하게 손을 대었음을 알 수 있었다. 나는 오히려 이 필자들의 글 쓴 뜻을 살려야 글이 살아난다고 여겨 없앴던 부분을 거의 다 살려내기에 애썼다.

특히 이때 이미 고인이 된 임종국(林鍾國) 선생의 글이나 다른 작고한 분들의 글은 원고를 더 잘 대조하여 글 쓴 분의 글 쓴 뜻을 살리려고 노력했다. 내가 이때 원고를 찾아내어 대조하지 않았더라면 고인은 차치하더라도 제1부에서부터 제4부까지 다른 필자들에게도 큰 실례를 했을 것이며 신구문화사의 출판·편집 명성에 먹칠을 했을 것이다.

이후로 나는 2000년 1월 5일 신구대에서 발행한 『우촌 이종익(于村李鍾翊)』이라는 전기를 또 교열하고 교정해주었다. 나는 이때 이 학장의 일기 6년분을 원본을 대조해 정확히 판독했는데, 이는 내가 아니었으면 누구도 잘 판독해내지 못했으리라 장담한다. 젊은 시절 신구문화사에서 10여 년 동안 받은 은덕을 조금이나마 갚으려는 마음으로 이 책을 정성스레 교열하기에 애썼다.

또 2010년 1월 5일 신구대에서 우촌 이종익 학장님 20주기에 펴낸 추모집 『우촌과 함께한 시간들』에도 편집·교정에 종사하던 모습을 「신구문화사 큰 그늘 아래서: 나의 신구 시절」이라는 글로 신구문화사 편집부에서 내가 살아왔던 일을 대강 정리해보기도 했다.

22 『역사 앞에서』

1993년 2월 10일 창비에서는 역사학자 고 김성칠(金聖七) 교수의 6·25 전쟁을 겪은 일기를 가지고 『역사(歷史) 앞에서』를 출판했다. 원래 창비에 넘어온 원고는 1950년 6월 25일부터 12월 31일까지 190일 동안의 일기가 주였고, 1951년 3월 1일부터 3월 13일까지 13일 동안의 일기와 4월 6일부터 4월 8일까지 3일간의 일기가 덧붙어 있었다. 6·25가 난 후 총 211일 동안의 기록이다.

이 원고를 넘겨받은 나는 옛날 내가 신구문화사에 있을 때 『가람문선』에 실린 일기를 교정보면서 그 일기 원본을 보지 못하고 베껴온 원고만 가지고 교정을 보았다가 일기 부분에서 오자가 많이 나온다는 지적을 받은 바 있어 이 일기 원본을 보고 싶다고 하는 한편, 6·25 전쟁 이전 일기도 있으면 보여달라고 했는데, 김성칠 교수의 셋째 아들인 김기협 교수가 복사본을 가져왔기에 6·25 전쟁 이전의 것은 나와 같이 읽고 추려서 합의한 다음 6·25 일기 앞에 싣자고 했다.

이때 나는 느닷없이 1950년 6월 25일 일기부터 싣는 것이 이상했기에 일기 기록자를 소개할 겸 또 기록자가 6·25 이전에 어떻게 살아온 분인지를 독자가 대강 짐작을 해야 이 기록의 진실성을 믿을 수 있다고 생각해 6·25 전쟁 이전의 일기를 보고 싶다고 한 것이다. 나는 그 아드님이 가져온 6·25 전쟁 이전 일기를 보고 1945년 12월 1일부터 12월 29일까지 15일분을, 1946년 1월 30일부터 4월 22일까지 29일분을 추려내고, 또 1950년 1월 1일부터 1월 15일까지 15일분을 뽑아 1950년 6월 25일 일기 앞에 수록하여 일기 기록자의 생활 모습과 학문하는 모습을 독자에게 보여주려고 했다.

이 1950년 6·25 전쟁 이전 59일 동안의 일기는 내가 추려냈는데, 그 아들이 추려낸 것도 나와 별 차이가 나지 않아 그대로 수록한 것이다.

이 『역사 앞에서』에는 고병익(高炳翊) 교수, 정기돈(鄭起燉) 교수, 강신항(姜信沆) 교수와 김성칠 선생의 부인 이남덕(李男德) 교수의 추모의 글을 싣고, 신경림 시인의 「김성칠 선생의 일기에 부쳐」를 더 얻어 실었다.

이 일기를 편집·교정하여 책을 낼 때 책 제목을 정하려고 몹시 고심했는데, 이시영 주간이 '역사 앞에서'가 어떻겠냐고 하기에 좋겠다고 하고 그대로 정했다. 이때 나는 조지훈(趙芝薰) 시집 『역사 앞에서』와 제목이 같다는 것을 생각했으나 달리 좋은 제목이 없기에 그대로 쓰기로 했다. 다만 역사(歷史)를 한글로 써서 구분하려고 했다.

이 일기『역사 앞에서』는 한 역사학자가 6·25 전쟁에 대해 증언한 생생한 기록이라 출간된 뒤에 뜨거운 반응이 있었다. 나는 초등학교 6학년 때 6·25 전쟁을 겪었는지라 이 일기 내용에 더욱 공감하며 그 기록의 진실성을 더더욱 느꼈다.

❷

나는 고등학교 국어 시간에『용비어천가(龍飛御天歌)』제1장과 제2장을 배운 기억이 있었고, 이 주해를 한 분이 이 일기의 저자라는 것도 알고 있었으며, 또 신구문화사에서 고등학교 검인정 교과서『표준 고전』을 편집·교정할 때 정음사에서 간행한『용비어천가』영인본을 가지고 원문의 방점을 대조해 교정을 보았던 것이다. 그리고 일기에 쓰인 선생님의 공부하는 모습을 보고 참된 학자의 전형을 보는 듯싶어 앞으로 우리나라 학문과 문화 발전에 큰 역할을 할 분인데 아깝게 난리 통에 돌아가셨구나 하는 안타까움이 남보다 더했다. 연암(燕巖) 박지원(朴趾源)의『열하일기(熱河日記)』를 완역하여 간행되는 도중에 6·25 전쟁이 일어났고, 또 지명연구회(地名研究會)를 만들어 장차 지명사전도 편찬할 준비를 하셨다는 것은 참으로 위대한 학문의 선각자이셨음을 알게 해준다.

나는 이『역사 앞에서』를 간행하고 나서 김성칠 선생님의 친구 두 분을 만났다. 한 분은 대성인쇄소 백성욱(白聖郁) 사장님이다. 일본 도요쿠니 중학(豊國中學) 동창으로 고령 출신인데 뒤에 일본의 유명한 증권회사에 다녔던 분이다. 김성칠 선생이 살아 계셨다면 자신은 출판사를 했을 것이라고 했다. 이분은 경성대학으로 김성칠 교수를 찾아갔을 때 월급봉투를 뜯지도 않은 채 사업자금으로 쓰라고 내주던 아주 가까운 친구라고 하면서, 유학 시절 방학 때는 김성칠 선생의 영천(永川) 고향 집에도 가보았다고 하셨다. 또 한 분은 윤재영(尹在暎) 선생으로 6·25 전에 정음사(正音社) 편집부에 있으면서 아마 김성칠 선생님의 『열하일기』 문고판 교정을 보신 분일 듯싶은데, 6·25 전에 같이 출판사를 하기로 굳게 약속을 했었다고 하셨다. 윤 선생은 1914년생인 듯한데 『열하일기』를 번역해 박영문고에서 낸 분이다. 또 '한국지명대사전' 원고를 만들어놓고 그 간행을 보지 못하고 돌아가셨는데, 그 사실을 내가 《조선일보》 '일사일언(一事一言)'란에 글로 쓴 적이 있다.

❸

김성칠 교수의 이 『역사 앞에서』를 발행하고 나서 이화여대 후문 앞에 있던 한식집에서 유족과 강신항 교수와 나, 그리고 연세대 사학과 김용섭(金容燮) 교수 등이 함께 조촐한 출판기념회를 열며 고인의 명복을 빌기도 했다. 그리고 언젠가 《동아일보》에 한 면에 걸친 중국 베이징 대학(北京大學) 양퉁팡(楊通方) 교수 회견기가 실렸기에 낯익은 이름이라고 생각하고 읽어보면서 그분이 『역사 앞에서』 1950년 1월 3일 일기에 나온 "중국인 유학생 양퉁방(楊通方) 군이 찾아와서 학문에 관한 여러 가지 이야기를 했다. 특히 고려시대의 사료(史料)를 찾는다기에 서긍(徐兢)의 『선화봉사고려도경(宣和奉使高麗圖經)』의 필독(必讀)을 권하다.……"의 양퉁방과 동일인임을 알고 그 신문을 스크랩하여 간직했다가 그 후 문인(文人)들과 같이 연길(延吉) 작가의집 낙성식에 참석하고 백두산(白頭山)에 올랐을 때 베이징에서 양퉁팡 교수에게 이 『역사 앞에서』와 《동아일보》 기사 스크랩을 전하게 하고, 이후 양 교수께서 내게 『동문선(東文選)』을 구해달라기에 인사동에서 그 책을 구해 양 교수에게 보내주기도 했다. 이후 양 교수가 한국에 왔을 때 만나서 식사를 하고 또 내 둘째가 어학연수

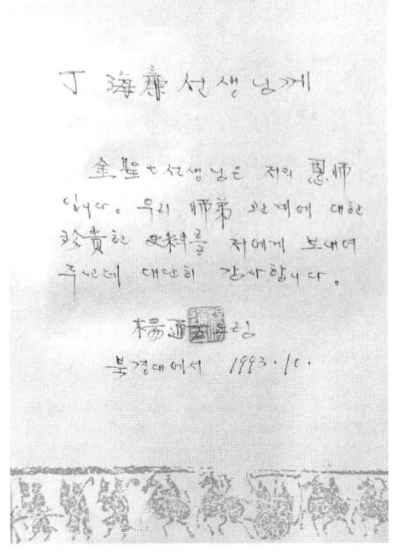

양퉁팡 선생이 써준 글

차 베이징에 1년 동안 있을 때 댁으로 찾아가 뵙기도 했다. 그 후 『한문화논강(漢文化論綱)』을 내게 보내주기도 했다. 보내준 책 면지에는 다음과 같이 쓰여 있었다.

丁海廉 선생님께, 金聖七 선생님은 저의 恩師입니다. 우리 師弟 관계에 대한 珍貴한 史料를 저에게 보내어 주신 데 대단히 감사합니다.

楊通方 드림

북경대학교에서 1993. 10.

23_『삼대』 정본

나는 창비교양문고 6 염상섭의 『만세전』과 창비교양문고 7 채만식의 『태평천하』, 창비교양문고 11·12 한설야의 『황혼』 상·하, 창비교양문고 22 강경애의 『인간 문제』 등을 그 연재본과 초간본 등을 대조·참고하면서 교정을 보아 이른바 정본(定本)을 만들어 우리 출판계와 문학계에 일대 경종(警鐘)을 울렸고 1993년 5월 30일 염상섭의 『삼대(三代)』를 창비교양문고 26·27 상·하 2권으로 간행했다. 이 교양문고 하권에는 15면에 이르는 내가 쓴 「삼대 교정 후기」가 실려 있다. 이 교정 후기는 우리나라에서 처음으로 문학 작품에 곧 장편소설에 붙인 교정 후기인 듯싶다. 이 교정 후기로 말미암아 우리나라에서 소설 작품에도 '정본'이라는 개념이 보편화되어간 듯싶다.

염상섭의 『삼대』는 이광수(李光洙)의 『무정(無情)』, 『흙』, 채만식의 『탁류(濁流)』, 『태평천하』, 이기영(李箕永)의 『고향(故鄕)』 등과 함께 일제강점기에 창작된 뛰어난 장편소설이다. 이 『삼대』를 교정·간행하기 위해 『만세전』을 간행할 때와 같이 은평구 구파발 기자촌에 있는 횡보 선생의 아들 염재용 선생을 찾아가 조심조심 또 간행 허락을 간신히 얻어냈다.

나는 이 『삼대』를 교정하기 위해 민중서관에서 나온 '한국문학전집' 3에 있는 『삼대』를 복사해 원고로 삼아 조판하고, 을유문화사본 『삼대』를 대본으로 삼아 교정을 하고 나서, 또 ≪조선일보≫ 연재본(1931년 1월 1일부터 9월 17일까지 215회 연재)을 대조하여 을유문화사본과 민중서관본의 오자·탈자 및 오식(誤植)된 글자를 바로잡았다.

이 장편소설 『삼대』를 교정하면서, 작가의 퇴고본을 가지고 조판·교정한 초간본인 을유문화본 『삼대』에서 빠뜨린 부분이 40군데로 글자 수로는 362자나 되고, 또 이 을유본을 대본으로 삼아 간행한 민중서관본은 을유본에 빠져 있는 것은 말할 것도 없고 을유본에 덧보태서 또 24군데 174자나 빠져 있었음을 발견했다. 이 민중본은 결국 을유본에서 누락된 40군데 362자 외에 24군데 174자를 합한 64군데 530여 글자가 빠져 있는 것이다. 이는 순전히 빠뜨린 글자 수를 헤아린 것이며, 이 밖의 오자나 탈자도 많았다. 그런데 당시 이 세상에 유포되어 널리 읽히고 있는 『삼대』는 대부분 이 민중본을 대본으로 삼아 조판·교정했을 것이 틀림없으리라 짐작된다. 그렇다면 을유문화사본에서 민중서관본으로 넘어갈 때 앞에서 말한 174자를 빠뜨렸듯이 또 170여 자를 빠뜨릴 확률이 높다. 현실이 이렇다면 530여 글자에 또 170여 자를 합하면 3간본에서는 700여 글자가 빠졌다고 서슴없이 말할 수 있다. 여기에 오자를 더 보태면 그 틀린 글자가 700여 자보다 훨씬 더 많아지는 것이다. 우리는 이런 현실에서 우리의 근대문학 작품을 읽고 또 연구하고 있는 것이다.

앞에서 말한 두 본에서 530여 글자를 빠뜨린 구체적인 실례는 교정 후기에 낱낱이 증거를 대어 설명하고, 그 뒤에 우리가 이런 큰 오류를 범하지 않는 방법을 제시했다. 첫째는 그 원전인 원고를 두세 번이고 반복해 대조해서 한 글자도 빠뜨리는 일이 없어야 한다는 것이고, 둘째는 근대문학 작품을 현대화할 때 제일 중요한 것은 저자가 퇴고하거나 교정에 관여한 초간본을 대본으로 삼고, 한걸음 더 나아가서는 발표 원고나 원전이 있을 경우에는 이 원전을 대조해서 혹시 조판 과정에서 일어날 수 있는 실수를 될 수 있는 대로 제거하는 것이 교정의 요체임을 말했다. 또 지금 여기에 덧붙이자면 소설 문장은 묘사(描寫)가 많기 때문에 일반 논설문과 달라 미묘한 말이 원고 대조를 소홀히 하여 빠질 경우 다시 논리를 따져 복원하기 힘들다. 그래서 소설을 교정보는 일이 쉽지 않은 것이다.

나는 앞에서 말한 과정을 철저히 실천하여(이는 『삼대』 일러두기에 더욱 자세히 나와 있다) 『삼대』 정본을 만들었는데, 이때 신문 연재본을 가지고 두 번이나 대조하는 노력을 기울여 큰 성과를 거두어 ≪서울신문≫ 1993년 6월 9일 자에 염상섭의 대표작 『삼대』가 "정본(定本)으로 다시 탄생"했다는 기사가 내 사진과 함께 실리고, 6월 7일 자 ≪한겨레신문≫에도 "근대 문학작품 제대로 된 '정본' 읽히자"라는 기사가 크게 나기도 해서 나는 교정자로서 더욱 유명해졌다.

24 『녹두장군』

❶

나는 1989년 늦여름부터 송기숙의 장편역사소설 『녹두장군』 1·2 제1부

상·하를 또 나 혼자 편집·교정을 담당하여 10월 25일 두 권을 간행하고, 연달아 1990년 4월 25일 3·4권 제2부 상·하를, 1991년 7월 15일 5·6·7권 제3부 상·중·하를, 1994년 1월 31일 8·9·10권 제4부 상·중·하 3권과 11·12권인 제5부 상·하 2권을 교정·간행해 12권의 대하장편 역사소설 교정을 담당하여 완간한 것이다.

  1989년부터 1994년까지 5년에 걸친 나의 교정 작업이 끝난 것이다. 나는 앞서 김주영(金周榮)의 장편소설 『객주(客主)』 편집·교정 때와 같이 각 부별로 뒤에 낱말풀이를 싣게 했고, 그 낱말풀이는 작가가 스스로 작성했다. 작가는 전남대 국문학과 교수이기도 한지라 스스로 작성했던 것이다.

  작가 송기숙은 참으로 문장을 잘 갈고 다듬는 퇴고꾼이라 나는 수없이 고쳐오는 그분의 원고를 처리하기에 진땀을 흘릴 지경이었다. 그렇다고 작가가 고치는 것을 그만하라고 하는 것도 편집자의 도리가 아닌지라 그대로 감내하는 수밖에 없었다. 그리고 『녹두장군』의 주 무대는 전라도와 충청도인지라 그 지방 농투성이의 사투리와 속어가 수없이 등장하여 이 말의 표기를 맞추느라고 여간 애를 먹지 않았다.

  나는 앞서 송기숙의 장편소설 『자랏골의 비가』와 『암태도』를 편집·교정한 바 있어 이 작가의 언어와 문장에 비교적 익숙해져 있었기에 이 『녹두장군』을 교정볼 때는 문장이 틀린 데를 비교적 수월하게 찾아낼 수 있었다. 작가의 집필을 격려하는 뜻에서 순천시 선암사(仙巖寺)에 있는 객사 별채 집필실을 찾아가서 밤새워 토론도 하고 산책도 하고 정을 쌓기도 하여 형님같이 여기기도 하며 그 황소같이 선한 웃음을 대하고 어려운 한세월을 같이 지내기도 했다. 내가 작가 송기숙을 만난 것은 큰 행운이었다. 그 얼굴을 보는 것만으로도 큰 기쁨이었던 것이다. 나는 술을 마시지 않아 술로 사귀지 않았으나 술친구 이상으로 격의 없이 지낸 분이 작가 송기숙 형이라고나 할까.

❷

　만일 이 송기숙의 『녹두장군』(전 12권)이 불후의 명작이 되었더라면 나도 작가의 덕을 톡톡히 보아 내 이름도 조금은 더 드러났을지 모른다.

　1990년경 나와 집사람, 친구 내외와 그 딸과 같이 남도 일대를 관광할 때 선암사에 들러 송기숙 교수 집필실 별채에서 하룻밤을 지낸 적이 있었다. 그 밤에 송 교수와 같이 선암사 부도밭에 산책 삼아 들러 신호열(辛鎬烈) 선생이 작가 조정래(趙廷來)의 부친 조종현(趙宗玄) 선생의 부탁으로 글을 짓고 또 쓰신 「화엄대종사 금봉공행적비(華嚴大宗師錦峯公行蹟碑)」를 플래시를 비추어가며 둘이서 읽어보았는데, 이때 가톨릭대학 의과 대학생이 된 친구의 딸에게 역사 공부를 시키느라고 열심히 읽어준 것이다. 조종현 선생이 이 비문을 신호열 선생께 받아가던 날 내가 마침 우전 신호열 선생 댁에 있다가 본 것이라 더 정감을 느끼며 읽은 셈이다.

　또 한번은 나와 집사람이 선암사로 송기숙 선생을 찾아뵙고 집필실 객사에서 자고, 이튿날 송기숙 선생과 작별하고 송광사(松廣寺)로 해서 돌아왔는데, 선암사에서 조계산 고개를 넘어 송광사로 가는 길에 쉼터에서 쉬고 있는데 토종 꿀벌이 입술에 붙어 열심히 핥고 다녔다. 나는 옆에서 집사람이 부르는데도 고개를 돌리지도 못하고 꿀 먹은 벙어리처럼 먼산바라기를 하고 있다가 꿀벌이 날아간 뒤에야 말을 할 수 있었다. 이때 내가 벌을 쫓느라고 손으로 쳤더라면 벌에 쏘이는 대형 사고가 났을 텐데 꾹 참고 견뎌서 사고를 모면할 수 있었다. 지금 생각해도 참으로 소름 끼치게 아찔했던 순간이다.

25 『고급한문 해석법』

❶

1994년 9월 15일에 창비에서 간행한 중국의 학자 관민의(管敏義, 관민이)가 지은 『옛책의 표점(標點)을 어떻게 하느냐』를 서울대 동양사연구실에서 번역해 '고급한문 해석법'이라는 제목을 붙여 펴냈다. 이 책을 가지고 강독(講讀)을 주재한 민두기(閔斗基) 교수가 창비에 그 간행을 부탁했으나, 이 책의 편집·교정 실무를 담당할 수 있는 편집 인력이 없으므로 모두 내 눈치만 살피기에 또 할 수 없이 내가 편집·교정 실무를 맡고 나섰던 것이다.

원전의 체제를 살펴보니 영어구문론과 비슷한 체제로 꾸며져 있었다. 한문 문장을 끊어 읽고 문장부호를 넣어 그 해석을 과학적으로 하는 일종의 한문 문법 교재였는데, 문장을 분석한 문례는 『논어(論語)』, 『맹자(孟子)』 등 경서와 『춘추(春秋)』, 『사기(史記)』 등 역사서에서 뽑은 것이 대부분이다. 원서는 문례를 제시하고 이에 문장 분석 표시와 표점을 찍고 이를 설명하는 비교적 단순한 체제이고 페이지도 많지 않았으나, 이를 표점을 찍은 원문을 제시하여 그 제시한 문장을 번역하고 이를 분석하여 해석하는 설명을 하는 이중의 체제는 편집이 그리 간단치 않아 보였다.

이 무렵에는 활자 조판이 사양 산업이 되어가고 전산 조판도 완벽하게 자리 잡혀 있지 않아 나는 활자 조판을 할까 또는 전산 조판을 할까 망설이다가 어차피 전산 조판이 시대의 대세라면 전산 조판으로 이 책을 편집해보겠다고 작정하고, 활자 조판 지식을 최대한 활용하여 문례로 내세운 인용문과 여기에 붙인 문장부호 및 기타 문장 분석 기호가 서로 잘 조화를 이루어 제자리에 한 치의 오차도 없이 일치하도록 그 글자와 기호의 급수를 맞추는 조판 지정을 했던 것이다. 전산 입력자가 짐작으로 맞추는 것을 방지하는 활자 급수로 조판 지정을 해주었던 것이다. 이를 잘 맞추었기 때문에 교정 때 정확한 위치로 문장 분석 기호를 맞출 수 있었던 것이다. 이때 나는 일반 컴퓨터 조판이 아닌 조판 전용 컴퓨터로 이 책을 조판하게 했는데, 활자 조판 지식을 최대한 활용했기 때문에 전산 조판도 그 기본 원리는 같아 시행착오 없이 이『고급한문해석법』을 무난히 낼 수 있었던 것이다. 컴퓨터를 쓸 줄 모르는 내가 편집 원리로 조판 전용 컴퓨터를 잘 활용한 것이다.

❷

이 책의 중국 원서는 그 편집 체제가 매우 엉성했는데, 나는 이렇게 조판 전용 컴퓨터를 활용해 짜임새 있는 책으로 만들고 차례도 원서와 달리 자세하게 꾸며 중국 사람들이 이 책을 보고 오히려 편집을 배울 수 있게 한 셈이다.

나는 이『고급한문해석법』재교지를 가지고 서울대 동양사학과 민두기 교수를 찾아가 교정지를 전달했다. 또 내가 받은 원서 복사본으로는 알아볼 수 없는 데가 있어 원서 책자를 빌려왔는데, 이때 내가 요구하는 교정 사항은 모두 흔쾌히 협조해주셨다. 또 이왕 동양사학과 교수 연구실에 간 김에 같은 과의 고 이홍직(李弘稙) 박사의 아드님인 이성규 교수도 참으로 오랜만에 반갑게 만나보고 오기도 했다.

이『고급한문 해석법』이 나온 후 우리나라 한문학계나 역사학계에서 얼마나 많이 참고하고 있는지 모르겠으나, 이 책에 있는 대로 한문 원전에 표점을 찍어 정리해주면 후학들이 원전을 더욱 쉽게 해독할 수 있을 것임이 틀림없다.

이 책을 만들기 전인 1992년경 언젠가 민두기 교수께서는 회갑 기념 논총을 만드는 폐를 제자나 후배들에게 끼치지 않고 자찬연보(自撰年譜)나 소책자로 만든다고 하여 그 편집 제작을 백영서 교수가 창비 편집부에 부탁했는데, 편집부 담당자가 내게 연보 편집에 대한 자문을 구하기에 편집 체제와 판면 구성을 해주고 또 교정까지 보아 생애별로 단락을 짓고 중간 제목을 달게 하여 딱딱하고 빼곡한 연보를 조금이나마 부드럽게 읽을 수 있게 해드린 바 있었다. 이때도 민 교수께서는 편집자인 내가 의도하는 편집 구성에 흔연히 응해 오셨다.

26__『신채호 역사논설집』

나는 1995년 아직도 창비 편집고문으로 있으면서 2월 6일 현실총서 3 『신채호역사논설집(申采浩歷史論說集)』을 현대실학사 이름으로 간행했다. 이때 현대실학사는 창비가 있던 마포구 용강동 50-1에 출판 등록되어 있었고, 전화도 창비 편집부 전화를 그대로 책에 썼다.

이 『신채호 역사논설집』은 독립운동가 만해 한용운의 『한용운 산문선집(韓龍雲散文選集)』에 이어 독립운동가이자 민족사학자인 단재(丹齋) 신채호(申采浩)의 역사 연구와 역사 논설 및 사회 혁명의 글 또는 문학과 소설까지 뽑아 편역한 일종의 단재 선생 문집인 것이다.

단재의 역사논설집은 5부로 편집되어 있는데, 제1부에는 「독사신론(讀史新論)」과 「조선상고사 총론」을 싣고, 제2부에는 「전후삼한고」, 「조선역사상 일천년래 제일대사건」 등을 비롯한 단재 고대사 연구의 대표적인 논문 8편을 실었다. 제3부에는 「조선 민족의 전성시대」, 「구서간행론(舊書刊行論)」 등 6편의 논설을 싣고, 제4부에는 「일본의 큰 충노 세 사람」, 「조선혁명선언(朝鮮革命宣

言)」등 16편의 사회에 대한 발언과 혁명을 고취하는 평론을 싣고, 제5부에는 「천희당시화(天喜堂詩話)」와 소설「용과 용의 대격전」등 4편의 문학적인 글을 실었다. 또「단재 신채호 선생 연보」를 작성해 부록으로 싣고 색인도 자세하게 달아놓았다.

나는 단재 선생의 역사논설집을 편집·교정하여 그 차례를 가지고 벽사 이우성 은사님께 서문을 써주십사고 간청을 드렸더니, 글쓰기에 오래 뜸을 들이시던 선생님께서도 나의 급한 사정을 아시고 서문을 금방 써준 덕분에 이 책을 차질 없이 낼 수 있었다. 이 서문에서 몇 구절을 뽑아 인용해 이 책의 가치를 드러내야겠다.

…… 60년대에서 70년대로 접어들면서 민족주체성에 관한 논의가 일어나고 주체의식의 선명도에 따라 우리 근대문화에 대한 종래의 인식이 많이 달라져 왔다. 이리하여 문학에서 만해 한용운, 사학(史學)에서 단재 신채호가 뚜렷이 부상(浮上)하게 되었다. 그 동안 한쪽 구석에 밀려나 있었던 두 분의 문학작품과 사학업적(史學業績)이 문단과 학계의 중심의 위치로 등장한 것이다. 따라서 우리의 근대문학·근대사학은 이제 새로운 성좌(星座)를 얻어 그 광망(光芒)을 우러러보는 동시에 훌륭한 전통, 올바른 전통을 가질 수 있게 된 것이다.

요즘 만해와 단재를 추앙하는 것이 시대조류를 이루다시피 되어 있어, 만해상(萬海賞)·단재상(丹齋賞)의 행사가 각광을 받고 있기도 하다. 그러나 두 분의 저작을 옳게 읽고 깊이 이해하는 사람이 많다고 여겨지지 않는다. 그것은 다른 까닭도 있겠지만 두 분의 저작이 모두 전집의 형식으로, 많은 양이 한데 묶여져 있어서 독자들에게 무거운 부담을 주었다는 것도 중요한 이유일 것이다.

이번에 현대실학사 정해렴 씨가『단재신채호전집』에서 그 정수(精粹)를 가려 뽑아 한 책으로 만들어 세상에 펴려고 한다.…… 이로써 누구나 손쉽게 단재선생의 사상(思想)과 절조(節操)와 지상(志尙)을 살피고 연구하는 데에 거의 모자람이 없을 것이다.…… 그의 안식(眼識), 그의 솜씨에 의해 만들어진 이 책들이 우리 선학(先學)의 정신을 되살려, 지금 흐트러진 이땅의 사회기풍을 바로잡는 일에 일조가 되기를 바라 마지않는다.

❷

나는 이『신채호 역사논설집』을 편역하면서 현대 독자들이 단재 선생의 정신에 좀 더 쉽게 접근할 수 있도록 1910년까지의 저술이나 논설은 번역하여 싣고, 1911년 이후의 저술이나 논설은 고어 투와 한 글자로 된 부사어나 수식어 등의 한자말을 우리말로 고치되, 될 수 있는 대로 원래 문장의 흐름을 살리려고 노력했다. 또한 번역을 한 것도 단재 선생의 문투를 살리려고 노력했고, 여기 실린 글의 초고의 원전을 곧 발표 지지(紙誌)를 찾을 수 있는 것은 모두 찾아 원전 대조를 철저히 해서 부사어나 조사의 한 글자도 빠뜨리지 않으려고 했다. 따라서 현대 표기본의 원전이 될 것임을 자임한다.

제3부에 실린「한국의 제일호걸대왕」은 발표 원문과 대조하여 전집에서 누락시킨 구절을 보완하고, 제5부의 소설「용과 용의 대격전」은 한길사 간행의『신채호』(安秉直 엮음)에 실린 것을 대본으로 삼아 조판하고 전집에 수록한 것과 동광출판사의 신채호 소설집『꿈하늘』에 실린 것을 참조하여 교정을 보아 완벽하기를 도모했다.

이제『신채호 역사논설집』과『한용운 산문선집』을 발행하여 두 독립운동가와 역사가의 민족 독립 정신과 민족 사학 정신을 현대인들이 계승할 수 있게 되어 나도 편집·교정자에서 고전 편역자로 한 단계 발전할 수 있는 기초를 마련한 셈이다.

나는 편집·교정·편역에 거의 반세기에 걸쳐 종사하고 또 출판사를 경영하여 '현실총서' 34권을 발행하고 또 한국고전소설선집 16권을 편역·교주하여 거의 발행할 단계에 있는지라 민족주의 역사가로서의 단재 신채호 선생의 사학(史學) 정신과 학설을 초들기보다는 단재 선생이 선각자로서 우리나라 출판인이 먼저 힘쓸 일에 대해 1908년에 「구서간행론(舊書刊行論)」을 써서 제기한 문제를 인용해볼까 한다.

서점 주인이 된 이가 구서(舊書)의 모아오는 것만 잘 모아두어도 그 가운데 쓸 만한 것이 많을 것이니, 이를 정신 차려 가려서 순서대로 간행하면 또한 국민의 앞 길이 행복할 것이다.
만일 국내 학자가 배출되어 역사·전기(傳記)로 을지문덕(乙支文德)·연개소문(淵蓋蘇文)의 인물을 묘사하며, 윤리·수신으로 조광조(趙光祖)·이황(李滉)의 언행을 편찬하며, 기타 선유(先儒)·선철(先哲)의 옛책에서 모든 정화(精華)를 찾아서 본국 정치사·풍속사·학술사·문학사 등 일체 신서적을 저술한 뒤에는 옛책이 흩어져 잃어버리도록 내버려두어도 옳거니와 오늘날에 옛책이 다 없어지면 4천년 문명이 쓸려버릴 것이니, 방심할 새가 없는 것이 옛책 보전의 길이다.
보전의 길은 무엇인가. 간행이 그것이다. 간행하는 사람은 누구인가. 각 서점의 주인이 그들이다. 생각해 볼 것이다.

여기서 단재 선생이 말한 서점은 오늘날의 출판사인 것이다. 내가 단재 선생의 이 말씀에 감히 덧붙여 말한다면, 우리나라 한문 고전을 정리·간행할 뿐만 아니라, 한 걸음 더 나아가 그 가운데 우리 민족의 피가 되고 살이 되는 중요한 저술은 이를 알기 쉽게 번역하여 현대 독자가 누구나 다 읽을 수 있도록 해주어야만 학자나 출판인이 그 임무를 다하는 것이라 하겠다.

27 『실시학사산고』

1995년 5월 30일 창비에서 은사이신 이우성 박사님이 한국학의 저변(底邊)에 관해 쓰신 논설과 서·기(序記)·비문(碑文)·잡문(雜文)을 편집한 문집인『실시학사산고(實是學舍散藁)』를 내가 편집·교정해 간행했는데, 이 문집도 또한 내가 아니면 그 교정 실무를 감당할 이가 없어 또 나선 것이다.

나는 앞서『한국의 역사인식』상·하를 편집·교정할 때 그 편자의 한 분인 은사님을 학교 졸업 후 10여 년 만에 다시 뵌 이후『역주 목민심서』를 편집·교정하면서 원문 교정을 볼 때 의문이 나는 부분은 박사님께 여쭈어보고 고치면서 10여 년 세월을 줄곧 모시면서 가르침을 받았다. 1982년 8월에 발행한『한국의 역사상』을 내가 편집·교정해 간행해드리고 나서 또 이 문집(文集)을 교정하게 된 것이다. 나는 선생님의 주요 저서를 또 내 손으로 편집·교정해 드리게 된 것이다. 그리고 나는 선생님께서『교역신라사산비명(校譯新羅四山碑銘)』을 낼 때도 그 편집 체제를 자문해드리고 원문 교주본으로만 내려는 것을 번역도 해서 실어야만 그 교주한 보람이 살아날 것이라고 강력히 요청해 이 최치원(崔致遠)의 '사산비문(四山碑文)'의 번역문을 현대 독자들이 읽을 수 있게 된 것이다. 만일 원문 교주만 정리해 책을 내었더라면 전문가 몇 분만 보고 말 것을 번역을 해서 실었기 때문에 현대의 우리가 '사산비명'을 읽을 수 있게 되었다.

이『실시학사산고』를 편집할 때 제3부 비문은 그대로 보여주려고 다른 논설이나 잡문과 달리 국한문 병용의 체제로 편집하여 비문의 형식을 보여주려고 했는데 이는 불가피한 선택이었다.

이『실시학사산고』를 편집·교정하고 난 이듬해 창비를 정년퇴직하고 나서 마포구 공덕동에 현대실학사 사무실을 차리고, 본격적으로 책의 편역 작업을 시작하게 되었다.

28__『고향』

❶

　나는 1995년 말경 창비에서 정년 퇴임을 하는 과정을 밟아 퇴임 행사를 하게 되었다. 회사에서는 어쨌든 내가 정년 퇴임한다는 것을 만천하에 밝히고 싶어 나의 퇴임식 자리를 마련한 듯하다. 이 퇴임식에는 벽사 이우성 박사가 참석하여 축사 겸 격려사를 해주고, 지식산업사 김경희 사장이 우정 출연을 해 이른바 축사를 하며 격려해주었다.
　이 행사 후로도 나는 편집고문으로 그대로 창비에 근무했으나 어쨌든 퇴임식을 한다고 날짜가 정해져 있어 30여 년 이상 편집·교정에 종사하며 쌓은 경험을 조금이나마 창비 편집부에 전하고 싶어 특히 문학전집의 장편소설 정본(定本)을 만드는 방법을 전수해주고 싶어 한 달가량 이기영(李箕永)의 장편소설 『고향(故鄕)』 교정 상태를 분석하여 이를 실례로 삼아 퇴직 강의를 하려고 준비했던 것이다. 이왕에 내가 정본을 만들었던 염상섭(廉想涉)의 『삼대(三代)』나 홍명희(洪命憙)의 『임꺽정』 교정 자료를 가지고 해도 되겠으나 너무 성의 없는 일이라 『고향』을 교정해 강의 자료로 삼고 앞으로 이 작품의 정본을 만들 기본자료로 삼으려 했다. 이때 내가 텍스트로 삼은 『고향』은 1991년 10월 20일 펴낸 도서출판 풀빛판이었다. 이 풀빛판은 1948년 아문각 발행의 제5판(1938년 초판)을 저본으로 삼았다고 하며 조선일보 연재본도 참고했다고 한다.
　나는 이 풀빛본을 가지고 초고본인 신문 연재본과 초간본을 대조해 교정 상태를 점검해서, 우리가 문학 작품을 교정할 때 그 교정 과정을 소홀히 하면 얼마나 많은 잘못을 범할 수 있다는 통계를 만들어, 이를 방지할 수 있는 방법론을 구체적으로 강의하려 했던 것이다.

❷

내가 강의 자료로 삼기 위해 연재본과 초간본을 대조해 풀빛본을 교정해보니, ① 문장이 빠진 곳이 66군데 968자나 되고, ② 어휘가 빠져 있는 곳이 85군데 147자나 되어 이를 합치면 151군데 1115자나 빠져 있었다. 그리고 기타 오자나 띄어쓰기가 잘못된 것은 이루 말할 수가 없었다. 아마 1000군데 이상일 것이다. 이『고향』본문이 553면인데 면마다 글자가 빠지거나 틀린 곳이 4~5개나 된다고 할 수 있다. 지금 이 텍스트를 다시 펼쳐보니 초교도 제대로 보지 않은 것 같았다. 아마 일본의 편집 교정자나 문학 연구자가 이 사실을 안다면 한국을 출판 후진국이라고 서슴없이 말할 것이다. 그래도 우리는 무어라 변명할 여지가 없을 터이다.

나는 이 자료를 가지고 구체적인 표를 만들어 창비 편집부 직원에게 우리나라 당시의 문학작품 출판 실태를 알리고 정본을 만드는 방법을 알려주었다. 당시 편집부 직원 일부만 내 퇴직 강의를 들었는데, 이런 사실을 듣고도 무덤덤했고 내가 빠진 문장이라고 제시한 것을 꼭 믿을 수가 없다는 눈치였다.

이때 내 강의가 후일 창비에서 문학 전집을 만들 때 얼마나 참고가 되었는지 나는 모르겠다. 그러나 나는 오늘날도 우리나라 근대문학 작품의 문학 전집을 만들 때는 곧 이광수(李光洙)의『흙』이나『무정(無情)』으로부터 1950년대까지 나온 문학사에서 길이 전할 만한 명작(名作)은 초고본(신문이나 잡지에 실린 원본)이나 초간본을 반드시 정밀히 대조해보아야만 빠진 문장이나 단어가 없어질 것이며 글자를 잘못 판독할 염려도 없을 터이다. 또 현대 맞춤법으로 고칠 때도 조심조심해서 경솔히 잘못 고치는 일이 없어야만 문화를 올바로 정확히 계승한다고 할 수 있을 것이다.

29 『역주 백호전집』

❶

　창비에서는 1997년 1월 15일 백호(白湖) 임제(林悌)의 『역주 백호전집(譯註白湖全集)』 상·하 2권을 신호열(辛鎬烈)·임형택(林熒澤) 공역(共譯)으로 발행했는데, 상하권 모두 1124면이나 되는 대작이었다.
　이 『역주 백호전집』은 원래 신호열 선생께서 그 전집의 번역을 맡아 하시다가 다 끝내지 못하고 작고(作故)하시는 바람에 그 뒤를 임형택 교수가 이어 완성하고, 또 우전 선생이 번역해놓은 부분도 다시 대부분 개역(改譯)하거나 교열하여 그 원고가 창비로 넘어왔다. 개역한 원고가 복잡하기는 이루 말로 다할 수 없는 지경이었다. 아마 현재의 편집·교정자에게 이런 원고를 넘겼다면 두 손발을 다 들고 도망쳤을 것이다.
　나는 또 할 수 없이 이 전집의 편집·교정을 떠맡았는데, 이 전집 교정이 창비에서의 마지막 작업이 되었다. 이에 앞서 1983년 우전(雨田) 신호열 선생의 고희 기념 논총을 창비에서 해드린 것은 그 당시 선생이 강독하고 있던 『연암집(燕巖集)』과 『열하일기(熱河日記)』를 창비에서 내고 싶다는 염원 때문이었는데, 우리의 염원을 이루지 못하고 우전 선생이 1993년 작고하시는 바람에 큰 아쉬움이 남았던 것이다. 이 아쉬움을 조금이나마 달래고, 또 우전 선생께서는 자부심이 대단해서 자신의 글을 함부로 고치지 못하게 하신다는데, 그 긍지를 접해 공부하고 싶다는 욕구도 생기고 해서 이 『역주 백호전집』의 편집·교정 일을 떠맡았던 것이다. 한편으론 앞으로 창비에서 이런 문집이나 문학작품 번역 사업을 개척하려면 이 전집을 편집·교정해봄으로써 올바른 방향을 잡을 수 있지 않을까 하는 바람이 있어서이기도 했다.

❷

　『역주 백호전집』 번역 원고는 그 복잡하기가 이루 말할 수가 없어 현재의 편집·교정자가 보면 도망쳤을 것이라고 했다. 나로서도 어떻게 편집·교정해야 좋을지 처음에는 엄두가 나지 않았다. 그러나 이왕에 하기로 한 일이라 원고 교정을 하고 편집을 하여 전산 조판에 넘겼는데, 조판하기가 까다롭고 또 한문 원문이 많아 조판 전용 컴퓨터로 조판을 하게 했다. 한자(漢字)나 한문(漢文)이 많이 쓰인 원고는 수십 년 된 문선공(文選工)도 다루기 힘든데, 이를 전산 조판 하려니 그 고충이 얼마나 많았겠는가. 온갖 난관을 극복해가며 편집·교정을 하고 천신만고 끝에 거질을 간행할 수 있었다.

　이 전집에 나온 시 번역문과 원문을 뒤에 2단으로 붙인 체제는 내가 판면 구성을 한 것인데, 지금 보아도 한시 번역 체제로는 어떤 모범을 보인 듯하다. 이후 나는 이 편집 체제를 애용(愛用)해오며 현재 입장에서 보아도 시를 잘 감상할 수 있는 간명하고 참신한 체제라고 생각한다.

　아무튼 그 복잡했던 번역 원고를 간명한 체제로 판면을 구성하여 언제 보아도 생소하지 않은 편집 체제를 만들어 우리나라 출판 편집계에 한 모범을 보인다는 생각으로 임했으나, 뒤에 이 전집 체제를 얼마나 귀감으로 삼아 편집에 활용했는지는 모르겠다. 나도 이『역주 백호전집』편집·교정을 끝으로 창비를 떠나고 창비에서도 더는 이런 고전 번역 출판을 하지 않아 내가 개척한 이런 편집 체제가 더는 쓸모가 없었으니 안타까울 뿐이다.

　또 이 전집에는 65면에 이르는 색인(索引)이 붙어 있는데, 이는 교정지 색인 사항에 내가 밑줄을 치고 편집부 직원 2명에게 컴퓨터로 작업을 하라고 하여 나중에 합쳤는데 컴퓨터 색인 프로그램이 아직 정돈되지 않고 또 작업자의 미숙으로 시행착오를 하며 2명이 일주일 이상 걸려 내가 색인 카드를 써서 수작업으로 분류해 작성하느니만 못했다. 그때까지는 컴퓨터의 편리함이 색인 작업을 하는 데 활용되지 못했던 것이다.

지금 이 『역주 백호전집』을 넘기다 보니 그 번역문을 다듬고 어떤 용어는 풀어 써도 좋았을 텐데 하는 마음이 들기도 한다. 그러나 당시로서는 복잡다기한 원고를 단어를 빠뜨리지 않고, 또 임형택 교수 필체를 제대로 해독하여 교정보기에도 겨를이 없었으리라는 생각이 나기도 했다.

나는 앞서 1992년에 낸 임형택 교수 편역의 『이조시대 서사시(李朝時代敍事詩)』 상·하 2권을 편집·교정하면서 시를 어떻게 번역하는지를 조금 공부하고, 또 이 『역주 백호전집』에서 우리나라 한시 번역의 대가라는 우전 선생의 한시 번역 방법을 또 공부하고, 그리고 임형택 교수가 우전 선생의 번역을 개역(改譯)한 것도 살펴보았기 때문에 훗날 내가 『다산시정선(茶山詩精選)』 상·하 2권을 편역할 수 있는 공부를 이 전집을 편집·교정하면서 톡톡히 한 셈이다.

30 _ 『18세기 조선 인물지』

1997년 8월 16일 창비에서는 이규상(李奎象)이 지은 『18세기 조선 인물지[幷世才彦錄]』를 간행했는데, 이는 민족문학사연구소 한문 분과에서 번역한 것으로, 번역 참가자는 임형택(林熒澤) 교수를 비롯한 14명의 교수와 강사들이었다. 이때 나는 1996년에 창비에서 정년퇴직하고 공덕동에 현대실학사 사무실을 차리고 『김태준문학사론선집(金台俊文學史論選集)』을 편역·교정하고 있을 때이다.

창비에서는 한국학 관계의 이런 고전 번역책을 편집·교정할 편집자가 없어 나더러 이 책을 편집·교정해달라고 하여 할 수 없이 이 일을 담당했던 것이다.

나는 이 『18세기 조선 인물지』를 편집·교정하면서 한문 원문은 '교주 일러두기'를 마련하여 이 일러두기에 있는 약자나 속자·고자(古字) 등을 정자(正字)로 고치는 원칙대로 정리하여 원문을 표준화해 교정하고, 이 인물지에 등장하는 한국 인물을 「병세재언록 인명 해설」을 따로 마련하여 주(註)로 달렸던 것을 형식을 통일하여 이리로 옮기고, 주로 달려 있지 않았던 인물은 대부분 내가 해설했는데, 이 인명 해설이 53면이나 되었다. 번역 원고에 나온 대로 처리해도 될 것을 이 책의 체제와 품격을 높이려고 나는 많은 시간을 들여 이렇게 꾸민 것이다. 내가 편집 체제를 정했기 때문에 본문은 그 체제가 매우 단순해져 독자가 읽기 편해지고 주가 최소한으로 줄어들었던 것이다. 그렇지 않았으면 번역문보다 주의 면수가 더 많아 본문을 읽기가 몹시 번거로웠을 것이다.

번역문을 교정볼 때는 원문과 일일이 대조해가며 교정하고 빠진 구절이나 잘못된 번역을 바로잡으니 원문도 정돈되어 현대 독자가 읽기 쉽게 되었다. 이 책은 모두 412면이나 되는데 번역문은 244면에 그치고, 원문과 인명 해설, 색인이 168면이나 된다. 이 부록에 해당하는 부분은 역자보다는 편집·교정자의 시간과 노력이 많이 투입되어 이루어진 부분이다.

이 『18세기 조선인물지』를 편집·교정할 때 민족문학사 연구소에서 그 실무를 담당했던 분이 지금 부산대 김승룡(金承龍) 교수로 내게 교정지와 자료를 전하면서 나의 편집·교정 방법을 넘겨다보다가 뒤에 현실총서 13 『송도인물지(松都人物志)』 원고를 가져와 그 간행을 상의하는 바람에 내가 이를 편집·교정·간행을 담당해주기에 이르렀던 것이다.

31_ 창작과비평사를 떠나다

❶

앞에서 말한 대로 나는 1995년 말경 창작과비평사에서 형식상으로는 정년퇴직이라는 퇴직 행사를 치렀다. 이는 회사 직원의 정년을 만 55세로 잡아놓은 규정을 시행한다는 명분 때문이었다. 원래 55세 정년은 '노조'가 생길 때 만든 규약이었다. 이 규약이 만들어졌을 때 내게는 적용될 것이 아니라고 하면서, 정 선생은 선생이 그만두고 싶을 때까지 있을 수 있노라고 했는데, 이런 퇴직 행사를 마련하여 사회에 공지(公知)해 신문에도 보도가 된 것이다. 연길에 계시던 소설가 김학철(金學鐵) 선생께서도 신문 기사를 보시고 의분(義憤)에 차서 창비가 이런 처사를 할 수 있느냐고 하는 엽서를 내게 띄우셨던 것이다. 퇴

왼쪽부터 염무웅 선생, 김학철 선생, 신경림 선생, 필자

직 행사를 하고 나서 회식까지 했는데, 이 회식 자리에는 고은 선생을 비롯하여 채현국 선생 등도 참석해 이제 꼼짝없이 퇴직 절차를 마친 셈이다.

나는 퇴직 행사까지 치르고서도 여전히 창비에 출근해 편집·교정 실무에 종사하면서 나날을 태연히 보내고, 신호열·임형택 편역 『역주 백호전집』 상·하권을 편집·교정하면서 지내고 있었다. 결국 내가 이렇게 등을 떠밀어도 나가려는 기색이 없자 이듬해 가을인가 겨울 초입에 이제는 그만두어야 하겠다고 통고하는 것이었다. 사실 나는 이때까지도 퇴직 후에 대한 아무 대책도 마련하지 못하고 있었다. 그렇다고 비대발괄할 수도 없어 창비에 대한 미련을 일단 접었다. 하는 수 없이 공덕동 풍림오피스텔에 현대실학사 사무실을 1997년 11월경에 구해 광진구에 출마했다가 낙선한 박석무(朴錫武) 전 의원과 또 박이엽(朴以燁) 선생 이렇게 셋이서 지내며 현대실학사의 현실총서를 본격적으로 편역·간행하기 시작한 것이다.

이 공덕동의 풍림오피스텔은 파주출판도시에 가입해 그동안 불입했던 돈을 담보로 잡혀 융자받고 창비에서 받은 약간의 퇴직금을 보태 장만하여 월세 없이 쓸 수 있었기에 조금은 안심하고 현실총서를 편역·간행할 터전이 된 것이다. 은행에서 융자받은 돈은 출판도시에서 탈퇴하며 받은 돈으로 갚을 수 있었고, 또 창비에서 국민연금 내던 것도 일시금으로 받아 우선 급한 대로 사무실을 꾸려갈 수 있었던 것이다.

제5부

편집인으로 홀로 서다

현대실학사

© 변영욱

10여 년의 세월을
다산과 함께하다

●

1996~2008년

❶

　나는 천성적으로 눈치를 잘 볼 줄 모른다. 그저 내가 하는 일을 충실히 잘하기만 하면 탈이 없으려니 하고 맡은 일을 정성스레 하기만 했다. 이렇게 사회생활 30여 년을 아무 탈 없이 잘 버텨왔다. 그러다가 창비 생활 20여 년 막판에 눈치 없이 창비에서 그래도 중요하게 할 일이 남아 있으리라고 혼자 생각하고 태연스레 오만한 마음을 가지고 있다가 물러나게 된 것이다. 하기 좋은 말로 물러났다고 하지만, 실제로는 등 떠밀려 밀려난 것이다. 이젠 창비에서 내가 쓸모없어진 것이다.
　이렇게 창비에서 쓸모가 없어졌으나 그래도 나는 내가 우리 문화에 보탬이 될 수 있다고 그야말로 처절하게 몸부림치며 현실총서 편역주에 불철주야(不撤晝夜), 한서불관(寒暑不關) 혼신의 힘을 다한 것이다. 그리하여 2016년 현재 현실총서 34권을 편역할 수 있었던 것이다. 어찌 보면 창비에서 나가라고 하지 않았다면 그저 안일하게 남의 저술이나 편집·교정해주며 편집·교정 생활을 마감했을 듯싶다. 창비에서 안일하게 보내지 말라고 누가 내게 채찍을 가한 셈인지도 모르겠다.

❷

나는 공덕동에 사무실을 차려놓고 현실총서를 편역·간행하는 한편으로 창비에 있을 때 마무리하지 못한 '역주 백호전집'을 끝내고, 또 앞에 말한 『18세기 조선인물지』를 아르바이트로 편집·교정해주었으며, 유홍준 교수의 『완당평전』 3권을 교정보아 얻은 돈으로 생활하고, 유 교수가 태평양학술문화재단에서 『한국의 차 문화 천년』 1·2·3의 편찬·역주 연구비를 주선해주어 이를 호구(糊口)로 삼는 한편 박태원(朴泰遠) 번역의 북한판 『삼국지연의(三國志演義)』를 교열해주면서 오늘날까지 근근이 살아올 수 있었다.

이 박태원 번역의 『삼국지연의』는 어쩐 일인지 내가 교정을 보아준 것이 오래 지났는데도 아직 간행되지 않았다. 나는 이 박태원 번역을 교정보면서 중국 문학을 전공한 이에게 원문과 대조하게 하여 잘못 번역하거나 혹시 빠뜨렸을지도 모를 문장을 찾아내게 했는데, 이렇게 대조를 하다가 북한판에서 빠진 제갈량(諸葛亮)이 발명·설계하여 제작한 목우(木牛)·유마(流馬)의 구체적인 설계도 설명 부분을 발견해 이를 번역하여 넣게 하고 나서 내가 다시 교열·수정했고, 등장인물을 해설하게 하는 한편 전투 지도를 그려 넣게 했다. 그리고 또 이를 교정보다가 몇몇 인물의 성명 독음을 바로잡기도 했다. 우리 모두가 그동안 무심히 보아 넘겼던 잘못을 바로잡은 것이다.

1 __ 『다산논설선집』

❶

나는 박석무 전 의원과 같이 1996년 1월 15일 다산 정약용의 논설(論說)과 의(議)·차자(箚子)·계(啓), 대책(對策)·책문(策問)·상소(上疏)와 기타 원문(原文)·변문(辨文)을 골라 편역하여『다산논설선집(茶山論說選集)』을 현실총서 4로 현대실학사에서 간행했다.

이『다산논설선집』은『여유당전서』시문집에 실려 있는 여러 글 가운데서 역사성·현실성·실용성·개혁성이 있고, 다산의 근대 지향적인 실학 정신이 잘 드러난 논설문들을 가려내서 '다산학'의 기본 교양서로 엮었는데, 차례를 5부로 나누었다.

제1부 논·설(論說)은 다산이 지은 논(論) 33편 가운데서 26편을 뽑고, 설(說) 19편 가운데 3편을 골랐다. 이 가운데 더 중요한 것을 해설하자면「토지제도 개혁의 방향[田論]」은 다산이 38세 때(1799년) 곧 곡산부사(谷山府使) 시절에 작성한 것으로 토지 제도에 대한 다산의 구상이 명확히 드러난다.

「신무기의 개발[軍器論]」은 군비(軍備) 유지·보수의 허구성을 지적하고 예산을 낭비하지 말고 새로운 무기를 개발하여 장차 일어날 국난에 대비하자는 글로, 오늘날도 다산의 주장은 금과옥조(金科玉條)로 삼을 만한 것이다.「신기술 도입에 대하여[技藝論]」는 과학기술의 중요성과 오늘날 우리가 선진국의 과학기술을 도입하면서 겪고 있는 장애를 200년 전에 벌써 예견(豫見)한 탁견이다.

「맥과 오장육부의 관계[脈論]」는 한의학(漢醫學)에서 맥만 짚어보고 내과의 질병을 진단해내고 사람의 운명도 점쳐낸다는 허위를 파헤치고 있으며,「사람의 용모에 대하여[相論]」는 관상(觀相)의 허구성을 분석했고,「풍수 신앙의 허구성

[風水論]은 이른바 명당(明堂)이라는 무덤 자리의 허구성을 낱낱이 지적했다.

「참된 선비와 고루한 선비[俗儒論]」는 진정한 선비라면 문무(文武)와 경세를 두루 갖춰야 한다는 것이며,「서얼 차별의 폐지[庶孼論]」는 적서 차별의 폐지에 대한 역사적 타당성을 주장했다.「아전제도의 개혁[奸吏論]」은 아전의 부정을 제도적으로 봉쇄할 수 있는 방법론을 제시해 근대적인 관료제의 기미가 엿보이며,「감사가 제일 큰 도적이다[監司論]」는 감사의 횡포를 소설적 기법으로 묘사한 글이다.

「종두법에 대하여[種痘說]」는 천연두 예방법을 기술해놓은 것으로 근대적인 우두법이 생기기 전에 벌써 과학적인 천연두 예방법을 논한 글이며,「화성의 성곽제도[城說]」는 수원성(水原城: 華城)의 규모와 쌓는 방법 및 기구를 논한 것으로 다산이 논한 방책을 써서 수원성을 쌓을 때 많은 예산을 절감했다고 한다. 이 논설은 1792년 겨울 아버지 정재원(丁載遠)의 상중(喪中)에 어명(御命)으로「기중총설(起重總說)」과 함께 지어 올렸으며,『화성성역의궤(華城城役儀軌)』에 어제(御製)로 실려 있다. 다산 실학을 가늠할 수 있는 대표적인 논설이다.

제2부 의(議)·차자(箚子)·계(啓)는『여유당전서』에 실려 있는 의(議) 10편 가운데 9편, 차자 4편 가운데 2편, 계 6편 가운데 2편을 골랐다. 다산이 12년 동안 관직에 있으면서 체험한 것을 토대로 국가 제도의 개혁과 정비에 대해 정조 임금에게 올린 글로서, 당시의 불합리한 제도를 개혁하는 데 초점을 두었다.

「호적제도에 대하여[戶籍議]」는 다산이 곡산부사를 지내고 나서(1799년) 쓴 것은 확실하나 언제 썼는지는 분명치 않다. 현대에 시행하고 있는 인구 조사의 개념이 내포되어 있으며,「군포제도의 개혁[身布議]」도 곡산부사를 지내고 나서 쓴 것인데, 군포(軍布)를 특수한 예외를 제외하고 15세 이상부터 60세까지 남정(男丁) 모두에게 징수해야 한다는 군포제도 개혁론이며,「도량형의 표준화와 통일[度量衡議]」은 자·되·저울을 십진법에 따라 규격화해서 통일시켜야 한다는 논의로 오늘날 공업 규격을 정하는 것과 같은 맥락이며,「화폐제도의 개혁[錢幣議]」은 화폐를 튼실하게 만들어 오래 쓰도록 하고, 또 금화나 은화를 만들어 유통시켜야 한다고 제안했다.

「서얼과 지역의 차별을 폐지해야 한다[通塞議]」는 지역과 계층의 차별을 폐지해야 국가의 발전이 이루어진다는 논의이며,「경기암행어사 보고서[京畿暗行御史 論守令臧否啓]」는 1794년 11월에 경기도 적성·마전·연천·삭령 네 고을을 암행하고 아울러 연로(沿路)인 양주목사·파주목사·고양군수의 치적도 염탐하여 해당 고을 수령의 잘잘못을 조사·보고한 것이다. 이때 전 연천군수 김양직(金養直)과 전 삭령군수 강명길(康命吉)의 죄를 논해 처벌하게 했다. 김양직은 지관(地官)이고 강명길은 의관(醫官)으로 정조의 신임을 받았다 한다.

제3부 대책·책문은『여유당전서』에 실린 대책 10편 가운데 6편, 책문 11편 가운데 1편을 뽑았는데, 각과문신(閣課文臣)으로 있으면서 정조 임금이 낸 과제에 대책으로 올린 글로 1789년부터 1791년경까지 지었다. 대책은 임금의 물음에 답하는 글이고, 책문은 문과의 시험 문제에 대한 해답이다.「지리서의 편찬[地理策]」은 1789년 윤5월에 정조 임금이 내각에서 시험 보일 때 수석을 차지한 책문으로 역사지리(歷史地理)에 대한 문답이다.「13경에 대하여[十三經策]」는 1790년 겨울에 정조 임금이 시험을 보인 책문으로 다산 경학(經學)의 출발점이 보인다. 다산은 귀양살이 18년 동안에 이 13경에 대한 탐구를 계속하여 경집(經集) 232권의 방대한 경학 저술을 남긴다.「맹자에 관한 문답[孟子策]」은 내각에 있을 때 시험을 보인 것으로 뒤에『맹자요의(孟子要義)』저술로 연결된다.「문체개혁책[文體策]」은 1789년 11월에 정조 임금께서 시험 보인 대책으로 패사소품(稗史小品)의 문체를 배격하고 있는데, 정조의 문체반정책(文體反正策)과 일정한 관련이 있겠으며,「인재등용책[人才策]」은 과거로 인재를 뽑는 외에 다른 방법으로 또는 지역 차별을 타파하여 인재를 등용하라는 대책이며,「농업진흥책[農策]」은 1790년에 정조 임금이 시험 보인 대책이다. 이 농업에 관한 대

책은 제4부 「농정책에 대한 건의[應旨論農政疏]」로 심화·발전된다.

제4부 소(疏)는 『여유당전서』에 실린 상소 12편 가운데 5편을 뽑았는데 앞의 4편은 반대파에게 모함을 받고 몰려서 올린 사직 상소이며, 「농정책에 대한 건의」는 1798년경 곡산부사로 있으면서 올린 건의문이다. 이 무렵 연암(燕巖) 박지원(朴趾源)도 1798년 면천군수(沔川郡守)로 있으면서 「과농소초(課農小抄)」를 저작해 올린다. 「과거제도 개혁에 대하여」 1·2는 1791년 5월에 사간원 정언(正言)에 임명되자 사양하는 상소로 올린 글이고, 또 10월에 사헌부 지평에 임명되자 사양하는 상소를 올리면서 소과(小科)와 대과(大科)에 대한 개선책을 올린 글이며, 「천주교 관계의 전말을 상소합니다[辨謗辭同副承旨疏]」는 1797년 6월 22일 동부승지에 임명되자 사직 상소를 올리면서 다산이 자신의 신상에 대해 매우 간절히 세세히 정조 임금께 아뢴 유명한 글이다. 이 상소를 올리고 나서 윤6월 2일에 곡산도호부사가 되어 임지로 떠나 선정(善政)을 베푼다. 「사직 상소를 하려 하니 눈물이 앞을 가려[辭刑曹參議疏]」는 1799년 내직으로 옮겨 형조참의가 되었으나, 대언(臺言)으로 이 상소를 올려야만 했다. 다산은 사직 상소를 올리고 7월 26일 체직되었다.

제5부 원(原)·변(辨)은 『여유당전서』에 실린 '원' 7편 가운데 4편, '변' 19편 가운데 7편을 뽑아 실었다. 「오교란 무엇인가[原敎]」는 효(孝)·제(弟)·자(慈)가 곧 오교(五敎)라 하여 실천 가능한 행위 개념으로 재해석한 글이며, 「덕이란 무엇인가[原德]」는 신비적이고 관념적인 중세적 성리론[性理論]을 성(性)과 행(行) 때문에 덕(德)이란 명칭이 있게 되었다는 내용으로 중세를 넘어서는 새로운 실학적 지평을 연 글이다. 「목민관이란 무엇인가[原牧]」는 수령은 백성을 위해서 있는 것임을 강조한 글로, 제1부의 「탕임금의 정통성[湯論]」과 같은 맥락에서 이해할 수 있다. 「김득신의 독서기[金柏谷讀書辨]」는 김득신이 썼다는 「독서기」에 나오는 여러 종류의 책을 몇 번씩 읽었다는 허구성을 분석·비판한 글이며, 「퇴

계의 이발과 율곡의 기발[理發氣發辨]」은 퇴계의 이발설과 율곡의 기발설을 가지고 시비곡직(是非曲直)을 가리는 당시까지의 논쟁이 그릇된 것임을 지적했고, 「기해년의 복제시비[己亥邦禮辨]」는 기해년(1659년) 예송(禮訟)의 당사자인 송시열(宋時烈)과 허목(許穆)의 각기 잘못된 점을 짚어낸 글로 1818년 가을에 유배지인 강진에서 고향으로 돌아와 쓴 글이며, 「신사년 복제시비[辛巳服制辨]」는 1701년 인현왕후가 세상을 떠났을 때 장희빈(張禧嬪)의 상복은 3년복을 입어야 마땅하다는 논리를 편 글이며, 「결부제도의 개혁[田結辨]」은 1823년경에 쓴 글인 듯한데, 우리 토지제도에서 면적이 일정치 못한 비리와 부정의 온상인 결(結)·부(負) 제도를 경(頃)·묘(畝) 제도로 바꿔야 함을 주장한 글이다.

❷

나는 이 『다산논설선집』을 편역할 때 우선 민족문화추진회에서 번역·간행한 『국역다산시문집』 4~9권을 읽으면서 가려 뽑아내되, 북한의 국립문화예술서적출판사에서 나온 『정약용작품선집』과 을유문고 제91권 이익성(李翼成) 편역 『다산논총(茶山論叢)』을 참고했다. 또 편역자의 한 사람인 박석무 편역의 『다산산문선(茶山散文選)』(창비신서 70)에 실린 것을 수록할 때도 그 번역을 수정·보완하기도 했다.

또 『다산논설선집』을 번역할 때는 현대 독자들이 쉽게 읽고 내용을 이해하기 좋게 내용에 알맞은 제목을 새로 달고 중간 제목도 만들어 넣는 한편 고사숙어와 출전 및 용어에 대한 주석을 달았으며, 인명·서명·지명 등을 해설해 권말에 '가나다' 순으로 해설해 찾아보기에 편리하도록 했다. 또 「다산 정약용 선생 연보」를 작성하여 간명한 체제로 편집해놓았다. 그리고 다산학 연구자를 위하여 편역된 원문(原文)을 교주(校註)하여 실었다.

❸

이『다산논설선집』을 편역하느라고 '다산학'을 공부하고 나서야 '진정한 학문'이 무엇인가를 생각하게 되었고, 다산을 통해 '실학의 세계'에 들어가 그 편린이나마 엿볼 수 있게 되었다. 또 앞으로 '다산 실학'의 중요한 저술을 공부하여 편역하는 일에 내 남은 생애를 바쳐도 괜찮겠다고 생각하기에 이르렀다. 나는 다산의 말씀이나 저술 내용을 잘 알아채면『명심보감(明心寶鑑)』이나『채근담(菜根譚)』보다 더 뛰어난 인생의 지침이 될 것이라 여기고 남은 내 인생을 잘 살아갈 수 있으리라 확신하게 되었다.

다산이 1795년 7월 26일 충청도 홍주(洪州)의 금정도찰방(金井道察訪)에 임명되어 외직으로 나갔을 때 지은 「도산사숙록(陶山私淑錄)」과 같이 이『다산논설선집』에 나온 65편의 글을 차분히 읽어보며 다산의 근대적인 사고(思考)를 이해하는 한편, 더 나아간 현재의 우리 사고(思考)를 비교해보며 '다산사숙록(茶山私淑錄)'을 지으면 2, 3권의 훌륭한 저술이 나오지 않을까 싶다. 퇴계 이황과 다산의 시대 차이가 250여 년이고 현대의 우리들과 다산이 저술 활동하던 시대 차이가 200여 년이나 되므로 한번 시도해볼 만하지 않을까 싶다.

2 __ 『다산문학선집』

❶

나는 박석무 전 의원과 같이 1996년 1월 15일 다산 정약용의 서문(序文·敍文), 기문(記文), 제발문(題跋文)과 유사(遺事), 행장(行狀), 묘지명(墓誌銘), 전기(傳

記), 증언(贈言), 가계(家誡), 편지, 기타 잡문(雜文), 잡평(雜評) 가운데서 골라 뽑아 『다산문학선집(茶山文學選集)』을 편역하여 현실총서 5로 현대실학사에서 간행했다.

이 『다산문학선집』은 『여유당전서』 시문집에 실려 있는 여러 산문(散文) 가운데서 문학성, 예술성, 현실성, 역사성이 있고 다산의 문학 정신과 실학 정신이 잘 드러난 글들을 가려내어 다산 문학의 정수(精粹)를 맛보도록 엮었는데, 차례를 7부로 나누었다.

제1부 서(序·敍)는 다산의 주요 저술의 서문과 다른 저서의 서문 및 시첩의 서문 56편 가운데 20편과 서(敍) 20편 가운데 1편을 골랐다. 우리는 여기 실린 서에서 다산의 탐구 정신과 저술 정신을 느낄 수 있고, 또 교우 관계와 실학 정신과 시 정신의 세계를 엿볼 수 있을 것이다. 「목민심서 서(牧民心書 序)」, 「흠흠신서 서(欽欽新書 序)」, 「방례초본 서(邦禮艸本 序)」 등에서는 다산의 대표적인 저술인 1표2서(一表二書)의 실천 정신과 우국애민(憂國愛民) 정신을 깨달을 수 있으며, 「아언각비 서(雅言覺非 序)」, 「소학주천 서(小學珠串 序)」 등에서는 학문 탐구의 기초 방법을 체득할 수 있겠다. 「시경강의 서(詩經講義 序)」, 「악서고존 서(樂書孤存 序)」, 「상례사전 서(喪禮四箋 序)」 등에서는 다산의 경전 연구 방법론과 연구 목적을 살필 수 있고, 「마과회통 서(麻科會通 序)」에서는 다산의 인명 존중의 경건한 뜻이 전해올 것이다. 「팔자백선 서(八子百選 序)」, 「영남인물고 서(嶺南人物攷 序)」에서는 참된 문장 정신과 인간 교육의 중요성을 느낄 수 있고, 「죽란시사첩 서(竹欄詩社帖 序)」, 「국영시 서(菊影詩 序)」 등에서는 다산 초기의 시 세계를 엿볼 수 있다. 「강계고 서(疆界考敍)」에서는 우리나라 국경이 정해진 시말(始末)을 알려주고 국경의 중요성을 자각하게 해준다. 그런데 다산이 봤다는 「강계고」 문서는 규장각도서에도 남아 있지 않은 듯하다.

「이중협시첩 서문」은 1811년부터 1813년까지 강진병마우후(康津兵馬虞侯)

로 있던 이중협(李重協)에게 써준 서문인데, 다산은 이중협에게 『비어고(備禦考)』 일부를 편집해 넘겨주기도 했다. 「봉곡사시 서문」은 다산 초기의 학문 지향점을 엿볼 수 있고, 「이종영 도호부사 부임에 앞서[送富寧都護李鍾英赴任序]」와 「상원군수 윤지눌을 떠나보내며[送尹无咎出守祥原序]」에서는 '목민(牧民)'의 중요성이 누누이 강조되고 있는데, 뒤에 『목민심서』를 편찬·저술한 다산의 속뜻을 느낄 수 있고, 「이기양을 북경에 떠나보내며[送李參判基讓使燕京序]」, 「한치응을 북경에 떠나보내며[送韓校理致應使燕序]」, 「신광하가 백두산 유람길을 떠나기에[送震澤申公光河游白頭山序]」에서는 다산의 실학 정신과 역사의식을 살펴볼 수 있다.

제2부 기(記)는 『여유당전서』에 실린 기(記) 61편 가운데 28편을 가려 뽑았는데, 대체로 「부암기(浮菴記)」, 「취몽재기(醉夢齋記)」, 「일발암기(一鉢菴記)」, 「사의재기(四宜齋記)」를 제외하고는 과거 공부를 시작할 17세(1778년) 때와 벼슬살이를 끝내고 강진으로 귀양살이를 오기 전인 40세 때(1801년)까지 쓴 것으로 다산의 발랄한 기지(機智)가 번뜩이고 있다. 특히 기행문(紀行文)에 해당하는 「자하담범주기(紫霞潭汎舟記)」, 「창옥동기(蒼玉洞記)」, 「곡산 북쪽의 산수[谷山北坊山水記]」는 오늘날 우리가 가볼 수 없는 북녘 땅에 있기에 감회가 더욱 새로울 것이다.

「서석산에 노닐다[遊瑞石山記]」, 「동림사 독서기(東林寺 讀書記)」, 「반학정기(伴鶴亭記)」, 「진주의기사기(晉州義妓祠記)」 등은 다산이 과거에 급제하기 전 아버지의 고을살이를 따라가서 공부하며 유람하던 모습이 드러나고, 특히 「진주의기사기」에는 젊은 시절 다산의 역사 인식이 나타나 있다. 이 기문은 다산이 19세 때인 1780년에 지은 것인데, 촉석루 논개 사당에는 1802년에 지은 것으로 설명되어 있음을 10여 년 전에 본 적이 있어 그 잘못을 알려주었는데 고쳤는지 모르겠다. 「수종사에 노닐다[游水鐘寺記]」는 1783년 소과에 합격하여 득의하던 모습이며, 「매선당기(每善堂記)」는 채제공(蔡濟恭)의 당호를 보고 느낀 감회를 적고,「무호암기(無號菴記)」는 발랄하고 재치 있는 다산의 모습이 보이고,「매심재기(每心齋記)」,「여유당기(與猶堂記)」,「수오재기(守吾齋記)」,「사의재기(四宜齋記)」는 다산과 그 형제들의 당호의 의미를 천착하고 있다. 이 가운데「여유당기」는 다산이 현재 능내 마재 다산 묘소 아래 있는 여유당(與猶堂)을 장차 살아갈 집으로 사서 현판을 달고 기문을 지은 것인데, 원래 이 집은 방현조(傍玄祖) 정도길(丁道吉)이 영조 51년경(1775년경) 채제공이 평안도 관찰사로 있을 때 그 비장으로 따라갔고 그 무렵 그 아들 정수신(丁守慎)이 평양에서 보내준 봉록으로 새로 지은 집인데, 이 집을 다산이 1800년경 장차 고향으로 돌아가려고 사두었던 것이다. 현재 이 집에서 다산이 태어났다고 하는 것은 큰 잘못이다.

「해미남상국사당기(海美南相國祠堂記)」는 다산이 잠시 해미(海美)에 귀양을 가서 남구만(南九萬)의 사당을 보고 옛날의 훌륭한 정승을 사모하는 마음을,「부용정시연기(芙蓉亭侍宴記)」는 정조의 성덕을 기록한 것이고,「조룡대기(釣龍臺記)」는 부여 백마강에 있는 조룡대 전설의 황당무계함을,「규영부 교서기(奎瀛府校書記)」는 박제가(朴齊家) 등과『사기(史記)』를 공부하고 교정하던 모습을 기록했으며,「곡산정당 신건기(谷山政堂新建記)」,「서향묵미각기(書香墨味閣記)」,「부용당기(芙蓉堂記)」,「자하담 범주기(紫霞潭汎舟記)」,「창옥동기(蒼玉洞記)」,「곡산 북쪽의 산수(谷山北坊山水記)」 등은 곡산부사로 있으면서 정사를 베푼 일과 산수에 유람한 일을 기록한 것이다. 특히「곡산정당 신건기(谷山政堂新建記)」는 다산이 곡산 관아 건물을 새로 짓고 나서 쓴 기록으로,『목민심서정선』(현대실학사) 제10부 제3장에 실린「상산부정당 개건일력(象山府政堂改建日曆)」과 함께 읽으면 실학자로서의 다산의 면모를 더 확실히 느낄 수 있게 된다.「임청정기(臨淸亭記)」는 암행어사로 유명한 박문수(朴文秀)가 '임청정'을 사서 '송정(松亭)'이라고 고쳤다는 유래를 밝힌 글이며,「늙은 낚시꾼의 뱃집[苕上烟波釣叟之家記]」은 벼슬에서 물러나와 신유사옥으로 귀양 가기 전까지의 다산의 심경과 처지가 적나라하게 나오며,「임금이 주신 연꽃부채[御賜芙蓉扇記]」는 김홍도(金弘道)가 부채에 그린 그림이 묘사되어 있다.「오객기(五客記)」는 정조의 명으로 지은 글인데, 태평스러운 시대의 정승의 바람직한 모습을 그려냈다.

제3부 제·발(題跋)은 『여유당전서』에 실린 '제' 25편 가운데 6편을, '발' 53편 가운데 16편을 뽑았는데,「한서선에 제목을 쓰다[題漢書選]」는 귀양에서 풀려 돌아온 1819년에 쓴 정조가 마지막으로 다산에게 하교를 내린 장면을 회고한 글로 성스러운 임금과 현명한 신하가 현세에서 이별하는 정경이 그려져 있고,「정경달의 난중일기[題盤谷丁公亂中日記]」는 임진왜란을 당하여 '민중'이 겪은 고초에 대한 기록으로 역사적 교훈을 담고 있다.「겸제원절목 뒤에 붙인다[題兼濟院節目後]」는 곡산부사로 있으면서 그곳에 귀양 온 죄인들을 구제하기 위해 규약을 마련한 경위를 기록했다.「가승초략에 붙이다[題家乘抄略]」는 다산 집안인 '압해 정씨'의 가풍과 가훈을 밝힌 글이고,「소장된 화첩을 보고 나서[題家藏畫帖]」는 집안에 소장된 화첩을 보고 감상한 글로 이상은 모두 '제'에 속한 글들이다.

「수운정첩을 보고 나서[跋水雲亭帖]」는 유성룡(柳成龍)이 남긴 '수운정(水雲亭)' 글씨를 보면서 위인(偉人)의 풍모를 상상하고,「야취첩을 보고 나서[跋夜醉帖]」와 「취우첩을 보고 나서[跋翠羽帖]」는 원교(圓嶠) 이광사(李匡師)의 글씨와 공재(恭齋) 윤두서(尹斗緖)부터 3대에 걸친 해남 윤씨 가문의 화풍(畫風)을 설명한 글이다.「조선지도를 보고 나서[跋恭齋朝鮮圖障子]」와 「조선지도첩을 보고 나서[跋朝鮮地圖帖]」는 공재와 정항령(鄭恒齡)이 그린 조선 지도의 장단점을 비교하고,「황산대첩비를 읽고 나서[跋荒山大捷碑]」는 운봉(雲峰) 황산(荒山)에 있는 태조의 전승비를 읽고서 남도의 관방(關防)으로 운봉과 추풍령이 중요하다는 국방론을 이끌어낸다.「생원론을 읽고 나서[跋顧亭林生員論]」는 중국 생원의 폐단과 우리나라 양반(兩班)의 폐해를 비교했다.「전수기의를 읽고 나서[跋戰守機宜]」는 수원성을 축조하면서 '오성지(五星池)'를 실용성 없이 만든 것을 비판하고, 「만언봉사를 읽고 나서[跋李萬頃封事草]」는 이맹휴(李孟休)의 개혁책을 평가했다. 「해사견문록을 읽고 나서[跋海槎見聞錄]」에서는 일본의 기술에 관심을 표했으며, 「택리지를 읽고 나서[跋擇里志]」에서는 이중환(李重煥) 『택리지(擇里志)』의 경개(梗槪)를 소개했다. 「기년아람을 읽고 나서[跋紀年兒覽]」는 이덕무(李德懋)의 『기년아람(紀年兒覽)』에 대한 서평이며, 「화앵첩에 대하여[跋畵櫻帖]」에서는 남인들의 시맥(詩脈)이 드러난다. 「식목연표에 대하여[跋植木年表]」는 다산의 통계학에 대한 소양과 관료로서의 뛰어난 자질이 유감없이 드러나는 글이다. 「상형고 초본에 부쳐[跋祥刑攷草本]」는 정조의 옥사(獄事) 판결의 정신을 추모한 글이고, 「심경질서에 부쳐[心經疾書跋]」는 성호(星湖) 이익(李瀷)의 저술에 대해 논한 글이다.

제4부 유사(遺事)·행장(行狀)·묘지명(墓誌銘)·전(傳)은 『여유당전서』에 있는 유사 6편 가운데 4편, 행장 2편 가운데 1편, 묘지명 24편 가운데 자찬묘지명(集中本) 1편, 전 5편 가운데 3편을 뽑았는데, 이 글들은 다산의 가족 환경과 씨족 환경, 가까운 이웃의 사회 환경을 다산의 서술을 가지고 살펴봄으로써 다산의 성장 배경을 알아보는 좋은 자료가 된다.

「가승에 덧보탠다[家乘遺事]」는 다산의 13대 할아버지부터 조부까지의 가계(家系)와 그분들의 삶의 자세와 사회적 활동을 전해 들은 대로 기록한 것이다. 「아버님을 회상하며[先人遺事]」는 「가승에 덧보탠다」에 이어서 다산의 아버지 정재원의 인물과 업적을 기술해 남김으로써 자식의 도리를 다한 글이다. 「해좌 정범조의 이모저모[海左公遺事]」는 해좌(海左) 정범조(丁範祖)의 벼슬살이 모습과 청렴하게 살아간 고고한 인품을 묘사한 글이고, 「번암 채제공의 모습[樊翁遺事]」은 조선 시대를 통해 가장 명재상(名宰相)이었다는 채제공(蔡濟恭)의 역사적 업적을 구체적인 자료를 바탕으로, 또는 직접 모시고 겪은 일을 가지고 진술한 글이다.

「셋째아버지의 살아오신 이야기[季父稼翁行狀]」는 「아버님을 회상하며」보다는 골육친에 대한 정감을 부담 없이 따뜻하게 드러내며 셋째아버지 정재진(丁載進)의 살아가는 모습을 통해 한 인간의 진솔한 일생을 그려내고 있으며, 「나의 삶, 나의 길[自撰墓誌銘]」은 「자찬묘지명」이라는 묘지명 형식의 글이지만 현대식으로 부르면 '자서전(自敍傳)'이다. 다산이 남이 평가해주어야 할 자기 생애를 스스로 기록한 뜻은 이 기록을 세심히 읽어보면 알 수 있겠다. 앞의 기록들과 더불어 한 인간이 숱한 고난을 겪으며 이른바 성인(聖人)의 경지에 도달하는 역정(歷程)을 살펴볼 수 있을 것이다. 「죽대선생의 절개[竹帶先生傳]」, 「장천용의 예술[張天慵傳]」, 「이헌길의 인술[蒙叟傳]」 등의 전기는 세상에서 하찮게 여기고 관심 두지 않는 '민중적인 삶'까지도 따뜻한 눈길로 바라보며 가치를 부여하는 다산의 마음을 함께 읽을 수 있다.

제5부 증언(贈言)·가계(家誡)는 『여유당전서』에 실린 증언 17편 가운데 5편, 가계 9편 가운데 3편을 뽑았는데, 이러한 증언이나 가계는 대체로 귀양지 강진의 다산초당(茶山草堂)에서 쓴 교훈적인 글들이다. 교훈적인 글일지라도 고식적이고 의례적인 뜻이 아니고 실학자로서 다산의 면모가 드러나는 감동적인 실천 요목이다.

「영암군수 이종영에게[爲靈巖郡守李鍾英贈言]」는 문산(文山) 이재의(李載毅)의 아들이 영암군수로 있을 때 목민관의 처신에 대해 7가지 사항을 적어준 글이고, 「정수칠에게 당부한다[爲盤山丁修七贈言]」는 반산(盤山) 정수칠(丁修七)에게 학문을 연구하고 인생을 올바르게 살아갈 수 있는 현실적인 방법 23가지를 일러주고 있으며, 「가난을 걱정하지 말라[爲尹鍾心贈言]」는 다산 주인의 아들 윤종심(尹鍾心)에게 가난한 선비로 살아가는 방법을 일러준 경계의 글이다. 「썩은 땅에서 맑은 샘물이 나오라[爲草衣僧意洵贈言]」는 「동다송(東茶頌)」으로 유명한 초의선사(草衣禪師)에게 시(詩)와 선(禪)에 대해 일러준 증언이고, 「문장이란 어떤 물건인가(爲李仁榮贈言)」는 다산이 자신의 문장론을 피력한 글이다. 「아들 학연에게 내려 주는 교훈(示學淵家誡)」, 「두 아들에게 내려 주는 교훈(示二子家誡)」, 「두 아들에게 또다시 내려 주는 교훈(又示二子家誡)」 등은 친구를 사귀는 일로부터 시작해서 세상을 살아가고 학문을 하는 길에 대한 방법을 자애롭되 엄격하게 타이르는 글이다.

제6부 서(書)는 『여유당전서』에 실린 220여 편의 편지 가운데 두 아들에게 보낸 편지 6편, 둘째 형님께 보낸 편지 2편, 기타 친지들에게 보낸 편지 6편 등 도합 14편을 뽑았다. 나는 뒤에 따로 다산 편지 66통을 골라 『다산서간정선』을 편역해 2002년에 펴내기도 한다.

「두 아들에게 부치노라」 1·2(寄二兒/寄兩兒)는 귀양지 강진 노파의 주막에서, 다산으로서는 가장 참담했던 귀양살이 초기에 폐족(廢族)으로서 집안과 인간의 품위를 지키면서 살아나갈 길을 두 아들에게 가르쳐주고, 「학연에게 부치노라(寄淵兒)」와 「학유에게 부치노라(寄游兒)」는 1808년 다산초당으로 거처를 옮기고 나서 "시는 나라를 근심하고 시대를 아파해야" 시라고 할 수 있고, 참다운 독서는 어떻게 해야 하는지를 학연과 학유에게 타이르고, 「두 아들에게 부치노라(寄二兒)」 3은 1816년 6월에 둘째 형님 정약전이 귀양지 흑산도(黑山島)의 한 섬에서 외롭게 돌아가자 그 슬픈 소식을 두 아들에게 전한 글인데, 골육에 대한 정과 지기(知己)로서의 형님에 대한 애통을 피눈물을 흘리며 쓰고 있다.

「둘째 형님께 글월 올립니다(上仲氏)」 1·2는 1811년경 귀양지 다산에서, 흑산도에서 귀양 살고 있는 형님 약전에게 그동안 경전(經傳)을 연구해낸 결과를 알리고 평가를 받는 등 형제가 귀양지에서 서로 의지하고 위로하면서 가족과 세상을 걱정하고 있다.

「목재 이삼환 선생님께(上木齋書)」는 다산이 정조 19년(1795년) 금정찰방으로 있으면서 성호 이익(李瀷) 선생의 저술을 정리하기 위해 목재(木齋) 이삼환

(李森煥)의 의향을 묻는 편지로, 결국 여러 사우(士友)들이 온양 봉곡사(鳳谷寺)에 모여『성호질서(星湖疾書)』일부를 정리해냈다. 이때 정리한 것이『가례질서(家禮疾書)』6권인 듯하다.「인백 강이원에게 보낸다[與姜仁伯履元]」는 술에 취해 크게 실수를 한 윤기환(尹箕煥)이라는 사람을 구제해주려는 냉철하면서도 따뜻한 다산의 인간애가 엿보이는 편지이다. 윤기환은 1789년 진사시에 장원으로 합격한 인물인 듯하다.「공후 김이재에게 보낸다」1·2(與金公厚履載/與金公厚)는 다산이 귀양 살던 1809년 전라도 일대에 큰 가뭄이 들어 백성들이 유망(流亡)하고 있는 참상과 세도정치 8·9년에 나라가 병들고 관리가 부패한 경상을 당국자에게 알린 글이다. 이때의 참상을 그린 제7부「파리를 조문한다[弔蠅文]」는 글과 함께 음미해보면 다산의 애민정신을 더욱 잘 느낄 수 있다.「우렴 여동식에게 답한다[答呂友濂東植]」는 다산이 귀양살이에서 풀려나 고향에 돌아와 있으면서 세태에 대해 풍자한 답장으로, 이후 여동식(呂東植)이 1829년 죽을 때까지 다산과 교유하며 지내고 다산이 그의 만시(輓詩)를 쓰기도 했다.「덕수 김매순에게 답한다[答金德叟]」는 귀양에서 풀려나 대산(臺山) 김매순(金邁淳)과 편지를 주고받으며 '명철보신(明哲保身)'의 참뜻을 구명하고 있다.

제7부 잡문(雜文)·잡평(雜評)은『여유당전서』에 실린 잡문 8편 가운데 4편, 잡평 10편 가운데 2편을 뽑았는데,「부모에게 효도하는 길[諭谷山鄉校勸孝文]」은 다산이 곡산부사로 있을 때 곡산 향교의 여러 유생에게 효를 깨우친 연설이고,「파리를 조문한다」는 1809년 전라도 지방에 극심한 가뭄이 들어 백성이 유망(流亡)하고 이로 인해 많은 백성이 굶어 죽어 시체가 산야에 늘비했는데, 그 이듬해 쉬파리가 극성하자 이를 보고 굶어 죽은 백성의 넋을 위로하기 위해 지은 글이다. 이 글은 제6부의「공후 김이재에게 보낸다」1·2(與金公厚履載/與金公厚)를 깊이 있게 읽어보고 나서 읽어야 할 글이다.「뱀을 쳐 죽여야 하는 까닭을 밝힌다[擊蛇解]」는 다산에서 귀양살이하면서 지은 글로, 뱀을 아전

에 비유해 풍자한 글이다.

「천자문에 대한 평가(千文評)」는, 우리나라에서는 대체로 중국의 주흥사(周興嗣)가 지은 『천자문(千字文)』을 초학 교과서로 쓰고 있었는데, 이에 대한 폐단을 고치려고 『천자문』의 허구성을 지적한 글로, 이를 대체하기 위해 2000자를 가지고 『아학편(兒學編)』을 편찬하고 『소학주천(小學珠串)』을 편하기도 했다. 「징비록의 사행 기록에 대하여」는 유성룡(柳成龍)의 『징비록(懲毖錄)』에 나와 있는 통신사(通信使)에 대한 기록을 보고도, 임진왜란이 일어날 징후를 꿰뚫어 살피지 못한 정사(正使) 황윤길(黃允吉)의 어리석음을 비평한 글이다.

『다산문학선집』을 편역할 때도 『다산논설선집』을 편역할 때와 같이 우선 민족문화추진회에서 번역·간행한 『국역다산시문집』 4~9권을 차근차근 읽으면서 가려 뽑아내되, 북한의 국립문학예술서적출판사의 『정약용작품선집』을 또한 참고했으며, 기왕에 박석무 의원이 번역해 『다산산문선』에 수록한 바 있는 서(書)·증언(贈言)·전(傳) 등은 다시 더 번역을 가다듬어 쓰고, 이 밖에는 민추본의 해석을 참고하면서 현대 독자들이 쉽게 읽고 감상할 수 있도록 다듬고 고치는 한편, 다산 문학 연구자를 위해 원문도 교주(校註)해서 정본(定本)을 만들려 했다.

내가 역량이 모자람을 생각지 않고 용기를 내어 이처럼 『다산문학선집』을 감히 편역해 낼 수 있었던 것은 민족문화추진회 간행의 『국역다산시문집』의 업적이 있었기에 가능했다. 이 '시문집' 번역에 참여한 여러 선학들께 다시 한번 감사를 드린다.

또 『다산문학선집』을 편역할 때는 내용에 알맞은 제목을 새로 달고 글에 따라 중간 제목을 만들어 넣는 한편 고사숙어와 출전 및 용어에 대한 주석을 달았으며, 인명·서명·지명 등을 권말에 가나다순으로 해설해 찾아보기 편리하도록 했다. 그리고 뒷날 참고하기에 좋도록 색인을 자세히 뽑아 실었다.

❸

나는 이 『다산문학선집』을 편역하면서 다산의 문학 정신에 한층 다가설 수 있었고, 실학 정신도 더 깊이 이해하게 되어 문학과 예술을 좀 더 폭넓게 이해하고 바라볼 수 있게 된 셈이다. 결국 나는 '다산학'을 공부하면서 '진정한 학문'이 무엇인가를 조금이나마 알게 되었고, 다산의 문학 작품을 심도 있게 읽으면서 문학의 효용성을 조금 더 알게 된 셈이다. 그리고 내가 남은 생애를 어떻게 보내면 참되게 사는 것인가를 조금이나마 깨달은 셈이다. 다산 정신과 다산학을 우리나라에 널리 펼치는 것이 내 삶의 한 보람이요 목표가 된 것이다.

3__『안자산 국학론선집』

1996년 7월 30일 나는 자산(自山) 안확(安廓)의 『안자산 국학론선집(安自山國學論選集)』을 인하대 최원식(崔元植) 교수와 같이 편역하여 현실총서 6으로 발행했다. 자산 안확 선생은 1886년 서울 우대마을[樓上洞]에서 태어나고 1946년 작고한 분이다. 한국학의 여러 분야를 개척한, 특히 문학사와 문학론·시가론에 탁월한 저술을 남긴 분이다.

1994년 3월 30일에 여강출판사에서『자산안확국학논저집(自山安廓國學論著集)』(전 6권)이 권오성(權五聖)·이태진(李泰鎭)·최원식(崔元植) 교수 등의 노고로 편집·간행되었다. 나는 그 인세(印稅) 대신 받은 책을 최원식(崔元植) 교수에게 얻어 이를 낱낱이 읽고 4부로 골라 편집하여 현대 독자나 연구자가 쉽게 읽을 수 있도록 현대화하고 전산 입력하여 교정을 보고 나서 최원식 교수에게 서문을 부탁했다. 최 교수는 이때가 마침 안자산 선생이 탄생한 110주년이 되는 해라「안자산 탄생 110주년을 맞아」란 제목으로 서문을 써주었다.

    『안자산 국학론선집』은 4부로 편역되었는데, 안자산 선생이 1914년부터 1942년까지 쓴 우리나라의 문학·시가·역사·음악·미술·어학 등 국학 전반에 대해 연구·논의한 저술이나 논설 가운데 그 분야에 신경지를 열고 또 현재성이 있으며 체계가 선 글들을 뽑아 실었다.

    제1부 문학사론에는 1922년 한일서점(韓一書店)에서 발행한 우리나라 최초로 문학사를 정리한「조선문학사(朝鮮文學史)」를 수록했는데, 1920년대 초에 근대적인 문학사 연구 방법론을 수립하여 우리나라 문학사를 이만큼 객관성 있게 기술할 수 있었다는 것이 경이롭기까지 하다. 이『조선문학사』는 최원식 교수가 번역하고 주석을 단 을유문고 252『조선문학사』(1984년)를 바탕 원고로 삼아 이를 더욱 현대적으로 풀고 오역한 곳을 수정하기도 했다.

    제2부 문학론에는 조선 문학의 기원·변천·발달을 탐구한 논문을 모았고, 한편 그 발달의 결실인 삼국 시대의 문학과 신라·백제 및 고려 시대의 문학 논의는 제1부 조선문학사의 해당 시대와 이곳의「조선문학의 변천」을 참고하면 될 것이다. 그리고「이조시대의 문학」과「평민문학을 부흥한 장혼(張混) 선생」을 실었는데 이 글은 안자산의 민중 의식을 엿볼 수 있는 글이며, 구자균(具滋均)의『조선평민문학사(朝鮮平民文學史)』를 예고하는 선구적 업적이라고 최원식 교수는 평가했다.

제3부 시가론에는 「처용고(處容考)」, 「조선 가시(歌詩)의 연구」, 「시조시학(時調詩學)」, 「시조의 작법」 등 4편의 논문을 실었는데, 시가에 대한 음악적 연구와 시조를 학문적으로 깊이 있게 고찰하여 '시조시학'을 개척하고 그 창작법에 관한 안내까지 실천적으로 제시한 것을 수록했다. 여기에 이룩해놓은 안자산의 업적은 아직도 우리 학계에서 뛰어넘지 못하고 있는 듯싶다. 「조선 가시의 연구」에서 제시한 '경기체(景幾體)'란 말은 안자산이 최초로 쓴 것인 듯하다.

제4부에는 「조선사의 개관」, 「조선 무예고(武藝考)」, 「조선음악사」, 「조선미술사요(朝鮮美術史要)」, 「조선문명사(抄)」, 「언문의 기원과 그 가치」 등 6편의 논문을 뽑아 실었는데, 이는 안자산의 문학사와 문학론 연구 이외의 '국학(國學)' 연구 업적을 망라·수록한 것이다. 그의 박학다식한 천재성이 드러난 저술인 것이다.

❷

이와 같이 안자산 탄생 110주년을 맞이하여 1996년에 『안자산 국학론선집』이 나오고, 최원식 교수는 그 서문에서 "안자산의 독창적인 생각의 씨앗들이 창발적으로 계승되어 국학 발전의 새로운 디딤돌이 마련되기를 간절히 기원하"였으나, 안자산의 학맥은 오늘날 학자에게 참되게 계승·발전되지 못하고, 이 선집에 외로이 잠들어 있는 것이나 아닐까 싶다.

그러나 나는 이 선집을 각고 노력해 편역한 것을 조금도 후회하지 않는다. 왜냐하면 내가 이런 학문의 가교(架橋)를 튼튼히 놓아주었는데도 그 다리를 건너지 않는 것은 내 탓이 아니기 때문이다. 다만 후일에라도 내가 놓은 이 안자산의 '국학의 다리'를 건너 국학을 더욱 발전시킬 학자가 나오기만 기다릴 뿐이다.

4 『호암사론사화선집』

❶

1996년 7월 30일 나는 호암(湖巖) 문일평(文一平)의 『호암사론사화선집(湖岩史論史話選集)』을 편역하여 현실총서 7로 발행했는데, 호암 선생은 1888년 평안북도 의주에서 태어나 1939년 작고한 분으로 우리나라 외교사(外交史) 분야를 근대적 연구 방법으로 개척한 민족사학자의 한 분일 뿐만 아니라 민족 정서를 발굴하여 '역사 이야기[史話]'로 평이하게 서술하여 역사의 대중화를 선도함으로써 한국인으로 하여금 그 암울한 일제 시기에 민족정신을 잃지 않도록 한 분이다. 또 당시 대부분의 문인·학자·예술가 들이 민족을 등지고 친일 행위를 했으나, 호암 선생은 만해(萬海) 한용운(韓龍雲), 벽초(碧初) 홍명희(洪命憙), 위당(爲堂) 정인보(鄭寅普) 등과 더불어 그 지조(志操)를 굽히지 않은 민족지사(民族志士)이기도 하다.

나는 호암 선생의 역사학에 깊이 파고든 적이 없다. 그러나 호암 선생과의 인연이 전연 없는 것만은 아니다. 1970년대 초반에 신구문화사에 있을 때 신구문고로 『한국의 산수』와 『사외이문(史外異聞)』이라는 두 권의 문고(文庫)를 편집·교정하여 낸 적이 있었고, 또 선생이 세상을 떠난 해인 1939년에 내가 태어난 것도 묘한 인연일지 모르겠다. 어쨌든 선생의 학문과 사상을 현재의 시각에서 추려내고 다듬어, 오늘날의 독자들이 쉽게 읽을 수 있도록 해주어야겠다는 편집자의 사명감만으로도 마음 뿌듯이 편역 작업을 할 수 있었다.

❷

 우선『호암사론사화선집』은 조선일보사본『호암전집(湖岩全集)』전 3권과 일성당서점에서 증보 발행한『호암전집』을 읽으면서 제1부 호암의 사론과 역사 탐구 논설 8편을, 제2부 외교사 논문 2편과 야사(野史)에 관한 단편 상식 69가지 이야기를, 제3부 예술가와 혁명가 이야기 2편을, 제4부 조선의 산수(山水) 이야기 4편을, 제5부 역사 만필과 호암 자서전인「나의 반생」으로 목차를 정리했다. 부록으로 홍명희(洪命憙)가 쓴 조사(弔辭)와『호암전집』서평을 싣고 연보를 작성해 덧붙였다.

 이와 같이 호암 문일평 선생이 우리나라 역사와 문화·예술·풍속·유적 등에 대해 쓴 사화(史話)·사담(史譚)·논설에서 '조선학(朝鮮學)' 정신이 드러나고 민족 정서와 민족 사관이 그 바탕에 깔려 있는 글들을 위주로 뽑아 체계를 세워 정리했다. 이 선집에 정리·수록할 때는 발표 지면을 복사해 일일이 대조하여 전집에서 누락된 구절이나 잘못된 곳을 바로잡기도 했다.

 제1부에 실린「이조문화사의 별항(別頁)」은 ≪조선일보≫ 1935년 7월 16일의 '고증학상으로 본 정다산(丁茶山)'과 1938년 1월 3일과 5일 자에 게재된 '실사구시(實事求是)의 학풍'을 합친 것이며,「만주와 조선인: 그간의 역사적 관계」는 1931년 만주사변이 일어나자 만주와 조선인과의 역사적 관계를 고찰한 글인데, ≪조선일보≫ 1932년 1월 2일과 3일에 게재되었다. 그러나 '전집'을 만들때 일제의 검열이 더욱 강화되어 덜어낸 부분을 '선집'에서는 보충했으니 이 선집을 '정본'의 논설로 삼아야 한다.

 제2부에 실린 사외이문[史外異聞(抄)]은 112회의 이야기를 69회분만 추려낸 것이다. 제3부 '예술가와 혁명가'는 우리나라 문학사·서예사·정치사에 나타난 뛰어난 문인·예술가와 혁명가를 역사적 시각으로 다룬 글들을 추렸다. 제4부

의「근교산악사화(近郊山岳史話)」에서는『호암전집』에서 빠져 있던 '인왕산' 부분의 '사직동 도정궁' 사화를 찾아 넣고, '낙타산'에 잘못 들어가 있던 '성삼문의 집터'를 필자의 교정대로 '인왕산'으로 옮겼다. 제5부의「소하만필[銷夏漫筆(抄)]」의 '6. 문묘 종사(文廟從祀)의 시비'에서는 전집에서 빠뜨린 몇 줄을 보충하고,「나의 반생」의 '1. 불인지반(不忍池畔)의 옛꿈' 중간에 100여 글자가 빠져 있는 것을 보충했다.

❸

벽초 홍명희의「곡호암(哭湖巖)」에서 호암의 됨됨이에 대해 말한 부분을 옮겨본다.

　　호암은 나와 동갑이요, 20 전 친구다. 동경(東京)서 서로 만났고 상해(上海)서 같이 지냈고 서울 와서 모인 뒤 20년 동안 늘 상종하였다.
　　호암이 물정(物情)은 어두우나 내심은 상명하고 신경은 약하나 지조는 굳었었다. 사람이 영리하지도 못하고 명민하지도 못하나 독실(篤實)한 것은 제배(儕輩)간에 뛰어났었다. 영리하고 영민한 친구들은 거지반 퇴전(退轉)하거나 타락하는데 독실한 호암은 일생 꾸준히 향상 일로를 밟아왔었다. 그 고상한 인격은 말할 것 없고 그 심수(深邃)한 사학(史學)이며 그 아순(雅馴)한 문장이 다 독실한 데서 온 것이다.

또 벽초의「호암(湖岩)의 유저(遺著)에 대하여」라는 서평의 몇 구절을 인용하여 그 저술과 인간에 대해 살펴보려고 한다.

우리 연배 중에 조선사를 연구하는 사람이 수가 원래 많지도 못하였지만 그중의 바른 견지(見地)로 연구한 조선사를 저술할 만한 사람은 참으로 새벽 하늘의 별보다 더 드물었다. 나의 본 바론 전에 천분(天分) 탁월한 무애(無涯: 申采浩)가 있었고 후에 연구 독실한 호암이 있었다. 그런데 무애의 탁월한 것이 사학계(史學界)에 약간 문제를 제출하는 데 그치고 호암의 독실한 것이 문헌상의 약간 재료를 정리하는 데 그치었으니 이 어찌 통한(痛恨)할 일이 아니랴. 나는 무애 저서에 뿌리던 쓰라린 눈물을 또다시 호암 유저에 뿌리지 아니치 못하였다. 무애는 말할 나위도 없고 호암 역시 학구(學究) 생활로 안온(安穩)한 일생을 보내게 되지 못한 것이 생각할수록 못내 통한한 일이다.……

손에 익은 글자를 늘어놓아서 글이라 하고 입에 발린 말을 옮겨 적어서 글이라 하여 사람은 사람대로 글은 글대로 각각 다르고 심하면 사람과 글 사이가 천리 만리 되도록 서로 배치하는 예도 종종 있는데, 호암의 글은 글자를 늘어놓거나 말을 옮겨 적지 않고 사람을 그려낸 듯하여 그 글을 보면 마치 그 사람을 대한 것과 같다. 그러므로 호암의 유저는 곧 유상(遺像)과 다름이 없다. 호암의 글을 많이 보고 익히 아는 나로서 그 유저를 볼 때에 새삼스럽게 놀라움을 깨달았다.

나는 호암 문일평 선생의 생애와 학문적 업적을 체계적으로 정리하고 또 현대 독자들이 쉽게 읽을 수 있도록 꾸며놓았는데, 현대 독자들이 쉽게 읽을 수 있도록 하는 작업은 그리 쉬운 일이 아니다. 이 선집은 여러 악조건을 힘들여 극복하여 편역·편집된 것으로, 여기 실린 호암의 저술은 호암 선생 글의 정본(定本)으로 삼아도 될 만하다.

5 『홍기문 조선문화론선집』

❶

1997년 1월 5일 나는 대산(袋山) 홍기문(洪起文)의 『홍기문 조선문화론선집(洪起文朝鮮文化論選集)』을 김영복(金榮福) 선생과 같이 편역하여 현대실학사에서 현실총서 8로 간행했는데, 이는 벽초 홍명희 선생의 큰아들인 홍기문의 우리나라 언어와 역사·문학·풍속 등을 탐구·개척한 '조선학' 연구의 저술과 논설·해설 중에서 현대의 고전이 될 만한 글을 뽑아 분야별로 정리해놓은 것이다. 1927년부터 1947년 월북하기 전까지 저서와 신문·잡지에 발표한 것이다.

나는 1996년 임형택(林熒澤)·강영주(姜玲珠) 교수가 편한 『벽초 홍명희와 임꺽정 연구자료』(사계절, 1996)를 편집·교열해주었는데, 편자의 한 분인 강 교수와 편차에 대한 의견을 나누다가 벽초 부자의 문집을 정리해보는 것도 좋으리라는 얘기를 들은 듯하다. 그러던 어느 날 인사동에 있는 문우서림에 들러 '연구자료'에 관해 얘기하다가 벽초의 논설 「정포은과 역사성」(1937년)이 이 자료에 빠져 있다는 것을 알게 되었고, 다른 한편으로 대산의 『조선문화총화(朝鮮文化叢話)』(正音社, 1946)를 얻어 보았다. 이 책을 보는 순간 문득 홍기문 선생의 글도 잘 모으면 한 권의 양서(良書)로 엮어낼 수 있겠다 싶어 문우서림 김영복 형에게 공편자가 되어줄 것을 요청해 쉽게 합의가 되었다.

이리하여 강영주 교수가 벽초 자료를 조사하면서 틈틈이 적어두었던 대산에 관한 자료를 얻어내고, 이 지식을 바탕 삼아 ≪조선일보≫와 ≪서울신문≫을 조사·검색하여 해당 자료를 복사하고 검토했다. 또 공편자가 입수해 넘겨준 자료도 덧보태서 4부의 편차를 마련한 것이다.

제1부 조선문화론은 정음사의 『조선문화총화』를 가지고 구성했으나 이 글

이 ≪조선일보≫에 연재·발표될 때의 모습을 보이려고 2개 장으로 나누고 또 '총화'를 간행할 때 착오로 빠뜨린 '제1장 33 안사(安史)의 내란과 영국 공주(寧國公主)'를 보충했다. 실종될 뻔한 글을 내가 찾아 살려낸 것이다. 또 신문 연재본과 일일이 대조하여 빠뜨린 구절이나 잘못된 글자를 바로잡았고, 한문 원문을 그대로 인용한 것은 번역하여 현대 독자들이 쉽게 읽을 수 있도록 해놓았다.

제2부 조선역사론은 이 책을 편집하면서 수집·발굴한 6편의 역사학, 특히 한국사 관계의 논설을 모은 것인데, 우리에게 '국사안(國史眼)'을 열어주는 중요한 글들이다.

제3부 국어학과 국문학은 국어학이나 국문학에 관심을 가진 연구자는 물론 한국인이라면 누구나 꼭 읽어야 하는 귀중한 저술인데, 특히 한글 발달에 대한 연구는 홍기문이 개척한 국어사의 큰 업적이 될 것이다. 우리 민족이 받은 가장 큰 은혜인 한글이 창제되고 발표된 해를 대산이 처음으로 올바르게 밝혀냈다는 것과 세종대왕의 뜻을 받들어 국어학을 실용적·실천적 시각으로 연구해야 된다는 높고 큰 말에 공감하고 한편으로 일제의 사슬에 묶여 있는 우리 민족의 앞날에 대해 진정으로 걱정하는 뜻이 글마다 배어 있음을 느꼈는데, 이는 다산을 비롯한 실학자들의 '실학 정신'을 참되게 계승했기 때문이 아닐까 싶다.

제4부 서문·서평·기행 기타는 홍기문의 가정환경과 교우 관계가 잘 드러난 글들을 모아 구성했는데, 이 가운데 「고원기행(故園紀行)」은 괴산(槐山)의 홍명희(洪命憙) 본가를 확실히 밝혀 입증하는 데 귀중한 단서가 되는 글이다.

❷

일찍이 위당(爲堂) 정인보(鄭寅普) 선생이 "우리 무리에 뛰어난 두 선비가 있으니, 첫째는 기문(起文)이요 둘째는 춘동(金春東)이다[吾黨有二士, 一日起文, 二日

春東]"(一靑 金亨在 談)라고 말한 바 있는데, 홍기문은 위당 말씀대로 그 생을 온전히 하고 '조선학'을 크게 성취한 대학자가 되었던 것이다.

대산 선생은 민족 존망지추에 태어나 일제 식민지하에 성장하면서 민족 언어인 조선어 문법을 연구하는 데서 뜻을 일으켜, 국어학·언어학·음운학·한문학·국문학·역사학으로 그 학문의 폭을 넓혀가고 심화시켜나갔으며, 8·15 해방을 맞고부터는 우리 민족에게 가장 크고 중요한 문제인 고전(古典) 번역에 몰두하여 올곧고 큰 생애를 마감했다. 특히 북한 사회과학원 민족고전연구소가 국역한 『이조실록』 400권은 홍기문이 주도했다고 한다. 이는 만년의 열정을 쏟아 넣는 길이 빛날 불후의 업적이 될 것이다.

일제강점기를 살면서도 그 부자가 지조를 온전히 할 수 있었던 것은 아마 '실학 정신'을 잘 체득하고 '과학 정신'으로 무장했기 때문이 아닌가 한다. 또 한편으로는 일제의 국권 침탈에 자결로 저항한 조부 홍범식(洪範植, 1871~1910년)의 유훈(遺訓)을 저버릴 수 없었기 때문이리라 짐작해본다.

❸

이 『홍기문 조선문화론선집』이 세상에 나와서 이제 우리는 벽초 홍명희와 대산 홍기문 부자가 우리나라에 끼친 문학과 학문의 세계를 온전히 바라보거나 우러러볼 수 있게 되었다. 우리가 앞으로 민족 통일을 이루고 민족 통합을 해가는 데 중요한 사상적·정서적 밑바탕을 이들 부자의 예술과 학문에서 찾아낼 수 있지 않을까 생각해본다. 그리고 홍기문의 아들인 소설가 홍석중의 작품을 남북 모든 독자들이 자유롭게 읽을 수 있게 되어 이들 삼대의 문학과 학문이 우리나라에 큰 영향을 끼칠 때가 오기를 바라는 마음이 간절하다.

『홍기문 조선문화론선집』이 간행되자 ≪경향신문≫ 1997년 1월 10일 자

"국학 대가 홍기문 학문 50년만에 '햇빛'"이란 제목으로 조운찬 기자가 대서특필로 소개했다. ≪조선일보≫ 1월 20일 자에서는 이선민(李先敏) 기자가 "일제시대 '국학박사'의 조선문화론"이란 제목의 5단 기사로 크게 소개했다. 또한 ≪한겨레신문≫ 1997년 1월 21일 자에는 "대산 홍기문 '조선학' 뿌리찾기" 제목으로 정재숙 기자가 크게 소개해주었고, 또 ≪중앙일보≫ 1월 21일 자 '화제의 책'에 "조선학 개척한 대학자 홍기문 학문세계 정리"했다고 소개되었다. ≪한국일보≫ 2월 10일 자에는 "대가(大家)의 혼이 스민 '조선학' 보물창고"라는 제목으로 권오현 기자가 대서특필로 소개했다.

6 『김태준 문학사론선집』

❶

1997년 8월 11일 나는 천태산인(天台山人) 김태준(金台俊) 선생의 『김태준 문학사론선집(金台俊文學史論選集)』을 편역하여 현실총서 9로 현대실학사에서 발행했다. 천태산인은 가람 이병기(李秉岐), 도남(陶南) 조윤제(趙潤濟) 선생과 더불어 우리나라 국문학 연구의 근대적 토대를 개척한 문학사가(文學史家)로『조선한문학사(朝鮮漢文學史)』와『조선소설사(朝鮮小說史)』,『증보조선소설사(增補朝鮮小說史)』를 저술한 혁명적 지식인이다. 선생은 일제강점기에 일본인 학자들에 의해 우리나라 문화가 정리되는 데 충격을 받고 국문학 관련 연구서와 논설을 저술하고 기술했다고 하며, 박람강기한 학식으로 고전소설·한문학·시가 등 국문학 전반에 걸쳐 연구했다. 그러나 8·15 해방 후 혼란스러운 정국에 1949년경 사형당함으로써 선생이 개척해놓은 업적에 금서(禁書)의 굴레가 씌

워져 후진들에게 정당하게 계승·발전되지 못했던 것이다.

    명색이 대학에서 국문학을 공부했다고 하면서, 더구나 고전 쪽에 관심이 쏠려 있던 내가, 학계에서 전설적으로 회자되고 있는 천태산인의 그 유명한 『증보 조선소설사』와 『조선한문학사』를 읽어본 것은 역시 최근의 일이다. 그것도 『김태준선집』을 편찬해 보겠다는 목적의식을 가지고서 말이다. 읽어 보고 나서는 언뜻 생각하기를, 금서로 묶여서 보게 되는 이득도 있구나 싶었다. 그러나 가만히 생각해 보니, 우리 학계나 사회가 천태산인의 기발한 안식을 비판적으로 계승 발전시키지 못한다면 어떻게 될까 하는 두려운 마음도 들었다.…… 이런 생각으로 편역 작업을 진전시켰다(「편자의 한마디」에서)

    나는 『김태준전집』(전 5권)(寶庫社, 1990)을 구해 읽으면서 선생이 조선학 전반에 관해 탐구·개척한 저술·논설·해설 가운데 현실성과 역사성이 있는 것을 추려 4부로 편집해놓았다. 제1부에는 『증보 조선소설사』를 수록했는데, 이는 박희병(朴熙秉) 교수가 치밀하게 번역·교주하여 현대 독자들이 읽을 수 있도록 해놓은 업적을 원용해 쓰되, 일반 독자들이 좀 더 읽기 쉽도록 편집 체제를 다시 조정하는 한편 학예사판 원본과 다시 대조·교정하여 완벽을 기하고, 또 한편으로는 학예사판의 초고(草稿)인 신문·잡지의 게재본(1935~1947년)과도 대조하여 학예사판에서 실수로 누락시킨 구절이나 단어를 보충했다. 제6절 『춘향전』의 문학사적 의의 맨 뒷부분에 있는 문장인 "신흥 계급의 승리를 대변하는 『춘향전』은 확증하는 것이다"를 "신흥 계급의 승리를 대변하는 『춘향전』은 '봉건 붕괴 과정의 산물이라는 것을' 확증하는 것이다"로 이때 보충했다. 이와 같이 학예사에서는 『춘향전』의 의의가 되는 핵심 구절을 실수로 빠뜨린 것이다.

제2부에는「조선 문학의 특질」등 6편의 조선문학사론을 뽑아 실었고, 제3부에는「기자조선변(箕子朝鮮辨)」,「진정한 정다산(丁茶山) 연구의 길」등 6편의 조선역사론을 뽑아 실었으며, 제4부에는「시조론」등 4편의 가요론(歌謠論)을 가려 실었는데, 이 가요의 연구는 저서로 간행된 바가 없어 오늘날의 연구자들이나 독자들은 이 선집에서 처음으로 가요에 대한 천태산인의 시각을 접할 수 있다.「천태산인 김태준 선생 연보」도 내가 정리·작성해 실었다. 이렇게 하여 총 553면이나 되는 대작으로 편찬된 것이다.

우리는 이『김태준 문학사론선집』을 통해 한동안 금서로 묶여 있어서 정당한 평가를 받지 못한 천태산인의 업적을 객관적으로 자리매김할 수 있을 것이다. 특히 문학사가로서의 선생의 참모습을 살펴볼 수 있으리라 생각된다. 일제강점기라는 어려운 시대 상황에도 우리 문화를 이렇게 개척·정리해놓은 바탕 위에 더 심화·발전시킬 수 있는 것은 우리 후학들의 몫이라 할 수 있다.

나는 이『김태준 문학사론선집』을 편역할 때 보고사(寶庫社)에서 1990년 영인·발행한『김태준전집』(전 5권)을 자료 삼아 이를 읽고 뽑아 편집했는데, 영인 상태가 좋지 않아 읽을 수 없는 것들은 다시 원자료를 복사해 대조하고,『증보 조선소설사』를 증보할 때 사용한 논문인「홍길동전 연구」(1936년),「구운몽의 연구」(1936년),「춘향전의 현대적 해석」(1935년),「장화홍련전의 연구」(1937년) 등의 신문 스크랩을 문우서림 김영복(金榮福) 사장이 제공해주어 증보판과 대조할 수 있어『증보 조선소설사』를 비교적 완벽한 정본(定本)으로 만들 수 있었다.

❸

우리는 이제 가람 이병기 선생, 도남 조윤제 선생과 함께 우리나라 근대 국문학을 연구·개척한 천태산인의 학문적 업적을 읽을 수 있게 된 것이다. 이는 내가 벽초 홍명희의 대하역사소설 『임꺽정』의 정본을 만들고, 횡보 염상섭의 장편소설 『삼대(三代)』의 정본을 만든 공덕과 더불어 우리나라 문학사에 끼친 한 업적이 될 수 있을 것이다.

이 『김태준 문학사론선집』은 1998년 문화관광부의 우수학술도서에 선정되어 그 편집·발행 비용을 충당할 수 있었다.

천태산인 김태준 선생은 1905년 평안북도 묘향산 아래 운산(雲山)에서 태어나 안주(安州)농업학교와 이리(裡里)농림학교를 졸업하고 경성제국대학 문학부에 들어가 1931년에 졸업했는데, 1902년생이고 고향이 전라북도 군산인 소설가 채만식과 가깝게 지낸 듯하다. 채만식의 소설에 김태준을 가상(假想)한 듯한 인물이 띄엄띄엄 나온다는 생각이 든다.

7__『나의 어머니, 조선의 어머니』

1998년 6월 15일 현대실학사에서 발행한 박석무(朴錫武) 편역의 『나의 어머니, 조선의 어머니』는 조선 초기의 김종직(金宗直)의 어머니에서 조선 말기 이건창(李建昌)의 어머니에 이르기까지 33명의 어머니를 골라 시대 역순으로 배열하여 편집했는데, 모두 아들이 그 어머니의 공덕을 간절히 추모(追慕)하여 쓴 글이다. 글을 쓴 아들들은 조선 시대의 뛰어난 명유(名儒)요 학자요 문인이며 고관(高官)인데, 여기 실린 어머니들은 하나같이 그 아들을 잘 교훈해서 출세시키거나 이름난 학자나 문인으로 키워냈다.

조선 초기 김종직의 어머니를 필두로 조선 중기 이황(李滉)·이이(李珥)·유성룡(柳成龍)·김상헌(金尙憲)·이식(李植)·허목(許穆)의 어머니, 조선 후기 김만중(金萬重)·안정복(安鼎福)·서유구(徐有榘)·홍석주(洪奭周)·이건창의 어머니의 행록(行錄)·행장(行狀)·유사(遺事)·묘지(墓誌)를 번역했다. 이러한 글들은 모두 그 아들이 쓴 것이라 꾸밈이 없고 진솔하다. 이로써 우리는 조선 시대의 대표적인 어머니상(像)을 볼 수 있게 된 것이다. 이 가운데 율곡 이이가 쓴 사임당 신씨와 김만중이 쓴 해평 윤씨 행장은 세상에도 널리 알려져 인구에 회자된 글이다.

나는 1996년 늦가을에 창비 편집고문에서도 물러나 마포구 공덕동 404번지 풍림VIP텔 515호에 현대실학사 사무실을 마련하여 겨울에 이리로 옮기고 편역자 박석무 의원도 광진구에서 국회의원 선거에 출마했다가 저격수로 투입된 추미애 의원에게 고배를 마시고 광진구에 마련했던 선거 사무실에서 철수하여 공덕동에서 나와 같이 공부를 하며 지내다가 이『나의 어머니, 조선의 어머니』를 편역·해설하게 된 것이다. 박석무 전 의원이 이 책의 번역을 끝냈을 무렵 김대중 정부가 들어섰고, 박 의원이 1998년 학술진흥재단 이사장에 임명되어 내 사무실을 떠난 뒤 나는 이 책을 발행했다.

나는 창비에 있을 때 박석무 의원의 역서 두 권을 편집·교정해주고 또『다산논설선집(茶山論說選集)』,『다산문학선집(茶山文學選集)』을 같이 편역하기도 하여 이 무렵 박 의원과는 막역한 동지 겸 두터운 친분이 쌓여 사무실도 같이 쓰며 이 편역에 대한 계획을 듣고 그 간행을 약속했던 것이다. 그러나 그 번역 원고를 조판 입력하여 검토한 한 편집 지망생은 독자를 끌어들일 만한 감동적인 내용이 없다면서 고개를 갸웃거렸다.

그러나 나는 이 원고를 잘 편집·교정하고 다듬어내면 그런 대로 한 양서(良書)가 되겠다고 생각하고 우선 번역 원고를 원전과 철저히 대조하여 빠진 구절이나 잘못된 부분을 깁고 다듬은 다음, 이 글을 쓴 아들에 관해 알 수 없어서 작자 해설 겸 어머니가 가꾼 씨앗이 어떤 결실을 맺었나 하는 '읽고 나서'를 더 쓰게 하고, 주석을 평이하게 가다듬고 글마다 제목을 새로 붙이고 또 주인공 어머니를 나타내는 간명한 부제를 달기도 했으며, 중간 제목을 달아 이 조선의 어머니에게 감명을 받도록 편집했다.

밋밋한 줄글로 된 내용에 변화를 주어 생기를 불어넣으려고 시도한 것이다. 결국 이렇게 편집하여 재가공하자 장차 대한민국의 훌륭한 어머니가 될 독자가 좀 더 쉽게 접근하여 읽을 수 있게 된 것이다. 곧 옛날의 어진 어머니의 행적을 통해서 오늘날의 우리들을 반성해보고, 평이하지만 깊은 생활의 진리를 터득한 옛날 어머님들의 지혜에서 오늘을 올바르게 살아갈 수 있는 단서를 얻을 수 있지 않을까 하는 기대를 가지고 편집에 정성을 쏟았다.

지금 이 글을 쓰려고 이 『나의 어머니, 조선의 어머니』를 펼쳐보아도 '참으로 짜임새 있게 편집했구나!' 하고 자화자찬을 하게 된다.

이 『나의 어머니, 조선의 어머니』는 교보문고와 대산문화재단의 '양서발간 사업지원' 사업 지원 대상으로 선정되어 발행할 수 있었던 책으로, 간행되고 나서 ≪조선일보≫ 1998년 6월 18일 자에 "조선 선비들 사모곡(思母曲)"이란 제목으로 권혁종(權赫鍾) 기자가 소개하고, ≪경향신문≫ 6월 19일 자에는 "가슴으로 부르는 동·서양 '사모곡'"이란 표제를 붙여 미국의 라이언 편저인 『어머니가 주신 가장 소중한 선물』과 같이 김중식 기자가 소개했다. 또한 ≪문화일보≫ 6월 24일 자 '화제의 책'에도 "조선의 유학자 33인 어머니의 생애"라는 제목으로 소개되고, ≪한겨레신문≫ 6월 30일 자에 "존재의 흔적 남긴 조선조 '슈퍼우먼'"이라는 표제로 고려대 강사 고미숙 선생의 서평이 실렸다. ≪서울신문≫ 9월 3일 자에는 "위인을 만든 빛나는 모성애와 부덕"이란 표제로 서울대 박희병 교수의 서평이 실렸으며, ≪도서신문≫과 ≪출판저널≫ 239호에도 소개되었다.

박희병 교수가 쓴 서평에서 두 문단을 옮겨본다.

    편역자는 수많은 문헌을 뒤져 조선시대 훌륭한 어머니들에 대한 기록을 샅샅이 찾아내 유려하고도 알기 쉽게 번역해 놓았다. 뿐만 아니라 매 인물마다 해설을 달아놓아 독자들의 이해를 돕고 있다.

    이 책이 보여주는 유려한 번역과 자상한 해설은 한학(漢學)에 깊은 조예가 없고서는 불가능한 일이다. 그 때문에 이 책은 남녀노소를 불문하고 누구나 부담없이 읽을 수 있다. 부담없이 읽을 수 있다고 해서 깊이가 없다는 말은 아니다. 오히려 부담없이 읽을 수 있으면서도 깊은 감동을 받을 수 있다. 특히 자식을 둔 어머니들에게 일독(一讀)이 필요한 책이 아닌가 생각한다.

8 ─ 『성호사설정선』

❶

1998년 9월 25일 나는 성호(星湖) 이익(李瀷)의 『성호사설정선(精選)』 상·중·하 3권을 편역하여 현실총서 10·11·12로 간행했는데, 상권은 문(文), 중권은 사(史), 하권은 철(哲)로 부제를 달았다.

『성호사설』은 성호 선생이 독서의 여가를 틈타 부담 없이 읽고 웃으며 즐길 수 있도록 20년 동안 붓 가는 대로 이것저것 적어 쌓아두었던 것을 나중에 다시 부문별로 분류하여 30권 30책이나 되는 거질(巨帙)의 책을 이룬 것으로 이른바 수필집이다. '사설'은 모두 5부문 3007항목 30권으로 저술되었고, 이를 그 제자인 순암(順菴) 안정복(安鼎福)이 '사설'에서 반 이상을 덜어내 5편 20문 1383항목으로 정리·편찬한 것이 『성호사설유선(星湖僿說類選)』이다. 이 유선을 편찬한 것이 1760년경인데, 역사 발전과 학문의 진보에 따라 그 내용을 반 이상이나 덜어냈다. 이때는 성호 선생이 돌아가시기 몇 년 전이다. 순암 선생은 성호 선생보다 31년 뒤에 태어나 80세의 수를 누렸는데, 순암 선생이 30여 년의 시차를 가지고도 이렇게 반 이상이나 덜어냈던 것이다. 오늘날(1998년)은 '유선'이 편찬되고 나서 240년이나 흘렀다. 그리고 우리나라는 조선 말기에 일제 식민지로 전락하고 8·15 해방과 6·25 전쟁을 겪는 등 역사의 격변기를 거쳤다. 이렇게 역사와 문화의 변화와 발전을 경험한 우리는 새로운 눈으로 『성호사설』을 '정선'할 수 있는 것이다.

또 1811년 귀양지 강진 다산초당에서 다산 정약용은 흑산도에서 귀양 살고 있는 형 정약전(丁若銓)에게 편지를 보내 성호 선생의 저술을 편찬·정리할 책임이 자신에게 있다고 하면서 탄식했다.

성호 이익의 저작은 거의 100권에 가깝습니다. 스스로 생각해보면, 우리들이 천지의 웅대함과 일월의 광명함을 잘 알 수 있게 된 것은 모두 이 어른의 힘이었습니다. 그분의 저작을 산정(刪定)하여 책으로 만들 책임이 제몸에 있는데도 이몸은 이미 돌아갈 날이 없고 뛰어난 사대부는 서로 연락하려고도 하지 않으니 앞으로 어떻게 해야 하겠습니까?

지금의 생각으로는 『성호사설』을 임의로 가려 뽑아낸다면, 아마 『서경(書經)』의 무성편(武成篇)과 같이 두세 가지만 신빙성이 있을 것인데, 한 줄에 20자짜리 10행으로 7~8책을 넘지 않는 선에서 끝마칠 수 있을 것 같습니다.

『성호질서(星湖疾書)』 또한 반드시 그런 정도일 것입니다.……

앞의 다산의 글로 보면 다산도 『성호사설』은 대체로 4분의 1 정도만 뽑아서 편찬하는 것이 타당하다고 여긴 듯하다.

성호 이익 선생은 조선 숙종 7년(1681년) 아버지 이하진(李夏鎭, 1628~1682년)의 유배지인 평안도 운산(雲山)에서 다섯째 아들로 태어났으며, 영조 39년(1763년) 83세의 수를 누리고 돌아갔다. 본관은 여주, 자는 자신(子新), 호는 성호(星湖)이다. 태어난 이듬해 아버지가 유배지에서 별세하자 광주부(廣州府) 비래지(飛來地)인 안산(安山) 첨성리(瞻星里)로 돌아와 어머니 권부인(權夫人) 슬하에서 자라면서 둘째 형 섬계(剡溪) 이잠(李潛, 1660~1706년)에게 수업을 받았다. 숙종 31년(1705년) 증광시에 합격했으나 이름을 기록한 것이 격식에 맞지 않아 회시(會試)에 응시하지 못했다. 그러나 이듬해 둘째 형 이잠이 노론 집권당을 공격하는 상소를 올렸다가 역적으로 몰려 장살(杖殺)당하는 바람에 큰 충격으로 벼슬길에 오르기를 단념하고 평생 동안 시골에 살며 학문 연구에 몰두했다. 50여 년이 넘게 독서하고 학문을 연구해 이룩한 저술은『성호선생문집』,『성호선생속집』,『성호질서(星湖疾書)』,『곽우록(藿憂錄)』,『관물편(觀物編)』,『백언해(百諺解)』등 대략 144권 95책이나 된다.

성호 선생은 평생 동안 공부와 저술에만 전념하여 이른바 실학의 한 유파인 근기학파(近畿學派)의 대종(大宗)이 되었다. 이 유파를 연암(燕巖) 박지원(朴趾源)의 이용후생파(利用厚生派)와 구별해 경세치용파(經世致用派)라고 불렀다. 선생의 학통은 순암 안정복과 다산 정약용이 물려받아 실학이 집대성되기에 이르는 한 근원을 이룩한 것이다.

다산은 "우리 성호 선생은 하늘이 내신 빼어난 호걸로서 도덕과 학문이 고금을 통하여 견줄 만한 사람이 없었고, 제자들도 모두 큰 학자가 되었다"라고 그 학문을 받들었다.

❸

나는 민족문화추진회에서 발행한『국역성호사설』(전 12권)을 읽어 그 3007항목 가운데서 538항목을 뽑아냈는데, 이는 '사설' 전 항목의 약 6분의 1, '유선'의 약 3분의 1이다. 이를 정선 상권 역사인물지[文]에 184항목, 중권 역사평론과 역사교훈[史]에 167항목, 하권 역사산책과 교양(哲)에 187항목으로 나누어 편집했는데, 현대 독자들이 좀 더 쉽게 읽을 수 있도록 원문과 대조하여 다시 번역하고 본문에 나오는 인명이나 서명을 뽑아 해설하여 부록에 가나다순으로 실었다. 이 정선 3권에서 해설한 인명이 1000여 명이 넘는다.

『성호사설정선』상 역사인물지(歷史人物志)의 제1부는 한국의 역사인물지로 단군(檀君)부터 최진첨(崔震瞻)까지 77명의 역사 인물을 소개하고 평론했는데,

임꺽정과 장길산(張吉山)에 대한 기사도 나온다. 제2부는 중국과 일본의 역사 인물지로 요순(堯舜)부터 왜승 현방(玄方)까지 50명의 역사 인물 사적이 나온다. 제3부는 시가(詩歌)와 문장에 대한 58가지의 평론을 모았다.

'정선' 중 역사평론과 역사교훈의 제1부는 평론과 사실(史實) 38편의 평론이고, 제2부는 역사 용어의 고증과 평가 59편의 이야기이다. 제3부는 역사·인문지리지 36편의 고증이며, 제4부는 역사의 교훈 34가지 문제를 뽑아 실었다.

'정선' 하 역사산책과 교양의 제1부는 성현의 교훈과 학문은 공자와 맹자의 교훈과 학문에 대해 기술한 34편의 글을 뽑았고, 제2부는 인격 수양과 산업 문제 36가지에 대해 기술하고, 제3부 사물의 어원 탐구에서는 각종 용어 65개를 고증한 것을 뽑았다. 제4부는 풍속과 역법에 관한 문제 30가지를 논한 것을 뽑았고, 제5부는 문장과 서평에 대해 기술한 21가지를 뽑아 실었다.

이 『성호사설정선』 상·중·하 3권은 『성호사설』이나 『성호사설유선』과는 다른 현대적인 시각과 방법으로 편집을 시도했으나 썩 좋은 편집 체제를 창안했다고 단언할 수는 없다. 다만 이 『정선』을 통해 우리는 '역사를 보는 눈'을 얻어 우리 민족사를 발견할 수 있고, 한편으로 현대사를 보는 눈도 열릴 것이다. 또한 일생을 독서를 통해 공부하고 수양해서 그 지식과 지혜가 논리를 뛰어넘어 성현의 경지에 이른 성호의 학문과 인품의 세계까지를 넘겨다볼 수 있지 않을까 싶다.

❹

"누가 성호 이익 선생에게 묻기를, '우리나라 수백년래에 저술된 서적에서 세상에 전할 만한 것이 몇 가지나 되오?' 성호가 대답하기를, '『동의보감(東醫寶鑑)』이 첫째요, 『성학집요(聖學輯要)』가 둘째요, 『반계수록(磻溪隨錄)』이 세번째요. 나의 저술인 『사설(僿說)』이 네번째이다'라고 하였다"(『申采浩 歷史論說集』, 담총 제1354호)고 할 만큼 『사설』에 대한 자긍심이 대단했던 것이다. 여기에 우리 생각을 감히 보탠다면, 성호 선생이 독서를 하고 사색하는 여가에 문득문득 쓴 글이라 다른 논문과 달리 그 생각이 살아 숨 쉬고 있는 듯하다.

이 『성호사설정선』 상·중·하 3권이 간행되자, ≪한국일보≫ 1998년 9월 30일 '책과 세상'에 김철훈 기자가 "고전이 들려주는 난세의 지혜"라는 표제로 "붕당조직·당파싸움 통렬하게 비판"하는 책이라고 『정관정요(貞觀政要)』와 함께 크게 소개했다. ≪중앙일보≫ 1998년 10월 1일 자 '화제의 책'에 "실학자 이익이 쓴 독후감·인물평"이라 소개되었다. ≪세계일보≫ 10월 2일 자에는 "이익의 역사인물 논평서, 우리 민족 '영원한 고전'"이라는 제목으로 크게 소개되고, ≪조선일보≫ 10월 8일 자에 이선민(李先敏) 기자가 "우리말로 읽는 실학 대가의 업적"이라는 표제로 『나의 아버지 박지원』과 함께 소개했다. ≪서울신문≫ 10월 12일 자 '책꽂이'에도 소개되었다. ≪한겨레신문≫ 10월 13일 자에 이상수 기자가 "현대어로 간추린 이익의 '성호사설'"이라는 표제로 크게 소개했다. ≪출판저널≫ 245호에 김지원 기자가 "선조의 뛰어난 사상 속에 담긴 구슬 같은 지혜"라는 표제를 달아 '화제의 출간'에 "현대적인 문장으로 옮겨, 옛글의 맛을 살렸으되 읽기에 전혀 막힘이 없다. 학문과 인품이 높았던 성호의 눈을 빌려 우리 역사를 들여다보고, 당대의 시각을 통해 오늘의 현실세계를 가늠하는 고전의 잣대로서 이 책의 역할은 충분하다"라고 했다. 또 ≪한겨레신문≫ '창' 책과 사람의 98년 출판계 결산 '분야별 주목할 만한 책 10권' 인문서에 뽑히기도 했다. 그러나 이처럼 여러 매체에서 크게 소개되었어도 초판으로 찍은 2000부가 아직도 많이 남아 있다. 우리나라 독서층의 숫자나 도서관의 허실을 짐작할 수 있어 씁쓸할 뿐이다.

나는 이 책을 편역·발행하고 나서 성호 선생의 종손 이돈형 씨를 찾아뵙고 또 훗날 안산(安山)에 있는 성호 선생 묘소를 참배하고 성호기념관에다 이 책을 기증하는 한편, 기념관에 소장된 성호 선생 유품과 다산 정약용의 저술인『흠흠신서』필사본을 보았는데, 이 필사본은 매우 완벽한 선본(善本)이었다.

9__『역주 흠흠신서』

❶

나는 박석무(朴錫武) 전 의원과 같이 1999년 8월 30일 다산 정약용이 편찬·저술한, 형벌을 다스릴 때 삼가고 또 삼가야 한다는 뜻이 담긴 지방 수령이 형사 재판에 참고할 만한 실무서인『역주 흠흠신서(欽欽新書)』3권을 번역·주해하고,『흠흠신서』원문(原文) 1권을 교주(校註)하여 전 4권을 현실총서 13·14·15·16으로 간행했다.

이『흠흠신서』는 30권 10책인데, 다산 정약용의 대표적인 저술인 일표이서(一表二書) 가운데 하나이며『목민심서(牧民心書)』에 버금갈 다산 경세(經世) 학문의 핵심 가운데 하나인 우리 민족의 영원한 고전(古典)이다. 책 표제인 '흠흠신서'는 형사 사건을 판결할 때에는 '삼가고 조심해서 마땅히 살릴 사람을 죽이거나 죽일 사람을 용서해 살려주는 일이 없도록 해야 한다는 법 정신을 구현하는 새로운 책'이라는 뜻이다.

이『흠흠신서』는 모두 5편 549항목으로 구성되어 있으며, 그 내용은 형사 사건을 판결할 때 참고하도록 제1편에는 경전(經傳)의 교훈과 역사상에 나타난 형사 사건 판결 사례의 중요한 뜻, 제2편에는 판결·보고·선고(宣告)의 실제 사례, 제3편에는 법을 어긴 사람의 죄에 마땅한 형벌을 판정한 사례, 제4편에는 주로 정조(正祖) 시대 지방 군현(郡縣)의 사건 기록을 정리하고 나서 이에 대한 다산의 변론을 싣고, 제5편에는 다산이 직접 다룬 형사 사건이나 귀양살이하면서 전해 들은 사건에 대해 나름대로 판결해본 것들이다.

이 『흠흠신서』는 다산이 18년 동안 강진에서의 귀양살이를 끝내고 고향 마재[馬峴]로 돌아온 이듬해(1819년)에 편찬·저술을 끝내고, 다시 보완·정돈하여 회갑을 맞은 1822년 서문을 썼다. 따라서 이 책은 다산 학문의 최고 절정기에 이루어진 저술이며, 다산 애민사상(愛民思想)과 흠휼(欽恤) 정신의 결정(結晶)인 것이다.

❷

우리 두 사람은 『다산논설선집』, 『다산문학선집』을 공동으로 편역·간행하고 나서 다음 작업으로 다산의 어느 저술을 역주할까를 의논하다가 이 『흠흠신서』를 다시 역주(譯註)하기로 했다. 물론 우리들이 이를 역주할 수 있는 적임자가 아님을 모르고서 한 결정이 아니다. 다만 박 의원은 대학원에서 다산의 법사상(法思想)을 가지고 석사 논문을 쓴 바 있고, 나는 창비의 『역주 목민심서』 전 6권의 편집·교정과 원문 교주(校註)를 큰 허물없이 끝낸 경력만을 믿고서 용감히 나선 것이다.

이렇게 무모하게도 용감히 뜻을 세우고 나서 우선 『흠흠신서』 원전 자료의 필사본(국립중앙도서관)과 현채(玄采)가 발행한 신활자본인 광무본(光武本)을 구해 번역 대본으로 삼은 신조선사본(新朝鮮社本)과 일일이 대조해 교주하는 작업을 하는 한편, 현대 독자를 위해 필사본의 구두점을 참고해 원문 띄어쓰기를 했다. 그런데 국립도서관 필사본과 대조하는 과정에서 번역 대본으로 삼았던 신조선사본과 참고했던 광무본에 빠져 있던 제1편 경사요의(經史要義) 제3의 70

「봉명사신이 함부로 사람을 죽이다[使臣濫殺: 鄭濟先]」와 72 「부사가 함부로 사람을 죽이다 2[官長濫殺:李景建·李弘述]」 등 이 두 조항을 새로 발굴하는 성과를 올렸는데, 다른 필사본을 더 수집해서 신조선사본이나 광무본에서 빠진 경위를 밝혀보려고 일본 동양문고(東洋文庫)에 있는 필사본(在山樓 장서)까지 복사해다가 이 부분을 대조해보았다. 그러나 재산루 장서본에도 광무본이나 신조선사본과 같이 빠져 있었다. 이 재산루 장서본은 광무본이 신활자본으로 나온 뒤에 필사된(1911년) 것이라 어느 판본을 보고 필사한 것인지를 굳이 밝힐 필요가 없었다. 이 재산루본 복사는 일조각(一潮閣) 한만년(韓萬年) 사장님께서 주선해주었다.

이때까지 나는 『흠흠신서』 필사본은 국립중앙도서관본이 국내에 남아 있는 유일본이며 일본에 두 본이 있다고 믿고 그 한 필사본을 복사·대조해본 것인데, 우연히 규장각도서 한국본 목록을 조사하다가 규장각본 필사본과 서울대 고도서에 필사본이 있음을 알아내고 규장각본을 복사해다가 대조한 결과 여기에도 광무본이나 신조선사본에 빠져 있던 두 조항이 실려 있음을 발견했다. 따라서 내가 발굴한 두 조항은 세상에 알려져 있지 않은 부분이었던 것임을 확실히 알았다.

이 『역주 흠흠신서』 3권은 신조선사본 『여유당전서』에 들어 있는 원전을 대본으로 삼아 번역하되 1987년 법제처(法制處)에서 간행한 번역 『흠흠신서』(전 3권)를 기초로 삼고, 현대 독자들이 좀 더 쉽게 읽고 이해할 수 있도록 새롭게 번역했는데, 한글 전용을 원칙으로 했다. 다만 이해를 돕기 위해 특수 용어나 인명, 지명, 기타 역사 용어는 괄호 안에 한자를 넣었다. 그러나 큰 제목에는 한자를 그대로 썼다.

또 인명·서명은 나올 때마다 주를 달지 않고 권말에 통틀어 해설해 가나다순으로 배열했으며, 사건에 나오는 인명은 해설하지 않았다. 연호는 주를 달지 않고 ( ) 안에 연대만 밝혀놓고, 색인에서 독자의 편의를 위해 인명·서명을 해설해놓은 쪽수를 진한 숫자로 표시해놓았다. 그리고 『흠흠신서 원문』에는 권말에 「흠흠신서 이두(吏讀) 해석」을 달아 이 책에 나온 이두문을 모아 가나다순으로 해석해놓아 참고하도록 했다.

또 다산이 『흠흠신서』를 편찬·저술한 것이 57세인데 역주자의 한 사람인 박석무도 금년(1999년)에 57세이고, 이 책의 서문을 쓴 것도 60세(환갑) 때인데, 역주자의 한 사람인 나도 만 60세이니, 이것도 이 『흠흠신서』와의 공교로운 인연이라면 인연이겠다.

이제 우리의 진정한 고전인 『흠흠신서』를 누구나 읽을 수 있게 되었다. 교양으로 읽을 수도 있고 학문하는 방편으로 읽을 수도 있는 것이다. 특히 입법이나 사법과 밀접한 관계가 있는 일에 종사하는 분은 반드시 이 책을 『명심보감』이나 『채근담』처럼 정독하여 다산의 애민사상과 흠휼(欽恤) 정신을 체득하여 혼탁한 사회 기강을 바로잡고 정의로운 사회 건설을 이루기 위한 정신적 지표로 삼으면 좋을 것이다.

❹

이 『역주 흠흠신서』 전 4권이 간행되자 ≪중앙일보≫ 1999년 9월 17일 자에 허의도 기자가 "흠흠신서 쉽게 읽는다"라는 표제로 "다산의 애민사상 담긴 형법서, 형벌·형사판결 사례 연구 등 담아"라는 부제를 붙여 크게 소개하고, ≪한겨레 21≫ '문화 지성'에 이상수 기자가 "한글세대에 우리 고전을 전한다"는 표제에 "한국학 서적 분야의 독보적 편집인 정해렴 현대실학사 대표. 그가 박석무 한국학술진흥재단 이사장과 함께 정약용의 『흠흠신서』를 펴냈다"는 부제로 『역주 흠흠신서』와 나를 소개했다. 또 ≪경향신문≫ 2001년 6월 23일자에 이동형 기자가 "Only One 신장인열전"에 "한국 고전 번역·발간 참편집쟁이의 '사표(師表)'"란 제목으로 크게 소개하고, "…… 99년에는 『역주 흠흠신서』 제3권과 『흠흠신서 원문』 제1권을 교주(校註)하여 간행했다. 그는 이 책으로 출판 전문가들로부터 한국학 고전의 번역과 교주의 전범(典範)이라는 평가를 받기도 했다"라고 썼다.

나는 이 『역주 흠흠신서』와 『흠흠신서 원문』을 교주해 내고 나서 훗날 안산(安山)에 있는 성호 이익(李瀷) 선생 묘소를 참배하고 성호기념관에 소장된 다산의 『흠흠신서』 필사본을 보았는데, 이 필사본은 매우 완벽한 선본(善本)으로 신조선사본에 빠져 있던 두 조항이 있어 내가 발굴 복원한 것이 틀림없는 자료라는 것을 다시 확인한 셈이다. 또 뒤에 백선문화사(百選文化社) 이원기(李元基) 사장이 소장한 『흠흠신서』 필사본 10책을 보았는데, 이 필사본도 매우 선본인 듯했고, 이 필사본에도 앞서 말한 두 조항이 들어 있어 나는 더욱 반가웠다. 이사장께서는 다산의 다른 저술인 「민보의(民堡議)」 필사본도 소장하고 있었다. 이 「민보의」도 선본인 듯했다.

❺

이 『역주 흠흠신서』를 발행하고 나서 제일 먼저 관심을 표시한 분이 고려대 법의학 교실의 황적준 박사였으며, 황 박사께서는 전국 법의학 교실에 이 책을 구입해보내기도 했다.

나는 이 책을 펴내면서 사법연수원이나 경찰대학에서 『역주 흠흠신서』를 필수 교육 자료로 삼아 강의도 하고 연수생이나 대학생이 반드시 읽어야 하는 교육 과정이 설치되기를 바랐으나 간행된 지 10년이 지났으나 아직도 감감무소식이라 우리나라 사법연수원과 경찰 교육 과정에 도입되기는 앞으로도 쉽지 않을 것 같았다. 그러나 오늘날 새로 설립된 법과대학원 과정에 이 다산의 『흠흠신서』를 필독서로 읽히고 다산의 법사상을 강의하여 이 강의를 듣거나 『흠흠신서』를 깊이 있게 읽은 이가 장차 법관이 되어 형사 사건을 판결할 때 삼가고 조심하고, 다산의 애민사상과 흠휼 정신을 구현한다면 그는 훌륭한 법관으로 칭송받고 올바른 삶을 사는 훌륭한 인물이 될 것이라고 감히 말할 수 있다.

10__『지봉유설정선』

❶

2000년 3월 5일 나는 지봉(芝峯) 이수광(李睟光)의 『지봉유설정선(芝峯類說精選)』을 역주(譯註)하여 현실총서 17로 간행했는데, 이는 실학(實學)의 연원(淵源)이라 할 수 있는 실학의 고전을, 순암(順菴) 안정복(安鼎福) 선생이 성호(星湖) 이익(李瀷) 선생의 『성호사설(星湖僿說)』을 추려 『성호사설유선(星湖僿說類選)』을 편집했듯이, 또 내가 『성호사설정선』 3권을 다시 편역했듯이 지봉 선생의 『지봉유설』 20권 10책 3435항목에서 799항목을 정밀히 추려내서 읽기 쉽게 다시 번역하여 우리 실학의 고전 정수(精粹)를 현대 독자가 만나 읽을 수 있게 한 책이다.

이 『지봉유설』에 대해 지봉과 동시대의 뛰어난 선배 문인인 남창(南窓) 김현성(金玄成)이 독후감을 썼는데, "위로 천시(天時)를 관찰하고 인사(人事)를 바탕으로 삼아 뜻과 이치의 정미(精微)함과 문장(文章)의 좋고 나쁨을 드러내 보이고, 곤충이나 초목의 성장 발육에 이르기까지 빠뜨리지 않고 수집하여 분석·고찰했다. 따라서 우리들이 이 '유설'을 읽으면 총명을 개발하고 지혜가 더욱 진보하게 되니, 귀머거리도 세 개의 귀가 생기고, 장님도 네 개의 눈을 얻는 것과 같다"라고 감탄하며 격찬했다.

지봉 이수광은 1592년 임진왜란과 1627년 정묘호란을 겪으며 동아시아의 격동기를 몸으로 체험하여 근대적인 세계 인식을 하기 시작한 올곧고 바른 지식인으로 평생 동안 성실하게 관료로 봉공(奉公)하고 검소하게 살면서, 또 당파에 휘말리지 않고 청렴한 절조를 지키면서 이조판서에까지 올랐다. 현대의 우리에게도 학문과 삶의 모범을 보여준 조선 시대의 진정한 사표(師表)이다.

『지봉유설』은 일종의 백과사전으로 20권 10책 25부 182장 3435항목으로 저술되어 있는데, 참고한 저술이 348명의 경전과 역사서이며, 거론한 인물이 2265명에 이른다. 이 가운데 오늘날 우리에게도 교양이 되고 지식이 되는 799항목을 간추려 일반 독자도 노력만 조금 기울이면 쉽게 읽고 이해할 수 있도록 번역하고 각 항목마다 제목을 달아주었다. 또 1200여 항의 인명·서명 해설을 달고 5000여 항의 색인을 작성해 교양과 지식의 보고(寶庫)로 활용할 수 있게 편집에도 실사구시(實事求是) 정신을 실천했다. 따라서 우리는 우리 '실학'의 고전인 『지봉유설』의 '정수'와 만나게 되었다고 할 수 있다.

내가 이 『지봉유설정선』을 감히 편역할 용기를 낸 것은 1975년에 을유문화사에서 세계사상교양전집 속10으로 펴낸 남만성(南晚星) 옮김의 『지봉유설』 상·하 2책이 있었기 때문이다. 나는 이 번역본을 읽으면서 앞서 말한 799항목을 추려내고 이를 다시 한문 원문과 대조하여 번역을 다시 하고, 지문에 나오는 인명과 서명을 주를 다는 대신 해설하여 부록으로 실어 번역문을 간명히 쉽게 읽을 수 있도록 편집한 것이다. 그리고 제12부 제7장 시(詩)에서는 거론한 한시 원문을 번역시 뒤에 실어 참고하게 하고, 전체 원문을 부록으로 싣는 것은 생략했는데, 번역문만 잘 읽으면 된다고 생각했기 때문이다.

우리나라에서는 삼국 시대 이래 한문(漢文)으로 문자 생활을 하다가 개화기를 지나면서 국한문 병용이 이루어지고, 8·15 해방 이후에야 비로소 한글로 문자 생활을 하기 시작했다. 이렇게 문자 생활 환경의 변화로 말미암아 대다수 국민은 한문으로 기록된 우리의 보배인 고전을 읽고 받아들일 수 없게 되었다. 문화가 단절된 것이다. 앞으로 우리의 문자 생활이 한문으로 회귀할 수는 절대로 없을 것이니, 우리의 고전을 이처럼 우리말로 쉽게 풀어내서 전통 문화를 단절 없이 계승하여 누리려면 현대의 우리에게 피가 되고 살이 되는 생명력 있는 산 고전을 국민 누구나 손쉽게 읽고 잘 이해할 수 있도록 되어야 한다. 그래야만 우리는 21세기를 살아갈 교양 있는 민족이 되고, 세계 속에서 민족 주체성을 지키며 살 수 있는 건전한 시민이 될 터이다. 이런 우리의 역사적 입장을 깨닫고 그 바탕 위에 편역된 것이『지봉유설정선』이다.

이『지봉유설정선』이 간행되자 ≪조선일보≫ 2000년 3월 25일 '새책 맛보기'에 소개되고, ≪세계일보≫ 3월 27일 자 학술 면에 노정용 기자가 "디지털 시대에 읽는 '조선백과사전'"이라는 표제로 내 사진과 책 사진을 나란히 실으며 크게 소개했다. 또한 ≪한국일보≫ 3월 31일에는 오미환 기자가 "한글로 편역 지봉유설 다시 읽기"라는 표제로 소개하고, ≪대한매일≫ 4월 3일 자에는 정운현 기자가 "알기 쉽게 풀어 쓴 지봉유설정선"이라는 표제로 소개해주었다. ≪출판저널≫ 277호(2000년 4월 5일 발행)에는 부산대 한문학과 강명관(姜明官) 교수가 '책갈피 산책'에서 "정통 성리학에 던진 철학적 도전장"이라는 표제로 "17세기 초의 저 유명한 지식인의 대뇌 속에 갈무리됐던 지식의 바다에 흠뻑 빠져보시기를!" 바란다고 권했다.

나는 이 『지봉유설정선』을 발행하고 나서 양주시 장흥면 삼하리에 있는 지봉 이수광 선생의 묘소를 찾아 이 책을 상석에 올려놓고 간행 인사를 올리며 잘 팔리기를 빌기도 했다. 선생의 삼하리 묘소는 구파발에서 장흥으로 가는 방위선 고갯길을 넘어가는 오른편 산자락에 있는데, 그때 내가 살고 있던 고양시 오금동에서 멀지 않아 걸어서 갈 수 있었다.

또 2009년에 나는 베트남·캄보디아를 관광할 기회가 있어 이 『지봉유설정선』 표지 뒷면에 실린 지봉 선생 필적인 "증안남사신 우첩전운(贈安南使臣又疊前韻)"을 복사하고, 또 '정선'에 있는 지봉 선생이 월남 사신 풍극관(馮克寬)과 화답한 시를 표시하고, 조선 초기에 중국에 사신으로 갔다가 월남 사신과 시를 수창한 자료를 더 복사해가지고 가서 관광 가이드에게 적절히 사용하라고 주었다. 이에 더해 내가 편역한 『목민심서정선』 상·하권을 호치민 기념관에 기증하려고 했는데, 내가 간 날은 기념관이 쉬는 날이라 바깥에서 바라보기만 하고 월남인 가이드에게 책과 자료를 넘겨주고 왔던 것이다.

11 _ 『송도인물지』

❶

현실총서 18 『송도인물지(松都人物志)』는 2000년 10월 15일 현대실학사에서 발행했다. 저자는 창강(滄江) 김택영(金澤榮, 1850~1927년)이고, 이를 편역하고 주를 단 분은 현재 부산대 한문학과 교수인 김승룡(金承龍) 박사이다.

이『송도인물지』는 창강 김택영이 개성(開城) 곧 송도(松都)의 인물을 입전(立傳) 기술한『숭양기구전(崧陽耆舊傳)』과『고려계세충신일사전(高麗季世忠臣逸事傳)』,『창강고(滄江稿)』,『소호당집(韶濩堂集)』등에서 편역자가 뽑아 편집·번역한 우리나라 전기문학(傳記文學)의 백미(白眉)로서, 제1부 고려 인물지는 고려 시대 말기 개성에 살았던 인물로 고려에 충성을 바치고 의리를 지켜 조선에 벼슬하지 않았던 인물인 정몽주(鄭夢周)·이색(李穡)·최영(崔瑩)·길재(吉再) 등 60여 명의 생애를 그렸고, 제2부 조선 인물지는 조선 시대에 개성에 살면서 뛰어난 충의(忠義)를 세우고 두드러진 활동을 한 서경덕(徐敬德)·전우치(田禹治)·차천로(車天輅)·한석봉(韓石峯)·송상현(宋象賢)·황진이 등 100여 명의 생애를 그렸으며, 제3부 역사 인물지는 창강 김택영이 사숙(私淑)하거나 교우(交友)를 맺고, 또는 민족의식을 가지고 피 끓는 마음으로 '입전'한 인물인 박지원(朴趾源)·정지윤(鄭芝潤)·황현(黃玹)·장지연(張志淵)·이준(李儁)·안중근(安重根) 등 36명을 추려 편집·번역했다. 연구자를 위해 한문 원문도 교주하고 문장 부호를 넣어 참고하기 좋도록 해놓았다.

창강 김택영 선생은 1850년 10월 16일 경기도 개성부 자남산(子男山)에서 김익복(金益福)의 둘째 아들로 태어났으며, 본관은 화개(花開), 자는 우림(于霖·友霖), 호는 창강(滄江)·소호생(韶濩生)·소호당·운산소호당주인(雲山韶濩堂主人)·견산당(見山堂)·차수정노인(借樹亭老人)이다. 1874년 이건창(李建昌)을 서울에서 만나보고 1891년 증광 진사시에 합격했으며, 1894년 의정부 주사 판임관 6등으로 편사국(編史局)에서 역사를 편찬하기 시작했다. 1899년 학부 편집국에서『동국역대사략(東國歷代史略)』,『대한역대사략(大韓歷代史略)』을 편집하고, 1902년『동사집략(東史輯略)』을 편찬하고, 1905년 학부(學部) 편집위원이 되어『역사집략(歷史輯略)』을 간행하고, 9월 14일 중국 상하이에 도착하여 이후 난통(南通)에서 망명 생활을 시작하여 한묵림인서국(翰墨林印書局)에서 편집·교열에 종사하다가 1927년 중국 난통 주에서 78세로 죽었다. 주요 저서로는 『숭양기구전』, 『고려계세충신일사전』, 『한국역대소사(韓國歷代小史)』, 『소호당전집(韶濩堂全集)』, 『교정삼국사기(校正三國史記)』, 『한사경(韓史綮)』, 『신고려사(新高麗史)』, 『차수정잡수(借樹亭雜收)』 등이 있다.

❷

2000년 늦봄이나 초여름쯤에 이 『송도인물지』를 편역주한 고려대 강사 김승룡(金承龍) 선생이 이 편역 원고를 마포 공덕동 내 사무실로 가져와 그 편집·출판을 상의했다. 나는 이때 김 선생에 대해 알고 있는 바가 없었다. 그런데 앞서 민족문학사연구소 한문 분과에서 번역하고 창비에서 1997년에 간행한 이규상(李奎象)의 『18세기 조선인물지』(幷世才彦錄)의 실무를 맡아 원고와 교정지를 전해주며, 편집·교정을 맡았던 나의 낯을 익혔다고 한다. 이때 내가 편집·교정하는 것을 보고, 후일 나를 찾아온 것이다.

나는 1970년대 신구문화사 편집부에 있을 때 창강 김택영 선생의 전기(傳記)를 보고 나와 같은 편집·교정에 종사한 대선배라 여기고 그 행적을 주의 깊게 읽었으므로 우선 반가웠고, 한편으로는 내가 편역하는 책에 역사 인명을 뽑아 간단히 해설하여 부록으로 실어주는 것이 나의 한 편집 방침으로 굳게 자리 잡아 가던 때라 눈이 번쩍 뜨였다. 또 한편으로는 신구문화사의 『한국인명대사전』을 증보할 편집 기획안을 작성해준 바 있어서 이런 인물지를 편집·출판해주면 좋겠다는 마음이 문득 생겼다. 또 송도는 내 고향 파주시 야동동에서는 직선거리로 서울보다 가까워 매우 친근감이 있었던 것이다.

우선 번역 원고를 원전과 대조해보면서 교정하는 한편 이 인물지에 인용되어 나오는 역사 인물은 내가 해설해두었던 내용에서 뽑고 또 더러는 새로 해설을 하기도 했다. 이 인물지에 서술 대상이 되어 표제로 나오는 인물과 이 인물지에만 인용된 인물은 김 선생에게 내가 해설한 방식대로 해설하여 전산 입력하도록 했다. 이는 내가 『18세기 조선인물지』를 편집한 방침과 같은 방법인데, 이렇게 해설한 인물이 모두 650여 명이며, 이 「인물 해설」은 62면을 차지했다.

❸

이 『송도인물지』는 신국판 483면이나 되는 두툼한 책으로 편집된 교양서 겸 학술서로, 이 책이 간행되자 ≪국민일보≫ 2000년 10월 12일 자 '새로 나온 책'에 간명하게 소개되고, ≪세계일보≫ 10월 18일 자 '신간 안내'에도 간단히 소개되었으며, ≪조선일보≫ 10월 24일 자 학술 신간에도 소개되었다. 또 ≪국민일보≫ 11월 6일 자에는 남도영 기자가 편역자가 아닌 나를 인터뷰한 "실학 고전 '송도인물지' 펴낸 정해렴씨"라는 기사를 실었다. 또 송도 출신 소설가인 연전에 작고한 소설가 박완서(朴婉緒) 선생이 ≪출판저널≫(2000년 11월 20일 발행) '책갈피 산책'에 "고향이 그리울 때 머리맡에 두고 보리라"라는 표제로 쓴 글에서 "김택영의 문장은 송도 인물들의 묘사에서 살아 숨 쉰다. 나는 『송도인물지』를 보며 마치 그 시대를 산 것 같은 시간 여행을 하며, 송도의 넋을 마시는 기분이 됐다. 내가 꼭 그곳에 가지 않더라도 얼이 숨쉬고 정신이 죽지 않고 살아 내 속에 살아 있는 느낌이 되는 것, 그것이 바로 문장의 힘, 글의 힘이 아니겠는가"라고 했다.

12 『다산시정선』(상·하)

❶

　나는 또 박석무 전 의원과 같이 2001년 3월 25일 다산 정약용의 1140여 편 2400여 수가 넘는 방대한 시 작품 가운데 216편 741수의 시를 정밀하게 읽고 골라내어『다산시정선(茶山詩精選)』상·하 2권을 편역주(編譯註)하여 현실총서 19·20으로 현대실학사에서 간행했다.

　이『다산시정선』은『여유당전서』시문집에 실려 있는 시 가운데, 문학성·현실성·역사성이 깊이 스며 있는 시와 우리의 민족 정서를 살찌우는 시를 가려내서 앞서 우리가 편역해 간행했던『다산문학선집(茶山文學選集)』,『다산논설선집(茶山論說選集)』과 쌍벽(雙璧)의 책을 만들어 다산의 문학 정신과 시정신을 알 수 있는 기본 교양서를 만들고자 했다.

　이『다산시정선』상·하권에 실린 시의 편수는 216편 741수이다. 이는 다산 시 전체 규모인 1140여 편 2400여 수에 비하면 편수로는 약 5분의 1이며, 수수(首數)로는 3분의 1쯤 된다. 이 정도면 다산의 젊은 시절부터 노년기까지의 중요한 시들은 감상할 수 있을 터이다. 부패 척결 의지가 매우 강한 사회 고발 시나 개혁 의지가 강한 비판 시를 다산은 많이 썼으나, 그의 탁월한 문학 정신은 여기에만 머물지 않고 아름다운 자연과 전통이 깃든 문화 유적에도 눈을 돌려 아름다운 서경과 서정을 꽤나 많이 노래했다. 그러나 우리의 능력으로는 시의 내용이나 성격을 구별하여 편집할 수 없었기에 다만 시대순으로 나누어 다산시사(茶山詩史)만이라도 잘 알 수 있게 편집한 것이다.

　제1부 진주 기생의 칼춤은 14세(1775년)부터 26세(1797년)까지 13년 동안 지은 시 32편 50수를 뽑았는데, 이 기간의 다산의 행적을 살펴보면 다산은 15세에

장가를 들고 16세에 화순현감(和順縣監)이 된 아버지 정재원을 따라가서 그 둘째 형 정약전과 함께 동림사(東林寺)에서 글을 읽었다. 또 이 무렵 다산은 화순 적벽강 물염정(勿染亭)과 광주 무등산을 유람하며 호연지기(浩然之氣)를 기르기도 했다. 19세(1780년)에는 예천군수(醴泉郡守)로 옮긴 아버지를 모시러 아내와 함께 화순에서 광양(光陽)을 거쳐 예천으로 가다가 경상우도 병마절도사로 진주(晉州)에 있는 장인 홍화보(洪和輔)에게 들러 「진주 기생의 칼춤」(1780)이란 시를 읊고, 또 논개(論介)의 사당을 중수(重修)한 전말을 쓴 「진주의기사기(晉州義妓祠記)」도 지었다. 지금 이 기문(記文)이 촉석루에 있는 논개의 사당에 현판으로 걸렸는데, 1802년에 지었다고 잘못 표시되어 있었다. 1802년은 다산이 강진에서 귀양살이를 할 때이다. 21세에는 「속뜻을 밝히다」, 「봄날 수종사에 노닐다」 등을 짓고, 22세에는 소과인 「생원시에 합격하여 임금님을 뵙다」를 지었는데, 처음으로 정조 임금을 알현하고 배를 타고 금의환향하는 영광을 누렸다. 23세에는 「손자병법을 읽고」를 읊었으며, 24세에는 「이벽(李檗)의 죽음」, 「가을날 고향 생각」 등을 읊었으며, 26세에는 인간이 배설한 똥오줌이 흘러 나가고 또 죽은 시신이 나가는 「광희문(光熙門)」을 시로 읊었다.

이 1787년에 다산은 문암(門巖: 오늘날 양평군 서종면 문호리 북한강 가인 듯)에다 농장을 사고 가을에 추수하러 갔다가 초겨울에 돌아온다.

제2부 굶주린 백성은 28세(1789년)부터 34세(1795년)까지 7년 동안 지은 시 29편 79수를 뽑았는데, 이 동안에 다산은 28세(1789년)인 정조 13년 1월에 전시 문과에 수석으로 급제하여 7품인 희릉직장(禧陵直長)에 임명되고, 또 각과문신(閣課文臣)이 되어 울산부사(蔚山府使)로 있는 아버지에게 근친을 다녀온다. 이때 왕복길에 지은 시가 임진왜란 때 신립(申砬) 장군이 새재[鳥嶺]을 놓아두고 탄금대(彈琴臺)에서 배수진(背水陣)을 치고 왜적과 싸우다 패망한 사실을 아쉬워한 「새재를 넘으며」와 「안동 영호루」, 「단양(丹陽)에서」이다. 울산에 다녀와

서는 관료로서 두각을 나타내며 배다리(舟橋)에 대한 규제(規制)를 만들고 「한강의 배다리」란 시를 지었다. 29세(1790년)에는 예문관 검열로 해미현(海美縣)으로 귀양 갔다가 12일 만에 풀려 돌아오고, 그 둘째 형 정약전도 문과에 급제하여 「중형 정약전의 문과 급제」라는 축하 시를 바치고 「신광하(申光河)의 집이 무너졌다네」라는 풍자시를 지어 채제공(蔡濟恭)에게 크게 인정을 받았다.

30세(1791년)에는 아버지가 진주목사(晉州牧使)로 승진하여 진주로 근친하러 다녀오며 쓴 시가 「황산대첩비를 읽다」, 「추풍령을 넘다」인데, 이 황산대첩비는 태조 이성계(李成桂)가 고려 우왕 6년(1380년) 남원에 쳐들어온 왜구를 황산 골짜기에서 쳐서 왜장 아기발도(阿其拔都)를 죽이고 승리하여 그 공적을 기록한 역사시이다. 31세(1792년)에는 아버지 상중에 임금의 명령으로 수원성의 성곽 제도를 지어 바치고, 33세(1794년) 10월 29일 경기도 암행어사가 되어 11월 15일 복명했다. 그는 암행어사로 산골의 농가 현실을 목격하고 「적성촌(績城村)에서」라는 시를 지었는데, 이는 다산 사회시(社會詩)의 출발점을 이룬다. 34세(1795년)에는 사회시의 대표적인 「굶주린 백성」과 관각문학(館閣文學)의 찬란한 장시 「왕길(王吉)의 까마귀 쏜 노래」를 짓고, 「시로 쓴 역사 인물론」 등 다산 시의 주옥편들이 나오는데, 다산의 시재(詩才)가 꽃피운 시기라 할 수 있다. 특히 핍박받는 백성의 참상을 그려낸 시에서 다산의 참다운 시정신을 살펴볼 수 있겠다.

제3부 농가의 여름 노래는 34세(1795년)부터 39세(1800년)까지 6년 동안 지은 시 29편 82수를 뽑았는데, 이 동안에 다산은 34세에 정3품 통정대부에 오르고 충청도 홍주(洪州)에 있는 금정역찰방(金井驛察訪)이 되어 이른바 두 번째 귀양살이를 한다. 이 시기에 「조룡대(釣龍臺)」, 「공주 창곡의 부정부패」, 「금정역」, 「금정 구봉산」 등의 시를 읊는다. 이 가운데 「공주 창곡의 부정부패」는 삼정문란의 하나인 환자곡에 얽힌 감사의 횡포를 친구에게 듣고 지은 시인데, 이 시에 나온 폐정(弊政)의 행태가 동학혁명이 일어나던 1894년까지 100년 동안이나

그대로 계속되고 있었음을 우리 역사에서 살펴볼 수 있다. 35세(1796년) 12월에는 좌부승지에 임명되기도 했으나, 대체로 뜻을 잃고 산수를 유람하고 벗을 찾아 지낸 적이 많았는데, 이때에 지은 시가 「아름다운 벗을 그리워한다」, 「양강의 고기잡이」, 「남고 윤지범에게」, 「신광하(申光河) 만사」, 「국화꽃 활짝 피자」, 「한 무제(武帝) 때 역사 인물을 노래하다」, 「유쾌한 노래」 등이다. 36세(1797년)에 좌부승지까지 되었으나 사직 상소를 올리고 두 형님을 모시고 천진암(天眞菴)에 유람하여 「천진암에서」, 「천진암의 밤」, 「농가의 여름노래」를 읊는다.

36세 윤6월에 곡산도호부사(谷山都護府使)가 되어 38세(1799년) 4월까지 2년 동안 선정(善政)을 펼친다. 곡산 정당(政堂)을 근대적인 공법으로 짓고, 「청석골」, 「붉은 천리마 노래」, 「홀곡 노래」, 「천용자 노래」, 「연안성(延安城)」, 「자하담에 배를 띄우고」, 「매사냥에 화답하다」, 「송골매를 풀다」, 「번암 채제공 만사」, 「확연폭포」 등을 지었다. 「천용자가」에 나오는 장천용은 곡산의 화가이며 방외인(方外人)인데 다산은 이 노래를 지어 찬미했을 뿐 아니라 전기인 「장천용전(張天慵傳)」도 지었다. 38세(1799년) 4월에 내직으로 옮겨지고, 5월에 형조 참의가 되어 억울하게 10년 동안 옥살이를 하던 함봉련을 석방시키고 나서 7월 26일 해직된다. 이것으로 다산의 파란 많던 벼슬살이가 끝나고, 이듬해 여름 정조 임금이 서거하자 다산의 수난이 시작된다. 이때 지은 시가 「중형 정약전의 귀거래」, 「옛뜻」 등이다. 채제공과 정조가 세상을 뜨면서 다산 일파에게 고난이 닥치기 시작하여 다산 시에는 좌절할 수밖에 없는 아픔과 삶의 새로운 전개를 위한 고뇌가 많이 담겨 있다.

제4부 장기의 귀양살이는 40세(1801년) 때(3~10월) 지은 시 34편 107수를 뽑았는데, 정조 임금이 1800년 6월 28일 돌아가시자 고향으로 떠나지 못하고 있다가 졸곡(卒哭)이 지난 겨울 뒤에는 초하루·보름에만 곡반(哭班)에 나아가다가 고향 소내(苕川)로 돌아와 '여유당(與猶堂)'이라는 편액을 달고 「여유당기」도 지

었다. 전원에 돌아와 조심하며 지내다가 신유년(1801년) 2월 9일 새벽에 옥에 갇히고, 2월 27일 경상도 장기(長鬐)로 유배가 결정되었다. 이때 둘째 형 정약전은 전라도 강진 신지도(新智島)로 유배되고, 셋째 형 정약종(丁若鍾)은 옥사(獄死)하는 일사이적(一死二謫)의 고난을 겪는다.

다산은 1801년 2월 28일 남대문 남쪽 3리에 있는 돌모루에서 숙부와 집안 형들을 이별하고, 한강을 건너 모랫들(오늘날 반포 고속터미널 근처)에서 아내와 아들을 작별한 뒤 충주 하담(荷潭)에 이르러 부모님 무덤에 하직 인사를 올린다. 탄금대(彈琴臺)를 지나 문경 새재(鳥嶺)를 넘어 3월 9일 경상도 장기현에 도착하고, 3월 10일 마산리(馬山里)에 있는 성선봉(成善封)의 집에 귀양 짐을 풀었다. 여기서 황사영백서(黃嗣永帛書) 사건이 일어나 다시 서울로 잡혀 오는 10월까지 8개월 동안 지내며 「백언시(百諺詩)」 등 60여 편의 시를 짓는다. 이 가운데 34편을 뽑아 반을 추려낸 셈이다. 귀양길에 오르면서부터 다시 잡혀 올라올 때까지 「돌모루의 이별」, 「모랫들의 이별」, 「하담의 이별」, 「탄금대」, 「새재[鳥嶺]」, 「장기의 귀양살이에서 본 풍속」, 「느릅나무 숲을 거닐다」, 「외로이 앉아」, 「귀양살이 정취 여덟 가지」, 「장마비」, 「아가 노래」, 「솔피 노래」, 「약전 형님의 편지」, 「추록이 노래」, 「칡을 캔다네」, 「오징어 노래」, 「장기 농가」, 「보리타작」, 「여름날 울적함을 풀려고」, 「뜻이 꺾인 아픔의 노래」, 「약전 형님을 생각하며」 등을 읊으며 지냈다. 극한 상황에서 별리(別離)의 한(恨)을 읊은 절창(絶唱)이 많고 애가(哀歌)·비가(悲歌)라는 애절한 노래들을 가장 많이 읊은 시기이다.

제5부 율정의 이별은 40세(1801년)부터 46세(1807년)까지 7년 동안에 지은 시 33편 133수를 뽑았는데, 장기로 귀양 가 있다가 황사영 백서 사건으로 10월 20일 붙잡혀 올라와 조사를 받은 뒤 전라도 강진으로 유배지가 옮겨지고, 그 둘째 형 정약전도 흑산도(黑山島)로 옮겨진다. 11월 10일 감옥에서 나와 형제가 함께

다시 귀양길에 올랐다가 나주(羅州) 북쪽 5리에 있는 율정(栗亭) 주막에서 함께 자고 새벽에 형제가 이별을 하여 형은 흑산도로 향하고 아우는 강진으로 떠나는데, 이때 이별의 안타까움을 절규한 시가 「율정의 이별」이다.

41세(1802년)는 귀양 생활 둘째 해로 강진 주막에서 외롭게 지낸다. 이때 큰아들 학연(學淵)이 귀양지로 근친을 했으나 넷째 아들 농장(農牂)을 잃는 슬픔을 겪었으며, 이 무렵 쓴 시로는 「새해 집안 편지를 받고」, 「이유수(李儒修)에게」, 「탐진 노래」, 「탐진 농부가」, 「탐진 어부가」 등이 있다. 이 가운데 「탐진 노래」, 「탐진 농부가」 등을 김해(金海)에 귀양 살던 낙하생(洛下生) 이학규(李學逵)가 서울을 통해 보고 크게 감동하여 이를 모방하여 김해의 풍속과 자연을 노래한 「강창농가(江滄農歌)」를 짓기도 한다. 42세(1803년) 때는 강진 주막에서 지내며 쓴 사회시 「남근을 잘라내다니[哀絶陽]」, 「송충이」, 「황칠나무」를 쓰고, 「둘째형님 편지에 화답하다」, 「보은산 꼭대기에 올라」는 멀리 둘째 형이 귀양 살고 있는 흑산도를 바라보며 눈물을 흘리기도 한다. 43세(1804년)에도 강진 읍내에 거처하며 아동들의 한자 기초 교재인 『아학편(兒學編)』을 짓고, 시 「일곱 가지 그리움」, 「미운 모기」, 「장님의 아내」, 「여름날 술을 마시다」, 「근심걱정에 싸여」, 「근심을 끄려고」, 「꿈속에 읊은 시」, 「벗을 떠나보내며」 등을 썼다. 이 가운데 「벗을 떠나보내며」는 김이재(金履載)가 고금도(古今島)로 귀양 왔다가 1805년 귀양이 풀려 서울로 떠나며 다산을 찾아보았는데, 그때 이별의 시로 부채에 직접 써서 준 것으로 알려져 있다. 황현(黃玹)의 『매천야록(梅泉野錄)』에 이 시가 실려 있어서 인구(人口)에 회자(膾炙)되었으나 『여유당전서』에는 빠져 있고 규장각도서 필사본에는 실려 있다.

44세(1805년)에는 강진 보은산방(寶恩山房)에서 지내며 중 혜장(惠藏: 兒菴)과 만나고, 큰아들 학연이 다시 와서 『주역』, 『예기』 등을 가르쳤다. 이해에 「혜장이여 차를 보내주오」, 「보은산방에서 큰애와 함께」 등의 시를 짓고, 45세

(1806년)에도 보은산방에서 지내며 「산으로 가자꾸나」, 「고향 생각 2」, 「아내 생각」, 「영호정 팔경(映湖亭八景)」 등의 시를 지었다. 46세(1807년)에는 장손 대림(大林)이 태어나고 둘째 형의 아들 학초(學樵)가 죽어 자기 학문의 계승자를 잃은 듯이 슬퍼하며 「둘째형님께」, 「이광사(李匡師)의 글씨」, 「서호부전도에 쓴다」, 「동시의 찡그린 얼굴」 등의 시를 썼다. 이 시기에는 귀양살이의 아픔을 농촌 무지렁이들의 아픔과 일치시키는 탁월한 문학을 창조했다. 곧 자신의 애절한 서러움을 농민들의 아픔에 의탁하여 뛰어난 문학성을 확보하고 있다.

제6부 전간기사(田間紀事)는 47세(1808년)부터 52세(1813년)까지 6년 동안 지은 시 23편 85수를 뽑았는데, 이 동안 다산은 강진 읍내 보은산방에서 다산초당(茶山草堂)으로 거처를 옮겨 이후 귀양이 풀릴 때까지 11년 동안 자연의 품에 안겨 다산 최고 최대의 저술인 『경세유표(經世遺表)』, 『목민심서(牧民心書)』를 저술하게 된다.

다산은 1808년에 다산초당에 자리 잡은 뒤부터 이곳을 자신의 탕목읍(湯木邑)이라 여기고 자연 속에 파묻혀 세상을 관조하되, 현실을 잊지 않고 지낸다.

이 다산으로 옮기기 전에 다산을 둘러보고 나서 「다산 팔경」을 노래하고, 다산에서 살면서 「다산에 피는 꽃을 읊다」, 「애솔 뽑아버리는 중」, 「범 사냥」, 「우복동(牛腹洞) 노래」 등을 짓고, 48세(1809년)에는 「성수 이학규(李學逵)에게」, 「다산 사경」을 읊고, 49세(1810년)에는 「삵괭이」, 「산골 늙은이」, 「송풍루(松風樓)」를 쓰고, 또 전간기사(田間紀事) 6편인 「다북쑥 캐네」, 「모를 뽑아내다」, 「메밀 심으라네」, 「보리죽」, 「승냥이와 이리」, 「오누이」를 쓴 것으로 되어 있으나, 이 시들은 1809년에 쓴 것이 전서에 잘못 편집되어 있었다. 또 저 유명한 현실 고발의 사회시 「용산의 아전」, 「파지의 아전」, 「해남의 아전」을 썼다. 이 사회시 3편을 쓰고 나서는 공부와 저술에 전심하며 귀양이 풀릴 때까지 시흥(詩興)이 샘솟지 않은 듯하다. 다만 1809년경에 쓴 「다산 사경」과 51세(1812년) 때 백운동(白雲洞) 12경을 읊은 「백운동(白雲洞)에 써서 부치다」, 52세(1813년) 때 매화를 그리고 여기에 시를 써서 딸에게 남겨준 한 편의 시 「치마폭에 매화를 그리다」가 그림과 함께 전하고 있으며, 또 「거문고 타던 흰바위」란 시가 전하는데 이 4편의 시는 『여유당전서』에는 실려 있지 않다.

 1809년에 다산이 읊은 전간기사 시 6편은 모두 흉년을 걱정하고 현령을 풍자했다. 다산이 다산초당으로 옮긴 이듬해 남쪽 지방엔 큰 흉년이 들어 백성들이 유리걸식을 하고 굶어 죽은 자가 많았다. 다산은 이들의 처참한 몰골을 기록하고, 이 시가 아들에게 전해졌다. 아들은 이학규의 종형 백진(伯津)에게 보여 주고, 백진은 편지로 이학규에게 "탁옹(籜翁: 정약용)은 당대의 사백(詞伯)이다. 그의 시는 사람을 깨우치는 뜻이 있다. 두보(杜甫)의 「수로별(垂老別)」, 「무가별(無家別)」 이후 이런 시는 없었다"라고 하면서 시도 함께 적어 보낸 것이다(임형택 편역 『이조시대 서사시』). 이 시를 본 이학규는 이에 감명을 받고 「기경기사시(己庚紀事詩)」를 완성했다고 한다.

 제7부 귀전시집(歸田詩集)은 58세(1819년)부터 59세(1820년)까지 2년 동안 읊은 시 8편 91수를 뽑았는데, 『여유당전서』에는 여기 실린 '귀전시집'이 제7권 '우세화시집(又細和詩集)' 뒤에 수록되었다. '우세화시집'은 다산 시가 아닌데 잘못 편입되어 있었던 것이다. 다산은 1818년 18년 동안의 강진 유배 생활을 끝내고 9월 14일 고향에 돌아와 그리던 가족과 친척을 만나고, 이듬해인 1819년 봄 4월에는 맏형 정약현(丁若鉉)을 모시고 충주 하담에 있는 어버이 무덤에 가서 귀향 인사를 올린다. 이때 다산은 조그만 어선을 세내어 타고 남한강(南漢江)을 거슬러 오르게 된다. 배를 타고 가면서 남한강 주변의 산천 경관과 역사 유적을 장편 기행시(紀行詩)로 노래한 것이 「충주 기행」이며 75수나 된다. 1801년 3월 초 장기로 귀양 갈 때 하직 인사를 올렸던 하담 선영에 이제 19년 만에 돌아와 절하고 쓴 시가 「어버이 무덤에 오르다」이다. 이해 가을에는 그동

안 멀리 바라보기만 하던 양평 용문산(龍門山)에 처음으로 올라 막혔던 가슴을 활짝 열고, 또 당대에 뛰어난 학자들인 신작(申綽)·신현(申絢)을 만나보기도 한다. 이때 지은 시가 「용문산 백운봉」과 「신작·신현 형제에게」와 「늙음도 슬프거니와」이다. 한편 다산은 고향에 돌아와서도 저술을 멈추지 않고 1819년에 1표2서의 완결인 『흠흠신서(欽欽新書)』 30권을 편찬 저술하고 『아언각비(雅言覺非)』 3권도 저술한다.

59세(1820년)에는 그 맏형 약현의 아들 학순(學淳)의 결혼식을 치르러 배를 타고 북한강(北漢江)을 거슬러 춘천엘 가서 소양강(昭陽江)과 청평사(清平寺)를 유람했다. 이때 쓴 기행시는 「천우기행(穿牛紀行)」 시권에 묶여 있는데, 앞서의 「충주기행」 75수에 이어 25수를 더 지어 100수를 채우고 나서 「청평사 폭포」 등 여러 편의 시를 더 지었다. 가을에는 다시 용문사(龍門寺)를 관광하고 나오면서 「용문사를 떠나오다」란 시도 지었다. 이와 같이 고향에 돌아와 강산을 유람하면서 삶을 관조하고 마음의 여유를 되찾은 분위기 시들을 많이 썼는데, 특히 고향 근처의 명승지를 찾아다닌 기행시가 많다.

제8부 늙은이의 즐거움은 63세(1824년)부터 75세(1836년)까지 13년 동안 노래한 28편 114수를 뽑았는데, 이 기간은 다산이 친구들과 다시 만나 노년을 즐기면서 전원생활을 하며 천수(天壽)를 누린 때이다. 다산은 1822년 회갑(回甲)을 맞아 이른바 자서전(自敍傳)인 「자찬묘지명(自撰墓誌銘)」과 윤지눌(尹持訥)·이유수(李儒修)·권철신(權哲身)·이가환(李家煥) 등의 묘지명을 지어 과거사를 정리했다. 1823년에는 다시 북한강을 유람하여 「산행일기(汕行日記)」, 「산수심원기(山水尋源記)」를 쓰고, 1833년에는 강진에서 완성했던 『아방강역고(我邦疆域考)』(10권)에다 두 권을 더 보충하고, 1834년에는 『상서고훈(尙書古訓)』과 『상서지원록(尙書知遠錄)』을 개수(改修)하여 한데 묶어 21권을 만들었다. 또 『매씨서평(梅氏書平)』(전 10권)을 개정해 다산학의 방대한 저술을 마무리했다.

1836년 음력 2월 22일 성인의 위대한 생애를 마쳤는데, 다산이 결혼한 지 60주년이 되는 회혼일(回婚日)이었다. 4월 1일 뒷동산에 장사지냈다.

이 제8부에 묶인 시는『여유당전서』시문집 제6권 '송파수작(松坡酬酌)'과 제7권 '천진소요집(天眞消搖集)'에서 뽑은 것인데, 이 두 시권(詩卷)은 다른 시권과는 달리 시작(詩作) 연대 순서로 묶이지 않고 연대가 들쭉날쭉 편집되어 정확한 연대를 밝히기 어려웠다. 63세(1824년)에 지은 시는「홀로 누워서」,「글 읽는 소리」2편, 65세(1826년)에 지은 시는「윤영희(尹永僖)가 왔다」,「저녁에 앉아서」2편, 66세(1827년)에 지은 시는「오엽정 노래」,「변상벽(卞相璧)의 그림」2편, 67세(1828)에 지은 시는「송옹 윤영희」,「하남위례성」,「병든 몸」,「천진사(天眞寺)」,「신작(申綽)에게」,「천둥 번개」등 6편, 68세(1829년)에 지은 시는「현계(玄溪)를 기다리다」1·2,「수선화」등 3편, 69세에 지은 시는「여러 벗들과 짓다」,「가을 달밤에 배 띄우다」,「김매순(金邁淳)을 보내며」등 3편, 70세(1831년)에 지은 시는「외로이 서서」,「박경유(朴景儒)에게」,「농촌의 여름날」등 32편, 71세(1832년)에 지은 시는「문산 이재의(李載毅)」,「가마꾼의 탄식」,「늙은이의 즐거움」,「강하늘이 반쯤 개다」,「이학규가 왔다」등 5편, 72세(1833년)에 지은 시는「강마을의 봄」1편, 75세(1836년)에 지은 마지막 시「결혼 60주년」1편인데, 인생을 회고하고 젊은 날을 회상하는 내용이 많다.

이『다산시정선』상·하 2권에서는 종래 다산의 사회시 위주로 선집된 틀에서 벗어나 서정시(抒情詩)·서경시(敍景詩)·영사시(詠史詩)·기행시(紀行詩)·우화시(寓話詩) 등을 시대순으로 고루 뽑아 역주해 다산의 삶과 정서를 잘 살펴볼 수 있게 편집했다. 이로써 다산시사(茶山詩史)도 연구할 수 있고 또 다산의 삶을 드러내는 '전기(傳記)'를 쓸 수 있는 기초도 마련되었다고 할 수 있다. 또 다산 시는 인간의 '정서'를 순화시켜 올바른 삶을 살아가도록 하는 시가 본래 가지고 있는 '교화 기능'이 많이 내포되어 있어, 오늘날 거칠어지고 메마른 우리의 정서를 순화시켜 잃어버린 인간성을 찾는 데 도움을 줄 것이 틀림없어 우리 민족의 '시경(詩經)'이 될 수 있으리라 편역자로서는 기대한다.

이 '정선'에는 『여유당전서』에 빠져 있던 시 7편을 찾아 수록했는데, 「거문고 타던 바위」는 고금을 통한 절창(絶唱)이라 할 수 있고, 다산이 장기로 귀양 가다가 하담에 있는 어버이 무덤에 올라 이별을 아뢴 시 「하담의 이별」과 18년 동안의 귀양살이를 마치고 돌아와 이듬해 충주로 배를 타고 가서 쓴 「어버이 무덤에 오르다」란 시는 우리의 눈물을 자아내기도 할 것이다.

이 『다산시정선』 상·하 2권이 간행되자 ≪동아일보≫ 2001년 4월 24일 자에 김수경 기자가 "다산(茶山) 정약용은 천재적인 시인"이란 표제로 소개하고, ≪파이낸셜 뉴스≫ 2001년 4월 27일 자에 노정용 기자가 "실학자 다산의 고난 극복 메시지"라는 표제로 크게 소개했으며, ≪조선일보≫ 2001년 5월 2일 자에는 김기천(金基哲) 기자가 "다산은 한국사의 르네상스인"이란 표제로 『아방강역고』와 함께 『다산시정선』을 크게 소개했다. 또 ≪동아일보≫ 2001년 7월 14일 자에는 고려대 영문과 서지문 교수가 '내가 요즘 읽는 책'이라는 난에 "혼탁한 시대의 노래"라는 표제로 "엄격하기가 추상(秋霜)과 같았고, 자애롭기가 어머니 같았던 다산의 여러 면모를 느끼게 해주고, 일생 영욕이 엇갈렸고 오래 고달팠으나 변함없이 고고했던 인간 다산을 만날 수 있게 해주는 그의 시집은 혼탁해진 우리 마음을 정화해주는 오아시스가 될 수 있다"라고 서평을 썼다.

❸

다산이 1808년 겨울에 큰아들 학연에게 보낸 편지는 그냥 편지가 아니라 한 편의 뛰어난 시론(詩論)이라 할 수 있기에 여기에 그 전문을 인용한다(『다산서간정선』 제1부 유배지에서 보낸 편지 중 '학연에게 보낸 편지', 42~44쪽).

시(詩)는 나라를 걱정해야

접때 성수(醒叟) 이학규(李學逵)의 시를 읽어보았다. 그가 너의 시를 논평한 것은 병폐를 깊이 생각해 맞혔으니 너는 당연히 마음에 새겨 잊지 말거라. 그의 자작시는 패 좋기는 하더라만 내가 좋아하는 바는 아니구나. 『시경』 이후의 시는 마땅히 두보(杜甫)의 시를 스승으로 삼는 것이다. 대개 온갖 시인의 시 중에서 두보의 시가 왕좌를 차지하게 된 것은 『시경』에 있는 시 300편의 의미에 이르렀기 때문이다. 『시경』에 있는 시는 충신·효자·열녀, 진실한 벗들의 슬프고 아픈 마음과 충실하고 순박함이 발로한 것이다.

임금을 사랑하고 나라를 근심하는 내용이 아니면 그런 시는 시가 아니며, 시대를 아파하고 세속을 분개하는 내용이 아니면 시가 될 수 없는 것이며, 아름다움을 아름답다 하고 미운 것을 밉다 하며, 착함을 권장하고 악을 징계하는 그러한 뜻이 담겨 있지 않은 시는 시라고 할 수 없는 것이다. 따라서 뜻이 세워져 있지 아니하고, 학문은 설익고, 삶의 대도(大道)를 아직 배우지 못하고, 임금을 도와 백성에게 혜택을 주려는 마음가짐이 있지 아니한 사람은 시를 지을 수가 없는 것이니, 너도 그 점에 힘쓰거라.

두보(杜甫)의 시는 역사적 사실을 시에 인용하는 데 있어 흔적이 보이지 않아 스스로 지어낸 것 같지만, 자세히 살펴보면 다 출처가 있으니, 이것이야말로 두보가 시성(詩聖)이 되는 까닭이다. 한유(韓愈)의 시는 글자 배열법에 모두 출처가 있게 하였으나 어구는 스스로 많이 지어냈으니 그게 바로 시의 대현(大賢)이 되는 까닭이다. 소동파(蘇東坡)의 시는 구절마다 역사적 사실을 인용하되 인용한 흔적이 있는데 얼핏 보아서는 의미를 깨달을 수도 없고 반드시 이리저리 따져보아 인용한 출처를 캐낸 다음에야 겨우 그 의미를 통할 수 있으니, 이것이 그가 시의 박사(博士)가 되는 까닭이다.

소동파의 시로 말하면, 우리 삼부자의 재주로써 죽을 때까지 시를 오로지 공부한다면 바야흐로 그 근처쯤 갈 수는 있겠지만, 인생이 이 세상에서 할 일도 많은데 무엇 때문에 그런 짓이나 하고 있겠느냐. 그러나 시에 역사적 사실을 전혀 인용하지 아니하고 음풍영월이나 하고 장기나 두고 술먹는 이야기를 주제로 시를 짓는다면, 이거야말로 시골의 서너 집 모여 사는 촌구석 선비의 시인 것이다. 이후로 시를 지을 때는 모름지기 역사적 사실을 인용하는 일에 주안점을 두거라.

비록 그러나 우리 나라 사람들은 역사적 사실을 인용한답시고 걸핏하면 중국의 사실이나 인용하고 있으니, 이건 또 볼품없는 일이다. 아무쪼록 『삼국사기(三國史記)』 『고려사(高麗史)』 『국조보감(國朝寶鑑)』 『신증동국여지승람(新增東國輿地勝覽)』 『징비록(懲毖錄)』 『연려실기술(燃藜室記述)』(李道甫가 모은 책. ─원주) 및 우리 나라의 다른 글 속에서 그 사실을 수집하고 그 지방을 고찰하여 시에 인용한 뒤에라야 바야흐로 후세에 전할 수 있는 좋은 시가 나올 것이며, 세상에 명성을 떨칠 수 있다.

혜풍(惠風) 유득공(柳得恭)이 지은 「16국회고시」를 중국 사람들도 책으로 간행했던 것은 우리 나라 사실을 인용했기 때문이다. 『동사즐(東史櫛)』은 본디 이럴 때 쓰려고 만들어놓은 것인데, 지금은 대연(大淵: 韓致奫)이가 너에게 빌려줄 턱이 없으니, 중국의 17사(史)에 있는 동이전(東夷傳) 가운데서 반드시 이름난 자취를 뽑아놓아야 이에 인용할 수 있을 것이다.

13__『아방강역고』

❶

　나는 2001년 4월 25일 다산 정약용의 우리나라 고대·중세의 역사지리지인 『아방강역고(我邦疆域考)』를 역주하여 현실총서 21로 간행했는데, 이때부터는 그동안 박석무 전 의원과 협조하여 다산서(茶山書)를 공역하던 일을 끝내고 나 홀로 독립하여 번역해도 되지 않을까 싶어서였다. 또 이 역사지리 분야는 박 의원과 협조할 수 있는 분야가 아니기도 했다.

　다산의 역사지리서인 이 『아방강역고』는 12권 4책으로 1811년 귀양지 강진(康津)의 다산초당(茶山草堂)에서 10권을 저술하고 1833년 고향 마재에서 2권분을 추가했는데, 추술(追述)한 2권은 분량으로는 3권 정도가 된다. 따라서 이 저술은 2차에 걸쳐 완결된 셈이다. 이 다산의 『강역고』는 우리나라 고대·중세의 역사지리를 최초로 종합·정리하되 실증사학적 방법을 원용해 강역(疆域) 곧 우리나라 영토에 관한 역사적 진실을 찾아내려 한 다산 역사학 연구의 큰 결실로, 우리나라 역사지리학 및 고대·중세사의 초석을 쌓아놓은 큰 업적이다. 그리고 김부식이 『삼국사기』에서 기술하지 못한 가야사와 발해사를 우리나라 역사에 편입시켜놓은 것도 다산사학(茶山史學)이 이룬 업적이자 우리 역사학을 크게 발전시켜놓은 것이기도 하다.

　다산이 쓴 『아방강역고』 발문에 의하면 이 『강역고』를 저술할 때 전부를 참고한 서적은 『사기(史記)』와 『한서(漢書)』뿐이며, 동이열전(東夷列傳)을 참고한 서적은 『후한서(後漢書)』, 『삼국지(三國志)』, 『진서(晉書)』, 『위서(魏書)』, 『북사(北史)』, 『수서(隋書)』, 『신당서(新唐書)』뿐이고, 『대명일통지(大明一統志)』와 『성경통지(盛京通志)』도 대강 참고했다고 한다. 또 다산이 이 『강역고』에 밝힌

바에 따르면 "마한(馬韓)은 열수(洌水: 漢江) 이남의 땅으로 지금의 경기도·충청도·전라도 지역이다. 진한(辰韓)은 지금의 경상좌도(慶尙左道: 대체로 경상북도) 지역이다. 변한(弁韓)은 지금의 경상우도(慶尙右道: 대체로 경상남도)의 지역이다. 최치원(崔致遠) 이하 삼한(三韓)의 강계(疆界)를 논한 것은 한결같이 잘못된 것이 많다"고 했다.

또 『고려사(高麗史)』 지리지와 『신증동국여지승람(新增東國輿地勝覽)』에 직산현(稷山縣)을 위례성(慰禮城)이라고 했는데, 이는 정인지(鄭麟趾)와 서거정(徐居正)이 잘못 기술한 것이라며 증거를 낱낱이 초들어 변증했는데, 이는 다산이 「위례고(慰禮考)」에 잘 밝혀놓았다.

❷

나는 이 다산의 『아방강역고』를 역주하려고 마음을 정했으나 내가 국사학(國史學)을 전공한 바도 없고 또한 역사지리에도 문외한이라 선학의 해독이 있으면 이를 참고할까 하여 이민수(李民樹) 선생이 번역한 범우사(汎友社) 간행의 『아방강역고』를 구해보았는데, 이는 다산의 『강역고』에 장지연(張志淵) 선생이 자신의 「임나고」와 「백두산정계비고」를 덧붙여 간행한 것을 번역한 것이다. 그런데 이는 다산의 『강역고』 원본을 번역한 것이 아닌 듯했다. 또 『아방강역고』 권8~9에 있는 「팔도연혁총서(八道沿革總敍)」 상·하가 빠져 있고, 내용 일부와 원주(原註)가 빠진 것도 수없이 많았다.

따라서 나는 먼저 『아방강역고』 필사본을 추적하여 서울대 규장각도서(奎章閣圖書)에서 권4~6까지인 제2책 하나를 찾아 복사하고, 또 고려대 도서관에서 완전하고 유일하게 남아 있는 다산 외손자 윤정기(尹廷琦)의 필사본을 찾아내 원전 대조 자료를 갖추고, 인명(人名)·서명(書名)을 뽑아 해설하고 나서 번역에 본격적으로 착수했다. 번역을 할 때는 신조선사에서 간행한 『여유당전서』, 『아방강역고』를 대본으로 삼되, 필사본을 참조했다. 그리고 초교에서는 윤정기의 필사본과 철저히 대조하면서 신조선사본의 오자나 탈자도 교정·정리해 나갔다.

　나는 이렇게 사본과 차근차근 대조하면서 다산이 저술해놓은 것을 한 구절도 빠짐없이 번역해내려는 노력을 기울였고, 전공자가 아닌 핸디캡을 정성과 노력으로 극복하려고 한 것이다. 이제 비로소 한국 역사지리학의 기본적인 텍스트를 한문 세대가 아닌 일반 독자와 역사 연구자들이 읽을 수 있게 되었고, 다산의 역사 인식과 역사관에 다가갈 수 있게 되었다.

　다산은 이 『강역고』를 저술할 때 사서(史書)나 지지(地志)를 다른 사서나 지지를 가지고 그 기록의 진실성을 증명하거나 부정(否定)하는 방법, 곧 다산이 중국 고대 경전을 해석하는 방법으로 쓴 이경증경(以經證經)의 방법을 썼으며, 다른 한편으론 '동국여지도(東國輿地圖)'와 '성경지도(盛京地圖)'를 그려 가지고 지지(地志)의 허실(虛實)을 과학적인 방법으로 검증하여 우리나라 영토의 역사적 진실을 찾아 밝혀내려고 한 것이 이 역사지리서이다. 이와 같이 실증사학적으로 저술된 이 『강역고』는 한국 고대·중세의 역사지리를 개척하여 정리하는 업적을 차지했다고 할 수 있다.

　『아방강역고』가 완역 출간되자 ≪중앙일보≫ 2001년 4월 26일 자에 정재왈 기자가 "다산의 역사지리서 두 권 첫 완역" '삼국사기서 못 다룬 가야·발해사 기술'이라 하며 다산의 다른 저술 『대동수경(大東水經)』과 같이 소개했다. ≪한국일보≫ 4월 27일 자에 장병욱 기자가 "실증정신 뚜렷 …… 다산이 본 고대사"라는 표제로 크게 소개했으며, ≪조선일보≫ 5월 2일 자 문화 면에는 김기철(金基哲) 기자가 "다산은 한국사의 르네상스인"이란 표제로 나와 『아방강역고』, 『다산시정선』 상·하를 크게 소개했다. 또 ≪한겨레 21≫ 제357호(5월 10일 발행)에는 구본준 기자가 나를 인터뷰한 "혹시 기억나십니까, 아방강역고!"란 표제로 "내용은 모르면서 말로만 중요하다고 들어온 다산 정약용의 '우리나라 땅 이야기' 처음으로 완역하다"란 부제로 내 사진을 곁들여 소개해주고, ≪교수신문≫ 5월 14일 자에는 성신여대 역사지리학자 양보경 교수가 "『아방강역고』가 비로소 완역됨으로써 일반인들도 우리나라 역사지리학의 원전을 쉽게 접할 수 있게 되었다. 번역과 해설이 정확하며, 인명·서명 해설과 색인이 있어 더욱 편리하다"라는 서평을 쓰기도 했다.

다산이 1811년 그 중형인 정약전(丁若銓)에게 보낸 편지에 『아방강역고』에 대해 스스로 평가한 것 중 중요한 몇 구절을 살펴보기로 한다.

『아방강역고』 10권이야말로 10년 동안 모아 쌓아 두었던 것을 하루 아침에 쏟아놓은 것입니다. 삼한(三韓)을 중국 역사책에서 모두 변진(弁辰)이라 했고 변한(弁韓)이라고는 하지 않았습니다. 우리나라 선비들은 더러 평안도를 변한이라고도 하고 또는 경기를 그곳에 해당시키기도 했으며 혹은 전라도가 거기에 해당된다고도 했습니다.…… 변진이란 '가야'였습니다.…… 마땅히 김부식의 『삼국사기』를 가져다가 한 통을 개작(改作)하여 태사공(太史公)이 『사기(史記)』를 지어서 했던 것처럼 이름 있는 산에 감추어 두어야 하는 것인데, 나 자신 살 날이 길게 남지 않았으니 이 점이 슬퍼할 일입니다. 만일 십수년 전에만 이러한 학식과 견문이 있었더라도, 우리 선대왕(先大王: 正祖)께 아뢰어 대대적으로 서국(書局)을 열고 역사(歷史)와 지지(地志)를 편찬함으로써 천고(千古)의 비루함을 한번 씻어내고 천세의 모범이 될 책으로 길이 남기는 일을 하지 않았겠습니까.……

오직 이 10권의 책만은 역시 우리 나라에서는 반드시 업신여길 수 없는 것입니다. 그러나 그 시비를 잘 분별할 수 있는 사람조차도 전혀 찾을 수가 없으니, 끝내는 이대로 티끌로 돌아가고 말게 생겼습니다. 분명히 이럴 줄 알면서도 오히려 다시 고달프게 애를 쓰며 저술을 그만두지 못하고 있으니 또한 미혹된 것이 아니겠습니까.

14 『아름다운 우리말을 찾아서』

❶

현실총서 22 『아름다운 우리말을 찾아서』는 2001년 4월 30일 현대실학사에서 발행했다. 저자 이응백(李應百) 박사님은 발행인인 나의 작은외숙부님이시다.

1950년대 후반 파주 시골에서 농업고등학교를 간신히 졸업하고 1년 동안 농사일을 거들며 지내던 나를 끌어다 대학엘 다니게 한 분이 외삼촌인 이응백 박사님이시다. 또 국어국문학과를 마치고 대책 없이 있을 때 출판사 편집부에 입사토록 주선해 주신 분도 외숙부님이시다. 그리고 출판·편집의 외길 37년여가 흘러간 것이다. 어머님을 일찍 여읜 나는 외숙부님을 어머님처럼 기대고 살아온 것이 내 삶의 절반이다. 또 한편으론 외숙부님의 이름 석자에 누가 되지 않도록 모든 일에 정성을 기울여 최선을 다했기에 편집·교정자로서 오늘날의 내가 이룩된 것이 틀림없다. 외삼촌은 내게 있어 어머님이자 스승이다.

어머님에게 못다한 효도를 하고 스승님의 은혜를 조금이나마 갚겠다는 마음으로 이 저술을 꼼꼼히 편집·교정했습니다. 앞으로 이보다 더 값진 저술을 하셔서 제

손으로 편집·교정·발행할 수 있기만을 두 손 모아 빌겠습니다.

이 글은 『아름다운 우리말을 찾아서: 한국어의 보고(寶庫)』를 발행하면서 이 책 뒤표지에 내가 써서 붙인 '발행자의 변' 전문(全文)이다. 나는 후기를 쓸까 하다가 외람된 생각이 들어 그만두고 이 글을 써서 붙인 것이다.

이 저술은 제1부 「말과 글의 명심보감」, 「우리말의 현주소」, 「가정에서 쓰이는 말」, 「편지·공문서에 쓰이는 말」과 제2부 「속담 에세이 100」, 제3부 「숨어 있는 고운 우리말」, 「두시언해(杜詩諺解)에 깃든 되살릴 말들」, 「사전에서 잠자는 쓸 만한 말」 1·2 등으로 엮여 있는 아름다운 우리말의 보물 창고 같은 책으로 전 서울대 사대 국어교육과 교수인 저자는 우리말을 연구하고 가르치는 일을 반세기 동안 펼친 원로 국어학자이다. 우리나라의 국어학자들은 대체로 문법학자인 데 비해 이 박사는 우리말 어휘에 특히 관심을 기울여 순수한 우리말 어휘를 많이 계발(啓發)한 분으로, 대하소설 『객주(客主)』의 작가 김주영(金周榮)은 이 『아름다운 우리말을 찾아서』의 「사전에서 잠자고 있는 쓸 만한 말 1」을 꽤 많이 활용했다고 발행자인 나에게 말한 적이 있다. 제2부 「속담 에세이 100」 1~83까지는 ≪서울신문≫에 연재하고 84~100까지는 이 책을 발행하면서 새로 집필해 넣은 것으로 이 『아름다운 우리말을 찾아서』는 결국 저자의 우리말 사랑과 우리말 바로쓰기 교육의 실천적 업적의 총결산이라 할 수 있는 '실용서'이기도 하다.

❷

이 『아름다운 우리말을 찾아서』가 발행되고 나서 ≪한국일보≫ 2001년 5월 18일 자에 김지영 기자가 '책과 세상'에 "우리말이 이렇게 아름다울 줄이야"라는 제목으로 크게 소개해주고, ≪세계일보≫ 5월 18일 자에도 '새책 안내'에 "우리말 사랑과 우리말 바로쓰기 교육의 실천적 업적의 총결산이라 할 실용서"라고 소개해주었다. 또 뒤에 일지사(一志社) 김성재(金聖哉) 사장님을 어느 기회에 만났을 때, 저자 이응백 박사의 연세로는 '이런 책을 잘 교정볼 수 없었을 텐데' 하고 의문을 품었다가 내가 편집·교정을 했다고 하자 당신의 의문이 풀렸다고 하신 적이 있다. 아마 제3부 「두시언해에 깃든 되살릴 말들」의 고어(古語)나 한시(漢詩) 원문의 교정이 까다롭고 어렵다는 것을 잘 알고 계신 김 사장께서 이 부분이 잘 교정되었기 때문에 갸우뚱하던 의문이 풀린 때문이리라.

2009년에 외숙부 이응백 박사가 교통사고를 당하여 서울 강남성모병원에 장기간 입원했다가 끝내 회복되지 못하고 돌아가셨는데, 나는 시간이 되는 대로 면회를 갔다. 돌아가시기 한 달여 전까지는 정신이 대체로 말짱하셔서 회복될 희망을 가졌다가 미수(米壽: 여든여덟 살)도 누리지 못하고 돌아가셨다. 생전에 한자 교육에 관해 쓰신 논설을 정리하여 책을 내시겠다고 하시면서 전산 입력한 원고를 내게 넘기셨다. 차일피일하며 원고를 보지 못했는데, 얼마 후 어느 출판사에서 책을 내겠다고 하여 허락을 했다고 하시면서 원고 읽기를 그만해도 좋겠다고 하셔서 읽지 못하고 그대로 두었던 것이다. 또 이보다 앞서 1950년대에 번역해두었던 『동국세시기(東國歲時記)』를 검토하라고 하면서 번역 원고를 주셨는데, 일부의 원고가 없어져 책을 내드릴 수가 없었다. 이『동국세시기』는 을유문고 25로 이미 번역되어 나오기도 해서 없어진 부분을 다시 번역하여 낼 필요가 없어서 그 원고를 돌려드리고 만 적이 있었다.

앞서 한자 관계 논설을 정리해 책을 내겠다고 했었는데 그 뒤에 어쩐 일인지 책이 나왔다는 소식을 나는 듣지 못했고, 돌아가신 뒤 평소 소장하셨던 도서는 외숙부님의 고향 파주시의 교하도서관에 기증되어 '난대문고'로 보존되어 있다. 편집자인 나는 외숙부의 저술을 정리하여 몇 권의 선집(選集)으로 내드리면 좋겠지만, 생각만 간절할 뿐 경제적인 이유로 실천을 못하고 있는 안타까운 처지이다.

15__『임진왜란과 병자호란』

❶

나는 2001년 11월 15일 다산 정약용이 편술한『아방비어고(我邦備禦考)』30권 중에서 임진왜란과 병자호란 기사를 떼어내 번역하고, 또 여기에 다산의 저술인「민보의(民堡議)」를 번역해 붙여 '임진왜란과 병자호란'이라는 제목을 붙여 현실총서 23으로 간행했는데, 비어고·민보의라는 부제(副題)를 달아놓았다.

임진왜란은 다산이 편술한『비어고』권1·2 임진왜란[宣祖朝 壬辰倭亂], 김성일의 일본 사행[金誠一之使日本], 정발의 부산 싸움[鄭撥之死釜山], 신립의 달천 패배[申砬之敗績㺚川], 선조의 의주 피란[大駕西遷龍灣], 이순신의 한산도 승리[李舜臣閑山報捷], 삼도 군사의 용인 패배[三道勤王兵龍仁敗績], 정문부의 함경도 수복[北道之陷 鄭文孚收復] 등으로 기술되고, 병자호란은『비어고』권3·4·5에 정묘호란[丁卯之亂], 병자호란을 일으킬 트집[丙子起釁], 병자호란[丙子之亂], 유림의 탑골 전투[柳琳塔谷之戰], 강화도의 함락[江都之陷], 3학사의 절개[三學士之死節], 청나라 군사의 가도 함락[淸師陷椵島], 강도가 무너진 사실[江都陷敗事] 등으로 기술되었다. 이와 같은『비어고』5권에 오늘날의 민방위 개념을 논술한「민보의」3권을 보탠 것이 현실총서 23이다. 이「민보의」가운데「대둔산 축성의(大芚山築城議)」는 "강진병마우후(康津兵馬虞侯) 이중협(李重協)을 위해 지었다"라고 주석을 달아놓았다.

❷

　이 『임진왜란과 병자호란』에 내가 번역해 실은 다산의 『비어고』 5권과 「민보의」는 일제강점기에 간행한 『여유당전서』에는 빠져 있다. 왜 이들이 전서에 빠지게 되었는지는 알 길이 없으나 이것들이 다산의 편서나 저술임이 틀림없다. 다산이 회갑을 맞아 쓴 「자찬묘지명(自撰墓誌銘)」(1822년)에 "『아방비어고』 30권이 있는데 끝마치지 못했다"라고 했다. 또 다산의 현손(玄孫) 정규영(丁奎英)이 편찬한 『사암선생연보(俟菴先生年譜)』 1812년 조에 「민보의」를 완성했다고 나와 있다. 그러나 이 연보에서는 『비어고』 편찬 연대를 밝혀놓지 않았다.

　위당(爲堂) 정인보(鄭寅普) 선생이 ≪신동아(新東亞)≫ 1935년 8월 호에 발굴·소개한, 다산이 1817년 4월 27일 귀양에서 풀려나기 1년 전 다산초당에서 써준 「신영제(申永蹄)에게 말하노라」에는 『비어고(備禦考)』 12권이라 쓰여 있다. 이는 다산이 1811년부터 『비어고』 편찬에 착수해 1812년경에는 『비어촬요(備禦撮要)』 3권, 『비어고』 5권가량과 『일본고(日本考)』 4권을 완성했는데 12권은 이것을 말한 듯하다.

　현재 규장각 도서에 이중협이 엮은 『비어고』 10책이 전하고 있는데, 대체로 3권 1책으로 묶여 30권쯤 된다. 이 가운데 제1책 『비어촬요』 3권 1책은 권두에 "송풍암집(松風菴輯)"이라 표기되어 있고, 제3·4책에 실린 『일본고(日本考)』 4권분에는 "정용집(丁鏞輯)"이라 표기되어 있으며, 또 제8책 『비어고』 권두에 표기된 바가 없으나 여기에는 『여유당전서보유(與猶堂全書補遺)』에 있는 『비어고』 필사본의 정묘호란·병자호란에 관한 기록이 그대로 3권으로 나뉘어 실려 있다. 이로써 보건대, 이중협 편의 『비어고』 10책 속에 다산이 편찬·기록한 것이 4책에 10권분이 들어 있다. 그리고 이 10책 가운데 "이중협집(李重協輯)"이라고 명기된 것은 제7책과 제9책 2책뿐이고, 나머지는 유성룡(柳成龍)의 『전수기의

(戰守機宜)』와 『징비록(懲毖錄)』(2책분), 신유한(申維翰)의 『해유록(海遊錄)』이 기타 초록(抄錄)되어 편집되어 있다. 이『비어고』가운데 임진왜란에 관한 기사는 다산의 임진왜란 기사와 달리 이중협이 편술해 넣은 것이다. 따라서 앞에서 『비어고』12권이라고 한 것은 다산이 편술한 임진왜란 기술 2권을 보태서 계산한 것인 듯하다.

이중협(1762~?)은 본관이 연안(延安)으로 자는 성화(聖華)이며, 이희섭(李熙燮)의 아들이다. 무과에 급제해 1811년부터 1813년까지 강진병마우후(康津兵馬虞侯)를 지내고 군수(郡守)에 이른 인물로 강진에 있으면서 매월 한 번씩은 꼭 다산초당으로 찾아와 시문을 주고받았고, 임기가 차서 떠날 때는 그의 시첩(詩帖)에 다산이 서문을 써주기도 했다. 또 「민보의」맨 뒤에 있는 '대둔산 축성의'를 다산이 대신 지어주기도 했으며, 다산 집안과는 세교(世交)가 있었다.

❸

나는 일찍이 병자호란이 일어났을 때 남한산성에 인조 임금과 조정 대신이 피난하여 국난에 대처하는 실상을 적은『산성일기(山城日記)』(번역본)를 보고 치밀어 오르는 울분을 어쩌지 못한 적이 있었다. 이때의 실상을 국민 일반이 널리 알게 해서 민족의 각성을 촉구하고 역사적 반성을 하는 교훈으로 삼았으면 좋겠다고 늘 뼈에 새기고 있었다. 그러던 중 지금은 벌써 고인이 된 박안식(朴安植) 선생이 병자호란을 소재로 삼은『소설 소현세자』(창작과비평사, 1996)를 썼으니 이의 출간을 도와달라고 하기에, 내가 일찍이 품었던 민족적·역사적 각성을 촉구할 만한 단서(端緒)가 여기 있지 않을까 싶어 역사소설로 성공적인지는 살펴볼 겨를도 없이 창비 편집부와 저자로 하여금 이를 잘 퇴고하여 간행하도록 했으나 아쉬움은 가시지 않았다. 그러다가 다산이 편집·기술한 이 임진왜란과 병자호란 기록을 보고 여태까지 지니고 있던 울분을 삭이고, 이를 통해 우리 민족의 역사적 반성을 촉구하는 자료가 될까 싶어 이를 번역했던 것이다.

앞의 『비어고』 권3·4·5에 있는 정묘호란과 병자호란에 관련된 7개 항목에는 난외(欄外)에 윤영(尹鍈, 1612~1685년)의 『대소잡기(代嘯雜記)』에서 뽑은 기사 22항목을 잔글씨로 적어놓았는데, 이 난외에 적어놓은 기사는 이중협의 『비어고』 같은 항목에는 없었다. 그런데 이 난외에 적어놓은 기사의 글씨가 너무 작아 판독할 수가 없어서 번역해 넣지 못한 것이 아쉽다. 이는 『대소잡기』 원전에서 이 난외의 기사를 찾아 번역해 보충할 수 있으면 큰 다행이겠다.

이 『임진왜란과 병자호란』이 간행되자 ≪조선일보≫ 2001년 11월 17일 자 '새로 나온 책'에 간략히 소개되고, ≪한겨레신문≫ 11월 17일 자에는 "다산이 본 왜란·호란의 실상"이라는 표제로 김영희 기자가 길게 소개했으며, ≪국민일보≫ 11월 20일 자 '책꽂이'와 ≪경향신문≫ 11월 24일 자 '새로 나온 책'에도 소개되었다.

16__『의병운동사적』

❶

현실총서 24로는 이구영(李九榮)이 편역주한 『의병운동사적(義兵運動事蹟)』이 2002년 10월 25일 현대실학사에서 발행되었는데, 이 책은 실제로 내가 노촌(老村) 이구영 선생이 편역하여 1994년에 발행한 증보판 『호서의병사적(湖西義兵事蹟)』을 모두 읽고 나서 의병운동에서 중요한 사료적 가치가 있다고 여겨지는 것만을 뽑아 『호서의병사적』 번역의 착오를 바로잡고 또 쉽게 고치는 한편 인명(人名)이나 서명(書名)을 간략히 해설해 부록으로 싣고, 역사적 사건을 주석으로 달아 역사학도는 물론이고 일반 독자들도 1895년에 일어난 의병운동의 실상을 알 수 있게 편집한 책이다.

이『의병운동사적』은 5부로 나누어 편집했다. 제1부 의병전쟁 종군기는 이정규(李正奎) 선생의「종의록(從義錄)」을 실었는데, 중간 제목과 소제목을 달아 읽기 좋게 했다. 제2부는 이조승(李肇承)의「서행일기(西行日記)」를 뽑아 실었는데, 이는 이조승이 1896년 6월 25일 고향인 제천의 노촌을 떠나 이듬해 1월 23일 고향에 돌아오기까지 약 7개월, 날짜로는 175일 동안의 일기인데, 155일 동안의 일기만 뽑아 실었다. '서행(西行)'이란 의병대장 유인석(柳麟錫)이 망명해 있던 만주 육도구(六道溝)까지 가서 만나 뵙고, 스승의 명령으로 심양(瀋陽, 선양)까지 들렀다가 몸이 쇠약해져 고향으로 돌아오기까지를 기록한 글이다. 이조승은 편역자 이구영 선생의 작은아버지로 유인석 막하의 종사관을 지냈다. 이 일기에 나온 한시(漢詩)는『호서의병사적』에는 원문이 실려 있지 않았으나 이 책에서는 이를 찾아 번역문 뒤에 실어놓았으며, 서행 왕복 노정(路程)과 관련된 지명에 주를 달았다. 제3부 고시문·제문에서는 의병전쟁 때의 고시문과 순국한 영령들을 받들고 통곡하는 글 18편을 골라 실었다. 제4부 편지에는 서상렬(徐相烈)·장기렴(張基濂)·이조승·유인석·원용정(元容正)·정화용(鄭華鎔)·유진호(兪鎭浩)·조달승(曺達承)·이강년(李康秊) 등의 편지 23통을 골라 실었는데, 유인석의 편지가 7통이고 이조승의 편지가 9통이다. 제5부에는 기타 관련 사료를 뽑아 실었다.

❷

나는 2002년 무렵 현대실학사를 운영하며 현실총서 23권을 편역·발행했으나 회사가 잘 돌아가지 않고 또 그동안 노촌 이구영 선생 문하에 출입하며 한문 공부도 약간 한 바가 있는지라 그 배움의 은혜를 조금이나마 갚을 겸 내가 잘할 수 있는 편집·교정 경륜을 활용해 『호서의병사적』에서 잘 추리면 『의병운동사적』이라는 교양서가 편찬될 것 같아 그 편집·간행비를 노촌 선생께 요청해 승낙을 받고 편집 작업을 했던 것이다.

나는 우선 『호서의병사적』 전편을 읽어 이를 5부로 나누어 편집해놓고, 이에 더 보탤 만한 글을 추가해달라고 노촌 선생께 여쭈어 두어 편의 글을 보태고 나서 『호서의병사적』 뒤에 있는 원문과 『의병운동사적』에 편집된 글을 일일이 대조해 잘못된 번역을 고치는 한편 더 쉬운 말로 바꾸고, 여기 나오는 역사 인명이나 의병 인명을 뽑아 해설하고, 또 지명에 주를 달고 역사 용어도 해설해 일반 독자 누구나가 읽을 수 있도록 다듬었던 것이다.

이 책을 편집·교정하면서 일러두기 8개 항목을 만들고, 각 부마다 해설을 쓴 것이 28매이고, 역주를 단 것이 85매로 도합 113매의 원고를 쓰고, 인명·서명 해설을 한 것이 420여 항목으로 43면 320여 매나 된다. 이를 모두 합하면 433장의 원고를 내가 써서 붙인 셈이다. 여기에 역주 1줄을 붙이려고 온갖 자료를 찾아 많은 시간과 공을 들였다. 이는 노촌 선생의 이름에 누가 되지 않게 하는 동시에 내가 그동안 노촌 선생께 배운 은덕을 조금이나마 갚고, 또 노촌 선생이 사회 운동을 하느라고 그 조상들에게 지은 미안함을 이로써 다소나마 갚으시라는 뜻이 담겨 있었다.

나는 이와 같은 뜻을 살리려고 앞에서 말한 바와 같이 내가 할 수 있는 온갖 정성을 들여 이 『의병운동사적』을 편집·교정해서 발행하려 할 즈음에 선생의 문하에 출입하던 어떤 누구인지 모르겠으나, 이 책의 간행을 훼방하려는 의도로 쓸데없는 말을 노촌 선생께 한 듯했다. 게다가 내가 편집·간행비를 과도하게 요청했다고 편집·출판 비용에 대해 잘 알지 못하시는 선생께 나를 헐었던 모양이다. 노촌 선생님은 80세가 넘은 고령으로 판단력이 흐려지실 연세여서, 일방적인 말만 듣고 나에 대한 믿음을 거두신 듯했다. 이 무렵 박석무 전 의원이 노촌 선생을 만났었는데, 노인께서 매우 격분해 있다고 전하며 쉽게 풀리지 않을 것 같다고 했다.

나는 참으로 황당한 경우를 만난 듯싶었다. 할 수 없이 이 『의병운동사적』 편집·교정·제작 비용 명세서를 자세히 작성해 차근차근 설명해도 한번 잘못 각인된 오해를 좀처럼 풀려 하지 않았다. 그리고 누가 잘못 얘기해 아무 보탬도 되지 못한 교열·교정비를 주었다 하면서 그 교열 원고를 내게 넘겨주며 이것이 노촌 선생님의 뜻이라고 하고 그 비용을 원래 실비에 불과한 간행비에서 덜어냈던 것이다. 나는 그때 연세 지긋하신 어르신과는 이런 책의 편역 작업을 할 것이 아니라는 것을 뒤늦게 깨달았다.

어쨌든 나는 「개정판에 부쳐」란 노촌 선생의 서문을 받아 이 책을 간행해드렸으나, 한번 잘못 굳어진 노촌 선생님의 오해는 결국 풀지 못하고 말았다. 또 노촌 선생께 그릇된 정보를 드려 내게 오해를 품게 하여 나와 노촌 선생과의 관계에 금이 가게 한 원인을 제공한 사람은 제자로서 결국 노촌 선생 인격을 흠지게 한 큰 죄를 지은 것이다. 참으로 안타까운 일이다.

이 책에 실린 노촌 선생의 서문은 내 편집 의도를 잘 꿰뚫지 못하고 쓴 글이었으나 나는 더 이상 잡음이 일어나는 것이 귀찮아 고쳐주십사고 하지 않고 그대로 실어 『의병운동사적』을 간행했다. 나도 이제 나이 70이 넘었으나 이때 입은 상처를 깨끗이 씻어버리지 못하는 노인이 되어 있다.

❸

나는 지금에 이르러 다시 이 책을 펼쳐보아도 내 노력과 정성이 부족하지 않았다고 단언할 수 있다. 또 『호서의병사적』을 보고 추려내 이만한 책을 편집·교정·역주해낼 수 있는 사람은 없을 것이라고 자신할 수 있다. 아무튼 노촌 선생의 오해를 풀어드리지 못했기 때문에 이런 사실을 넋두리로 기록해놓는다.

17 『다산서간정선』

❶

나는 2002년 10월 25일 다산(茶山) 정약용(丁若鏞)과 손암(巽菴) 정약전(丁若銓)의 편지를 정선(精選)하고 이를 번역하고 주를 달아 현실총서 25로 간행했다. 제1부는 다산이 유배지에서 아들에게 보낸 편지 15통을 골라 뽑았다. 제2부는 강진과 흑산도 유배지에서 형제간에 주고받은 편지 21통을 골라 뽑았는데, 다산이 손암에게 보낸 편지가 8통이고, 손암이 다산에게 보낸 편지가 13통이다. 제3부는 다산이 선후배와 친지에게 보낸 편지로 서울에서 벼슬살이할 때 쓴 편지가 25통이고, 유배지 강진 다산에서 보낸 편지가 6통이고, 유배에서 풀려 고향에 돌아와서 보낸 편지가 6통이다. 제4부는 유배지인 다산초당과 고향에 돌아와서 학자들과 경서에 대해 토론한 편지 8통을 엮었다. 이와 같이 『다산서간정선』 전 4부에 통틀어 81통의 편지가 정선되어 실려 있는 셈이다.

다산의 편지는 박석무 전 의원이 편역하여 시인사에서 간행한 『유배지에서 보낸 편지』로 말미암아 유명해졌다. 이 『유배지에서 보낸 편지』에는 다산이 강진에서 귀양 살면서 두 아들과 정약전에게 보낸 편지와 두 아들에게 주는 가훈(家訓), 제자들에게 당부하는 말만 수록되어 있었다. 이를 아쉽게 여긴 나는 1990년경 창비 편집고문으로 있으면서 당시 국회의원이 되어 있던 박석무 의

원에게 다산의 편지를 잘 추려서 '창비신서'로 간행하는 것이 좋겠다고 제의했다. 박 의원도 괜찮다고 해서 박 의원이 편역해줄 때를 기다리고 있었다. 이런 가운데 박 의원이 우선 시인사에서 1979년에 펴낸 것을 좀 더 정리해서 펴내자고 하여 나는 시인사본을 가지고 원전과 대조하는 작업을 시작했다. 그러나 나의 짧은 한문 독해력으로는 하루에 편지 1통을 가지고도 쩔쩔맸다. 할 수 없이 경상대 허권수(許捲洙) 교수에게 그동안 내가 원전과 대조해 손본 5·6통의 편지와 함께 원고를 넘겨 허 교수가 원전을 대조하고 번역을 다듬어 정리한 것이 창비교양문고 17 『유배지에서 보낸 편지』(1991년 12월 10일 발행) 개정증보판이다. 그러나 이 책을 내고 나서 의정 활동으로 바빠진 박 의원은 다산 편지를 편역·정리하는 일을 할 수 없었고, 나도 그 뒤 창비에서 정년퇴직을 하여 다산 서간을 창비신서로 간행하는 사업은 무산되고 말았다.

나는 창비에서 정년퇴직을 앞두고 본격적으로 다산 공부에 몰두하여 박석무 의원과 힘을 합쳐 『다산논설선집(茶山論說選集)』, 『다산문학선집(茶山文學選集)』, 『다산시정선(茶山詩精選)』 상·하 등을 편역해 냈다. 그리고 나자 다산 편지를 다시 정리해 선집을 내고픈 생각이 들었다. 이런 마음 때문에 다산의 편지를 틈틈이 읽어 뽑아내어 편집해보니 번역문만 200여 면이 되었다. 한문 원문을 교주해 넣어도 250면 분량밖에 되지 않았던 것이다. 이리저리 생각하다가 다산의 중형 손암 정약전의 편지 13통을 넣으면 괜찮겠다는 데 생각이 미쳤고, 또 『여유당전서』에 실리지 않은 새로운 편지를 더 찾아 넣으면 한 권의 책이 잘 꾸며질 수 있다는 결론을 내리고 역주 작업을 하던 중 ≪동아일보≫에 소개된 「신영로에게 말하노라」라는 편지를 얻어 이를 정리하고, 벽사(碧史) 선생이 『문산집(文山集)』에서 찾아낸 다산 편지를 복사해 번역·조판하고 원문도 교주해 넣으니 350여 면이나 되고 여기에 인명·서명 해설과 찾아보기를 작성해 넣자 420여 면이 되었다.

이 『다산서간정선』이 박석무 의원의 『유배지에서 보낸 편지』와 크게 다른 점은 제2부 '유배지에서 형제간에 주고 받은 편지'에 정약전이 정약용에게 보낸 13통의 편지를 '2. 손암 정약전의 편지'라는 제목으로 새로 번역해 넣었다는 점이다. 제3부 '선후배와 친지에게 보낸 편지'에는 25통의 편지를 실었는데, 벼슬살이할 때 정승인 채제공(蔡濟恭), 정범조(丁範祖), 판서 권엄(權曮), 이정운(李鼎運), 이기양(李基讓)·이익운(李益運), 판서 이시수(李時秀), 관찰사 이의준(李義駿), 박제가(朴齊家) 등 당대 명사에게 보낸 편지, 유배지 강진에서 김이재(金履載)에게 탐관오리의 횡포와 남도 지방의 가뭄의 실정을 알려 그 대책을 촉구한 편지, 고향에 돌아와서 절도사 이민수(李民秀)에게 군선(軍船) 제도에 대해 답한 편지 4통, 밀물과 썰물에 대해 문의한 추사 김정희(金正喜)에게 답한 편지, 여동식(呂東植)에게 답한 편지 등이다. 제4부 '경서의 토론'은 문산(文山) 이재의(李載毅), 정산(鼎山) 김기서(金基敍), 대산(臺山) 김매순(金邁淳)에게 보내거나 답한 편지를 실어 벼슬살이할 때의 다산의 인간관계와 고향에 돌아와서 학문을 토론하며 만년을 보내는 다산의 모습을 보여주고 있다.

❸

책을 편집·교정하는 일은 평생 해온 일이라 그다지 어설프지 않다고 하겠으나, 번역하고 주석을 다는 일은 줄곧 힘에 벅찬 일이다. 다산의 편지는 박석무 의원이 그 번역을 개척해놓고 민족문화추진회에서 완성해놓아 이 업적을 길라잡이로 삼을 수 있었으나, 손암의 편지와 새로 넣은 2편의 다산 편지는 나름대로 온 힘을 기울이고 큰아들의 도움을 받았건만 아직도 희미한 데가 많다. 특히 손암의 편지에서 『주역(周易)』을 논한 부분은 아득하기만 하다. 미숙하거나 잘못된 부분은 두 분 할아버지께서 '이나마라도'라고 대견해하시며 웃어넘기실 것이라는 믿음으로 김칫국부터 마시고픈 심정이다.

이 『다산서간정선』이 발행되자 ≪한국일보≫ 2002년 11월 12일 자에 "귀양 간 정약전·정약용 형제 토론하며 정 나눈 편지 모아"라는 표제를 달아 크게 소개되고, ≪조선일보≫ 11월 16일 자는 "다산 정약용과 그의 형 정약전이 쓴 편지"란 표제를 달아 책 사진을 곁들여 2단 기사로 소개해주었다.

다산의 편지는 우리 인생살이의 교훈이요 등불이라 더 이러쿵저러쿵 논할 것도 없겠다. 마음이 깨끗한 사람이 이 책을 읽으면 천근 무게의 내용이라 그냥 감동을 받을 수 있으리라.

나는 창비에서 정년퇴직을 하고 나서 일정한 수입도 없이 다산서를 꾸준히 편역·간행하고 있는데, 이 조판하기 어려운 것을 두 아들(斗榮·夏榮)이 입력을 감당해주었다. 다산의 두 아들이 아버지의 훈도와 저술을 감당해냈듯이. 두 아들의 효성이 또 아내의 인고(忍苦)가 아니었다면 이나마의 이룸도 없었을 것이다. 그러니 두 며느리(전윤선·김지영)가 이 책을 읽고 다산의 교훈에 젖어 효부가 되기를 바람은 나의 지나친 욕망일까, 시대에 뒤진 고루일까.

18__『역주 동원유고』

2003년 5월 8일 동원공(東園公) 정호선(丁好善, 1571~1633년)의 『역주 동원유

고(譯註東園遺稿)』가 정갑진(丁甲鎭) 편역으로 동원사(東園祠) 이름으로 간행되었는데, '동원사'는 용인시(龍仁市) 포곡면 가마실[釜谷]에 있는 동원공 묘 아래 있는 재실이다.

이 『동원유고』는 다산 정약용이 그의 선조인 동원 정호선의 유고 시문(詩文)을 모아 편찬했다. 유고 앞에는 동원공의 아버지 정윤복(丁胤福, 1544~1592년)의 저술을, 유고 뒤에는 그 아들 정언벽(丁彥璧, 1612~1652년)과 손자 정시윤(丁時潤, 1646~1713년)의 저술을 함께 실어 4대의 글을 3권으로 편집한 유고집이다.

그러나 다산이 1799년에 편찬한 『동원유고』는 1801년 다산이 신유사옥(辛酉邪獄)으로 조사를 받고 귀양을 가는 북새통에 흩어진 듯하고, 「동원기문(東園記聞)」 1편만 다산이 편찬한 『압해정씨가승(押海丁氏家乘)』에 편집된 가승외편(家乘外編)에 붙어 『여유당전서보유(與猶堂全書補遺)』 제2책에 영인되어 있다. 그런데 다산이 편찬한 『동원유고』는 흩어졌으나 용인 동원공 종손댁에서 소장하고 있던 75장본과 영주 줄포(茁浦) 정하식(丁夏植) 댁에서 필사해 소장하고 있던 125장본을 나주 정씨 월헌공파 종회에서 1999년 영인본으로 발행해 세상에 펼쳤던 것이다. 또 1960년에도 후손 정대의(丁大懿, 1893~1972년) 공이 『금성세고(錦城世稿)』를 편집할 때 『월헌집(月軒集)』과 이 『동원유고』를 합본하여 간행한 것이 있다.

『동원유고』 영인본과 『금성세고』에 있는 것을 모두 종합해보면 시가 112편, 부(賦)가 3편, 소차(疏箚)가 7편, 잡저가 10편이고, 「동원기문」이 1편이다.

❷

이 『동원유고』를 후손 정갑진이 학계의 도움을 얻어 앞의 세 가지 필사본을 종합하여 편차를 정하고 이를 역주하여 간행하려고 하여, 그 번역 원고를 세로짜기로 전산 조판하여 교정을 보다가 나에게 이 교정지를 보이며 편집·교정을 상의하기에 이 상태로 책을 내면 안 되리라 했다.

이때 나는 종회에서 간행하는 계간지 ≪나주정씨월헌보≫ 편집위원회에 참여하여 그 간행을 조금 도우면서 종회에서 간행한 『나주정씨선계연구(羅州丁氏先系研究)』를 교정해준 바가 있었는데, 이를 담당했던 정갑진 선계연구위원이 내가 교정본 것을 보고 교정은 아무나 볼 수 있는 것이 아님을 깨달은 듯싶다. 나는 또 종회에서 성균관대 명예총장 정범진(丁範鎭) 편 『사원록(思源錄)』을 편집·교정·증보하고, 제6부 약전(略傳)에 고암공(顧菴公) 정윤희(丁胤禧)의 약전을 집필하여 한 권의 아담한 책을 만들어주었는데, 이를 처음부터 지켜본 족숙 정갑진 씨가 이 『역주 동원유고』의 편집·교정을 내게 부탁했다.

나는 이 『동원유고』를 편집·교정하는 것도 숭조(崇祖) 사업의 한 방법이라 할 수 없이 원고를 넘겨받아 이를 제1부 시(詩), 제2부 부(賦), 제3부 소·차(疏箚), 제4부 잡저(雜著), 제5부 동원기문(東園記聞), 제6부 부록(附錄), 제7부 동원사(東園祠) 자료로 편집하는 한편, 부마다 해설을 내가 써서 시나 부의 내용 이해를 도왔으며, 「동원공 정호선 선생 연보」를 표로 작성하고 또 이 유고에 나오는 한국 인명을 170명이나 해설해 「역주 동원유고 인명 해설」이라는 부록을 만들어 싣고, 중국 인명은 그 인명이 나오는 작품의 뒤에 역주로 해설해놓아 독자나 연구자가 참고하도록 했다. 그리고 시문 뒤에는 시나 부를 지은 연대를 추정해 밝혀놓았다. 또 초역(初譯)된 원고를 원전과 대조해 다시 번역하다시피 대폭 고쳤으며 원문도 잘못 쓴 글자를 바로잡고 약자나 속자로 쓴 것은 정자(正字)로 고쳤다.

❸

다산 선조께서 1799년 겨울에 『동원유고』를 편찬했으나 다산이 편찬한 『동원유고』는 1801년 신유사옥으로 다산이 귀양 가는 북새통에 없어진 듯하다. 다만 다산이 편찬을 마치고 나서 쓴 「동원유고서(東園遺稿序)」가 『여유당전서』 시문집 서(序)에 실려 있는데, 이 전서에 실을 때 공교롭게도 '서원유고서(西園遺稿序)'로 동(東) 자가 서(西) 자로 잘못 바뀌어 하마터면 큰일 날 뻔했다. 이 다산의 글이 필사본 『여유당집(與猶堂集)』에는 「동원유고서」로 바르게 나와 있었기에 '전서'의 오류를 바로잡을 수 있었던 것이다.

아무튼 이 『역주 동원유고』는 동원공 12대손 정갑진 씨가 선조 숭모 정신으로 자금과 정성을 들이고, 내가 여기에 편집·교정의 일을 보태고 또 해설을 써서 신국판 550면에 가까운 두터운 책을 만들어 발행했는데, 이는 동원공과 다산공이 음으로 도와주신 결과인 듯싶다.

다산은 「동원유고 서문」에서 동원공에 대해 다음과 같이 그 지조와 문장을 평했다.

타고난 성품이 의지가 굳고 단정한 기운이 있는 데다가 강직한 기운을 타고 나서 참되고 충성스러운 절개의 행실을 닦으셨다. 광해군 때를 당하여 임금에게 곧바른 말로 글을 올려 바야흐로 영창대군(永昌大君)을 서인(庶人)으로 만들어 내쫓으라는 논의를 하는 이이첨(李爾瞻)을 공격했다. …… 공은 경서를 연구하는 학문으로써 공을 세워 세상에 이름을 날렸으며, 시문(詩文)을 꾸미고 다듬지 않고 스스로를 훌륭하다고 인정하지도 않았다.

내가 알기로는 만일 「동원기문」이 완성되었더라면 우리나라 인물 평전 장르를 크게 개척한 저술로 평가되었을 텐데, 기술하는 도중에 병들어 돌아가셨으니 참으로 안타까울 뿐이다. 나는 이 『역주 동원유고』를 편집·교정·해설하여 간행하는 일에 내 숭조 정신과 노력을 바칠 수 있었던 것을 보람으로 여기며, 만일 내가 아니었다면 이 책이 이만큼 훌륭한 모습으로 나올 수 없었다고 감히 단언할 수 있겠다.

이 『역주 동원유고』 출간 계획서를 보니 번역비가 800만 원이 잡혀 있었고, 700권 제작비만 1960만 원이 잡혀 있었다. 나는 번역된 원고를 원문과 대조해가며 번역을 다시 하다시피 하고, 인명 해설과 주를 더 달고 편집·교정을 하여 제작해주었는데, 아마 예정된 비용에서 내 편집·교정비 정도만 보태졌을 뿐 비용이 크게 초과하지는 않았던 것이다.

19 『압해정씨가승』

나는 2003년 11월 25일 다산 정약용이 편찬한 『압해정씨가승』을 족숙(族叔) 정갑진과 같이 역주하여 현실총서 26으로 현대실학사에서 간행했다.

이 『압해정씨가승』은 다산이 1799년 7월 26일 형조 참의(刑曹參議)를 사직하고 그해 가을에 아버지 정재원(丁載遠)이 선대 사적과 혼인한 계보 및 비문(碑文)·묘지명(墓誌銘)·행장(行狀)을 수집해 편찬한 『압해가승(押海家乘)』 4권을 참고하면서 이를 더욱 확대해 7~8권으로 편찬한 다산 집안의 가보(家譜)로, 제1세 검교대장군 정윤종(丁允宗)부터 제22세 목사공(牧使公) 정재원까지 22세 동안 죽 이어져 내려온 한 집안의 역사를 기술한 책이다. 다시 말하면 제1세 정윤종(1100년대)부터 제22세 정재원(1790년대)까지 700년을 면면히 내려온 한 위대한 학자의 그 직계 선조 보계(譜系)와 공덕(功德)을 사실(史實)을 바탕으로 기술한 사기(史記)인 것이다.

이『압해정씨가승』은『여유당전서(與猶堂全書)』에는 편집·수록되어 있지 않고『여유당전서보유(與猶堂全書補遺)』제2책에 "押海丁氏家乘卷之一" "後孫 若鏞 纂"이라 하여 496면부터 665면까지 필사한 것이 실려 있다. 그런데 이는 22자 10행짜리로 된 큰 글자의 것과 필사 원본을 축소하여 4면을 1면에 수록하는 등 체제가 정돈되어 있지 않을 뿐 아니라 순서가 많이 어긋나 있고,『동원유고(東園遺稿)』의「동원기문(東園記聞)」및 다른 분의 시문(詩文) 약간 편이 끼어 있었다. 그리고 이 '보유 편'의 필사본을 가지고 나주 정씨 월헌공파 종회에서 국배판 351면으로 정리해 복사본을 만들었으나, 이 판에서도 순서를 약간 잘못 잡아 인쇄했다.

다산이 편찬한『압해정씨가승』을 가지고 다산의 방손인 정갑진과 내가 앞서 말한 월헌공파 종회에서 영인한 복사본을 순서를 바로잡아 공란으로 있던 곳을 더러 보완해가며 번역한 것이 현실총서 26인데, 여기에는 가승외편(家乘外編)도 번역해 실었다. 그리고 다산이 편찬한 22세에 더해 역자들은 정약용과 그 형제를 23세로 하여 넣었다. 다만 원문을 정리·교정할 때 보유 편 665면에 실려 있던 채홍근(蔡弘謹)·이중식(李重植)·정약횡(丁若鐄) 기사를 살피지 못해 누락시키고 말았다. 이 기사가 종회의 영인본에 빠져 있었기 때문에 일어난 잘못이다. 또 우리가 번역한『압해정씨가승』에는 원문도 교정해 실었는데「동원기문」원문도 참고 자료로 더 실었다.

다산의 조선 시대 직계 선조인 11세 정자급(丁子伋), 12세 정수강(丁壽崗), 13세 정옥형(丁玉亨), 14세 정응두(丁應斗), 15세 정윤복(丁胤福), 16세 정호선(丁好善), 17세 정언벽(丁彦璧), 18세 정시윤(丁時潤)까지는 8대에 걸쳐 모두 대마다 대과인 문과(文科)에 급제하여 승문원(承文院)과 홍문관(弘文館)의 교리(校理)나 제학(提學)·수찬(修撰) 등에 임명되어 다산이 이른바 자랑스러운 '8대 옥당(玉堂) 집안'이 된 것이다. 그리고 '8대 옥당' 뒤 다산의 작은집에서도 19세 정도복(丁道復)이 문과에 급제하여 홍문관 부수찬과 지제교에 임명되어 '9세 옥당'이 되었다. 대를 건너뛰어 다산까지 치면 '10대 옥당 집안'이 되는 것이다. 다산은 이런 문한가(文翰家)의 전통을 오롯이 계승하여 조선 제일의 대학자가 된 것이다.

이 『압해정씨가승』은 한집안의 뿌리와 700여 년 계대(繼代)와 역사를 자세히 기록한 것인데, 아마 세계 역사상 이런 가문사(家門史) 기록은 그리 흔치 않을 듯하다. 또 제13세 정옥형 8고조도(八高祖圖)부터 제22세 정재원 8고조도에 이르는 8고조도 표 10개는 우리나라 보학(譜學)을 연구하는 데 매우 귀중한 자료가 될 것이며, 압해 정씨 집안의 보학 대가인 정시걸(丁時傑)·정시술(丁時述)의 보학 전통을 잘 이어받아 우리나라 5대 보학자의 한 사람이 된 다산의 진면목이 잘 드러난 저술이라 할 수 있다.

압해 정씨(押海丁氏)는 본관이 원래 '압해'인데, 현재 '나주 정씨(羅州丁氏)'로 흔히 일컬어지고 있다. 고려 말기에 왜구(倭寇)의 발호로 공도정책(空島政策) 곧 왜구의 약탈을 피해 압해도를 비우고 주민과 관아를 육지로 옮기는 바람에 압해현이 나주목 관아 남쪽 40리로 옮겨졌다가 뒤에 없어진 것이다. 이 때문에 영조 후기부터 본관을 '나주'로 바꾸어 부르기 시작해 오늘날까지 내려오고 있다. 그런데 다산은 정시걸·정시술의 의견을 따라 이렇게 '압해'로 쓴 것이다. 압해도는 오늘날 전라남도 신안군 압해읍을 말한다.

❸

나는 다산이 편찬한 『압해정씨가승』 원문에 중국 연호나 간지(干支)로 표시한 연대를 우리나라 재위년으로 바꾸어 표시하고, 또 괄호 안에 서기 연대를 병기해 오늘날의 독자가 연대를 쉽게 알도록 했으며, 또 간지도 같이 표시해 참고하도록 했다. 그리고 이 가승에 나오는 모든 인명과 서명(書名)을 해설해 부록으로 싣되, 압해 정씨 인명만 따로 「압해 정씨 인명 해설」을 부록 1로 만들어 앞에 싣고, 「관련 인명 서명 해설」을 또 만들어 부록 2로 실었다. 압해 정씨 인명은 300명에 이르고, 타성 인명은 1000여 명이나 되며, 서명과 합해 1379항을 해설했다. 그리고 압해 정씨 인명을 해설할 때는 『나주정씨족보(羅州丁氏族譜)』를 참고했으며, 찾아보기를 40면이나 작성해 실었다. 따라서 다산 할아버지께서는 다행히 나 같은 뛰어난 편집·교정·편역자 종후손을 두었기 때문에 『압해정씨가승』이 560면이나 되는 대작의 역주본으로 새롭게 간행될 수 있었던 것이다.

20 『역주 경세유표』

❶

나는 2004년 8월 20일 다산 정약용이 세상을 다스릴 수 있는 방책을 죽기에 앞서 마지막으로 올린다고 하며 편찬·저술한 『경세유표』를 번역·주해·교주(校註)하여 『역주 경세유표(經世遺表)』 1·2·3권과 『경세유표 원문』 1권 등 전 4권을 현실총서 27·28·29·30으로 간행했다.

이 『경세유표』는 총 48권으로 저술된 것이나 지금 44권만 남아 있는 다산의 대표적인 저술인 일표이서(一表二書) 가운데 '일표'이며, 『목민심서』와 필적할 만한 다산 경세(經世) 학문의 핵심 가운데 하나이다. 다산이 유배지 강진에서 부정부패가 극도에 이른 조선왕조의 통치 제도를 정비·개혁하지 않으면 조선왕조는 결국 패망할 것이라 보고 이 나라를 개혁할 방책을 제시해 쇠망해가는 나라를 건지려는 우국충정(憂國衷情)으로 저술한 것이다. 글자마다 문장마다 다산의 나라를 걱정하는 마음이 배어 있는 우리나라의 영원한 고전(古典)이다. 그리고 여기에 제시한 다산의 개혁 정신과 방책은 오늘날도 충분히 국가 제도 개혁의 귀감(龜鑑)이 될 만하다. 주제넘은 생각일지도 모르나 『경세유표』는 다산이 군주제 국가를 정비·개혁하여 부국강병의 근대국가를 수립하는 한편, 법치국가를 만들어 탐관오리(貪官汚吏)로부터 백성을 보호하려는 뜻이 강렬하게 투영되어 있으며, 중앙 관아 제도와 지방 행정 제도 및 조세 제도의 개혁을 통해 근대국가 체제를 수립하려 한 저술이라 할 수 있다. 아무튼 『경세유표』는 우리나라의 통치 제도인 육조(六曹) 제도와 지방 군현 제도를 합리적으로 정비·개혁하여 근대국가 체제를 만들려 한 다산의 국가 제도 개혁책이다.

이 『경세유표』는 1817년 유배지 강진에서 초고가 이루어진 것인데, 다산이 「자찬묘지명(自撰墓誌銘)」에 "48권인데 끝마치지 못했다"라고 한 것으로 보아 48권까지 편찬·저술했으리라 짐작된다. 그런데 뒤에 45권부터 48권까지라 추측되는 '추관 수제(秋官修制)'와 '동관 수제(冬官修制)' 곧 형조(刑曹)와 공조(工曹)에 기록된 내용을 『흠흠신서(欽欽新書)』와 『목민심서』로 떼어 옮긴 듯싶다. 현재 『경세유표』에는 형조와 공조의 제도가 빠진 채 전 44권이 남아 있다.

❷

나는 이 다산 『경세유표』에 실려 있는 44권 목차를 총 5편으로 편집했는데,

제1편 육관(六官)은 제1부 천관 이조(天官吏曹), 제2부 지관 호조(地官戶曹), 제3부 춘관 예조(春官禮曹), 제4부 하관 병조(夏官兵曹), 제5부 추관 형조(秋官刑曹), 제6부 동관 공조(冬官工曹)로 차례를 만들고, 제2편 천관 수제(天官修制), 제3편 지관 수제(地官修制), 제4편 춘관 수제(春官修制), 제5편 하관 수제(夏官修制)로 분류·편집했다. 앞에서도 말했듯이 미완인 45권부터 48권까지는 제6편 추관 수제(秋官修制), 제7편 동관 수제(冬官修制)가 되었을 것이다. 추관은 형조로 형조의 제도를 갖추어 기술한 것이고, 동관은 공조로 공조의 제도를 갖추어 기술했을 것이다. 이 미완의 제6편과 제7편은 『흠흠신서』나 『목민심서』의 제9부 형전(刑典) 6장과 제10부 공전(工典) 6장을 자세히 살펴 유추해보면 조금이나마 그 내용을 짐작할 수 있을 듯하다.

제1편 '육관'은 『경세유표』 목차에는 '서관(序官)'으로 표시되어 있으며, 권1 다음에는 아무 구분 없이 '천관 이조 제일(天官吏曹第一)' 제목으로 바로 강(綱)이 서술되어 있다. 나는 이 '서관'을 '육관'으로 제목을 바꾸었다. 육관(六官)이란 『주례(周禮)』에 나오는 ① 천관, ② 지관, ③ 춘관, ④ 하관, ⑤ 추관, ⑥ 동관을 말하는데, 이것이 조선왕조에서는 육조(六曹) 곧 ① 이조(吏曹), ② 호조(戶曹), ③ 예조(禮曹), ④ 병조(兵曹), ⑤ 형조(刑曹), ⑥ 공조(工曹)로 제도화되었다. 『경세유표』 제1편 육관에서는 우리나라 정부 제도를 6조(曹)로 나누고, 각 조마다 20개 관아를 만들어 이에 딸리게 했다. 6조에는 모두 120개 관아가 딸려 있는 것이다. 그리고 각 관아의 분명한 역할과 그 정원(定員)을 정해 국가 제도를 개혁하는 기준을 제시하고 있다. 다산이 조선의 국가 제도를 경장(更張)·개혁하여 다시 부국강병의 근대국가로 만들려 했다. 여기서 다산이 새로 창설한 관아는 호조의 경전사(經田司)·사광서(司礦署), 예조의 공거원(貢擧院), 병조의 무거원(武擧院), 형조의 수원사(綏遠司), 공조의 산우시(山虞寺)·임형시(林衡寺)·이용감(利用監)·전도사(典堵司)·전궤사(典軌司)·전함사(典艦司) 등 11개 관아

이다. 공조에 딸린 관아를 6개나 새로 설치한 것을 보면 다산의 개혁 정신과 개혁 방략 및 과학기술 활용 정신을 알 수 있는 것이다.

제2편 천관 수제는 육관의 첫째인 천관 곧 이조(吏曹)의 제도를 합리적으로 가다듬어 다스리는 방법을 서술했다. 제1장 동반관계(東班官階)에서는 9품계로 구분하고 2품만 정(正)·종(從)을 구분하고, 제2장 서반관계(西班官階)에서는 2품부터 9품까지 8품계로 구분하고 2품만 정·종을 구분했으며, 제3장에서는 종친·훈신·척신의 품계를 정리하고, 제4장에서는 외명부의 품계와 명칭을 책정했다. 제5장 외관지품(外官之品)에서는 유수(留守)·감사 등 모든 외직의 품계와 내직의 3품 이하 직품을 정리했다.

제6장 삼반관제(三班官制)에서는 문신·무신·남행(南行)의 제도를 규정하고, 서류(庶類)로 벼슬하여 승진하는 제도를 정비했다. 또 서울의 6부(六部) 제도를 구체적으로 마련했다. 제7장 군현분예(郡縣分隸)에서는 종래의 8도(道) 제도를 성(省) 제도로 고치고, 주·군·현의 지방 통치 제도를 개혁하여 군현을 통폐합하기도 하고, 바다 섬에는 새로이 현을 설치하여 장차 해산물을 관리하려고 했다. 제8장 군현분등(郡縣分等)에서는 민호(民戶)의 많고 적음과 전결(田結)의 넓고 좁음으로 등급을 가리는 기준으로 삼아 대주(大州)·대군(大郡)·소군(小郡)·대현(大縣)·중현·소현으로 나누고, 이에 따라 아전의 정원을 정해 백성들의 고통을 덜려 했다. 제9장 '고적법(考績法)'에서는 경관(京官)과 외관(外官)의 위로는 정승과 판서로부터 하관 말직까지 연말에 모두 그 공적을 고과하여 승진시키거나 파직시키는 제도를 마련했다. 이상은 모두 다산의 근대적 사상이 투영되어 마련한 관료 제도인 것이다. 여기 제시한 대로 잘 실천하고 보완했다면 우리나라는 부국강병의 근대국가로 유신(維新)할 수 있었을 터이다.

제3편 지관 수제(地官修制)는 육관의 둘째인 지관 곧 호조(戶曹)의 제도를 가다듬어 합리적인 국가의 수취 체제(收取體制)를 만들려 한 것이다. 제1장 전제

1에는 정전론(井田論)을 실어, 정전 제도야말로 백성에게 세금을 거두어 국가를 운영하는 가장 공명정대한 원리와 법칙임을 논했고, 아울러 이 정전 제도를 만드는 방법도 설명했다. 제2장 전제 2에서는 정전 제도의 경계를 나누는 구체적인 방법과 9분의 1 세금을 거두는 방법을 설명했다. 제3장 전제 3에서는 경서에 나오는 정전 제도와 관련된 용어를 해석하며 정전 제도의 참뜻을 추구했다. 제4장 전제 4에서는 백성에게 3등의 토지를 나누어주는 제도와 진(秦)나라 천맥(阡陌) 제도, 한(漢)나라 토지 제도 및 세금 징수법을 기술했다. 끝으로 한전제(限田制)와 균전제(均田制)를 소개하되 이것도 결국 좋은 제도가 아니라고 비판했다.

제5장 전제 5에서는 중국 후한(後漢: 東漢) 시대의 토지 제도와 '조세법'부터 당(唐)·송(宋)·명(明)나라까지의 토지 제도가 기술되고, 또 중국 역대 관전(官田)에 대해 간략하게 고찰한다. 제6장 전제 6에는 『경국대전(經國大典)』과 『속대전(續大典)』에 있는 전지 측량법과 전분 6등법에 대해 논의하고 있다. 제7장 전제 7에서는 전분 6등법과 연분 9등법을 아울러 시행할 때의 모순점을 분석하고, 이 때문에 전라도 53고을에서 국가가 아니라 아전에게 바치는 것이 1만 석이 넘는다고 했다. 또 국가에 바치는 정당한 전세(田稅) 항목과 불법으로 거두는 항목을 나열하고 이 가운데 고쳐 없애야 할 항목으로 ① 경주인(京主人) 역가미, ② 영주인(營主人) 역가미, ③ 진상가미(進上價米), ④ 호방청전관미(戶房廳傳關米), ⑤ 고급조(考給租), ⑥ 근수조(勤受租), ⑦ 고마고(雇馬庫), ⑧ 부가미(浮價米)를 들었다.

제8장 전제 8은 위재(僞災)를 다스리고 은결(隱結)을 조사해 없애는 방책을 제시하고, 화전세(火田稅), 진전(陳田), 각종 전지 및 궁방전과 둔전 제도의 폐해를 서술했다. 제9장부터 제12장까지는 정전(井田) 제도를 이룩하는 방책을 제1편 육관 호조에서 창설을 주장한 경전사(經田司)에서 구체적으로 실천하는

요령을 서술하고, 제3편 지관 수제 3 제1~3장 전제별고 1~3에서는 결부고(結負考), 제로양전고(諸路量田考), 보·묘고(步畝考), 방전시말(方田始末)을 기술했다. 또 토지대장인 어린도(魚鱗圖)에 대해 설명하는 한편 유집일(兪集一, 1653~1724년)의 방전법(方田法)을 토지를 측량하는 모범이라 했다. 제3편 지관 수제 4에는 제1장 부공제(賦貢制) 1~5까지 논의되었다. 부공제에서는 『주례(周禮)』에 나오는 9부(賦)·9공(貢)·9공(功)에 대해, 부공제 2에서는 중국 진(秦)·한(漢) 이후 각 시대의 부공제에 대해 기술했다. 부공제 3에서는 관시지부(關市之賦)를 고찰하고, 부공제 4·5에서는 소금과 철의 독점세에 대해 논했다.

제3편 지관 수제 5 제6장 부공제 6에서는 잡세(雜稅)를 기술하고 있으며, 술에 대한 독점 제도와 기타 잡세를 열거하고, 역역(力役)과 그 면제되는 각종 사례를 설명했다. 제7장 부공제 7에서는 우리나라의 공물(貢物) 제도 개혁에 대한 이이(李珥)의 논설을 싣고, '대동법(大同法)'의 발생과 경과를 서술했다. 지관 수제 6의 제1장 창름지저(倉廩之儲)에서는 ① 중국의 의창(義倉)·사창(社倉) 제도에 대해 고찰하고, 우리나라의 각종 창곡(倉穀)의 설치 목적과 그 용도를 기술했다. ② 우리나라 환자(還上) 제도에 대한 정조 임금의 책문(策問)과 이에 대한 다산의 대답이 실리는 한편 청나라와 일본에서 곡식을 창고에 저장한 숫자를 제시하고, ③ 각 도와 군현의 환자곡 숫자를 1호에 8석으로 하고, 4석만 나누는 규정을 엄격히 세워 지키는 방책을 제시했으며, 아울러 중국의 상평창 조례를 정리해 실었고, 우리나라 각 도의 상평곡 숫자와 상평창을 설치할 곳을 지정했다.

제3편 지관 수제 7은 '호적법(戶籍法)'을 서술하고, 8은 교민지법(敎民之法)에서는 교육 제도를 기술했다. 균역사목 추의(均役事目追議) 1·2는 영조 때 시행한 균역사목에 따라 거둔 해세(海稅)·어세(魚稅)·곽세(藿稅)·염세(鹽稅)·선세(船稅)에 대해 논의하고, 전선(戰船)을 조선(漕船)으로 사용하거나 상선(商船) 등으로 임대해줄 것을 논의했다.

제4편 춘관 수제(春官修制)는 육관의 셋째인 예조(禮曹)의 주요 역할인 문신(文臣) 선발 제도를 정비한 것이다. 제1장 과거지규(科擧之規) 1은 우리나라 문과(文科) 과거제도의 불완전함을 중국 제도와 비교·분석·비판하고, 이를 알맞게 개혁하는 방책을 다각도로 제시했다.

첫째, 과거에 응시하는 정원을 규제하여 일정하게 하고, 둘째, 대과·소과를 하나로 합치고 그 문체도 여러 가지를 시험하고, 셋째, 시험지를 채점하여 돌려주고, 넷째, 반드시 3년마다 1차만 시험하고 잡다한 여러 명칭의 과거를 모두 폐지하며, 회시(會試)·성시(省試)·주시(州試)의 뽑는 정원을 정하고, 다섯째, 과거 시험 과목을 정하고 시험을 주관할 고시관을 뽑아 정하는 제도를 논했다.

제2장 과거지규 2는 첫째, 각 성에서 향거원(鄉擧院)을 열고 고시관을 뽑아 임명하는 제도와 3장(場)을 열어 강(講)과 제술(製述)을 시험하는 방법과 시험지의 규격을 제시했다. 둘째, 식년(式年)에 서울에서 공거원(貢擧院)을 열어 회시(會試)를 보여 진사(進士) 240명을 뽑고, 또 도회(都會)를 열어 3장 9가지 기예를 시험해 40명을 뽑아 문과 급제를 삼는 법을 기술했다. 셋째, 과거로 기예를 시험해 인재를 선발하는 이외에 또 인재를 뽑는 방법을 제시하고 있는데, 곧 남행(南行)으로 벼슬하는 제도의 기준과 정원을 제시했다. 넷째, 향시(鄉試)에 대한 여러 가지 견해를 제시하고 있다.

제5편 하관 수제(夏官修制)는 육관의 넷째인 병조(兵曹)의 주요 역할인 무과(武科)와 진보(鎭堡) 제도를 새로 정비한 것이다. 제1장 무과(武科)는 제4편 예조(禮曹)에 기술한 문과(文科) 제도와 짝을 이루는 것으로, 이를 명칭과 실제가 맞도록 개혁하는 방책을 제시하고 있다. 첫째, 12성의 무과 선발 정원을 제시하고, 그 선발하는 인원을 문과의 진사(進士)와 같도록 하는 한편 그 명칭을 진무(進武)라 했다. 또 대과에서도 문과와 같이 40명을 선발하되 반드시 임명하도록 했다. 무과의 진무도 문과의 진사와 똑같은 예우를 할 것을 강조하고, 여러 가

지로 선발하는 규정을 제시하고 있다. 한편 당시의 무과 제도의 난맥상을 분석·비판하고, 이를 개혁하지 않으면 국가 방위 체계가 없어질 것을 우려하고 있다.

제2장 진보지제(鎭堡之制)는 우리나라 진보(鎭堡) 체제를 5가지로 구별하여 그 제도를 정비하고 있는데 ① 강방(江防), ② 해방(海防), ③ 관방(關防), ④ 산보(山堡), ⑤ 협위(夾衛)로 삼고 있다. 첫째, 강방은 위(衛)를 만들어 두만강과 압록강을 방수(防戍)하는 것인데 두만강 연변에 20위, 압록강 근원 쪽에 20위, 또 압록강 유역에도 20위 등 모두 60위를 설치하여 서북 국경을 방위하도록 했다. 둘째, 폐사군(廢四郡) 좌우에 12개의 협위를 설치하여 이를 방수하도록 했다. 셋째, 해방(海防)으로 채(寨)를 설치해 서남해를 방수하려 했는데, 서남 해변에 40채를 설치하고 남동쪽 해변에도 40채를 설치하여 모두 80채를 마련했다. 넷째, 내지 요충지에 40보(堡)를 설치하려 했으며, 다섯째, 산성(山城)에도 20개의 보를 설치하자고 주장했다. 그리고 이 진보제에 나오는 60위의 이름과 협위 12개 및 해방 80채 이름, 보 60개의 실제 이름도 지어놓았다.

나는 일표이서를 내 손으로 더 정리해보겠다는 분수에 넘치는 생각을 가지고 우선 『경세유표』 원문 교주(校註)를 하는 한편 여기 나오는 인명(人名)·서명(書名)을 뽑아내 해설해, 이런 기초 자료를 가지고 번역에 착수했다. 겁도 없이 이런 어려운 번역 작업에 성큼 대들 수 있었던 것은 선학(先學) 이익성(李翼成) 선생님께서 역주하여 민족문화추진회에서 1977년 전 4권으로 간행된 것을 1997년 한길사에서 전 3권으로 재간행한 『경세유표』가 있었기 때문이다. 이 『역주 경세유표』가 우리 사회에서 평가를 받는다면 그것은 선학께서 길을 열어주신 덕분이라 할 수 있다.

『경세유표』 원문을 교주(校註)할 때에는 '신조선사본'을 저본(底本)으로 삼고, 국립도서관 소장 필사본과 규장각도서 필사본 두 가지를 가지고 일일이 대조하여 확실한 근거를 가지고 고쳤다. 그리고 이 3종의 필사본을 가지고도 해결 못한 글자는 『열하일기(熱河日記)』,『중국인명대사전(中國人名大辭典)』,『중문대사전(中文大辭典)』과 연표(年表) 등을 참조하여 고쳤다. 다만 아쉬운 것은 앞서 말한 3종의 필사본 이외에 선본(善本)을 더 찾아내 대조하지 못한 점이다. 한 가지 필사본만 대조하기에도 몇 달이 걸리는 중노동이라 당시의 내 안력(眼力)으로는 이를 감당하기가 벅차서 그만두었다. 이렇게 필사본과 대조하여 교주한 것이 530여 글자이며, 필사본도 제13책, 제14책이 서로 뒤바뀌어 있었음을 알 수 있었다.

❹

다산의 『경세유표』 서문에 해당하는 「방례초본(邦禮草本) 서문」은 다산 저술의 서문 가운데 가장 긴 것으로, 이 '서문'이야말로 다산이 경전(經典)을 공부하여 경학이 그 최고의 경지에 이르렀음을 증명하는 명문(名文)이라고 하겠다. 또 다산이 귀양지 강진에서 경서를 다시 공부하여 경서의 참뜻을 크게 깨달아 고대 성인(聖人)의 경지에 도달한 뒤에 쓴 이 『경세유표』야말로 성인의 경지에 이른 분이 그 학문을 실천하는 방편으로 저술한 명저(名著)라고 감히 말하겠다. 중국 고대의 경전으로 『주례(周禮)』나 『예기(禮記)』,『서경(書經)』이 있다면 우리나라에는 근대의 경전으로 다산의 이 『경세유표』가 있다고 하겠다. 우리가 아무리 사서삼경(四書三經)을 죽도록 공부해도 우리나라 역사나 사회 발전에 도움이 될 방책을 창안해낼 수 없지만, 다산의 이 『경세유표』를 깊이 있게 공부한다면 우리 국가 발전에 도움이 될 방책을 어렵지 않게 찾아낼 수 있지 않을까? 저술의 참된 가치는 결국 이런 데 있는 것이나 아닐까?

다산이 『경세유표』를 저술하면서 육관(六官)인 육조(六曹)에 딸린 관아로 각 조마다 20관아씩 딸리게 하여 120관아로 조직했는데, 그 가운데 새로 설치한 주요 관아가 앞서 말한 11개 관아이며, 이 새로 설치한 관아는 근대국가를 만들거나 잘못된 제도를 개혁하는 데 있어 꼭 필요한 기구로 다산이 구상한 관아다.

① 경전사(經田司)는 35명이 정원인 호조에 딸린 관아로 전지 10결마다 1결을 공전(公田)으로 만들어 이를 경전사가 관리해 국세에 충당하는 제도로 만든 것이다.

② 사광서(司鑛署)는 12명이 정원인 호조에 딸린 관아로 금·은·구리가 나는 광맥을 관아에서 자본을 내어 채굴하고, 철광은 백성이 사사로이 채굴하도록 하는 제도로 설치했다.

③ 공거원(貢擧院)은 29명이 정원인 예조에 딸린 관아로 문과 과거 시험을 주관하되, 시원(試院)을 창건하여 이를 관리하는 방책을 제시했다. 인재 선발의 중요성 때문에 그 개선책으로 만든 관아이다. 연암 박지원(朴趾源)의 『열하일기(熱河日記)』 황도기략(黃圖記略) 시원(試院)을 많이 참고한 듯하다.

④ 무거원(武擧院)은 훈련원(訓鍊院)을 달리 부른 명칭으로 101명이 정원인 병조에 딸린 관아인데, 무과 과거 시험을 주관한다.

⑤ 수원사(綏遠司)는 22명이 정원인 형조에 딸린 관아로 우리나라를 둘러싼 바닷섬을 관장하여 세금을 고르게 거두고 약탈을 금지하여 섬에 사는 백성의 고통을 없애고, 섬을 조세 체제로 편입시키려 설치한 관아이다.

⑥ 산우시(山虞寺)는 16명이 정원인 공조에 딸린 관아로 12성(省)의 명산과 큰 산을 문적(文籍)에 기록하여 사방의 경계와 구역을 분별하고 토질을 구별하

여 나무 심는 것을 관리하며 세금을 거두려고 설치했다.
⑦ 임형시(林衡寺)는 17명이 정원인 공조에 딸린 관아로 숲과 나무만을 관리하여 세금을 거두려고 설치했다. 또 남방의 바닷가 여러 고을에 차[茶] 나무를 심어 관리하고, 서남쪽 바닷섬의 솔밭과 잡목을 진장(鎭將)이 주관하고 부세를 거두게 했다.
⑧ 이용감(利用監)은 19명이 정원인 공조에 딸린 관아로 중국에서 각종 기술과 모든 실용에 관계되는 기구를 전습(傳習)하여 배워 돌아와 이용감에 바치면 이용감에서는 그 법을 살펴서 시제품을 만들고 보급하는 관아이다. 『다산논설선집』에 있는 「신기술 도입에 대하여」를 참고하면 다산이 이 관아를 설치한 뜻을 잘 알 수 있다.
⑨ 전도사(典堵司)는 16명이 정원인 공조에 딸린 관아로 국도(國都)를 설계하여 건설하려고 새로 설치한 것인데, 오늘날의 도시계획부서라 할 수 있다.
⑩ 전궤사(典軌司)는 14명이 정원인 공조에 딸린 관아로 일정한 규격의 수레 제도를 중국 제도를 배워 3등급으로 만들고, 도로도 너비를 9궤(軌)·5궤·3궤 3등급으로 정하여 이를 관리하게 했다.
⑪ 전함사(典艦司)는 14명이 정원인 공조에 딸린 관아로 새로 설치하여 서울과 지방의 함선(艦船)을 관장하게 했다. 바다에 다니는 함선을 9등으로 그 크기를 제한하고, 강에서 사용하는 배도 9등으로 크기를 제한해서 만들어 쓰고, 병선은 수영 포구에 선창 하나를 세우고 모든 전선에 소용되는 기본 재목을 깎고 갈아서 제 몇 째 판자 몇 째 조각이라고 낱낱이 기록해 선창 안에 쌓아두었다가 유사시에 배를 조립해 짓도록 했다.

이상과 같이 특히 공조에 딸린 관아를 6개나 설치했는데, 이는 대체로 과학기술을 잘 활용하려고 설치한 것이다.

다산은 중앙정부 제도를 6조(曹) 120관서로 만들고 나서 제2편 천관 수제 제7장 군현분예(郡縣分隷)에서 지방 제도를 12성(省) 제도로 편제했는데, 12성 제도는 다음과 같다. ① 봉천성(奉天省), ② 사천성(泗川省), ③ 완남성(完南省), ④ 무남성(武南省), ⑤ 영남성(嶺南省), ⑥ 황서성(潢西省), ⑦ 열동성(洌東省), ⑧ 송해성(松海省), ⑨ 패서성(浿西省), ⑩ 청서성(淸西省), ⑪ 현도성(玄菟省), ⑫ 만하성(滿河省)으로 편제하고, ① 봉천성은 4주 10군 22현을 거느리고(1주 1군이 덧붙는다), ② 사천성은 4주 10군 28현을 거느리고, ③ 완남성은 3주 6군 18현을 거느리고, ④ 무남성은 3주 6군 18현(1주 2현이 덧붙는다)을 거느리고, ⑤ 영남성은 3주 9군 18현을 거느리고, ⑥ 황서성은 3주 9군 18현을 거느리고, ⑦ 열동성은 3주 6군 12현을 거느리고, ⑧ 송해성은 1경 2주 12군 12현을 거느리고, ⑨ 패서성은 1경 1주 6군 12현을 거느리고, ⑩ 청서성은 3주 18군 2현을 거느리고, ⑪ 현도성은 2주 4군 10현을 거느리고, ⑫ 만하성은 2주 8군을 거느린다. 종래 346고을을 314고을로 줄였다. 다산이 『경세유표』에서 제시한 이 12성 제도는 일제강점기에 만든 13도 제도와 유사하다. 제주도를 한 개 도로 독립시킨 것만 다른 것이다.

제4편 춘관 수제(春官修制)에서는 문과 제도를 자세히 마련했는데 ① 응시하는 사람의 정원을 정하고, 대과·소과는 하나로 통일하며, ② 시험하는 문체를 여러 가지로 하고, ③ 3년마다 한 번씩 시험을 하되, 여러 가지 별과를 모두 폐지한다. ④ 회시의 정원을 240명을 진사(進士) 240명을 뽑고 나서 그 가운데서 또 40명을 급제시킨다. 성시(省試)·주시의 정원을 각각 곱절로 정한다. 그리고 급제한 40명은 장원(狀元) 1명은 홍문관 부수찬, 갑과 3명은 홍문관 부정자, 을·병과 36명은 3관에 나누어 벼슬에 임명한다. 또 향시에 대한 다산의 개혁책을 구체적으로 적어놓았다.

제5편 하관 수제(夏官修制) 제1장 무과(武科)에서는 무과 제도를 자세히 마련

했는데, 문과와 똑같이 식년 회시마다 240명을 뽑아 진무(進武)로 삼고, 또 40명을 급제시켜 문과와 같이 장원 1명은 바로 선지관(宣旨官: 中士)에 임명하고, 갑과 3명을 바로 선전관(宣傳官: 下士)에 임명한다. 을과·병과 36명은 선령관(宣令官)에 임명한다. 또 무과를 시험 보는 구체적인 방법을 기술했다. 제2장 진보지제(鎭堡之制)에서는 다산이 마련한 강방(江防)의 60위(衛), 해방(海防)의 80채(寨), 관방(關防)의 요충지에 40보(堡), 산성(山城)에 20보, 폐사군의 12협위(夾衛)를 설치해 국가를 방위하는 구체적 방법을 제시해놓았다.

미완인 제6편 추관 수제(秋官修制)는 형조(刑曹)에 관한 제도로 원래는 저술되었다가 『흠흠신서』와 『목민심서』의 제9부 형전(刑典) 6장으로 옮긴 듯하며, 제7편 동관 수제(冬官修制)는 공조(工曹)에 관한 제도로 『목민심서』 제10부 공전(工典) 6장으로 옮긴 듯하다. 만일 이와 같다면 결국 다산은 이 책에 관한 표문(表文)만 짓지 않았던 것이다. 그리고 이 표문을 쓸 수 있는 환경은 끝내 조성되지 않았고, 다산은 이 저술과 묘지명(墓誌銘)에 '비본(秘本)'이라고 표시를 해 깊숙이 간직했던 것이다.

21__『목민심서정선』(상·하)

❶

나는 2004년 8월 25일 다산 정약용이 편찬·저술한 지방 수령인 목민관(牧民官)이 백성을 기르고 다스리는 데 반드시 참고해야 할 『목민심서(牧民心書)』를 정선(精選)하여 『목민심서정선』 상·하 2책으로 편·역주해 현실총서 31·32로 간행했다.

이 다산의 『목민심서』는 1818년 봄 강진 다산초당(茶山草堂)에서 그 초고를 탈고하고, 이해 가을에 귀양이 풀려 고향 마재로 돌아와 때때로 보완하여 1821년 48권으로 완성되었는데, 다산의 3대 저술인 일표이서(一表二書) 가운데서도 으뜸인 저술이라고 할 수 있다. 다산은 1817년 다산초당에 있으면서, 부정부패가 극도에 이른 조선 후기 사회를 정비·개혁하지 않으면 우리나라는 결국 패망한다고 보고, 그 국가 개혁책으로 『경세유표(經世遺表)』 48권을 저술했다. 그러나 국가 제도를 정비·개혁하여 국가다운 국가를 건설함은 장구한 시일을 요하는 계책이므로, 당장 탐관오리(貪官汚吏)와 아전의 가렴주구(苛斂誅求)에 시달리는 백성을 구제(救濟)하기 위한 현실적인 대책으로 이 『목민심서』 초고를 만든 것이다.

다산은 서문에서 이 『목민심서』 저작의 뜻을 다음과 같이 밝혔다.

군자의 학문은 수신(修身)이 그 반이요 나머지 반은 목민(牧民)인 것이다. 성인의 시대가 이미 멀어졌고 그 말씀도 없어져서 그 도가 점점 어두워졌으니, 오늘날 백성을 다스리는 이들은 오직 거두어들이는 데만 급급하고 백성을 기를 바는 알지 못한다. 이 때문에 하민(下民)들은 시달려 여위고 시들고 병들어 서로 쓰러져 진구렁을 메우는데, 그들을 기른다는 자는 바야흐로 고운 옷과 맛있는 음식으로 자신만 살찌우고 있으니 어찌 슬프지 아니한가.……

이 책은 비록 시대 현실에 따르고 습속에 좇았기 때문에 위로 선왕의 헌장(憲章)에 부합될 수는 없을망정 백성을 기르는 데는 조례가 갖추어져 있는 셈이다.……

이 책은 첫머리와 맨 끝의 두 편을 제외한 나머지 10편에 들어 있는 것만 해도 60장이나 되니, 진실로 어진 수령이 있어서 자기 직분을 다할 것을 생각한다면 아마 방향을 잃지 않을 것이다.…… 이것은 진실로 내 덕을 쌓기 위한 것이요, 어찌 꼭 목민에만 한정할 것이겠는가. '심서(心書)'라 한 것은 무엇 때문인가. 목민할 마음은 있으나 몸소 실행할 수 없기 때문에 '심서'라 이름 한 것이다.

❷

이 『목민심서』의 완역본은 내가 창비에 있으면서 10년에 걸쳐 편집·교정하여 전 6권으로 간행한 다산연구회(茶山硏究會) 역주본이 우리나라 최초의 유일한 완역본(完譯本)이고, 초역본(抄譯本)은 '북한판'을 포함하여 수십 가지나 나와 있다. 이 창비본은 대단히 좋은 선본(善本)이라 다시 완역할 필요가 없었다. 그러나 수십여 종의 초역본은 그 초역 기준과 번역이 내게는 만족스럽지 못했고, 또 우리 민족의 영원한 고전인 이 저술을 잘 정선(精選)하여 현대 독자들이 쉽게 다산 정신의 정수(精粹)에 다가갈 수 있도록 해주는 것이 내게 주어진 사명이라 생각했다. 학자들도 학문적으로 또는 수양(修養)의 방편으로 접근할 수 있고, 일반인도 교양으로 읽어 다산 선생의 가르침을 받아 자신의 삶을 올바로 살 수 있도록 해주는 수양서(修養書)라 생각되어 '정선'하고 또 쉽고 평이하게 번역했던 것이다. 한편으로 다산 선생의 '경학(經學)'을 제외한 경세학·시문학·언어학·역사학·의학·국가 방어학 등 다산 실학 분야의 번역과 주석 작업을 완성해보겠다는 한 실천이기도 하다.

❸

『목민심서』는 모두 12부인데 제1부는 부임(赴任), 제2부는 율기(律己), 제3부는 봉공(奉公), 제4부는 애민(愛民), 제5부는 이전(吏典), 제6부는 호전(戶典), 제7부는 예전(禮典), 제8부는 병전(兵典), 제9부는 형전(刑典), 제10부는 공전(工典), 제11부는 진황(賑荒), 제12부는 해관(解官)이다. 12부가 각각 6개 장으로 구성되었기에 모두 72개 장이다. 더러 수개 장을 합하여 한 권을 만들기도 하고 또는 한 장을 나누어 몇 권을 만들기도 했으며, 통틀어 48권으로 한 질(帙)의 저서가 되었다.

『목민심서』 각 장은 강목체(綱目體)로 서술되어 있는데, 이 '정선'에서는 2개의 강(綱)을 뺀 653개의 강을 정선·수록했으며, 또 목(目)의 서술 내용에서 중국의 사례는 대부분 생략하고 우리나라 사례를 위주로 추려 번역·수록했는데, 전체 분량의 5분의 3쯤 정선·수록된 셈이다. 다만 우리나라 사례가 없는 것은 중국 사례라도 뽑아 넣었다.

제1부 부임(赴任) 6장은 목민관인 수령에 임명되어 임지로 부임할 때의 마음가짐과 행동에 주의할 점을 기술했는데, 총 31강령이다. 제1장 목민관에 임명되어서는 국가의 재물을 낭비해서는 안 되며, 고을의 폐단을 줄이는 것이 수령의 임무임을 강조했다. 제2장 '부임 행장을 차림'에서는 행장은 간소하게 차리고 단출히 가야 하며, 백성을 잘 다스리는 데 필요한 참고 서적을 가져갈 것을 권장했다. 제3장 '임금께 하직 인사를 올림'에서는 임명권자인 임금의 은혜에 보답하는 것은 백성을 잘 다스림에 있다는 것을 명심하며 굳게 다짐하고 백성의 여망에 따를 것을 당부했다. 제4장 '부임 행차'는 묵묵히 부임하는 것이 행동의 요체이며, 속설에 현혹되거나 미신에 휘둘리지 말고, 선배 수령들에게 다스리는 이치를 배울 것을 강조했다. 제5장 '취임 의식'은 취임 날짜를 받지 말되, 취임하고 나서는 묵연히 단정하게 처신하여 자신을 굳게 지킬 수 있어야 함을 당부했다. 제6장 실무를 맡아 처리함에 있어서는 취임하고 나서 실제로 정사를 다스리는 구체적인 방법을 몇 가지 제시했다. 현대를 살아가는 우리들도 공직에 종사하거나 직장에서라도 여기에 기술된 다산 정신을 행동 강령으로 삼아 실천하면 올바른 삶을 살아갈 수 있다.

제2부 율기(律己) 6장은 목민관인 수령이 자신의 행실을 잘 통제하는 마음을

기술했는데, 총 67강령이다. 제1장 '수령의 몸가짐'은 관아에서 기거할 때의 절도와 행동 강령 및 아랫사람을 너그럽게 대할 것과 군자의 위엄을 지키고 놀이를 삼갈 것을 당부했다. 제2장 '수령의 청렴한 마음'에서는 청렴이야말로 모든 선(善)과 덕행의 근원임을 누누이 강조했다. 제3장 '가정을 다스림'에서는 수령이 고을살이를 나갈 때는 가족을 최소한으로 데려가 선치(善治)에 방해됨이 없도록 해야 한다는 수기치인(修己治人)의 원리를 기술했다. 제4장 '청탁의 물리침'에서는 관부에 책객(册客)을 두어서는 안 되는 이유와 친척이나 친구 및 고관의 청탁을 물리칠 것을 기술했다. 제5장 '씀씀이의 절약'에서는 씀씀이를 절약함이 수령의 으뜸이 되는 임무인데, 씀씀이의 절도는 먼저 음식과 의복을 검소하게 함이 수령 노릇을 잘할 수 있는 근본임을 기술했다. 제6장 '기꺼이 덕을 베풀라'에서는 수령이 씀씀이를 절약만 하고 나누지 않으면 덕을 베풀 줄 모르는 것이고, 절약하는 본뜻이 없어짐을 기술했다. 검소한 자만이 남을 잘 도와주고, 화려한 옷을 입고 얼굴에 기름기가 돌며, 음탕한 것을 즐기는 자는 100이면 100사람 모두 남을 동정하거나 돕지 않는다는 것을 교훈으로 제시하고 있다.

제3부 봉공(奉公) 6장은 공직에 종사할 때의 마음가짐과 직무를 수행하는 요령을 기술했는데, 총 59강령이다. 제1장 '덕과 교화를 널리 폄'에서는 고을 수령도 본래 임금의 은혜를 받들어 백성에게 흐르게 하고 덕화를 널리 펴는 직책임을 강조했다. 제2장 '법령을 따르고 지킴'은 수령이 법을 지킴에 있어서는 이익에 끌려서는 안 되고 위세에 굴복해서도 안 되는 도리를 기술하고, 법을 조심스레 지키고 함부로 위반하지 말 것을 당부했다. 제3장 '예의 있는 교제 관계'는 수령과 상사인 관찰사 및 이웃 고을의 수령과 공무로 서로 협조할 때 공손하고 정중하게 예의를 차릴 것을 기술했다. 다만 상사의 명령이 법에 어긋나고 민생에 해를 끼치는 것은 이에 굴복하지 말 것을 당부했다. 제4장 '보고서 작성'에서는 각종 보고서나 공문서를 작성하는 격식과 요령을 기술했다. 제5장 '세금의

징수와 납부'는 수령이 백성에게 재물을 받아 나라에 바칠 때 아전의 부정을 잘 살펴야 폐해가 없음을 서술하고, 전조(田租)·전포(田布)·군전(軍錢)·군포(軍布)·공물(貢物) 기타 잡세를 공정하게 나누어 거두고 국가에 바치는 요령을 기술했다. 제6장 '차출 파견될 경우'는 수령이 공무로 차출당해 출장 가는 여러 경우의 행동 요령과 법을 준수하는 자세를 기술했다.

제4부 애민(愛民) 6장은 목민관인 수령의 백성을 아끼고 돌보는 마음가짐을 서술했는데, 총 36강령이다. 제1장 '경로 잔치'는 수령이 노인을 공경하는 잔치를 베풀어 백성들로 하여금 노인을 공경하여 섬기는 도리를 배우도록 했다. 제2장 '어린이를 돌보고 길러냄'에서는 흉년이 들면 백성들이 자식을 많이 내버리게 되는데, 이를 거두어 기르는 방법을 서술했다. 제3장 '빈궁한 사람의 구제'는 수령이 홀아비, 과부, 고아, 자식 없는 늙은이를 구제하고, 결혼 못한 자를 찾아내어 결혼하도록 도와주는 정사를 서술했다. 제4장 '상사(喪事)를 보살핌'에서는 가난한 백성이 상을 당해 매장하지 못한 경우나 기근과 유행병으로 사망자가 많이 생겼을 때 이를 도와 매장하고 구휼하는 정사를 서술했다. 제5장 '병든 사람을 너그럽게 대우하라'는 불구자와 중환자나 불치병자 등 스스로 살아갈 수 없는 자들에게 의탁할 곳을 마련해 살아가도록 하고, 유행병이 일어날 때 관아에서 구호하여 치료하고 매장을 권장하는 정사를 서술했다. 제6장 '재난의 구제'는 수령이 수재(水災)나 화재(火災) 및 충재(蟲災)에 대처하는 방법을 서술했다.

제5부 이전(吏典) 6장은 육전(六典)의 하나인 이조(吏曹)의 소관 사무를 규정한 법전에 따라 수령이 아전을 임명하고 단속하며 자신을 규제하면서 백성을 다스리는 행정 실무를 서술했는데, 총 52강령이다. 제1장 '아전의 단속'은 수령이 아전을 잘 단속하여 백성에게 폐해를 끼침이 없도록 하는 요체를 기술했다. 그리고 아전의 숫자를 줄여 아전들이 한가하지 않고 쉴 새 없이 바쁘면 백성을

침해하지 못할 것이라는 이른바 구조 조정의 방법을 구체적으로 제시했다. 제2장 부하의 통솔은 수령이 청렴해야 위엄이 서고, 위엄이 서야 뭇사람을 통솔할 수 있다고 했다. 특히 군교(軍校)·문졸(門卒)·관노(官奴)·시동(侍童)을 제어하고 어루만져 거느리는 방법을 제시했다. 제3장 인재를 쓰기에서는 수령이 향승(鄕丞)·좌수(座首)·별감·풍헌(風憲)·약정(約正)·군관(軍官)·장관(將官)·비장(裨將)을 뽑아 쓰는 지침을 제시했다. 제4장 훌륭한 인재의 천거에서는 훌륭한 인재를 천거하는 것도 수령 직무의 하나임을 줄곧 명심할 것과 행실이 돈독한 선비에게는 존문(存問)하는 예의를 차리라고 했다. 제5장 사물과 인정 살피기는 수령이 잘 다스리려면 눈을 사방에 밝히고 귀를 사방에 통하게 하여 민정에 대한 정보를 항상 수집해 활용할 것을 기술했다. 제6장 공적의 고과는 감사(監司)가 수령의 공적을 고과(考課)하는 방법을 덧붙여놓았다. 또 법에는 없지만 수령이 아전의 공적을 고과해야 하는 당위성과 그 구체적인 방법을 제시했다.

제6부 호전(戶典) 6장은 육전의 하나인 호조(戶曹)의 소관 사무를 규정한 법전에 따라 수령이 전정(田政)과 세정(稅政) 및 부역과 호적 등의 행정 실무를 처리하는 것인데, 『목민심서』에서 가장 무게를 두어 저술한 부분이며, 그 인용 사례도 우리나라 사실만을 가지고 편성했는데, 총 104강령이다. 제1장 토지 제도는 수령의 직책 54조 가운데 가장 어려운 것으로, 우리나라 토지 측량법이 좋지 못해 이 전정을 다스리기가 어렵다고 하고, 토지 제도를 개혁할 방안을 제시했다. 제2장 전세법(田稅法) 상·하는 우리나라 토지 제도가 불합리하기 때문에 전세법도 따라서 문란하고, 수령이 문란한 제도나마 이를 잘 운용하여 아전의 농간을 방지하고 전세를 공평하게 매겨 거두는 방법을 제시했다. 제3장 환자곡 장부 상·하는 환자곡이 백성에게 큰 병폐가 되는 까닭을 밝혀내고, 온갖 농간의 수법을 수령이 알도록 해서 농간을 방지하는 방법을 제시했다. 제4장 호적 제도에서는 호적이 모든 부세(賦稅)와 요역(徭役)의 근원이기 때문에 호적

을 잘 정비해야만 부역이 고르게 되므로, 호적을 정비하는 방안을 단계별로 제시했다. 제5장 부역의 공평 상·하는 부역을 고르게 함이 수령칠사(守令七事)의 가장 긴요한 일인데, 조선 후기에 이 제도가 문란하여 백성을 괴롭히고 있으므로, 수령이 부역을 공정하게 운용하고 개혁하는 방책을 제시했다. 제6장 농사의 권장은 수령이 농사를 권장하는 실질적이고도 구체적인 방안을 제시했다. 조선 후기 삼정(三政)의 문란으로 나라가 망했는데, 이 제6부에서는 그 3정 가운데 2정이 분석·기술되어 있으며, 이를 개혁해 바로잡지 않으면 나라가 나라 꼴이 안 되어 결국 망해버린다고 했다. 다산이 죽은 뒤 반세기 만에 동학란(東學亂)이 일어나고 우리나라는 일본의 식민지로 전락했다.

제7부 예전(禮典) 6장은 육전의 하나인 예조(禮曹)의 여러 가지 사무를 규정한 법전에 따라 수령이 고을의 제사 의식과 손님의 접대, 백성의 교화, 교육과 학문의 진작, 재주의 시험 등 실무를 처리하는 것인데, 총 48강령이다. 제1장 각종 제사(祭祀) 의식은 수령이 3단(壇)과 1묘(廟)의 제사와 수리를 관장하고, 기우제 등을 지내는 행사 요령을 서술했다. 제2장 손님의 접대는 수령이 사신(使臣)과 기타 각종 손님을 접대하는 찬의 등급과 예절을 기술하고, 또 서로(西路)에만 해당하는 칙사(勅使)에 대한 접대를 덧붙여 놓았다. 제3장 백성의 교화는 수령이 백성을 가르쳐 인도하여 교화시키는 방법을 기술했다. 제4장 교육과 학문의 진작은 수령이 학교 건물을 수리하고 생도들을 교육시켜 학문을 일으키고 향사(鄕射)의 예를 시행하는 방법을 기술했다. 제5장 신분 등급의 구별은 수령이 신분 등급에 따른 구별을 엄격히 하여 기강(紀綱)과 질서가 문란해짐을 방지해야만 백성들이 안정된 삶을 누릴 수 있고 국가가 유지됨을 서술했다. 다산의 진보성을 비판하는 이들은 이 장을 깊이 음미하여 오늘날 우리 사회가 깊이 빠져 있는 딜레마와 연결시켜 성찰해볼 만한 장이다. 제6장 재주의 시험은 수령이 인재를 천거하기 위해 재주를 시험하여 뽑는 방법을 기술했다.

제8부 병전(兵典) 6장은 육전의 하나인 병조(兵曹)의 여러 가지 사무를 규정한 법전에 따라 수령이 고을의 군적(軍籍)과 군포(軍布)를 다스리고, 무기를 수리하고 무예를 권장하여 전쟁에 대처하며, 적군이 침입했을 때 방어하는 방책을 서술했는데, 총 37강령이다. 제1장 군적(軍籍)과 군포(軍布)는 당시 현실에서 실제로 일어나고 있는 부조리한 사실을 진솔하게 진술하고 있는, 어떤 의미로는 한편의 뛰어난 현실 고발 소설이라고도 하겠다. 현재 가장 리얼하다고 하는 역사소설도 다산의 이 진술에는 미치지 못할 듯싶다. 조선 후기에 일어난 삼정(三政) 문란 가운데 하나인 군정(軍政)의 문란 실상이 속속들이 다 드러나 있다. 제2장 군사 훈련은 수령이 기껏 시행할 수 있는 이노대(吏奴隊)만이라도 훈련시켜 유사시에 대비할 것을 기술했다. 제3장 무기의 수리는 수령이 고을 무기고에 있는 무기를 때때로 살펴 보수해둘 것을 당부했다. 제4장 무예의 권장은 당시 무예를 천시하는 습속으로 폐기하다시피 한 무예를 다소나마 진작시켜야 함을 기술했는데, 이 장에서 1개 강령을 제외했다. 제5장 변란과 전쟁 대처 방법은 수령이 유언비어가 일어나면 여기에 대응하는 방법과 괘서(掛書)나 투서를 불살라 없애는 등 변란에 대처하는 방법을 기술했다. 제6장 적군 침입에 대한 방어는 수령이 전란이 일어났을 때 상황에 따라 대처하는 방법 몇 가지를 제시해놓았다.

제9부 형전(刑典) 6장은 육전의 하나인 형조(刑曹)에 관한 사항을 규정한 법전에 따라 수령이 고을의 민사 소송과 형사 사건을 심리하여 판결하고, 죄수를 구휼하고 횡포를 금지해 백성들의 피해를 제거하는 실무 처리 요령을 기술한 것이다. 이 형전에 대한 기술은 대체로 처음에 『경세유표』 추관 수제(秋官修制)에 편찬되었다가 『목민심서』 제9부와 『흠흠신서(欽欽新書)』로 옮긴 듯하며 총 88강령이다. 제1장 소송의 심리와 판결 상·하는 수령이 민사 소송 곧 전지·우마(牛馬)·재물에 관한 소송, 묘지에 관한 소송, 노비에 관한 소송, 채무에 관한

소송, 군첨(軍籤)에 관한 소송 등을 공정하게 심리하고 판결하는 방법을 제시했다. 제2장 형사 사건의 심리는 수령이 형사 사건을 심리하여 법에 따라 판결 처리하는 방법이 기술되어 있다. 제3장 형벌 시행의 조심성은 수령이 형벌을 집행할 때 신중히 처리하는 방법과 고문하지 못하는 법조문을 제시했다. 제4장 죄수의 구휼은 수령이 감옥에 갇혀 있는 죄수라도 불쌍히 여겨 구휼할 것을 당부하고, 또 유배당한 죄수라도 편안히 머물게 함이 수령의 책임이라고 했다. 제5장 횡포의 금지는 권세를 믿고 각종 협잡과 폭력을 일삼는 무리를 제어하고, 여러 가지 사기를 치는 것을 금지하는 것도 수령의 임무임을 기술했다. 제6장 백성들이 받는 피해 제거는 백성을 위해 해독을 없애는 것도 수령의 임무인데, 그 첫째가 도적, 둘째는 귀신붙이, 셋째는 호랑이에 의한 피해인데, 이 세 가지 해독을 제거하는 방책을 제시했다.

제10부 공전(工典) 6장은 육전의 하나인 공조(工曹)에 관한 사항을 규정한 법전에 따라 수령이 고을의 산택(山澤)·공장(工匠)·건축 등의 사무를 처리하는 것인데, 모두 48강령이다. 이 공전에 대한 기술은 대체로 처음에 『경세유표』 동관 수제(冬官修制)에 편찬되었다가 『목민심서』 제10부인 이곳에 옮긴 듯싶다. 제1장 산림(山林) 행정은 산림에서 나오는 재목 특히 황장목(黃腸木)에 관한 수령의 정사와 삼(蔘)·초피(貂皮)에 대한 세금, 금·은·동·철의 채굴에 관해 관리하는 제도를 기술해놓았다. 제2장 수리(水利) 사업은 수령이 제언(堤堰)을 수리하고, 바닷가에 제방을 쌓아 농지를 개척하는 문제를 기술했다. 제3장 관아 건물의 신축과 수리는 관아 건물의 신축과 수리에 관한 방법과 사례를 정리해놓았다. 다산이 곡산 관아 건물을 신축한 과정이 자세히 나와 있는데, 현대의 건축 공학자와 토목 공학자가 자세히 음미해볼 만한 장이다. 「상산부정당 개건일력(象山府政堂改建日曆)」은 한옥(韓屋)이나 고건축물을 연구하는 건축학도는 반드시 읽어야 할 중요한 글이며, 『다산문학선집』에 실린 「곡산정당 신건기(谷山政

堂新建記)」와 더불어 읽어야 할 '다산 실학'을 이해하는 데 첩경인 자료이다. 나는 이 '개건 일력'을 보고 다산의 '위대함'을 느끼고 '성현(聖賢)'이라고 존경하게 되었다. 제4장 성곽의 축조와 수리는 수령이 성곽을 수리하거나 축조할 때 명심할 점을 기술했는데 1개 강령을 제외했다. 제5장 도로의 관리는 수령이 도로를 잘 닦고, 교량을 시설하고, 도로에 이정표(里程標)를 세우는 것도 훌륭한 수령의 정사라고 했다. 제6장 공장(工匠)의 운영은 수령이 농기구를 만들어 농사를 권장하고, 직기를 만들어 길쌈을 권장하고, 관내의 도량형을 통일하며, 또 벽돌 굽는 법을 강구하고, 기와도 구워서 백성들의 거처를 안락하게 꾸미는 것이 선정(善政)의 하나라 했다.

　제11부 진황(賑荒) 6장은 수령이 흉년 든 해에 백성을 구휼(救恤)해 목숨을 부지하고 안정된 삶을 누리도록 하는 여러 가지 방책을 서술한 것인데, 모두 51강령이다. 제1장 물자의 비축은 수령이 흉년에 가난한 백성을 구제하기 위해서는 곡식과 돈 기타 물자를 준비하여 쌓아놓아야만 하는데, 이에 따른 여러 가지 대책을 기술해놓았다. 제2장 흉년에 곡식을 나누는 일은 수령이 넉넉한 백성에게 곡식을 나누기를 권하는 여러 가지 방법을 기술했다. 제3장 진휼의 계획은 수령이 흉년에 진휼하는 방법의 하나인 진장(賑場)을 설치하는 숫자의 기준을 제시했다. 진휼 대상인 기민의 호구를 3등급으로 나누어 진희(賑餼)·진대(賑貸)·진조(賑糶)하는 기준을 제시하고, 각기 진휼하는 시기를 정해 효율적으로 진휼할 것을 서술했다. 제4장 진휼의 실천 방법은 수령이 진청(賑廳)을 설치하고 진희와 진대와 진조를 시행하는 구체적 방법을 기술하고, 버려진 아이를 거두어 길러서 자녀로 삼거나 떠돌이 아이를 길러서 노비로 삼는 법도 밝혀놓았다. 제5장 민생의 안정 방책은 흉년이 들 것이라 판명되면 첫째, 대파(代播) 작물을 파종하게 권유하고, 둘째, 공사를 일으키고, 셋째, 구황 식품을 널리 전파시키고, 넷째, 도적을 없애는 정사를 베풀고, 방화를 엄금하며, 다섯째, 주금(酒

禁)을 실시하며, 여섯째, 세금을 줄이고 채무를 연장하는 시책을 펼 것을 기술했다. 제6장 흉년 구제의 실천 평가는 수령이 흉년을 당하여 진장을 설치하여 감독 구휼하고, 여기에 종사한 노고를 평가하고 그 공적에 따라 시상(施賞)하여 진휼 정사를 마무리함을 기술했다.

 제12부 해관(解官) 6장은 목민관인 수령에 임명되었다가 임무를 마치고 교체되어 돌아갈 때의 행동과 마음가짐에 주의할 사항을 기술했는데, 모두 32강령이다. 제1장 목민관의 교체는 수령에 임명될 때부터 언제나 교체된다는 마음을 지니고, 평소에 문부(文簿)를 정리해서 내일이라도 떠날 수 있도록 하는 것이 제일이라 했다. 제2장 돌아가는 행장(行裝)은 수령에서 교체되어 돌아갈 때의 행장이 단출해야만 훌륭한 목민관이며 맑은 선비의 행장이라 했다. 제3장 수령의 유임 청원은 백성들이 애모하고 그 명성과 치적이 뛰어나서 재임하게 된다면 역사책에 남는 영광이나, 몰래 아전과 모의하고 간악한 백성을 꾀어 유임(留任)을 빌게 함은 그 죄가 매우 크다고 경고했다. 제4장 수령의 죄를 용서하십시오는 수령이 형식적인 법규에 걸린 것을 많은 백성들이 슬프게 여겨 임금에게 호소해 용서해주기를 바라는 것이야말로 좋은 풍속이라 했다. 제5장 백성들의 애도(哀悼)는 수령이 재임 중에 죽어 아전과 백성이 애도하여 상여에 매달려 울부짖고, 오래되어도 못 잊어 하는 것이 어진 수령의 뜻있는 죽음이고, 백성들의 부의금을 받지 말도록 유언하라고 당부했다. 제6장 백성들이 선정(善政)을 사모하다는 수령이 떠난 뒤에 세우는 선정비(善政碑)에 대한 문제를 짚었다.

❹

 『목민심서』를 정선(精選)하여 번역할 때는 다산연구회 역주본인 『역주 목민심서』 전 6권을 가지고 다시 일일이 읽어서 뽑아내고, 또 이것을 가지고 인명(人名)과 서명(書名)을 색인으로 뽑아내어 내 기준대로 해설하고 나서 또 일일이 원문을 대조하면서 일반 독자들이 읽을 수 있도록 쉽고 평이하게 번역했다. 아무튼 이『목민심서정선』상하권은 다산연구회 완역본이 있어 나올 수 있었던 것이다.

또 이를 정선할 때도 내가 창작과비평사에 있을 때 창비교양문고로 초역본(抄譯本)을 내려고 기획해 다산연구회의 정창렬(鄭昌烈) 교수가 그 초역본을 체크해주고, 나는 이를 책에서 뽑아내 원고를 만들어놓았다. 그런데 내가 퇴직하는 바람에 그 원고를 창비에 넘겨주고 나온 것이다. 이 경험이 있었기에 좀 더 수월하게 '정선' 작업을 할 수 있었다. 그리고 또 나는 다산의『목민심서』를 그 저술 정신을 최대로 살려 '정선'했다고 자부할 수 있다. 사실 강목체로 서술된 다산의 이『목민심서』를 한 권의 책으로 내려고 '강'만 뽑아놓으면 다산 선생이 '목'의 사실을 요약해 지어놓은 문장을 공부하는 수양 교재처럼 되어『목민심서』의 중요하고 큰 뜻을 알아볼 수 없게 될 것이다. 나는 내가 뽑아놓은 이『목민심서정선』상하권이 초역본으로는 최선본이라 자부한다. 따라서 이『목민심서정선』상하 2책은 그 선역의 잘잘못이 모두 나에게 있다. 다산 선조의 칭찬이나 꾸중도 달게 받을 각오가 되어 있다. 또 부록으로 붙여놓은 인명·서명 해설은 2단으로 조판된 74면이며, 찾아보기도 89면으로 자세히 뽑혀 있어 완역본처럼 이용하기에 부족함이 없을 것이다.

『목민심서정선』은 상하 2권으로 편·역주하여 그 원문(原文)을 따로 교주(校註)하지 않았는데, 원문은 내가 창작과비평사에서『역주 목민심서』전 6권을 간행할 때 원문을 교주하여 권말에 실어놓은 것이 있어 다시 교주할 필요가 없었다. 그리고 또 다산학술재단에서『여유당전서』의 원문을 대대적으로 정리하고 있었기에 그리로 미루었던 것이다. 그리고 앞으로는 우리가 학술 논문을 쓸 때라도 굳이 원문을 가져다 인용하지 말고 이『목민심서정선』의 번역문을 인용하더라도 큰 지장이 없으리라 여긴다.

또 하나 우리가 알아야 할 것은 이『목민심서』는 다산서 가운데 그 필사본의 종류가 수십 가지로 가장 많다는 사실이다. 다산서 가운데 권수가 제일 많은 48권이나 되는 책인데도 필사본이 많다는 것은 이 책의 가치가 뛰어나다는 것을 당시부터 알아본 것이다. 이 책은 1901년 광문사(廣文社)에서 신활자본 4책으로 간행되고, 1936년 신조선사(新朝鮮社)『여유당전서』에 포함되어 간행되었다.

❺

2004년 8월 20일 자로『역주 경세유표』1·2·3권과『경세유표·원문』1권, 8월 25일 자로『목민심서정선』상·하 2권 등 모두 6권의 다산서(茶山書)를 간행하자, ≪경향신문≫ 2004년 8월 31일 자에는 조운찬 기자가 "실학정신 계승 다산은 살아있다"라는 표제로 "40년 고전 출판 외길 인생, 올해 정약용 저작 6권 출간"이라는 부제를 달아 나와 다산서를 크게 소개했다. ≪중앙일보≫ 2004년 9월 10일 자에는 배영대 기자가 "동양고전 한우물, 대작 건져"라는 표제로『사서집주언해(四書集註諺解)』를 번역한 건국대 임동석 교수와 함께 나와 다산서 6권을 소개했고, ≪한국경제≫ 2004년 9월 11일 자에 서화동 기자는 "다산의 '일표이서(一表二書)' 한글로"라는 표제로『역주 경세유표』,『목민심서정선』,『역주 흠흠신서』를 나와 함께 소개했으며, ≪조선일보≫ 2004년 9월 16일 자에 이선민 기자는 "다산사상 후손에 전하도록 쉽게 정리"라는 표제로 "정약용 저서 우리말 번역 18권째"라는 부제를 달아 "다산을 만나서 행복했다"라는 내 말을 사진 설명으로 넣어 크게 소개해주었다. 또 ≪한겨레신문≫ 2004년 9월 17일 자에 안수찬 기자는 "국학은 오늘에도 살아 있어 …… 실력은 없어도 노력했다"라는 표제로 "이제 곧 '지하철을 공짜로 타고 다닐 나이'가 되는 정 대표는 '노후 준비는 하나도 못했지만 산 입에 거미줄이야 치겠느냐'고 말한다. 65살의 노학자는 오늘도 5평 사무실에서 과거와 오늘을 잇는 번역의 다리를 묵묵히 놓고 있다"라고 5단 기사로 소개했다.

22 『아언각비・이담속찬』

❶

나는 다산 정약용의 언어학과 속담에 관한 저술인 『아언각비(雅言覺非)・이담속찬(耳談續纂)』을 역주해 현실총서 33으로 2005년 8월 25일 간행했다.

「아언각비」는 '다산학(茶山學)'이 절정에 달한 때의 저술이라 다산의 호한(浩瀚)한 지식이 종횡으로 펼쳐지고, 여기에 당대의 대학자인 대산(臺山) 김매순(金邁淳), 석천(石泉) 신작(申綽), 연천(淵泉) 홍석주(洪奭周)가 그들의 지식을 제공해 덧붙인 언어 탐구서로 모두 200여 항목으로 서술되어 있다. 여기서 다룬 어휘는 200여 항목보다 몇 곱이나 된다. 다산이 당시 세상에서 잘못 쓰이고 있다고 지적한 어휘 중에는 잘못된 채 굳어져 오늘날에도 그대로 쓰이는 말이 더러 있다.

「이담속찬」은 다산이 중국 속담 177장과 우리나라 속담 214장을 모아 수록한 것이다.

다산이 강진(康津)에서 18년 동안의 귀양살이를 끝내고 1818년 음력 9월에 고향 집 여유당(與猶堂)으로 돌아와 아내와 아들・며느리의 봉양을 받으며, 또 손자들이 자라는 모습을 보며, 철마산(鐵馬山)과 열수(洌水: 漢江)의 빼어난 자연

풍광 속에서 나날을 보내면서, 귀양지에서 각고 연마한 학문을 정리하는 한편 새로운 저술을 시작해 1819년에 끝낸 것이 이 「아언각비」 3권이다.

「이담속찬」은 다산이 풍속과 언어에 대해 기울인 끊임없는 관심의 결실로, 1801년 여름 장기(長鬐)에 귀양 가 있을 때 할 일 없이 무료히 지내기가 따분해서 성호(星湖) 이익(李瀷)이 수집한 우리나라 속담『백언해(百諺解)』를 가지고 「백언시(百諺詩)」를 만들었다. 다산은 그 뒤 강진으로 유배지가 옮겨지고 18년 만인 1818년 귀양이 풀려 고향으로 돌아온 뒤 1820년에 「이담속찬」 1권을 저술했다. 이 저술에 실린 중국 속담 177장 가운데 10여 장은 신작이 수집해주었다. 우리나라 속담 214장은 장기에서 저술한 「백언시」를 다시 다듬고 또 중형 정약전이 귀양지 흑산도(黑山島)에서 보내온 우리나라 속담 60장과 그동안 더 수집한 50여 장을 보탠 것이다.

다산은 「백언시」 머리말에서 "나무꾼과 꼴꾼의 말이라도 성인(聖人)은 이를 가려내서 쓰고, 여항(閭巷)의 촌스럽고 하찮은 말도 때로는 지극한 도리와 진리를 가탁(假託)하고 있어서 군자(君子)도 감히 소홀히 여기지 않는다"라고 속담 가치를 평가했다. 시대가 어지러우면 이에 따라 말도 어지러워지는데, 어지러운 시대를 바로잡으려면 먼저 말부터 바로잡아야 한다는 것이 옛 성인의 뜻이며, 또한 바로 다산의 뜻도 될 것이다.

나는 처음에 「아언각비」 한 책만 번역해 '문고판'으로 만들어볼까 했으나 문고 한 권만 달랑 내는 것도 문제가 있기에 여기에 함께 묶일 만한 것이 없을까 생각을 굴리다가 「이담속찬」을 같이 묶어보기로 작정하고 이 두 가지 저술의 필사본을 찾아내기 시작했다. 「아언각비」는 기왕에 한국학중앙연구원 소장의 필사본이 있기에 규장각 도서에 있는 필사본을 더 구해 참고하고, 「이담속찬」은 필사본을 찾지 못해 간년 미상의 목판본인 서울대 도서관 고도서(古圖書)에 있는 것을 복사해 참고했다. 또 다산의 「백언시」 필사본을 대조해보았다.

이 현실총서 33을 번역할 때는 김종권(金鍾權) 선생이 역주해 일지사(一志社)에서 1976년에 간행한 『아언각비』가 있어 크게 참고할 수 있었고, 「이담속찬」은 이기문(李基文) 선생이 편찬하고 일조각(一潮閣)에서 1980년에 간행한 개정판 『속담사전(俗談辭典)』에 정리·수록되어 있어 이를 참고할 수 있었다. 여기에 유송전(劉松田)이 수집하고 양재건(梁在謇)이 우리말로 풀이해 1908년 신활자본으로 간행한 「이담속찬습유(耳談續纂拾遺)」 31장을 덧붙였다.

이 『아언각비·이담속찬』에는 수많은 역사 인명과 서명(書名) 및 어휘가 등장하는데, 인명과 서명은 이를 모두 뽑아 간략히 해설하고 어휘는 찾아보기를 자세히 만들어 다산의 해설로 안내한 것이 이 책에 기울인 나의 정성과 노력일 터이다. 이는 앞으로 공부할 후학의 자료 조사 시간을 단축시켜 이렇게 단축된 시간을 좀 더 깊이 있게 내용을 이해하고 연구하는 데 쓰기를 바란 것이며, 식견이 모자라 내가 잘못 번역한 허물을 이 정성이 다소나마 덮어주리라고 생각한다.

다산이 「아언각비」를 저술하면서 당시 세상에서 잘못 쓰이고 있다고 지적한 어휘가 오늘날까지 잘못 쓰이고 있는 말이 더러 있는데, 그 하나가 과거에 장원급제했다고 할 때 쓰이는 '壯元'인데 이는 '狀元'으로 써야 한다는 것이다. 이 말은 오늘날도 '壯元'으로 쓰고 있다. 나는 다산서를 번역할 때 다산의 뜻에 따라 모두 '狀元'으로 쓰고 있다. 다산의 해석에 따르면, 과거에 합격한 진사(進士)의 방(榜)을 내붙일 때에는 반드시 주장(奏狀)을 만들어 천자에게 추천했기 때문에 그 첫 번째 사람을 '장원(狀元)'이라 일컬은 데서 온 말이라 '狀元'으로 해야 한다는 것이다.

❸

이 『아언각비·이담속찬』이 발행되자 ≪파이낸셜뉴스≫ 2005년 9월 29일 자 '출판 화제'에 지희석 기자가 "말을 바로잡아야 세상이 바르다"라는 표제로 소개했고, ≪한겨레≫ 책과 지성 9월 30일 자 "책 인터뷰: 역주서 아언각비·이담속찬 펴낸 정해렴씨"라는 기사에서 "다산실학 한글로 풀기 15년 '난세엔 말부터 바로잡아야'"라는 표제로 오철우 기자가 나를 인터뷰한 기사가 내 사진과 함께 실렸다.

그는 혼자 출판사를 운영한다. 요즘 말로 1인 출판이다. 1996년 창비를 떠나 서울 마포에 작은 사무실을 차렸으니 벌써 10년째 1인 출판이 이어지고 있다. 1964년 신입 편집자로 출판계에 들어와 신구문화사를 거치고, 1976년부터는 창비 편집부장을 지냈으며, 1980년대 초 서너해 동안엔 창비 대표를 맡기도 했던 그는 "창비 대표 시절에도 편집에서 손을 놓지 않아 40여년 내내 편집 현장에서 떠나본 적이 없다"고 말한다. 그의 손을 거쳐간 책만 어림잡아 1천권에 이른다.

23 『마과회통』

❶

나는 2009년 3월 25일 다산 정약용의 의학서 『마과회통(麻科會通)』을 현실총서 34로 역주(譯註)하여 간행했는데, 이때 경희대 한의과대학 부학장 김남일(金南一) 교수와 경희대 한의대 겸임교수 안상우(安相佑) 박사가 번역 원고를 교열해주고 「『마과회통』과 의학자 정다산」이라는 머리말을 써주었다.

다산의 이 의학서는 한국 의학의 대표자라 할 수 있는 허준(許浚, 1546~1615년)의 『동의보감(東醫寶鑑)』 이후 최대의 의학 분야 저작으로 우리나라 인명(人命)을 홍역이나 천연두로부터 살려내기 위한 다산의 애민정신이 빚어낸 실천적 저술의 극치이다. 다산이 어렸을 때 이헌길(李獻吉, 1738~1784년)의 치료로 목숨을 건진 적이 있어 그 은혜를 갚으려고 이헌길의 저술인 『마진기방(痲疹奇方)』을 기초로 삼고, 이를 중국의 홍역과 천연두 관계 의서를 참고·인용하여 심화·확대하고 발전시켜 『마과회통』 12권을 편찬·저술한 것이다. 이는 한 개인에게 받은 은혜를 국가와 사회를 구제하는 방법으로 갚은 것이다. 참으로 다산답게 받은 은혜를 어떻게 갚을지에 대해 모범 답안을 제시한 것이다.

이 『마과회통』은 다산이 1797년 곡산부사(谷山府使)로 있으면서 편찬·저술한 것으로, 천연두와 홍역에 대한 다산 당시까지의 최신·최고의 치료 방법을 얻어내려고 중국의 의서를 참고하여 분석·종합한 이 방면의 백과사전이다. 18세기 의술이 발전한 중국에서도 이 방면에 관한 이만한 의서는 편찬·저술된 바가 없었다. 오늘날은 예방의학의 발전으로 이 『마과회통』의 효용 가치는 줄었다고 할 수 있으나, 의학서가 드문 우리나라 의학사(醫學史)에서 가치가 큰 이 책을 번역·출판했기 때문에 현대 의학자도 이런 의학 고전에 접근할 수 있게 되었다.

❷

한의서(韓醫書)나 한의서(漢醫書)의 원전 번역이 보편화되어 있지 않은 우리나라 현실에서 이 『마과회통』을 번역하겠다고 내가 나서는 것은 일종의 모험이 아닐 수 없었다. 그러나 나는 다산 경학을 제외한 실학 분야의 번역을 마무리하려면 이『마과회통』을 반드시 번역해야만 했던 것이다. 따라서 현대 의학이나 한의학에 대한 전문적인 소양은 없지만, 반세기 가까이 축적한 편집·교정·번역 경험을 믿고 이 일에 감히 매달렸던 것이다.

우선 북한의 과학백과사전종합출판사에서 펴내고 도서출판 까치에서 재편집한 책『동의학사전(東醫學事典)』(1990년 4월 발행)과 중국 인민위생출판사(人民衛生出版社)에서 나온『중의대사전(中醫大辭典)』(1995년 5월 발행)을 갖추어놓고 한의학 용어가 나올 때마다 이 사전들을 참고하면서 번역을 하되 합제(合劑)에서 약재의 용량 단위 계산은 현대의 질량인 그램(g)으로 환산하여 표기했는데, 이는『동의학사전』에 실린 표를 참조하여 일일이 계산해낸 것이다. 의문이 날 때마다 이 두 사전을 수없이 뒤졌으나, 관용으로 쓰이는 용어의 뜻을 몰라 헤매고 뒤에 같은 용어가 나올 때 겨우 그 관용의 뜻을 이해하기도 했다. 나는 수없이 시행착오를 하며 천신만고 끝에 번역을 하고, 또 전산 조판한 뒤 교정을 반복해보아 어느 정도 읽을 수 있겠다고 판단해 경희대 김남일 교수에게 넘겼다.

또 합제편(合劑篇)에 나온 426개의 처방에서 그 용량의 수치를 거듭 대조하고 여러 필사본과도 대조해보아 질량의 수치를 정확히 하고자 했다. 또 이헌길의『마진기방』필사본을 서울대 규장각 도서에서 복사해다가 대조해보기도 했다. 그리고 국립도서관 소장 조선총독부 도서 필사본과 고도서 필사본 두 종류를 대조하여『여유당전서(與猶堂全書)』에 실린 대본에서 틀리거나 빠진 글자를 684자나 바로잡았다.

어쨌든 편집·교정 전문가인 내가 한의서 번역을 시도하여 나도 미처 알지 못해 더러 오역을 했겠으나, 한의서 번역의 참고할 만한 길잡이는 될 듯하니, 한의학 관계 전문가가 이를 다소나마 참고하여 다른 동의서(東醫書)를 쉽게 번역해 동의학 발전의 기틀을 다질 초석(礎石)을 놓는다면『마과회통』을 번역한 나도 큰 보람을 느낄 것이다.

❸

　제8편 합제(合劑)에서 다산은 천간지지(天干地支)와 이십팔수(二十八宿)를 결합한 분류법을 썼으나, 이 번역 책에서는 아라비아숫자만을 써서 현대인이 알기 쉽게 표시했다. 가령 갑삼(甲三)은 1-3으로, 각일(角一)은 23-1로 표시한 것이다. 그런데 '마과회통 총목록'에는 제8 본초 편(本草篇)이 있다고 했으나,『여유당전서』와 필사본 등에는 모두 빠져 있다.

　다산은 이『마과회통』을 저술하고 나서 새로 수집한 홍역과 천연두 관계 저술을 해설하고 종두심법의 요지(要旨)를 써서 보유(補遺)를 만들었다. 나는 이를 보유 1·2로 번역해 실었다. 이에 더해 부록으로 다산 의학 관계 논설을 모아 번역해 싣고, 또 이헌길의 전(傳)도 번역해 부록으로 꾸몄다. 따라서 다산의 의학 저술이 집대성되어 우리는 다산 의학의 전모를 파악할 수 있게 된 것이다. 그리고 조헌영(趙憲泳)의「한의학상(漢醫學上)으로 본 다산 의학의 특색」을 수집·수록하고「『마과회통』인명·서명 해설」,「『마과회통』처방 약재 해설」을 부록으로 만들어 실어, 다산의 '의학 명저'를 현대인이 쉽게 살펴볼 수 있게 된 셈이다.

　다산의 한의학 저술인 이『마과회통』을 내가 경영하는 현대실학사에서 펴낸 뒤 ≪경향신문≫ 2009년 3월 25일 자 22면에 "다산에 빠진 10여 년 …… 이젠 졸업을 해야죠"라는 제목으로 씁쓸히 웃는 내 사진과 함께『마과회통』소개 기사가 크게 나왔다. 그러나 아무리 신문에서 크게 잘 소개해주어도 실학 고전 번역 책은 잘 팔리지 않아 나는 다산 번역을 할 수 없이 졸업을 하고, 고전소설 교주(校註)와 번역으로 옮겨가게 되었다.

　또 이『마과회통』을 간행하고 나서 ≪한의신문≫ 2009년 4월 27일에 하재규 기자는 나를 취재해 "백과사전 의학서 마과회통을 말하다"라는 제목의 전면

기사를 쓰면서 "다산 저술 가장 많이 번역한 최고 전문가"로 나를 추어올리기도 했다.

다만 내가 바라는 바는 앞으로 '마과(麻科)'의 변종이 나왔을 때 이 『마과회통』을 참고해 그 치료약을 개발하는 데 도움이 될 수 있다면 천만 다행이라 하겠다.

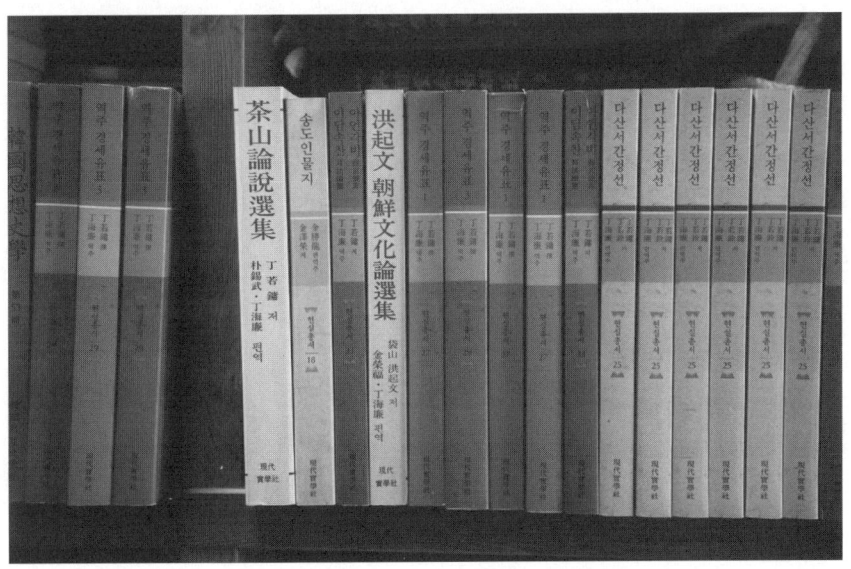

ⓒ 변영욱

문화 단절을 잇는
다리가 되련다

2009~2016년

❶

　나는 2009년 3월 25일 자로 다산의 의학서『마과회통』을 현실총서 34로 역주·간행했다. 이를 끝으로 더는 다산 저술을 편역하거나 역주하지 않았다. 다산의 저술 번역 작업을 졸업했다고 여겼기 때문이다.
　1990년 4월 16일 현대실학사(現代實學社)로 출판사를 등록하고 1991년 3월 15일 현실총서 1로『한용운 산문선집(韓龍雲散文選集)』을 간행한 이후 22년 동안, 나는 현실총서를 34권이나 간행하고, 박석무 의원의『나의 어머니, 조선의 어머니』(1998년)와 정규철(丁圭喆) 선생의 산문집『역사의 수레를 밀며』(2002년)를 편집·간행했다. 이 가운데 내가 단독으로 편역하거나 역주한 다산 저술은 9권이고, 박석무 의원과 같이 편역하거나 역주한 다산 저술은 7권이다. 또한 족숙 정갑진과 같이 역주한 다산 저술이 1권, 김남일·안상우와 같이 역주한 다산 저술이 1권으로, 나는 18권의 다산 저술을 편역하거나 역주한 것이다. 그리고 2권의 원문도 교주(校註)했던 셈이다. 그리고 이지형(李篪衡) 교수의 『역주 다산 맹자요의』까지 총 21권의 다산서를 간행했다.

또 근대의 선각자인 한용운(韓龍雲)·신채호(申采浩)·안확(安廓)·문일평(文一平)·홍기문(洪起文)·김태준(金台俊) 등의 문학 논설과 문학사 및 역사 논설을 편역·정리하고, 실학자 이수광(李睟光)과 이익(李瀷)의 『지봉유설정선(芝峯類說精選)』 1권과 『성호사설정선(星湖僿說精選)』 상·중·하 3권을 편역주하기도 했으며, 김승룡(金承龍) 교수가 편역주한 『송도인물지(松都人物志)』와 외숙부인 이응백(李應百) 박사의 저술 『아름다운 우리말을 찾아서』를 편집·간행했던 것이다. 이와 같이 총 36권의 책을 1인 출판으로 간행했다.

원래 '현대실학사'라는 이름으로 출판 등록을 할 때는 노후(老後)에 소일 삼아 편집·출판을 하되, 반계(磻溪) 유형원(柳馨遠)의 『반계수록(磻溪隨錄)』, 연암(燕巖) 박지원(朴趾源)의 『열하일기(熱河日記)』, 초정(楚亭) 박제가(朴齊家)의 『북학의(北學議)』, 영재(泠齋) 유득공(柳得恭)의 실학 관련 저술과 청장관(靑莊館) 이덕무(李德懋)의 실학 관련 저술을 번역본으로 간행해보고 싶다는 소망이 있었으나, 경제적인 문제로 아직 그 뜻을 실천하지 못하고 있다.

나는 또 앞서 우리나라 '한국고전소설선집'을 만들려고 '고전소설 판각본전집'에서 선집에 수록할 만한 작품을 골라내어 이를 판독(判讀)하여 초고(草稿)를 만들어 조판·입력하고 교정을 보다가 놓아두었던 것을 『마과회통』을 간행한 2009년 봄부터 다시 끄집어내어 주(註) 대신 한자를 집어넣고 필요한 부분에 주석도 달고, 한편으로는 각 고전 작품에 나오는 등장인물과 역사 인물 및 서명(書名)을 해설하고, 한문 소설은 번역·주해하여 83편의 장·단편 고전소설을 약

6400면 16권 분량으로 대부분 정리·교정해 이제 거의 간행할 수 있게 되었다.

1 — 『벽초문선』

❶

    현대실학사를 꾸려나가면서 때가 되고 또 다소 자금이 쌓이면 내가 생각하는 출판의 공덕인 4·6판 문고본(文庫本)을 만들어보고 싶어 그 하나로 벽초(碧初) 홍명희(洪命憙)의 '문선(文選)'을 편집하여 조판·교정을 해놓고, 이왕이면 벽초의 글을 새로 더 발굴해 보탤 수 있다면 금상첨화(錦上添花)라 여기고 살피다가 출판계의 대선배님인 최덕교(崔德敎) 사장께서『한국잡지백년(韓國雜誌百年)』(전 3권, 2004)을 보내주셨기에 잘 받았다는 인사를 여쭈려고 이 책을 살피다가 제2권 456면에 1927년 2월 10일 자 조선일보사 발행『신조선(新朝鮮)』창간호 목차에 홍명희의 「사팔신(死八臣)과 생팔신(生八臣)」이란 글제를 보게 되었다. 이 글제는 내가 처음 보는 것이었다. 하도 반가워서 최 사장님께 전화로 잘 받아보았다는 인사를 드리면서 이 글제는 학계에 처음 소개되는 것인데 혹시 '사육신(死六臣)과 생육신(生六臣)'의 잘못이 아니냐고 여쭈었더니 잘못 베꼈을 리가 없다고 하시기에, 그 글을 구해볼 수 있겠느냐고 했더니 구할 수 있으리라고 하셨다.

    그러나 그 뒤 얼마 지나지 않아 사장님께서 돌아가셨기에 선생님께는 이 글을 얻지 못하고, 이 책이 나왔던 당시 《조선일보》 기사가 생각나서 이선민(李先敏) 문화부장에게 알아보았더니, 이 잡지가 소장된 '아단문고'를 가르쳐주어 서소문 근처에 있는 아단문고를 찾아가 이 자료를 얻을 수 있었다. 원자료를 직접 보니 선생님께서 베껴낸 제목이 틀림없었다. 나는 한동안 벽초 선생의 이 자료를 갈무리했다가 2011년 마침 틈을 내서 현대 표기로 고치고 이 글에 거론한 인명을 해설하고 발굴 경위와 해설을 써서 ≪창작과비평≫ 2011년 겨울호(154호)에 발표했다.

또 이 잡지에는 호암 문일평 선생의 「온달장군(溫達將軍)」이라는 글도 실려 있는데, 이 글도 세상에는 알려져 있지 않았을 듯싶다.

이 『벽초문선(碧初文選)』(가제)은 『벽초 홍명희와 「임꺽정」 연구 자료』(사계절, 1996)에 실린 벽초의 글에서 추려내고 또 대하역사소설 『임꺽정』에서 뛰어나게 묘사한 장면 13개를 뽑아내는 한편, 『자료』에 수록되지 않은 「정포은(鄭圃隱)과 역사성」을 발굴해 넣고, 또 이렇게 「사팔신과 생팔신」을 더 발굴해 넣을 수 있게 된 것이다.

나는 이 『벽초문선』을 모두 5부로 편찬했는데, 제1부 『임꺽정』의 세계, 제2부 시작품과 문학론, 제3부 조선의 풍속과 역사, 제4부 독립운동과 교우도(交友道), 제5부 회고와 평가로 나누었다. 이 『벽초문선』은 4·6판 약 370쪽에 이른다. 원래 찾아보기까지 뽑아 교정을 마무리했으나 「사팔신과 생팔신」을 추가하면 찾아보기는 손보아야 할 것이다. 또 이 문선을 편집·교정할 때 모든 원자료를 복사해 일일이 차근차근 대조해 한 글자라도 빠뜨리거나 잘못 판독함이 없도록 애써, 벽초의 글을 온전히 독자나 연구자에게 읽히려고 했다. 그러나 판권 문제가 어떻게 되는지 모르겠고 또 간행비가 마련되지 않아 마무리를 못하고 있다. 우리나라 문학사의 한 보배가 빛을 보지 못하고 있는 셈이랄까.

이 『벽초문선』이 간행된다면 나는 앞서 내가 김영복 선생과 같이 편역한 홍기문의 『조선문화론선집(洪起文朝鮮文化論選集)』과 더불어 부자(父子) 양대의 문집을 편역해내는 공적을 쌓는 일이 된다.

2 『압해 정씨 9세 옥당』

❶

나는 2003년 11월에 다산 정약용이 편찬한 『압해정씨가승(押海丁氏家乘)』을 족숙 정갑진(丁甲鎭)씨와 함께 역주하여 현실총서 26으로 간행하고 나서 족숙의 평소 최대 소망인 『압해 정씨 9세 옥당(押海丁氏九世玉堂)』 행적을 정리하여 편찬하고 이를 번역하여 펴내기로 합의했다. 그리하여 그동안 이 족숙이 모아놓은 9세 옥당의 행장·묘지문·비문·시장(諡狀) 등의 자료를 넘겨받고 또 수소문하다가 아직 찾아내지 못한 9세 옥당 정도복(丁道復, 1666~1720년) 공의 묘갈명(墓碣銘)을 내가 유척기(兪拓基, 1691~1767년)의 『지수재집(知守齋集)』 필사본 복사본에서 찾아냈는데, 이 『지수재집』 복사본은 명지대 유홍준 교수의 서고(書庫)를 돌아보다가 발굴한 것이다.

이 『압해 정씨 9세 옥당』은 다산공께서 편찬해놓은 『압해정씨가승』이 있었기에 편찬할 용기를 낼 수 있었는데, 『가승』의 제2부 조선 시대 제11세 정자급(丁子伋) 선조부터 19세 정도복(丁道復) 선조까지 9대 동안 9분이 내리 대과인 문과(文科)에 급제(及第)하여 홍문관(弘文館)에 들어가 교리(校理)나 수찬(修撰) 등을 지낸 이른바 한림(翰林) 벼슬을 하며 문한(文翰)에 종사한 사적을 일컫는다. 다산도 늘 자신의 집안이 '8세 옥당' 집임을 자랑스레 여겼다. '다산가' 8대 옥당에 작은집인 정도복이 1대를 더 보태 '9세 옥당가'가 되었던 것이다. 이런 사례는 조선 시대의 어느 성씨나 집안에서도 그 유례가 없기에 크게 자랑스러운 것이다. 다산도 3대를 건너뛰어 '10대 옥당'이 된 것이며, 8세 옥당가의 DNA를 물려받아 조선 최대 최고의 학자가 될 수 있었던 것이 아닐까? 조선 최대의 학자일 뿐만 아니라 당 세기 세계 최고의 학문 업적을 이루어냈다고 해도 지나친 말이 아니리라.

❷

9세 옥당은 제1세 정자급(丁子伋), 제2세 정수강(丁壽崗), 제3세 정옥형(丁玉亨), 제4세 정응두(丁應斗), 제5세 정윤복(丁胤福), 제6세 정호선(丁好善), 제7세 정언벽(丁彦璧), 제8세 정시윤(丁時潤), 제9세 정도복(丁道復) 등 아홉 선조를 말하는데, 이분들의 행장·묘지문·비문 등을 모아 원문을 정리하고 나서 이 원문을 번역하는 한편, 여기에 나오는 인명·서명을 해설하고, 또 『압해정씨가승』에 수록된 옥당 각 어른의 연보를 요약·정리하여 앞에 싣고 그 뒤에 행장·묘지문·비문 번역을 실어 9세 옥당의 사적(事蹟)을 드러냈다. 그리고 한문 원문도 띄어쓰기를 하고 교열해 자료로 제시해놓았다.

이와 같이 『압해 정씨 9세 옥당』을 2005년에 편찬·번역하고 이를 전산 조판하여 국판 390쪽의 기념비적인 책의 교정을 끝내고 이제 머리말만 써서 붙이고 색인을 만들면 되는데, 이 책도 또한 간행비를 마련하지 못해 교정지를 쌓아놓은 지가 7·8년이 되었다. 이런 책은 상업성이 없어 무턱대고 펴낼 수도 없어 마음만 졸이고 있는 셈이다.

3__ 한국고전소설선집 16책

❶

나는 1983년경 창작과비평사에서 이런저런 사정으로 대표직에서 물러나 잠시 쉬게 되었을 때 고 나손(羅孫) 김동욱(金東旭) 스승님께서 평생을 바쳐 수집 정리해놓으신 『영인 고소설판각본전집(景印古小說板刻本全集)』(국배판 전5권, 1976)을 기초 자료로 삼아 이를 잘 정리해서 현대의 우리나라 독자 대중에게 우리의 고전소설을 좀 더 쉽게 읽힐 수 있게 해야겠다고 생각하고, 무턱대고 이 전집에 나온 고전소설 중 내가 판독(判讀)하기 수월하고 또 문학사적으로도 유명한 작품을 골라 현대 표기로 원고지에 옮기는 작업을 시작했다. 이때는 이 일이 얼마나 힘들고 오랜 시간의 각고 노력이 필요하고 또 번거로운 일인지를 미처 알지 못했다. 다만 오랜 편집·교정 경험을 쌓은 내가 이 일에 적임자라는 교만한 믿음만 가지고 무모한 줄도 모르고 덜컥 시작했던 것이다.

이 일에 불철주야 몰두한 얼마 뒤에 창비 편집고문으로 복귀해 교정 실무를 처리하면서도 공휴일이나 밤으로 틈나는 대로 판독하여 원고지에 옮기는 일을 계속해 1990년대 초까지 200자 원고지로 2만여 매쯤 판독해 쌓아두었다. 이렇게 쌓아두었던 것을 박사 과정을 밟고 있던 둘째 하영(夏榮)을 시켜 컴퓨터로 조판 입력(入力)하게 하여 원고 대조를 하고, 또 원전과 대조를 다시 하는 한편 주를 다는 대신 괄호 안에 한자(漢字)를 넣어 독자가 읽을 수 있게 하고, 또 꼭 필요한 주를 달면서 소설에 등장하는 인물과 역사 인물을 해설하고 서명(書名)도 해설해놓았다.

그리고 그동안 엄두를 내지 못하고 있던 『춘향전(春香傳)』 3종, 『심청전(沈淸傳)』 3종, 『흥부전(興夫傳)』, 「토생전(兎生傳)」 3종, 『홍길동전(洪吉童傳)』 2종 등을 더 판독 주석하는 한편『구운몽(九雲夢)』2종을 교주하고, 또 한문 소설인 김시습(金時習)의『금오신화(金鰲新話)』, 박지원(朴趾源)의 연암소설(燕巖小說), 김만중(金萬重)의『구운몽』(한문 소설 번역), 조성기(趙聖期)의『창선감의록(彰善感義錄)』과『운영전(雲英傳)』, 그리고「오유란전(烏有蘭傳)」,「최고운전(崔孤雲傳)」, 조위한(趙緯韓)의「최척전(崔陟傳)」, 박두세(朴斗世)의「요로원야화기(要路院夜話記)」등을 역주해 조판하고 이를 교정했다. 이 부분은 박사 과정을 마친 큰아들 두영(斗榮)이 감당해주었다. 그리고『고소설판각본전집』에 수록되지 않고 신활자본으로 번역되어 있던 대하장편『옥루몽(玉樓夢)』을 더 교주해 조판하여 교정했는데, 이것은 내 아내가 컴퓨터를 배워 입력해주고 큰아들이 수정을 했다. 이렇게 2000년대 들어 작업한 한문 소설 번역과『춘향전』등을 교주한 것이 1만여 장이나 된다. 1900년대 말에 판독 교주한 2만 장과 합치면 총 3만여 장이 훨씬 넘을 것이다.

❷

처음에는『고소설판각본전집』(전 5권)에 실린 작품만 가지고 잘 골라 판독·주석하면 될까 싶었으나 판독하다 보니 판독하기 어려운 곳도 있고, 떨어져 나가거나 목판이 낡고 썩어 인쇄한 글자가 뚜렷하지 않고 부분적으로 개판(改板)한 것이 있어 이 판각본만으로는 완전한 교주를 할 수 없었다. 이렇기 때문에 이본(異本)의 다른 판각본도 대조·참고하게 되었다. 그러나 다른 이본을 어렵게 구해 보아도 빠진 글자나 잘못 필사·판각된 것을 바로잡을 수 없어 한국정신문화연구원(현 한국학중앙연구원) 발행『한국고소설목록』을 가지고 여기에 제시된 필사본을 복사해 목판본에서 판독하기 어려운 데나 빠진 곳을 보완하고 보충하기도 했다. 그뿐만 아니라 신활자본 영인본이나 딱지본을 대조·참고하기도 했다.

나는 필사본과 대조하면서 판각의 편의상 또는 필사자의 부주의로 목판본에서는 많은 구절이 생략되거나 빼놓았다는 것을 알게 되었다. 우리 문학사에서 가장 중요한 작품은 필사본을 가지고 더 대조하여 보충한 것이 많은데 그 구체적인 실상은 교정기에서 기술할 것이다.

❸

판각본 소설 가운데 경판(京板)이나 완판(完板) 등 이본(異本)이 많이 있어 중요한 작품은 경판과 완판을 따로 각각 교주했다. 그것은 경판『춘향전』과 완판『열녀춘향수절가』2종, 경판『심청전』2종과 완판『심청전』,「토생전」2종과 완판「토별가」, 경판『홍길동전』과 완판『홍길동전』, 경판「소대성전」과 완판「소대성전」, 경판「용문전」과 완판「용문전」, 경판「장풍운전」과 완판「장풍운전」, 경판「조웅전」과 완판「조웅전」 등을 각각 교주하여 고전소설의 완전한 모습에 좀 더 가까이 다가갈 수 있도록 했다. 그리고 김만중의 『사씨남정기』는 한글 필사본과 판각본을 따로 교주하여 판각할 때 얼마만큼 생략했나를 보여주려고 했다. 한 가지 더 보탤 말은, 남영로(南永魯)의 대하장편『옥루몽(玉樓夢)』은 한문 소설 언해의 실상을 보여주려고 언해본을 교주했다. 이는 김구용(金丘庸) 선생의 현대 역본이 있기에 그것과 대비하면서 읽을 수 있도록 하기 위해서이다.

❹

내가 이 '한국고전소설선집' 전 16권에 교주하거나 번역·주해한 작품은 장편이 11편, 중편이 19편이고 단편이 61편으로 모두 83편이다. 이 가운데 한문 작품을 번역한 것은 22편이다. 이 한문 소설은 우리 고전소설사의 주옥같은 귀중한 작품들이다. 내가 편집·교정·편역에 반세기 가깝게 종사하면서 갈고 닦은 역량과 열정을 총동원하여 우리나라 고전소설을 정리한 셈이다.

여기에 정리된 우리 고전소설은 1945년 8·15 해방 후 70여 년 만에 쌓은 고전소설의 금자탑(金字塔)이라고 감히 단언할 수 있겠다. 따라서 우리나라 현대 독자들이 조금만 노력을 기울이면 누구나 쉽게 읽을 수 있게 된 것이다. 우리의 고전소설을 읽을 수 있도록 내가 가교(架橋)를 놓아주었으니, 우리나라 여러 독자들은 이제 이 다리를 건너면 고전의 산과 바다를 볼 수 있을 터이다.

나는 자신의 부족함을 알면서도 우리의 문화유산을 정리하여 후대에 물려주어야겠다는 일념으로 번역과 교주 작업에 매달려 나름대로 최선을 다했으나 한 개인의 힘만으로는 많은 자료를 다 섭렵할 수 없어 귀중한 작품을 더러 빠뜨렸을 것이다. 이 선집에서 미처 거두지 못한 고전소설을 뜻있는 분과 힘을 합쳐 보유(補遺)할 수 있기를 바라겠다. 그리고 판독하다가 잘못 읽거나 빠뜨린 부분도 더러 있을 터이고 오역(誤譯)도 있을 것인데, 웃으면서 고쳐 읽기를 바라면서 『편집·교정 반세기』를 끝내련다.

지은이

정해렴(丁海廉)

1939년 경기도 파주 출생으로 성균관대학교 문과대 국어국문학과를 졸업했다. 1964년부터 교학도서·신구문화사·을유문화사 편집부에서 근무했고, 1976년부터 1996년까지 창작과비평사 편집부장·대표·고문을 역임했으며, 1997년부터 현재까지 현대실학사 운영에 전념하고 있다. 출판계에 입문한 이후 1000여 권의 책을 편집·교정했다.

편집·교정 반세기

ⓒ 정해렴, 2016

지은이 ǀ 정해렴
펴낸이 ǀ 김종수
펴낸곳 ǀ 한울엠플러스(주)

편집 ǀ 최진희

초판 1쇄 인쇄 ǀ 2016년 10월 30일
초판 1쇄 발행 ǀ 2016년 11월 9일

주소 ǀ 10881 경기도 파주시 광인사길 153 한울시소빌딩 3층
전화 ǀ 031-955-0655
팩스 ǀ 031-955-0656
홈페이지 ǀ www.hanulmplus.kr
등록번호 ǀ 제406-2015-000143호

Printed in Korea.
ISBN 978-89-460-6245-0 03040(양장)
      978-89-460-6246-7 03040(반양장)

※ 앞표지 상단과 뒤표지 사진, ⓒ 변영욱

※ 책값은 겉표지에 표시되어 있습니다.